高职高专课改“十三五”规划教材

电子商务概论

（第三版）

An Introduction to Electronic Commerce

宋沛军 编著

西安电子科技大学出版社

内 容 简 介

电子商务的核心是商务，而商务的核心是贸易。作为一本关于电子商务实战的通俗读物和实用教材，本书强调实务、实践、实战，注重新技术的应用，将电子与商务有机融合，体现实用性、针对性和现实性，着眼于应用能力的培养。本书主要讲述了电子商务模式、"互联网+"应用、网络技术、云物移大智技术、网购技巧、网上创业、网店经营、物流管理、网络营销工具、营销策划、网上银行、手机银行、安全技术及相关协议、计算机病毒防范措施等内容。

本书不仅适合高校电子商务、市场营销、经济信息管理、物流管理、商务管理、工商企业管理、网络营销等经济管理类相关专业的在校学生使用，也适合计算机应用技术等非经济管理类相关专业的在校学生使用，还可以作为电子商务、营销和管理短期培训教材以及从事电子商务活动的工作人员和研究人员的参考用书。

图书在版编目(CIP)数据

电子商务概论/宋沛军编著. —3 版. —西安：西安电子科技大学出版社，2016.9(2018.10 重印)

高职高专课改"十三五"规划教材

ISBN 978-7-5606-4242-0

Ⅰ. ① 电… Ⅱ. ① 宋… Ⅲ. ① 电子商务—概论 Ⅳ. ① F713.36

中国版本图书馆 CIP 数据核字(2016)第 190964 号

策　　划　毛红兵

责任编辑　王　妍　毛红兵

出版发行　西安电子科技大学出版社(西安市太白南路 2 号)

电　　话　(029)88242885　88201467　　邮　　编　710071

网　　址　www.xduph.com　　电子邮箱　xdupfxb001@163.com

经　　销　新华书店

印刷单位　陕西天意印务有限责任公司

版　　次　2016 年 9 月第 3 版　2018 年 10 月第 11 次印刷

开　　本　787 毫米×1092 毫米　1/16　印　张　22.5

字　　数　535 千字

印　　数　30 601～34 600 册

定　　价　49.00 元

ISBN 978-7-5606-4242-0/F

XDUP 4534003-11

前　言

这是一个疯狂的时代，这是一个颠覆的时代，这是一个降维攻击的时代，这是一个跨界收购的时代！实体零售被淘宝天猫颠覆了，传统家电销售被京东颠覆了，诺基亚被苹果颠覆了，电信、移动、联通被腾讯 QQ、微信和新浪微博颠覆了，银行业务被互联网金融颠覆了，万达也“互联网+”了，仿佛一夜之间传统行业被互联网挨个单挑，曾经那些不可一世的巨头们要么倒下、要么转型，这个世界不再有永恒的王者。

二十年前，我们购物要走出家门，走进商场；如今全国有四亿多人在网上购物，不跑腿不动嘴，动动手指就能买遍天下，小到牙签针线，大到汽车房子，只有你想不到的，没有你买不到的。这种便捷的购物方式，被越来越多的人接受。

电子商务从 1996 年进入中国大众的视野，经过短短二十年的发展，已经成为人们日常生活中不可或缺的部分，几乎每个人都能说出淘宝、天猫、京东、当当、一号店、聚划算、亚马逊、阿里巴巴、支付宝、财付通等一大堆耳熟能详的网站。

电子商务是在信息技术、互联网技术、物流技术等科技创新的大背景下发展起来的，它具有传统商业模式所没有的虚拟大市场、购物体验、高效率、低成本、大数据等优势。随着电子商务的持续发展，其在经济发展中的战略地位将不断提升，电子商务以全天候、全方位、零距离服务的特点，改变着传统经营模式和生产组织形态，影响着产业结构调整和资源配置，将对传统零售模式产生颠覆性的冲击。以 2012 年的电商疯狂大战为例，“6.18”“8.15”“双十一”“双十二”等活动接踵而至，使电商在 2012 年就像一匹脱缰的野马，一发不可收拾，从年初到年末，价格战成了贯穿始终的关键词。价格战一次次挑逗着消费者购买欲望的同时，也不断刷新着电商行业的销售纪录。曾经在 2011 年 11 月 11 日制造了“世纪光棍节”的淘宝网，在 2012 年 11 月 11 日一天的总销售额就达到 191 亿元，是 2011 年“双十一”的三倍多，其中仅天猫就达成了 132 亿元，淘宝完成了 59 亿元。2015 天猫“双 11”交易额情况如下：1 分 12 秒为 10 亿元，5 分 45 秒为 50 亿元，12 分 28 秒为 100 亿元，33 分为 200 亿元，7 小时 45 分 42 秒为 417 亿(已超过 2014 年美国感恩节购物节线上交易总额)，最终达到 912.17 亿。

据中国互联网络信息中心(China Internet Network Information Center，CNNIC)发布的《第 38 次中国互联网络发展状况统计报告》：截至 2016 年 6 月底，我国网民规模达 7.1 亿，手机网民 6.56 亿，网络购物网民 4.48 亿，使用网上支付的网民 4.55 亿，手机在线支付和手机购物网民分别达到了 4.01 亿和 4.24 亿。手机购物打破了时间和地域的限制，便于消费者利用碎片时间购物，使得网络购物和网上支付能够随时随地地发生。回顾近期互联网行业大事，中国互联网三巨头百度、阿里巴巴、腾讯自 2013 年以来，在移动互联网上频频发力，阿里巴巴和百度分别通过收购来优化其移动互联网的布局，腾讯在微信基础上发展手机游戏和电商。另据艾瑞咨询统计数据显示，2015 年中国电子商务市场整体交易规模为 16.2 万亿，其中网络购物市场交易规模为 3.8 万亿，网络购物在社会零售商品总额中的占比为 10.6%。伴随着互联网的发展，消费者的消费习惯也在发生改变，网购人群的购买力和品质追求也在不断提高，网购的产品已经从非品牌产品转向品牌产品，甚至奢侈品牌产品，消费品类也从快消、日用品、电子产品渗透到耐用品、奢侈品等各个品类。作为一个全新的业态，电子商务不仅在一定程度上改变了人类的生活方式，也动摇了具有百年历史的传统商业模式，给传统实体零售市场带来了极大冲击，引发了传统零售业新一轮的变革，甚至可以说传统企业开展电子商务的能力，将决定企业未来的发展状况。

互联网还对金融服务业产生了深远影响，2013 年市场上热衷的余额宝、活期宝、现金宝等产品就是金融与互联网相结合的产物。催生互联网金融新霸主的两条路径为金融机构“触网”和互联网公司“贴金”。可以说，互联网及移动互联网的飞速发展，引发了一场银行业的嬗变，从自助银行到互联互通，从互联网到掌上终端，从云计算再到大数据时代，科技正在改变着金融业态，传统银行业的架构正面临深刻的变革。为备战互联网时代，加速金融电子化的步伐，中国工商银行发布互联网金融平台“e-ICBC”品牌和一批主要产品，如电子商务平台“融 e 购”、即时通讯平台“融 e 联”、直销银行“融 e 行”三大平台，以及支付、融资和投资理财三大产品线上的“工银 e 支付”“逸贷”“网贷通”“工银 e 投资”“工银 e 缴费”等一系列互联网金融产品。“融 e 购”对外营业 14 个月，注册用户 1600 万，累计交易金额突破 1000 亿元。信用贷款产品“逸贷”2014 年累计放款 2300 亿元。

柯达破产，诺基亚亏损，阿里金融崛起，华盛顿邮报易主电商，在互联网和移动互联网时代，一切改变皆有可能。我国学者乌家培说：“20 世纪最伟大的发明是电子计算机，电子计算机最伟大的发展是互联网(Internet)，互联网最伟大的应用是电子商务。”电子商务在中国二十多年的发展可以说经历了风风雨雨：1996 年的异军崛起，1999 年的一哄而上，2000 年的网络泡沫，2001 年的骤然而下，2003 年的平静渐进，2004 年的重返活力，2005 年的务实发展和网购兴起，2006 年的迅速崛起，2008 年的理性回归，2009 年的爆炸式增长，2011 年的网络团购掠夺式扩张，2012 年的电商大战和移动商务的突围，2013 年的并购浪潮和互联网金融时代开启，2014 年的跨境进口电商元年，2015 年的“双创”元年。无论是精英还是草根都可以投身创业创新，众创、众包、众扶、众筹不断涌现，而与此同时，跨境电商、农村电商的崛起也推动着电子商务和移动商务在 2016 年进入了理性的“黄金发展期”。

电子商务和移动商务的普及和蓬勃发展，标志着一个崭新的电子商务时代的来临。比尔·盖茨曾说：“21 世纪要么电子商务，要么无商可务”，而 Intel 公司总裁贝瑞特更是一针见血地指出：“没有电子商务，企业只能等待死亡”。2015 年 3 月 5 日全国两会上，国务院总理李克强在政府工作报告中首次提出：制定“互联网+”行动计划，推动移动互联网、云计算、大数据、物联网等与现代制造业结合，促进电子商务、工业互联网和互联网金融健康发展。2015 年 5 月出台的《国务院关于大力发展电子商务加快培育经济新动力的意见(国发〔2015〕24 号)》明确提出：到 2020 年，统一开放、竞争有序、诚信守法、安全可靠的电子商务大市场基本建成。2015 年 6 月国务院办公厅印发《关于促进跨境电子商务健康快速发展的指导意见》强调：要大力推动跨境电商，鼓励企业布局海外仓，培养一批外贸综合服务企业。站在“互联网+”的风口上，许多传统企业开始从线下走向线上，进军电子商务。

随着电子商务的普及和常态化，人们渴望认识和掌握电子商务的相关知识，而市面上有关电子商务方面的教材也是琳琅满目。这些书籍有的侧重理论，有的侧重实践；有的偏重技术，有的偏重商务。虽然笔者也曾编写过一些电子商务及实战方面的书籍，并获得过首届河南省经济学三等奖、第二届中国电子学会优秀成果三等奖，以及河南省教育厅和许昌市委宣传部等社科成果奖，但是由于电子商务新技术不断涌现，电子商务方面的教材不会像其他课程的教材那样可以数十年不变，因此，笔者试图编写一本通俗读物和实用教材，力求反映出电子商务领域的最新变化和最新成果。

这次重新修订的《电子商务概论(第三版)》正是围绕着这个思路，将电子与商务有机融合，着眼于应用能力的培养，注重新技术的应用，避免了纸上谈兵，强调了实务、实践、实战，体现了实用性、针对性和现实性。本书共分为九个项目：认识电子商务、电子商务模式、网上创业、网络营销、电子商务网络技术应用、云物移大智技术应用、电子商务支付技术应用、电子商务安全技术应用和电子商务物流管理。

由于电子商务跨越多个学科，可以说任何商务领域的管理者以及专业人员都会对此产生兴趣。笔者在编写过程中比较注重以下几点：

(1) 知识体系清晰简洁、组织有序、系统完整。本书不仅较为完整地涵盖了电子商务所涉及的管理和技术层面的知识内容，而且将各部分内容非常巧妙地连贯起来，使之成为一个系统性极强的知识体系框架。通过阅读和学习本书，能使读者构建起一个清晰、完整的关于电子商务的知识体系。

(2) 技术与应用、商务与管理有机融合。本书非常重视电子商务新技术的应用，如云计算、物联网、移动互联网、大数据和智慧城市等技术，因此，与电子商务同类教材相比，本书不仅涉及大量电子商务的最新技术与应用实施，还将管理始终贯穿于电子商务的全过程。这有助于从事企业运营的管理者在学习电子商务相关技术与应用知识的同时，更好地将其与管理高度融合。

(3) 实践性强，更强调实战。本书采用工作过程系统化的教学方式，结合课堂理论教学，让学生掌握电子商务的基础理论知识和基本技能。如项目三是以网上开店的实际操作流程为主线，穿插最新的网店开设流程(B 店、C 店)、店铺装修、商品描述与发布、网店日常更新及内容编辑、网店日常经营与管理等知识，指导初学者快速掌握开店技巧及店铺运营和管理技巧。

本书内容借鉴了一些国内外专家和同行的著作和资料，在此，谨向各位专家和同行表示由衷的敬意和感谢。本书能够顺利出版，还要感谢西安电子科技大学出版社毛红兵等编辑的大力支持。由于电子商务发展迅猛，加之作者水平有限，书中难免会有疏漏和不当之处，恳请专家和读者批评指正。

编　者

2016 年 5 月

目　录

项目一

认识电子商务

★导读★

二十年前，购物要走出家门，走进商场；如今可以足不出户，坐在家里，点点鼠标，动动手指就能买遍天下。

电子商务从1996年进入大众视野，经过短短二十年的发展，已经成为人们日常生活中不可或缺的部分。电子商务具有传统商业模式所没有的虚拟大市场、高效率、低成本、大数据等优势，正以全天候、全方位、零距离服务的特点，改变着传统经营模式和生产组织形态，影响着产业结构调整和资源配置。

本章将带你走进电子商务的王国，了解电子商务的基本概念、作用和特点，认识“互联网+”和工业4.0。

课堂速记

学习任务 1　认识电子商务

案例导读

王健林与马云对赌 1 个亿：电商能否取代零售行业

在 2012 年的第十三届中国经济年度人物颁奖现场，有关电商和传统商铺的辩论中，大连万达集团股份有限公司董事长王健林与阿里巴巴集团董事会主席马云展开较量。

王健林：电商是一种新模式，确实非常厉害，特别是马云做了以后，大家要记住中国电商只有马云一家在盈利，而且占了 95% 以上的份额，他很厉害。但是我不认为电商出来，传统零售渠道就一定会死。

马云：我先告诉所有像王总这样的传统零售一个好消息，电商不可能完全取代零售行业，同时也告诉你们一个坏消息，它会基本取代你们。

王健林：我跟大家透露一个小秘密，其实我跟马云先生早就对这个问题有过一个赌约。我们既是探讨学习，也是在争论，今天在公开场合说起来，十年后的 2020 年，如果电商在整个大零售份额占了 50%，我给他一个亿，如果还没到，他给我一个亿。

这就是有名的“亿元之赌”。

在电商是否能取代传统店铺经营的命题上，马云认为电商必胜，而王健林认为所有新的商业模式必然对传统形成冲击，但是两千多年的历史证明，传统产业生命是最强的，否则也不会存在两千多年。

【思考】你认为王健林和马云谁能赢得这场赌局？

2015 年 3 月 5 日召开十二届全国人大三次会议，国务院总理李克强在政府工作报告中首次提出：制定“互联网+”行动计划，推动移动互联网、云计算、大数据、物联网等与现代制造业结合，促进电子商务、工业互联网和互联网金融健康发展，引导互联网企业拓展国际市场。2015 年 5 月 4 日出台的《国务院关于大力发展电子商务加快培育经济新动力的意见(国发〔2015〕24 号)》明确提出：把发展电子商务促进就业纳入各地就业发展规划和电子商务发展整体规划。到 2020 年，统一开放、竞争有序、诚信守法、安全可靠的电子商务大市场基本建成。电子商务与其他产业深度融合，成为促进创业、稳定就业、改善民生服务的重要平台，对工业化、信息化、

城镇化、农业现代化同步发展起到关键性作用。2015 年 6 月 16 日出台的《国务院办公厅关于促进跨境电子商务健康快速发展的指导意见(国办发〔2015〕46 号)》指出：鼓励企业间贸易尽快实现全程在线交易，不断扩大可交易商品范围；支持跨境电子商务零售出口企业加强与境外企业合作，通过规范的海外仓、体验店和配送网店等模式，融入境外零售体系，逐步实现经营规范化、管理专业化、物流生产集约化和监管科学化；支持国内企业更好地利用电子商务开展对外贸易。

在我国，随着电子商务应用的不断深入，网络购物用户规模逐年扩大，越来越多的传统行业加快步伐进军电子商务，相关电子商务服务业快速跟进，传统企业纷纷向电子商务转型，电子商务的应用呈现普及化和常态化；移动电子商务作为电子商务未来发展的主流形式和新的驱动力，也正处于加速发展期，其市场即将进入大规模爆发增长阶段。作为战略性新兴产业，我国电子商务具有广阔的市场前景，蕴含巨大的发展机遇。据国家统计局 2015 年 8 月 3 日发布的数据显示：2014 年中国全社会电子商务交易额达 16.39 万亿元人民币，同比增长 59.4%，其中第三方平台电子商务交易活动集中度较高，排名前 20 的第三方平台共实现电子商务交易额 6.22 万亿元。又据中国互联网络信息中心(China Internet Network Information Center，CNNIC，网址为 http://www.cnnic.org.cn/或 http://www.cnnic. cn/或 http://www.cnnic.net.cn/)于 2016 年 8 月 3 日发布的《第 38 次中国互联网络发展状况统计报告》显示：截至 2016 年 6 月，中国网民规模达 7.1 亿，互联网普及率达到 51.7%，半数中国人已接入互联网；网络购物网民规模达到 4.48 亿人，网络购物使用率提升至 63%，在网上预订过机票、酒店、火车票或旅游度假产品的网民规模达到 2.64 亿；1.18 亿网民通过互联网实现在线教育，1.52 亿网民使用网络医疗，在线政务服务用户规模达到 1.76 亿。1.59 亿人使用网络预约出租车，网络预约专车人数已达 1.22 亿。互联网的普惠、便捷、共享特性已经渗透到公共服务领域，也为加快提升公共服务水平，有效促进民生改善与社会和谐提供了有力保障。“互联网+”行动计划不断助力企业发展，互联网对于整体社会的影响已进入到新的阶段。全国开展在线销售的企业比例为 32.6%，开展在线采购的企业比例为 31.5%，开展营销推广活动的企业比例为 33.8%。

一、什么是电子商务

电子商务是融合现代信息技术与商业贸易的网络化新型经济活动，是我国战略性新兴产业与现代服务业的重要组成部分。作为新技术和新经济的代表，电子商务至今还没有一个很清晰的概念，各国政府、学者、企业界人士根据自己所处的地位和对电子商务参与的不同角度和程度，给出了既有区别又有相似之处的定义和见解。

➢ 联合国国际贸易程序简化工作组对电子商务的定义：采用电子形式开展商务活动，它包括在供应商、客户、政府及其他参与方之间通过任何电子工具，如 EDI、WEB 技术、电子邮件等共享非结构化商务信息，并管理和完成在商务活动、管理活动和消费活动中的各种交易。

➢ 电子商务是利用计算机技术、网络技术和远程通信技术，实现电子化、数字化、网络化的整个商务过程。

➢ 电子商务是以商务活动为主体，以计算机网络为基础，以电子化方式为手段，在法律许可范围内所进行的商务活动交易过程。

- ➢ 电子商务是运用数字信息技术，对企业的各项活动进行持续优化的过程。

通常，电子商务被定义为在全球广泛的商业贸易活动中，在互联网(或者移动互联网)开放的网络环境下，基于浏览器/服务器应用方式，买卖双方不谋面地进行各种商贸活动，实现消费者网上购物、商户之间网上交易以及在线电子支付等各种商务活动、交易活动、金融活动和相关综合服务的一种新型商业运营模式。

1. 浅层次的电子商务和深层次的电子商务

从贸易活动的角度来看，电子商务可以在多个环节中实现，因此，我们也可以将电子商务分为两个层次，即浅层次的电子商务和深层次电子商务。

浅层次的电子商务只是通过使用电子工具来完成贸易活动的部分流程和环节。例如：在网页上发布电子商情；采用电子方式取代纸质凭据来做生意的电子贸易；通过电子邮件和电子数据交换来明确合作方之间责权利关系的电子合同等。

深层次的电子商务在流程和环节上更加完整，可以利用互联网进行全部的贸易活动，即在互联网上将信息流、商流、资金流和部分的物流环节实现整合，从寻找客户、在线洽谈、下订单、在线支付和收款，到部分商品的在线发货、甚至电子报关和电子纳税等全部贸易环节都通过互联网来完成。电子商务模型见图 1.1。要实现深层次的电子商务，除了买卖双方以外，还需要银行等金融机构、政府部门、认证机构和物流配送中心等环节的支持和配合。

图 1.1 电子商务模型

2. 广义的电子商务和狭义的电子商务

广义的电子商务(Electronic Business，EB)是指使用各种电子工具从事的商务活动，这些工具除了包括初级电子工具，如电报、电话、广播、电视、传真、计算机和计算机网络外，还包括 NII(国家信息基础结构——信息高速公路)、GII(全球信息基础结构)和 Internet 等现代系统。同时，电子商务可以使公司内部、供应商、客户和合作伙伴之间利用电子业务共享信息，实现企业间业务流程的电子化，配合企业内部的电子化生产管理系统，提高企业的生产、库存、流通和资金等各个环节的效率。其中商务活动是指商品的需求活动，以及商品间合理、合法的消费和交易。

狭义的电子商务(Electronic Commerce，EC)是指通过互联网或者移动互联网等电子工具(这些工具包括电报、电话、广播、电视、传真、计算机、手机、计算机网络、移动通信设备等)在全球范围内开展的商务贸易活动，包括商品和服务的提供者、广告商、消费者、中介商等有关各方行为的总和。人们一般理解的电子商务是指狭义的电子商务。

无论是广义还是狭义的电子商务概念都涵盖了两个方面：一是互联网和移动互联网平

台，没有了网络就不能称为电子商务；二是通过互联网(或者移动互联网)完成的是一种商务活动。

二、电子商务的作用

电子商务作为一种新型的交易方式，将生产企业、流通企业以及消费者和政府带入了一个网络经济、数字化生存的新天地。据中国互联网络信息中心(CNNIC)2016 年 1 月 22 日发布的《第 37 次中国互联网络发展状况统计报告》显示：截至 2015 年 12 月，全国工业企业互联网使用比例为 87.9%，其中制造业的互联网使用比例为 88.1%，服务业为 90.0%，批发业、零售业、住宿业和餐饮业(以下简称批零住餐业)为 87.2%。此外，分别有 71.9%、67.2%和 58.3%的上网企业开展过了解商品或服务信息、发布信息或即时消息、从政府机构获取信息等基础信息类的互联网活动。

互联网在企业内部管理方面发挥着重要的支撑作用：83.0%的上网企业通过网上银行辅助财务工作；79.3%的上网企业在互联网上与政府机构互动、在线办事；开展网络招聘的上网企业比例为 57.4%，有 28.1%的上网企业利用互联网开展员工培训；有 40.7%的上网企业部署了信息化系统。其中，分别有 44.8%、22.0%和 18.6%的企业建有办公自动化(OA)系统、企业资源计划(ERP)系统和客户关系管理(CRM)系统。

电子商务的作用包括展示、交易、服务三个方面。

1. 展示(Show)

企业可以借助互联网(或者移动互联网)以网页、图片或者动画的形式在网上发布商品及其他信息，提供电子商情。同时，通过互联网(或者移动互联网)，企业还可以树立自己的形象，扩大自己的知名度，宣传自己的产品和服务，寻找新的贸易合作伙伴。电子商务可以使企业以相近的成本进入全球电子化市场，使得中小企业有可能拥有和大企业一样的信息资源，提高了中小企业的竞争力。

(1) 广告宣传。企业在互联网(或者移动互联网)上建立网站，不仅可以在网络虚拟空间树立公司的企业形象，还可以在网站上向世界各地的潜在客户发布各类商业信息，宣传自己的产品与服务，另外也可以通过网络营销手段发布网络广告。与其他媒体广告相比，网络广告的成本比较低廉，而提供给顾客的信息量却最为丰富。客户也可借助百度、搜狗、Yahoo 等搜索引擎以及阿里巴巴、慧聪等 B2B 网站迅速地找到所需商品的信息。目前，国内外绝大多数企业都有自己的网站，它们的宣传资料上毫无例外地会附上公司的网址，供客户随时查看。

(2) 咨询洽谈。电子商务可借助电子邮件(E-mail)、即时通讯软件(如 QQ、阿里旺旺和 MSN)等了解市场和商品信息，进行在线交流、视频谈判、文件传输和洽谈交易事务。网上的咨询和洽谈能超越人们面对面洽谈的限制，提供多种方便的异地交谈形式。

2. 交易(Sale)

交易功能是指将传统形式的交易活动全过程在网络上以电子方式实现。企业通过电子交易功能可以完成交易的全过程，扩大交易的范围，提高工作的效率，降低交易的成本，从而获取经济和社会效益。

(1) 网上订购。客户可以在商家的网站上(如李宁在线商城)进行网上采购，或者在一些交易平台上如淘宝、天猫、京东、当当、一号店、聚划算等网站上购物，当客户填完订购单后，通常系统会回复确认信息单来保证订购信息的收悉。订购信息采用加密的方式，可以保证客户和商家的商业信息安全。

(2) 网上贸易。电子商务所具有的开放性和全球性的特点，为企业创造了更多的贸易机会。互联网跨越国界，穿越时空，无论网民身处何地，白天与黑夜，只要利用浏览器轻点鼠标，就可以随心所欲地登录任何国家、地域的网站，与想交流的人直接沟通。

(3) 网上支付。电子商务要成为一个完整的过程，网上支付是重要的环节。客户和商家之间可采用网上银行和手机银行等方式进行网上支付，也可以通过第三方支付平台如支付宝、财付通等完成资金的结算。

(4) 电子账户。电子账户是指银行、信用卡及保险公司等金融单位提供的电子账户管理等网上操作的金融服务，客户的信用卡号或银行账号是电子账户的标志。电子账户通过客户认证、数字签名、数据加密等技术措施保证其操作的安全性。在功能上，电子账户具备借记卡的大部分功能，能实现多账户管理，并享受投资、理财、融资、网上支付、公共事业费缴纳等全方位个人金融服务。

3. 服务(Serve)

服务功能是指企业通过网络开展的与商务活动有关的各种售前和售后的服务。通过互联网，商家之间可以直接交流、谈判、签订合同，消费者也可以将意见反馈到企业或商家的网站，而企业或者商家则可根据消费者的反馈及时调查产品种类及服务品质，做到良性互动。同时，企业也可以完善自己的电子商务系统，巩固原有的客户，吸引新的客户，从而扩大企业的经营业务，获得更大的经济效益和社会效益。

(1) 服务传递。电子商务通过服务传递系统将商品尽快地传递到已订货并付款的客户手中。对于有形的商品，服务传递系统可以通过网络对各地的仓库或配送中心进行物流调配，通过物流服务部门完成商品的传送；而对于无形的信息产品，如软件、电子读物、信息服务等，则立即从电子仓库中将商品通过互联网(或者移动互联网)直接传递到用户端。交互功能是电子商务的最大优势所在，商家可以在网上提供公司和产品的详细介绍、订单查询和资料下载，通过自己的 Web 服务器支持软件下载和升级，通过 FAQ(常见问题回答)来在线回答客户的问题，借助即时通讯软件与客户进行在线交流和文件传输等，使客户能够了解各种信息，从而大大提高了服务质量。

(2) 意见征询。客户的反馈意见不仅能提高售后服务的水平，更能使企业获得改进产品、发现市场的商业机会。而电子商务能十分方便快捷地使企业借助互联网(或者移动互联网)收集用户对销售服务的反馈意见，通过留言簿或者 BBS 论坛了解客户的建议，通过在线追踪、在线调查或提供在线咨询服务，商家可以及时了解市场的反馈信息，以便改进工作。

(3) 交易管理。电子商务重新定义了传统的流通模式，减少了中间环节，使得生产者和消费者的直接交易成为可能，从而在一定程度上改变了整个社会经济运行的方式。电子商务不仅能帮助企业快速、准确地收集大量数据信息，而且企业还可以利用计算机系统强大的数据处理能力，针对与网上交易活动相关的人、财、物，对客户及本企业内部事务等各方面进行及时、科学、合理的协调和管理。

三、电子商务与传统商务比较

电子商务是在信息技术、互联网技术、物流技术等科技创新的大背景下发展起来的，它具有传统商业模式所没有的虚拟大市场、购物体验、高效率、低成本、大数据等优势。随着电子商务的继续发展，其在经济发展中的战略地位将不断提升。电子商务以全天候、全方位、零距离服务的特点，改变着传统经营模式和生产组织形态，影响着产业结构调整和资源配置，对传统零售模式将产生颠覆性的冲击。传统商务与电子商务运作方式的比较如表 1.1 所示。

表 1.1　传统商务与电子商务运作方式比较

项　目	传 统 商 务	电 子 商 务
信息提供	根据销售商的不同而不同	透明、准确
交易对象	部分地区	全球
流通渠道	企业、批发商、零售商、消费者	企业、消费者
顾客忠实度	不固定	固定
交易时间	规定的营业时间内	24 小时
销售方法	通过各种关系买卖	完全自由购买
营销活动	销售商的单方营销	双向通信/PC/一对一
商品信誉	首选名牌	名牌、商品的质量与价格
顾客方便度	时间、地点、服务	无拘无束
顾客需求	需要很长时间掌握顾客的需求	迅速捕捉顾客的需求，及时应对
销售地点	需要销售空间	虚拟空间

四、电子商务的特点

电子商务是互联网爆炸式发展的直接产物，是网络技术应用的全新发展方向。互联网本身所具有的开放性、全球性、低成本、高效率的特点，也成为电子商务的内在特征，并使得电子商务大大超越了作为一种新的贸易形式所具有的价值，它不仅会改变企业本身的生产、经营、管理活动，而且也将影响到整个社会的经济运行与结构。以互联网为依托的电子技术平台为传统商务活动提供了一个无比宽阔的发展空间，其突出的优越性是传统媒介手段根本无法比拟的。

1. 贸易全球化

时间和空间的限制是人们从事社会经济活动的主要障碍，也是构成企业经营成本的重要因素。互联网(或者移动互联网)打破了时空界限，把全球市场连接成为了一个整体，使全球扩张不再是大型跨国公司的专利，小企业一样可以在网络上公平竞争，打入国际市场。处于世界任何角落的个人、公司或机构，都可以通过互联网紧密地联系在一起，建立虚拟社区、虚拟公司、虚拟政府、虚拟商场、虚拟大学或者虚拟研究所等，实现信息共享、资源共享、智力共享。在网上任何一个企业都可以面向全世界销售自己的产品，可以在全世界寻找合作伙伴，当然，同时也要面对来自世界各地的竞争对手。即使身处荒山僻壤，一台便携式电脑加一部手机就可以与世界各地的客户建立联系，收集订单，采购货物，通过网络银行收付货款。

2. 交易电子化

电子商务将传统的商务流程电子化、数字化，一方面以电子流代替实物流，可以大量减少人力、物力，降低了成本；另一方面突破了时间和空间的限制，使得交易活动可以在任何时间、任何地点进行，交易双方从搜集信息、贸易洽谈、签订合同、货款支付到电子报关，均可以通过网络运用电子化手段进行，无需当面接触，从而大大提高了效率。

3. 交易透明化

通过互联网(或者移动互联网)，买方可以对众多的企业产品进行比较，这使得买方的购买行为更加理性，对产品的选择余地也更大。譬如网上招标就可以充分体现“公开、公平、竞争、效益”的原则，避免招投标过程中的暗箱操作，使不正当交易、贿赂投标等腐败现象得以制止。又如实行电子报关与银行的联网有助于杜绝进出口贸易的假出口、偷漏税和骗退税等行为。

4. 部门协作化

商业活动本身是一种协调过程，它需要客户与公司内部、生产商、批发商、零售商间的协调。而电子商务更要求银行、配送中心、通信部门、技术服务等多个部门通力协作，使得企业间的合作如同企业内部各部门间的合作一样紧密，由过去的“大而全”变为现在的“精而强”，企业可以集中经营核心业务，把不具备竞争优势的业务外包出去，通过协作来提高竞争力。

5. 运作高效化

由于实现了电子数据交换的标准化，商业报文能在瞬间完成传递与计算机自动处理，使电子商务克服了传统贸易方式费用高、易出错、处理速度慢等缺点，极大地缩短了交易时间，提高了商务活动的工作效率。电子商务能够规范事务处理的工作流程，将人工操作和电子信息处理集成为一个不可分割的整体，这样不仅能提高人力和物力的利用率，也可以提高系统运行的严密性。

6. 操作方便化

电子商务不再受时空的限制，客户能以快捷方便的方式完成过去繁杂的商务活动，如查询订购的产品、通过网上银行划拨资金、借助即时通讯软件进行贸易洽谈、传输文件、在线投保、电子合同、网上炒股、远程医疗等。

7. 高度集成性

电子商务以计算机网络为主线，对商务活动的各种功能进行了高度的集成，同时也对参加商务活动的商务主体进行了高度的集成，这种高度集成性使电子商务进一步提高了效率。

8. 服务个性化

在电子商务中，企业可以把市场分得更细，针对特定的市场或者根据用户不同的需要去生产不同的产品，为消费者提供个性化服务，如海尔推出的“我的冰箱我设计”“你来设计，我为你制造”的 B2B 式的个性化服务。

学习任务 2　移动电商、跨境电商与农村电商

案例导读

东风村：因互联网而改变的淘宝村

江苏睢宁县沙集镇东风村，不具资源优势，缺乏特色产业，“路北漏粉丝，路南磨粉面，沿河烧砖瓦，全村收破烂”，是这个村曾经的写照。

45 岁的刘超卖掉废旧塑料回收加工设备，专职开网店。他说，七年前的选择，是他这半辈子作出的最明智的决定。当时，刘超正从事废旧塑料加工回收，听说村里有人在网上开店，就让上过大学的弟弟帮忙开了一个网店。刘超只有小学文化，开网店之前连电脑键盘都没摸过。他说：“刚开始和买家聊天，我打字都紧张，过了一个月，慢慢也就适应了。”刘超的网店开张四个月后，他利用更多的时间浏览信息，与人交流，在熟悉计算机和互联网的同时，他意识到国际金融危机真的要来了。加之网店利润率能达到 40%，刘超果断退出废旧塑料加工回收，成为村里第一个将设备出手的人。

“网络早就有，开网店的没有，村里没人带头开，你再精明、再聪明，也不知道开，也不敢开，需要有人把网上开店的窗户纸捅破。”刘超口中捅破“窗户纸”的人，就是孙寒。

出生于 20 世纪 80 年代的孙寒是东风村的“带头大哥”，2006 年 3 月从睢宁县移动公司离职后，他把手头积攒的 30 张面值 100 元的充值卡，以每张 95 元的价格在淘宝网上出售，没想到一个晚上就卖光了。

2007 年的一次上海之行，改变了一个人、一个村庄的命运。在上海逛街时，孙寒看到一些别致的简易拼装木质家具，他想：能不能把这些家具放到网上卖呢？于是他买了几件样品回村，然后请木匠改进设计、生产加工、上网销售，第一个月的销售额就达十来万元，有的产品利润率甚至超过 50%。此时村里既无家具厂，也没快递集散点。起初街坊邻居还窃窃私语：“孙家那小子整天在网上跟人嘀嘀咕咕的，不是在干传销吧？”但看着镇上来的快递员天天上门取货，他们渐渐明白其中一定有钱可赚。

住在孙寒家对面的王跃，初二辍学，开过蛋糕店、学过厨师，当时正从事废旧塑料回收加工。某天到孙寒家串门，问他怎么经营网店的，“当时就是好奇，想试试看，没想到几天赚了一千多元，比回收塑料强多了，最大的感觉就俩字：“神奇。”孙寒兴奋地向王跃说道。

网销、拿货、配送、收款，网店经营流程简单；锯板、封边、钻孔，简易家具生产也不复杂。一时间，整个东风村热闹起来，网店如雨后春笋般涌现。经济实力强的农户，则“前店后厂”，在院子里办起家具加工厂。

自从八年前村里开起第一家网店，东风村迅速“逆袭”“无中生有”了一条完整的产业链，一跃成为睢宁县名噪一时的“明星村”。1180 户，超过六成联网，经营两千多个网店，交易额突破 10 亿元。“基本天天都有人来咱‘破烂村’取经，去年各地来了近三百个团组。”王万军说。

2011 年 9 月，东风村销售最好的一款电视柜遭人投诉，被淘宝客服下架。当时，东风村一天能销售这款电视柜四十多万件，仅徐松的店铺，一天就能卖一万多件。“因为有个苏州的公司抢先申请了这款电视柜的专利，随后投诉其他店铺侵权。我与这家公司沟通，对方说得很直接：‘我卖，你就不能卖。’”徐松意识到东风村可能面临着产品专利危机，同时也嗅出了其中的“商机”。

在东风村的网商中，36 岁的徐松被称为“最像老板的老板”，他 11 岁离开东风村，随父母到外地做生意，卖服装、办酒厂、开酒店、养土鸡。他回东风村办的第一个公司，就是专门代理网商注册淘宝商城。当时入驻淘宝商城一般需要 3～6 个月，徐松提出“15 天入驻淘宝商城不是梦”的宣传语，并成功注册了八十多个公司，每个成本是三万多元，每个网商收取四万元代办费，全部转让给村民，通过赚取差价，掘得了一桶金。

“淘宝有很多交易规则，卖家须遵守，不诚信就要受惩罚。以前有一个买家，买了我一件货，当时实际上没有货了，但我告诉他明天可以看到物流信息。结果，我因为‘违背承诺，延迟发货’被扣掉 3 分，那时，一年要是被扣掉 12 分，网店就会被降级。”想起那次交易失信事件，王万军的儿子王静仍很感慨：“网店没有的东西就是没有，没发货就是没发，小聪明要不得……”王静认为，“虚拟社区”并不虚，网上交易同样很实，现代市场经济的意识逐步渗入乡村，这必将对熟人社会的交往规则产生深远影响。“亲是哪儿的？亲觉得多少钱合适？……”晚上 8 点见到王静时，他正在家中二楼的工作室，紧盯电脑与买家聊天，“一口一个亲，刚开始觉得挺别扭，现在都习惯了。”2009 年 10 月，王静的小店开张，一个月没卖出一件东西。“我至今清楚记得，第一件‘宝贝’是被广东韶关的一个买家买走的，还给了个好评，那次兴奋得半夜都没睡着，后来订单就越来越多。”

不仅外出务工人员返乡了，一些大学生也回到村里进行网络创业。董来平毕业于新疆一所大学，2009 年在家创业，养七彩山鸡，家人始终不理解“花那么多钱供你上大学，怎么能养鸡？”受不了世俗的眼光，董来平应聘到山东一家上市公司工作，月薪六千多元。看着村里热火朝天的场景，他还是于 2012 年 4 月辞职回村，开网店卖家具。每天早晨七点起床，到自家家具厂和三名工人一起干活，工人下午五点下班，自己再加班到 9 点。回到家里，接替老婆看网店直到晚上 11 点半才关机睡觉。“虽然累点，但比在公司上班有劲，挣钱也多得多，应该早点创业。”董来平这样说道。

外地的大学生也到东风村“淘金”。90 后大学生吴潇崇是陕西宝鸡人，半年前从北京一家影视公司辞职来到东风村，开了一家名为“V 度电商服务”的公司。

短短几年，东风村从无到有，建起二百五十多家家具厂，聚集 42 家物流企业，2014 年交易额达到 26 亿元，周边其他村上千人到这里打工。

沙集镇党委书记邱良超认为，互联网经济的深度介入，加速了东风村和沙集镇的城镇化进程。

【思考】你想不想到农村发展电商？

一、移动电子商务

移动电子商务(M-Commerce)由电子商务(E-Commerce)衍生出来。电子商务是以电脑为主要界面，是“有线的电子商务”；而移动电子商务则是通过手机、PDA(个人数字助理)等

可移动的终端进行的商务活动，是“无线的电子商务”。

1．移动电子商务的含义

移动电子商务是指利用手机、PDA 及掌上电脑等无线终端进行 B2B、B2C 或 C2C 的电子商务活动。它将因特网、移动通信技术、短距离通信技术及其他信息处理技术完美结合，使人们可以在任何时间、任何地点进行各种商贸活动，实现随时随地、线上线下的购物与交易、在线电子支付以及各种交易活动、商务活动、金融活动和相关的综合服务等。

据中国互联网络信息中心(CNNIC)2016 年 8 月 3 日发布的《第 38 次中国互联网络发展状况统计报告》显示：移动互联网塑造了全新的社会生活形态，截至 2016 年 6 月，手机网民规模达 6.56 亿，有 92.5%的网民通过手机上网；手机网络购物用户 4.01 亿，增长率为 18%，手机网络购物的使用比例由 54.8%提升至 61%；手机预订机票、酒店、火车票或旅游度假产品的网民规模达到 2.32 亿，较 2015 年 12 月底增长 2236 万人，增长率为 10.7%，其中手机预订在线旅行的比例由 33.9%提升至 35.4%。

2．移动电子商务的业务类型

(1) “推(Push)”业务：主要用于公共信息发布，应用领域包括时事新闻、天气预报、股票行情、彩票中奖公布、交通路况信息、招聘信息和广告等。

(2) “拉(Pull)”业务：主要用于信息的个人定制接收，应用领域包括服务账单、电话号码、旅游信息、航班信息、影院节目安排、列车时刻表、行业产品信息等。

(3) 交互式(Interactive)业务：主要包括电子购物、博彩、游戏、证券交易、在线竞拍等。

二、跨境电子商务

2014 年被很多业内人士称为跨境进口电商元年。传统零售商、海内外电商巨头、创业公司、物流服务商、供应链分销商等电商巨头纷纷以不同形式涉水跨境电商，如天猫国际、京东海外购、蘑菇街、聚美急速免税店、唯品会、一号店、网易考拉等。

2015 年是跨境电商初步洗牌阶段。首先，跨境电商(以进口电商为主)基本确立了三大类别的商业模式，即第一类是买手制，比如洋码头、海蜜；第二类是平台入驻型，比如天猫国际、京东国际；第三类是 B2C 自营，比如蜜芽、波罗蜜。其次，跨境电商的商品流转已经从 2014 年的直邮和转运为主保税区为辅，逐步发展为保税区为主直邮为辅的模式。最后，跨境电商的商品品类结构已经从单一品类爆款为主，逐步在向多品类、多爆款，甚至无爆款的阶段过渡，消费结构也越来越合理。

1．跨境电子商务

跨境电子商务(Cross Boarder E-Commerce，CBEC)是指分属不同关境的交易主体通过电子商务平台达成交易、进行支付结算，并通过跨境物流送达商品、完成交易的一种国际商业活动。跨境电商平台交易流程见图 1.2。

跨境电子商务作为推动经济一体化、贸易全球化的技术基础，具有非常重要的战略意义。跨境电子商务不仅冲破了国家间的障碍，使贸易真正走向无国界，同时它也正在引起世界经济贸易的巨大变革。对企业来说，跨境电子商务构建的开放、多维、立体的多边经贸合作模式，极大地拓宽了进入国际市场的路径，大大促进了多边资源的优化配置与企业间的互利共赢；对于消费者来说，跨境电子商务使他们非常容易地获取其他国家的信息并买到物美价廉的商品。

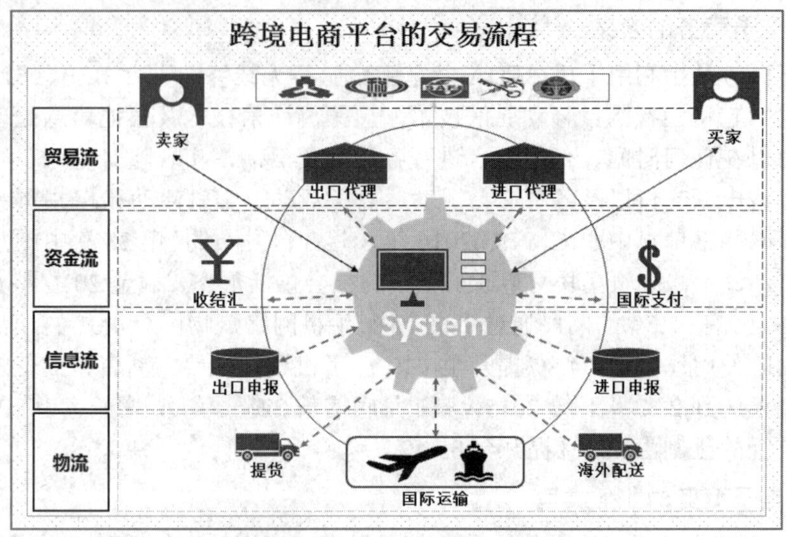

图 1.2　跨境电商平台交易流程

2. 跨境电子商务分类

跨境电子商务主要有以下三种划分方式。

1) 按贸易模式划分

按照贸易模式划分，跨境电子商务可以分为进口跨境电子商务和出口跨境电子商务两种贸易模式。出口模式典型代表是速卖通；进口模式典型代表是天猫国际。

跨境电商进出口的流程是：生产商或制造商将生产的商品在跨境电商企业的平台上上线，在商品被选购下单并完成支付后，跨境电商企业将商品交付给物流企业进行投递，经过海关商检后，最终送达消费者或企业受众。也有的跨境电商企业直接与第三方综合服务平台合作，让第三方综合服务平台代办物流、海关商检等一系列环节，从而完成整个跨境电商交易的过程。跨境电商进口的流程除了与出口流程方向相反外，其他内容基本相同。跨境电商进出口流程如图 1.3 所示。

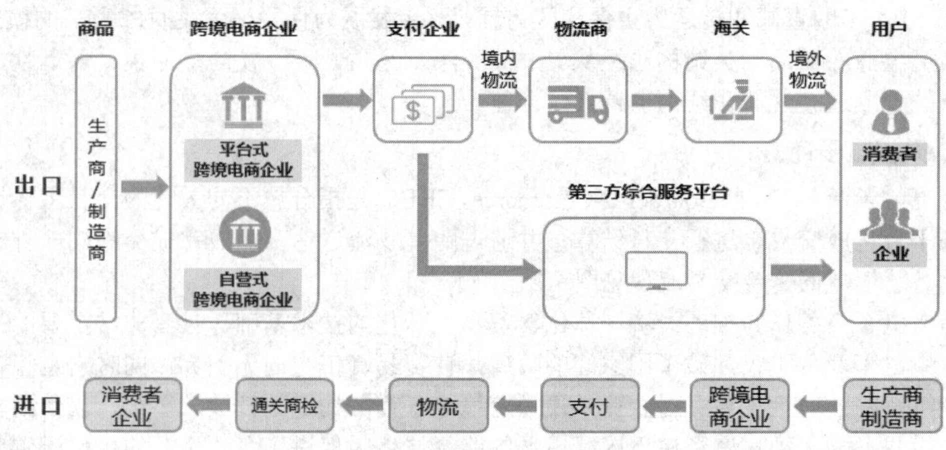

图 1.3　跨境电商进出口流程

进口跨境电子商务的主要商品有欧美的名牌时装及服饰、日韩的化妆品、澳新的奶粉，以及发达国家生产的名牌日用品。进口包裹的主要渠道有：邮政、商业快递、深港灰色清关、其他口岸灰色清关(如天津、澳门、中越边境)。进口物品通关方式见图 1.4，中国跨境进口电商产业链见图 1.5。

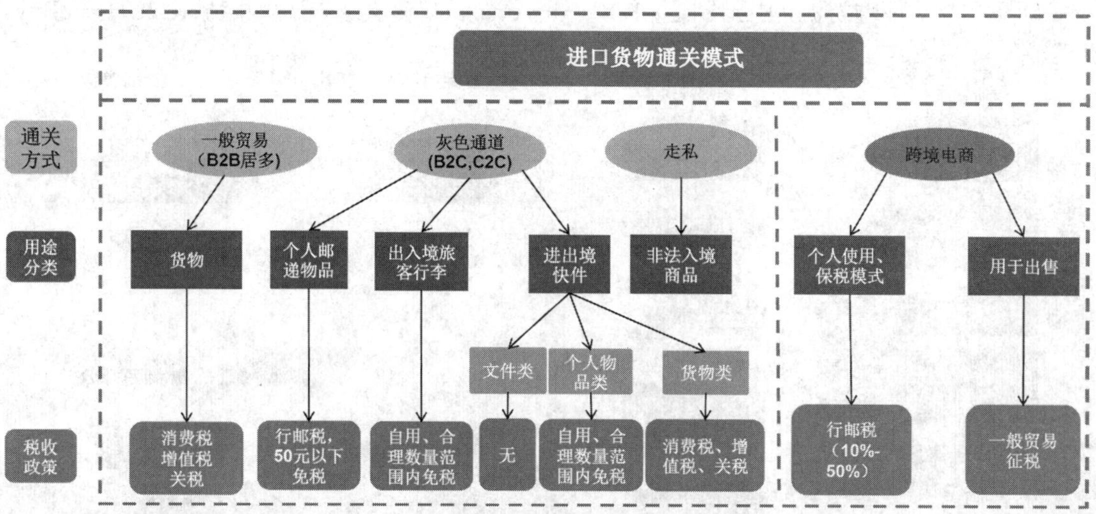

图 1.4　进口物品通关方式

图 1.5　中国跨境进口电商产业链

出口跨境电子商务的主要商品有电子类产品、服装/服饰、母婴、鞋帽、玩具、日用品等，80%的货物以包裹形式，通过快件/邮政由中国出口直送至消费者手中。

2) 按商业模式划分

按照商业模式划分，跨境电子商务可分为 B2B 跨境电子商务、B2C 跨境电子商务以及

C2C 跨境电子商务三种类型。目前，在 B2B 模式下，企业运用电子商务以广告和信息发布为主，成交和通关流程基本在线下完成。在 B2C 模式下，我国企业直接面对国外消费者，以销售个人消费品为主，物流方面主要采用航空小包、邮寄、快递等方式，其报关主体是邮政或快递公司。跨境电商网购模式见图 1.6。以上三种跨境电商模式的典型代表是：B2B——阿里巴巴、环球资源、中国制造；B2C——Amazon、速卖通、兰亭集势；C2C——eBay。

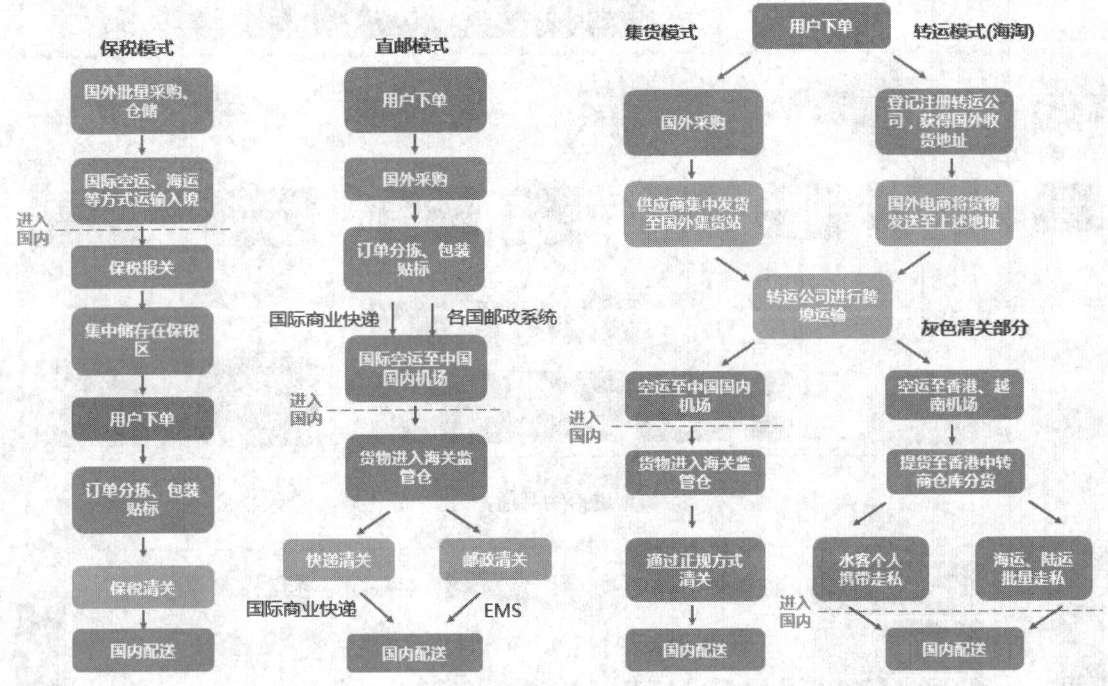

图 1.6　跨境电商网购模式

3) 按平台服务类型划分

按照平台服务类型划分，跨境电子商务平台分为信息服务平台和在线交易平台。以上两种服务平台的典型代表是：信息服务平台——阿里巴巴；在线交易平台——速卖通、eBay。

进口零售类电商五大模式盘点

传统海淘模式是一种典型的 B2C 模式。严格来讲，“海淘”一词的原意是指中国国内消费者直接到外国 B2C 电商网站上购物，然后通过转运或直邮等方式把商品邮寄回国的购物方式。除直邮品类之外，中国消费者只能借助转运物流的方式完成收货。简单地讲，就是在海外设有转运仓库的转运公司代消费者在位于国外的转运仓地址收货，之后再通过第三方/转运公司自营的跨国物流将商品发送至中国口岸。

除了最为传统的海淘模式，根据不同的业务形态可以将进口零售类电商现有的主要运营模式分为如下五大类，即海外代购模式、直发/直运平台模式、自营 B2C 模式、导购/返

利平台模式、海外商品闪购模式。

1. 海外代购模式

简称“海代”的海外代购模式是继海淘之后第二个被消费者熟知的跨国网购概念。简单地说，海代模式就是身在海外的人/商户为有需求的中国消费者在当地采购所需商品并通过跨国物流将商品送达消费者手中的模式。从业务形态上可将海代模式分为以下两类：

(1) 海外代购平台。海外代购平台的运营重点在于尽可能多地吸引符合要求的第三方卖家入驻，不会深度涉入采购、销售以及跨境物流环节。入驻平台的卖家一般都是有海外采购能力或者跨境贸易能力的小商家或个人，在收到消费者订单后，他们会定期或根据消费者订单集中采购特定商品，再通过转运或直邮模式将商品发往中国。海外代购平台走的是典型的跨境 C2C 平台路线，代购平台通过向入驻卖家收取入场费、交易费、增值服务费等获取利润。

优势：为消费者提供了较为丰富的海外产品品类选项，用户流量较大。

劣势：消费者对于入驻商户的真实资质报以怀疑的态度，交易信用环节可能是 C2C 海代平台目前最需要解决的问题之一；对跨境供应链的涉入较浅，或难以建立充分的竞争优势。

代表：淘宝全球购、京东海外购、易趣全球集市、美国购物网。

(2) 朋友圈海外代购。微信朋友圈代购是依靠熟人/半熟人社交关系从移动社交平台自然生长出来的原始商业形态。

2. 直发/直运平台模式

直发/直运平台模式又被称为 DropShipping 模式。在这一模式下，电商平台将接收到的消费者订单信息发给批发商或厂商，后者则按照订单信息以零售的形式对消费者发送货物。由于供货商是品牌商、批发商或厂商，因此直发/直运是一种典型的 B2C 模式，即第三方 B2C 模式(参照国内的天猫商城)。直发/直运平台的部分利润来自于商品零售价和批发价之间的差额。

优势：直发/直运模式在寻找供货商时是与可靠的海外供应商直接谈判签订跨境零售供货协议的，为了解决跨境物流环节的问题，这类电商会选择自建国际物流系统(如洋码头)或者和特定国家的邮政、物流系统达成战略合作关系(如天猫国际)。

劣势：招商缓慢，前期流量相对不足；前期所需资金体量较大；对于模式既定的综合平台来说，难以规避手续造假的“假洋品牌”入驻。

代表：天猫国际(综合)、洋码头(北美)、跨境通(上海自贸区)、苏宁全球购(意向中)、海豚村(欧洲)、一帆海购网(日本)、走秀网(全球时尚百货)。

3. 自营 B2C 模式

在自营 B2C 模式下，大多数商品都需要平台自己备货。自营 B2C 模式分为综合型自营和垂直型自营两类。

(1) 综合型自营跨境 B2C 平台。综合是指平台的自营品类涵盖了不同的行业和领域。

优势：跨境供应链管理能力强，具有强势的供应商管理；较为完善的跨境物流解决方案；后备资金充裕。

劣势：业务发展会受到行业政策变动的显著影响，不可逆转的固定资产投资风险极大。

代表：亚马逊、1 号店的“1 号海购”。目前二者已落户上海自贸区，它们开展进口电商业务所出售的商品是以保税进口或者海外直邮的方式入境。

(2) 垂直型自营跨境 B2C 平台。垂直是指平台的自营品类集中于某个特定的范畴，如食品、奢侈品、化妆品、服饰等。

优势：供应商管理能力相对较强。

劣势：前期需要较大的资金支持。

代表：中粮我买网(食品)、蜜芽宝贝(母婴)、寺库网(奢侈品)、莎莎网(化妆品)、草莓网(化妆品)。

4. 导购/返利平台模式

导购/返利模式是一种比较轻的电商模式，可以分成两部分来理解，即引流部分和商品交易部分。引流部分是指通过导购资讯、商品比价、海购社区论坛、海购博客以及用户返利来吸引用户流量；商品交易部分是指消费者通过站内链接向海外 B2C 电商或者海外代购者提交订单实现跨境购物。为了提升商品品类的丰富度和货源的充裕度，这类平台通常会搭配以海外 C2C 代购模式。因此，从交易关系来看，这种模式可以理解为海淘 B2C 模式+代购 C2C 模式的综合体。通常情况下，导购/返利平台会把自己的页面与海外 B2C 电商的商品销售页面进行对接，一旦产生销售，B2C 电商就会给予导购平台 5%～15%的返点，导购平台则把其所获返点中的一部分作为返利回馈给消费者。

优势：定位于对信息流的整合，模式较轻，较容易开展业务；引流部分可以在较短时期内为平台吸引到不少海购用户，可以比较好地理解消费者前端需求。

劣势：长期而言，把规模做大的不确定性比较大，需要其他要素加以配置；对跨境供应链把控较弱；进入门槛低，商家多，相对缺乏竞争优势，若无法尽快达到一定的可持续流量规模，其后续发展可能比较难以维持下去。

代表：55 海淘、一淘网(阿里旗下)、极客海淘网、海淘城、海淘居、海猫季、Extrabux、悠悠海淘、什么值得买、美国便宜货。

总体而言，导购/返利平台生存下去的难度不是很大，但要想把规模做到百万级以上并不容易，可能需要通过网站联盟或横向并购的手段才能实现。

5. 海外商品闪购模式

由于跨境闪购所面临的供应链环境比起境内更为复杂，因此，涉足跨境闪购的商家都处于小规模试水阶段。海外商品闪购模式是一种第三方 B2C 模式。

优势：一旦确立行业地位，将会形成流量集中、货源集中的平台网络优势。

劣势：闪购模式对货源、物流的把控能力要求高；对前端用户引流、转化的能力要求高。购物过程中任何一个环节的能力有所欠缺都可能以失败告终。

代表：聚美优品的“聚美海外购”、唯品会的“全球特卖”(海外直发专场)、蜜淘网(原 CN 海淘)、天猫国际的环球闪购、1 号店的进口食品闪购活动、宝宝树旗下的杨桃派。

3. 国家跨境电商综合试验区

中国跨境电子商务综合试验区是中国设立的具有跨境电子商务综合性质的先行先试的城市区域，旨在跨境电子商务交易、支付、物流、通关、退税、结汇等环节的技术标准、业务流程、监管模式和信息化建设等方面先行先试，通过制度创新、管理创新、服务创新和协同发展，破解跨境电子商务发展中的深层次矛盾和体制性难题，打造跨境电子商务完整的产业链和生态链，逐步形成一套适应和引领全球跨境电子商务发展的管理制度和规则，

为推动中国跨境电子商务健康发展提供可复制、可推广的经验。2015 年 3 月 7 日，国务院同意设立中国(杭州)跨境电子商务综合试验区。该试验区作为全国电子商务中心，建立了“清单核放、汇总申报”通关模式，并初步建立了海关、国检、税务、外管、电商、物流、银行等数据交换平台和长三角区域通关一体化。杭州计划经过 3～5 年的改革试验，把跨境电子商务综合试验区建设成以“线上集成＋跨境贸易＋综合服务”为主要特征的全国跨境电子商务创业创新中心、服务中心和大数据中心，通过建立符合现代国际贸易通行规则的新型自由贸易园区，推进跨境电商贸易便利化。

2016 年 1 月 6 日，国务院总理李克强主持召开国务院常务会议，会议决定将先行试点的中国(杭州)跨境电子商务综合试验区初步探索出的相关政策体系和管理制度向更大范围推广。按照合理布局、注重特色和可操作性的原则，在东中西部选择一批基础条件较好、进出口和电子商务规模较大的城市，在宁波、天津、上海、重庆、合肥、郑州、广州、成都、大连、青岛、深圳、苏州 12 个城市新设跨境电子商务综合试验区，决定用新模式为外贸发展提供新支撑，复制推广以下经验做法：

一是构建六大体系，包括企业、金融机构、监管部门等信息互联互通的信息共享体系，一站式的在线金融服务体系，全程可验可测可控的智能物流体系，分类监管、部门共享和有序公开的电子商务信用体系，以及为企业经营、政府监管提供服务保障的统计监测体系和风险防控体系。

二是建设线上“单一窗口”和线下“综合园区”两个平台，实现政府部门间信息互换、监管互认、执法互助，汇聚物流、金融等配套设施和服务，为跨境电子商务打造完整产业链和生态圈，以更加便捷高效的新模式释放市场活力，促进企业降成本、增效益，支撑外贸优进优出、升级发展。

4．国家大力支持跨境电商发展

我国对跨境电商发展非常支持，出台了一系列政策和规定，见图 1.7。

图 1.7 国家对跨境电商发展的政策支持

2014 年 7 月，海关总署的《关于跨境贸易电子商务进出境货物、物品有关监管事宜的公告》和《关于增列海关监管方式代码的公告》(即业内熟知的“56 号”和“57 号”文)接连出台，从政策层面上承认了跨境电子商务，也同时认可了业内通行的保税模式，此举被外界认为明确了对跨境电商的监管框架。此前跨境电商试点城市开放给予了跨境电商税收上的优惠政策，即通过跨境电商渠道购买的海外商品只需要缴纳行邮税，免去了一般进口贸易的“关税 + 增值税 + 消费税”。2015 年 4 月 28 日国务院常务会议中关于降低进口产品关税试点、税制改革和恢复增设口岸免税店的相关政策，表明了政府促进消费回流国内的决心。2015 年 6 月 16 日，国务院办公厅发布《国务院办公厅关于促进跨境电子商务健康快速发展的指导意见》(国办发〔2015〕46 号)。以上这些政策和规定都是明显的政策红利信号。

2015 年，政府部门出台多项政策促进网络零售市场快速发展。《“互联网 + 流通”行动计划》和《关于积极推进“互联网+”行动的指导意见》明确提出：推进电子商务进农村、进中小城市、进社区，线上线下融合互动，跨境电子商务等领域产业升级；推进包括协同制造、现代农业、智慧能源等在内的 11 项重点行动。上述政策有利于电子商务模式下大消费格局的构建。《中共中央关于制定国民经济和社会发展第十三个五年规划的建议》提出将“共享”作为发展理念之一，而网络零售的“平台型经济”正顺应了这一发展理念，使广大商家和消费者在企业平台的共建共享中获益。在政策的支持下，跨境电商成为网络零售市场新的增长点，影响力直达全球。商务部数据显示，中国主要跨境电商交易额平均增长率在 40% 左右，其中进口网络零售增长率在 60%左 右，出口网络零售增长率在 40%左右。网络零售平台引入美国、欧洲、日本、韩国等 25 个以上国家和地区的五千多个海外知名品牌的全进口品类，国内超过 5000 个商家的 5000 万种折扣商品售卖到包括“一带一路”沿线的 64 个国家和地区。

2016 年 3 月 24 日财政部、海关总署、国家税务总局联合发文，对跨境电子商务零售进口税收政策作调整：自 2016 年 4 月 8 日起，跨境电子商务零售(企业对消费者，即 B2C)进口商品将不再按邮递物品征收行邮税，而是按货物征收关税和进口环节增值税、消费税，以推动跨境电商健康发展；取消了此前 50 元以下的免征额度，将单次交易限值由行邮税政策中的 1000 元(港澳台地区为 800 元)提高至 2000 元，同时将设置个人年度交易限值为 20 000 元。在限值以内的跨境电子商务零售进口商品，关税税率暂设为 0%，进口环节增值税、消费税取消免征税额，暂按法定应纳税额的 70%征收。超过单次限值、累加后超过个人年度限值的单次交易，以及完税价格超过 2000 元限值的单个不可分割商品，将均按照一般贸易方式全额征税。同时，为优化税目结构，方便旅客和消费者申报、纳税，提高通关效率，我国将同步调整行邮税政策，将目前的四档税目(对应税率分别为 10%、20%、30%、50%)调整为三档。其中，税目 1 主要为最惠国税率为零的商品，税目 3 主要为征收消费税的高档消费品，其他商品归入税目 2。调整后，为保持各税目商品的行邮税税率与同类进口货物综合税率大体一致，税目 1、2、3 的税率将分别为 15%、30%、60%，见表 1.2。新税收政策下，购买跨境电商零售进口商品的个人将作为纳税义务人，实际交易价格(包括货物零售价格、运费和保险费)作为完税价格，电子商务企业、电子商务交易平台或物流企业为代收代缴义务人。

表 1.2　中华人民共和国进境物品进口税率表

税号	税率(%)	物品名称
1	15	书报、刊物、教育用影视资料；计算机、视频摄录一体机、数字照相机等信息技术产品；食品、饮料；金银；家具；玩具，游戏产品、节目或其他娱乐产品
2	30	运动用品(不含高尔夫球及球具)、钓鱼用品；纺织品及其制成品、电视摄像机及其他电器用具；自行车；税目 1、3 中未包含的其他商品
3	60	烟、酒；贵重首饰及珠宝玉石；高尔夫球及球具；高档手表；化妆品

该政策的实施将有利于支持新兴业态与传统业态、国外商品与国内商品公平竞争，提高市场效率，促进共同发展。政策实施后，将为国内跨境电子商务的发展营造稳定、统一的税收政策环境，引导电子商务企业开展公平竞争，有利于鼓励商业模式创新，推动跨境电子商务健康发展，并将有利于提升消费者客户体验，保护消费者合法权益。

跨境电子商务企业对企业(B2B)进口，线下按一般贸易等方式完成货物进口，仍按照现行有关税收政策执行。

我国对进出境商品区分为货物和物品，并执行不同的税制。其中，对进境货物征收进口关税和进口环节增值税、消费税；对非贸易属性的进境行李、邮递物品等，将关税和进口环节增值税、消费税三税合一，合并征收进境物品进口税，俗称行邮税。我国一直对个人自用、合理数量的跨境电商零售进口商品在实际操作中按行邮税征税，大部分商品税率为 10%，总体上低于国内销售的同类一般贸易进口货物和国产货物的税赋。此次改革则明确了跨境电商零售进口商品的贸易属性。

三、农村电子商务

网络零售企业深挖农村市场消费潜力，据中国互联网信息中心发布的《第 37 次中国互联网络发展状况统计报告》：截至 2015 年 12 月，农村地区网购用户占比达到 22.4%，阿里巴巴、京东、苏宁等电商平台在农村建立电商服务站，招募农村推广员服务于广大农村消费者。

国务院总理李克强在 2015 年 10 月 14 日主持召开的国务院常务会议上部署加快发展农村电商，把实体店与电商有机结合，使实体经济与互联网产生叠加效应。为此，一要扩大电商在农业、农村的应用，鼓励社会资本、供销社等各类主体建设涉农电商平台，拓宽农产品、民俗产品、乡村旅游等市场，在促进工业品下乡的同时为农产品进城拓展更大空间。二要改善农村电商的发展环境，完善交通、信息、产地集配、冷链等相关设施，鼓励农村商贸企业建设配送中心，发展第三方配送等，提高流通效率。三要营造良好的网络消费环境，严打网上销售假冒伪劣商品等违法行为，大力培养农村电商人才，鼓励通过网络创业就业。四要加大农村电商的政策扶持，对符合条件的给予担保贷款及贴息，加大对电商创业的信贷支持，让亿万农民通过互联网走上双创新舞台。同时，会议还指出，推进“互联网 + 快递”，引导快递企业与电商深度合作，服务农业订单生产、工业个性化定制等新模式，发展便民利商新业态。

农村电子商务，就是通过网络平台嫁接各种服务于农村的资源，拓展农村信息服务业务、服务领域，使之兼而成为遍布县、镇、村的三农信息服务平台。农村电子商务平台配合密集的乡村连锁网点，以数字化、信息化的手段，通过集约化管理、市场化运作、成体系的跨区域跨行业联合，构筑紧凑而有序的商业联合体，降低农村商业成本，扩大农村商业领域，使农民成为平台的最大获利者，使商家获得新的利润增长。

农村淘宝是阿里巴巴集团的战略项目，阿里巴巴集团将与各地政府深度合作，以电子商务平台为基础，通过搭建县村两级服务网络，充分发挥电子商务优势，突破物流、信息流的瓶颈，实现网货下乡和农产品进城的双向流通功能。

农村淘宝可以用“五个一”来概括：一个村庄中心点、一条专用网线、一台电脑、一个超大屏幕、一组经过培训的技术人员。

下面用一个简单的实例来说明买和卖的流程。用户在屏幕上看中了一件100块钱的衣服，可以直接找到“农村淘宝”店主，让他帮你下单填地址。当用户收到货后，不必急着付款，先试穿了再说。如果觉得满意，那就去店里付款；如果不喜欢，也没问题，直接把衣服交给农村淘宝店主退货即可。至于卖就更方便了，例如地里的板栗熟了，只要给店里来个电话，技术人员就会上门拍照议价，然后卖家的土产品就上了淘宝网。接到订单后，发货即可，买家确认后，村民还可以选择现金或汇款两种方式收钱。

学习任务3　“互联网+”与工业4.0

“互联网+”打通诉讼服务的“末梢神经”

“我这离婚诉讼案才刚立案两天，竟然发现他在偷偷转移财产，虽然法院已经通过短信通知我承办法官和其联系方式了，但电话却一直无人接听，这可怎么办呀?” “12368”司法热线的坐席员肖昌新法官听出了电话里郑女士的焦急，连忙解释:“您先别急，承办法官可能在开庭或外出调查去了，我马上帮您联系他。”话音刚落，肖昌新法官马上把郑女士的情况编辑成短信，通过法院的短信平台服务系统发送到承办法官的手机和电脑审判系统中。没过多久，电话又响了，传来的是郑女士激动的声音:“太谢谢您了，承办法官已经跟我联系了。”

这是发生在北京市大兴区人民法院内真实的一幕。据了解，该院借助语音导诉系统、短信服务平台和“12368”司法热线打通了诉讼服务的“末梢神经”，而远程信访接待，网上预约立案、案件查询，电子档案异地查询，数字化审委会系统，微访谈、微直播等一系列服务，又使诉讼由线下延伸到了线上，最终打造了“互联网＋诉讼服务”的新模式，将“打一场公正、明白、便捷、受尊重的官司”变为“一次游走在移动终端上的普法课堂”。

像郑女士一样，因为一次旅游而陷入纠纷的李大爷同样享受到了信息化诉讼服务的便利。

李大爷居住在北京城南的大兴区，是名退休工人，儿女都在外地工作，前一段时间跟着家门口的旅游团去延庆一日游，没想到出了车祸。目前案件正在大兴法院审理中，庭审

时法官提出，李大爷提交的证据缺少此次事故的责任认定书，这下可把李大爷急坏了。听到承办法官说延庆法院已开庭审理过司机朱某因此次事故的运输合同纠纷，这份证据在延庆法院能够拿到，李大爷便一心想着要跑到延庆去调取这份关键证据。

“大爷，您腿脚不方便，不用再去延庆法院申请调取事故责任认定书了，这来来回回要折腾一天呢!”在诉讼服务大厅，李大爷却得到了这样的答复，“现在只要您用二代身份证在我院诉服大厅的自助服务一体机上轻轻一扫，就可以帮您‘足不出院’解决问题了。”在诉讼服务大厅工作人员的帮助下，短短几分钟后，李大爷需要的证据材料就顺利地从自助服务终端的诉讼服务一体机中打印了出来。李大爷见状兴奋地说：“这一站式服务的效果实在太好了，再也不用咱老百姓跑断腿了!”

实现北京市法院之间诉讼卷宗材料的免费通存通兑是大兴法院拓展延伸、整合运用北京市高院诉讼服务一体机，加快诉讼服务信息网络建设的一个缩影。近年来，大兴法院为了让众多当事人享受少跑路、少花钱、多办事、多元化的诉讼服务，积极构建综合性、一站式、全天候、立体化的司法网络体系，通过信息化手段努力打造能够为诉讼服务中心提供服务支撑和工作监管的便民服务系统，通过将软件与网络、电话、触摸屏终端、自助服务系统等相结合，建立起了面向当事人、面向法官、面向审判管理、面向整个诉讼流程的一体化诉讼服务平台。

大兴法院院长马来客说:“在信息化建设的黄金时代，大力推进‘互联网 + 诉讼服务’，打通法院之间的屏障，实现诉讼服务质的飞跃，着力提升审判质效，切实减轻当事人和律师的负担，不仅是贯彻落实最高法院和市高院要求打造‘网络法院’和‘阳光法院’的精神所在，更是人民群众的迫切需求和现实愿望。”

【思考】你认为“互联网+”能否改变人们的日常生活?

2015 年 3 月 5 日上午，在十二届全国人大三次会议上，李克强总理在政府工作报告中首次提出“互联网+”行动计划。2015 年 7 月 4 日李克强总理签署发布的《国务院关于积极推进“互联网+”行动的指导意见》提出：“互联网+”是把互联网的创新成果与经济社会各领域深度融合，推动技术进步、效率提升和组织变革，提升实体经济创新力和生产力，形成更广泛的以互联网为基础设施和创新要素的经济社会发展新形态。明确了我国“互联网+”行动总体目标：到 2018 年，互联网与经济社会各领域的融合发展进一步深化，基于互联网的新业态成为新的经济增长动力，互联网支撑大众创业、万众创新的作用进一步增强，互联网成为提供公共服务的重要手段，网络经济与实体经济协同互动的发展格局基本形成。“互联网+”的十一个重点行动领域包括创业创新、协同制造、现代农业、智慧能源、普惠金融、益民服务、高效物流、电子商务、便捷交通、绿色生态以及人工智能。

一、“互联网+”

1.“互联网+”的概念

通俗来说，“互联网+”就是“互联网 + 各个传统行业”，但这并不是简单的两者相加，而是利用信息通信技术以及互联网平台，让互联网与传统行业进行深度融合，创造新的发展生态，如图 1.8 所示。这相当于给传统行业加了双互联网的“翅膀”，助飞传统行业，比如互联网医疗，就是传统的医疗机构接入互联网平台，实现了在线求医问药，如图 1.9 所示。

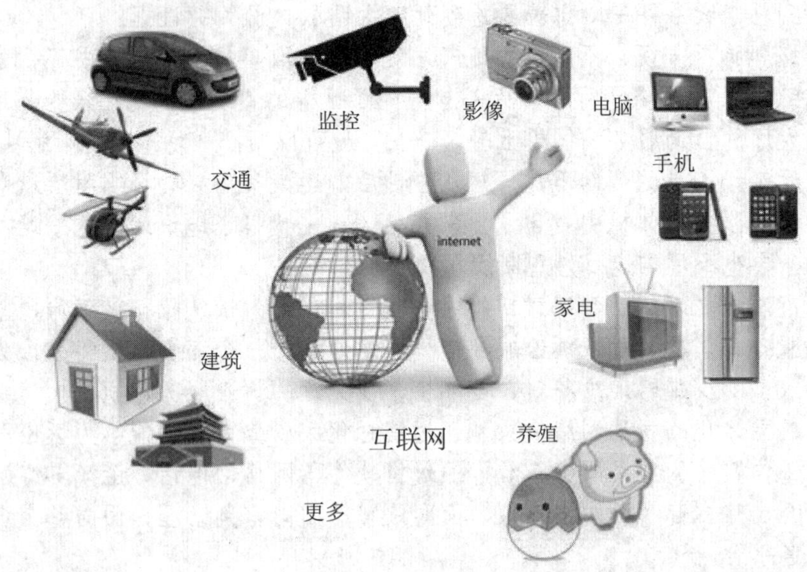

图 1.8 “互联网+”传统行业

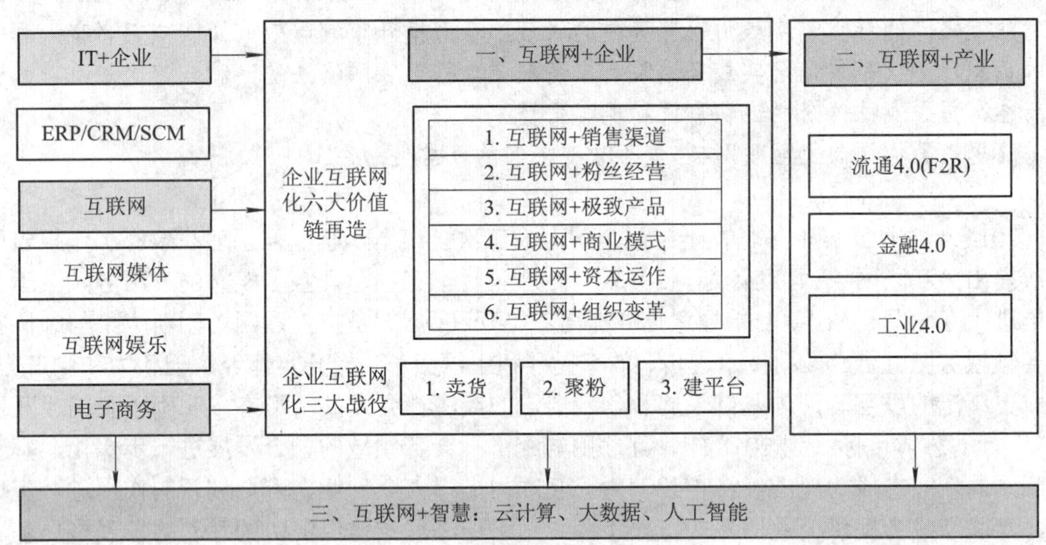

图 1.9 “互联网+”概念模型

“互联网+”是创新 2.0 下的互联网发展新形态、新业态，是知识社会创新 2.0 推动下的互联网形态演进。“互联网+”是对创新 2.0 时代新一代信息技术与创新 2.0 相互作用，共同演化推进经济社会发展新形态的高度概括。新一代信息技术发展催生了创新 2.0，而创新 2.0 又反过来作用于新一代信息技术形态的形成与发展，重塑了物联网、云计算、社会计算、大数据等新一代信息技术的新形态。新一代信息技术的发展又推动了创新 2.0 模式的发展和演变，Living Lab(生活实验室、体验实验区)、Fab Lab(个人制造实验室、创客)、AIP(“三验”应用创新园区)、Wiki(维基模式)、Prosumer(产消者)、Crowdsourcing(众包)等典型创新 2.0 模式不断涌现，可以说“互联网+”是新常态下创新驱动发展的重要组成部分。

“互联网+”是一种新的经济形态，是互联网思维和互联网技术广泛应用于实体经济各领域，进而改造传统产业发展模式，实现智能化生产，提供个性化服务和产品，形成聚合效应。无论是“互联网+”还是“+互联网”，其本质都应该是促进信息化和实体经济的相互融合。

2．“互联网+”的特征

(1) 跨界融合。“+”就是跨界，就是变革，就是开放，就是重塑融合。敢于跨界，创新的基础才更坚实；融合协同，群体智能才会实现，从研发到产业化的路径才会更垂直。

(2) 创新驱动。这正是互联网的特质，即用所谓的互联网思维来求变、自我革命。

(3) 重塑结构。信息革命、全球化、互联网业已打破了原有的社会结构、经济结构、地缘结构、文化结构。

(4) 尊重人性。互联网的力量之所以强大，最根本的原因在于对人性最大限度的尊重、对人体验的敬畏、对人的创造性发挥的重视。

(5) 开放生态。之所以推进“互联网+”，其中一个重要的原因就是要把过去制约创新的环节化解掉，把孤岛式创新连接起来，让研发由人性决定的市场来驱动，让创业者有机会实现价值。

(6) 连接一切。连接是有层次的，可连接性是有差异的，连接的价值是相差很大的，但是连接一切是“互联网+”的目标，即互连互通。

3．“互联网+”时代的现在与未来

前“互联网+”时代分为两个阶段，一个是IT信息化阶段，主要是企业经营管理信息化的全面应用。大量的传统企业开始应用ERP/CRM/SCM等来实现企业内部运营管理的流程化、数据化与管控强化。另一个则是纯互联网时代，包括大量互联网游戏、互联网营销以及电子商务公司涌现，这个阶段互联网与传统企业开始有更多业务上的交集。之后进入“互联网+”时代，从演变来看，它可以分成以下三个时代。

1) “互联网＋企业”时代

“互联网＋企业”时代(从2008年开始)，也就是传统企业的互联网化，主要以消费品企业电子商务和互联网化作为前沿阵地，在实践中企业要有互联网化的战略，并需要对企业内部价值链(各部门)进行互联网化再造，同时互联网化也在不断地延展和丰富。在此阶段，从顶层的商业模式的创新到基础保障层面的组织变革，再到核心业务层面的产品、客户、渠道，以及资本运作层面，都将因为“互联网+”而发生根本性的变化。

2) “互联网＋产业”时代

“互联网＋产业”时代(从2013年开始活跃)，也就是产业的互联网化，既包括消费品批发分销，也包括各领域工业品、生产资料的互联网化，其本质是对整个产业上下游的互联网化改造，其规模将十倍于“互联网＋企业”。不同产业的互联网化，都拥有诸多可能。这里主要有三种典型应用：一是流通4.0，其本质是通过互联网把供应商、制造商、消费者紧密联系在一起，实现增收(上游拓展渠道)、节支(下游降低采购成本)、提效(提高整个产业链协同运作效率)，在为上下游客户创造价值中实现自身的价值。二是金融4.0，在金融的大背景下，又能够规避P2P的风险，借助流通4.0中的交易平台，提供高效的在线供应链金融。三是工业4.0，由德国率先提出的高度灵活的个性化和数字化智能制造模式。

3) “互联网＋智慧”时代

“互联网＋智慧”时代，即人工智能时代，这是“互联网+”的未来。智能化是指由现代通信与信息技术、计算机网络技术、行业技术、智能控制技术汇集而成的针对某一个方面的应用，如可穿戴智能设备、软件定义汽车(未来的汽车系统将类似于基于 PC 的架构，其中软件将扮演更加重要的角色，导航、远程信息处理和通信等硬件功能都将作为软件应用，由几个中央电子控制单元加以处理。另外，系统更新和升级也可以通过下载新的软件包以远程方式实现)、智能生活、智能化的未来(所见即所得)、可编程经济等应用。

智能生活(Smart Life，SL)是指利用现代科学技术实现吃、穿、住、行等智能化，将电子科技融入日常的工作、生活、学习及娱乐中。智能生活包括智能移动(Smart Move，SM)、智能社交(Smart Communication，SC)、智能家居(Smart Home，SH)、智能穿戴(Smart Wear，SW)、智能购物(Smart Shopping，SS)、智能办公(Smart Office，SO)。智能生活平台可以自由地与主流智能家居产品互通，任何时候、任何场合，家庭用户都可以自由地无线连接 Internet，远程查询所需信息。未来信息网络发展的一个趋势是实现物与物、物与人、物与计算机的交互联系，通过泛在网络形成人、机、物三元融合的世界，进入万物互联时代。

4．“互联网+”的应用

“互联网+”是创新 2.0 下的互联网发展新形态、新业态，是知识社会创新 2.0 推动下的互联网形态演进。“互联网+”代表一种新的经济形态，即充分发挥互联网在生产要素配置中的优化和集成作用，将互联网的创新成果深度融合于经济社会各领域之中，提升实体经济的创新力和生产力，形成更广泛的以互联网为基础设施和实现工具的经济发展新形态。“互联网+”行动计划将重点促进以云计算、物联网、大数据为代表的新一代信息技术与现代制造业、生产性服务业等的融合创新，发展壮大新兴业态，打造新的产业增长点，为大众创业、万众创新提供环境，为产业智能化提供支撑，增强新的经济发展动力，促进国民经济提质、增效、升级。

1) “互联网＋工业”

借助互联网平台，制造企业、市场与用户的互动程度和范围被极大扩展，互联网与制造业融合的新模式、新业态层出不穷，正在重塑产业组织与制造模式，重构企业与用户的关系。“互联网＋制造业”引发了制造业资源配置新方式，驱动制造业生产经营模式变革，促进了制造业转型升级，给我国制造业转型发展带来新机遇。如海尔的“全流程并联交互创新生态体系”，一方面借助海尔官网、微信、微博等网络工具，建立开放式创新平台，从众多的个性化需求中提取出共性需求；另一方面通过 HOPE 平台，与全球研发机构和个人进行互动，形成用户需求与全球一流创新资源的高效对接，由此设计出的产品再由互联网预订的形式进行生产和销售。互联网降低了制造企业与用户交互的成本，制造企业可以快速响应用户的具体需求，规模效应不再是工业生产的关键因素，工业生产由集中式控制向分散式控制转变。制造企业结合计算智能、柔性制造，通过信息控制生产模块的精细化切割与再组合，以及新的制造工艺，可以针对消费者个性化需求，实现大规模、个性化定制生产，降低甚至消除库存。

“互联网＋工业”即传统制造业企业采用互联网和移动互联网技术、云计算、大数据、

物联网等，改造原有产品的研发及生产方式，这与工业互联网和工业 4.0 的内涵一致。传统制造厂商可以在汽车、家电、配饰等工业产品上增加网络软硬件模块，实现用户远程操控、数据自动采集分析等功能，极大地改善了工业产品的使用体验。

2) “互联网＋金融”

金融服务实体经济的基本功能是融通资金，商业银行及股票和债券市场是传统的主要配置渠道，但存在交易成本大、效率低等问题。而互联网的应用可以整合企业经营的数据信息，使金融机构低成本、快速地了解借款企业的生产经营情况，有效降低借贷双方信息不对称的程度，迅速识别风险，提升贷款效率；在放贷后，金融机构可以对借款企业的资金流、商品流、信息流实现持续闭环监控，有效降低了贷款风险和运营成本。同时，正在兴起的互联网金融在实现安全、移动等网络技术水平上，依托支付、云计算、社交网络、搜索引擎以及 APP 等互联网工具，提供资金融通、支付和信息中介等新兴金融服务。相比传统金融服务，互联网金融服务具有透明度更强、参与度更高、协作性更好、中间成本更低、操作更便捷等特征。“互联网＋金融”业务包括网上银行、第三方支付、网上借贷(P2P)、债权和股权众筹、金融资产网上销售和申购等，并越来越在融通资金、资金供需双方的匹配等方面深入传统金融业务的核心。2014 年，新上线的 P2P 平台就有 1228 家，P2P 年末贷款余额超过 1000 亿元，面对越来越多的挑战者，传统银行拥抱互联网的变革也在不断加速。如工商银行从支付、融资、交易、信息和电商五大领域全面布局互联网金融自 2013 年开始，以在线理财、支付、电商小贷、P2P、众筹等为代表的细分互联网嫁接金融的模式进入大众视野。互联网金融已然成为了一个新金融行业，并为普通大众提供了更多元化的投资理财选择。对于互联网金融而言，2013 年是初始之年，2014 年是调整之年，2015 年是走向成熟和接受监管的规范之年。

从组织形式上看，“互联网＋金融”至少有三种方式：第一种是互联网公司做金融；第二种是金融机构的互联网化；第三种是互联网公司和金融机构合作。

3) “互联网＋商贸”

“互联网＋商贸”即电子商务。商贸领域与互联网融合的历史相对较长，多年来，电子商务业务伴随着我国互联网行业一同发展壮大，目前仍处于快速发展、转型升级的阶段。

4) “互联网＋交通”

“互联网＋交通”已经在交通运输领域产生了“化学效应”，如打车软件、网上购买火车和飞机票、出行导航系统等。通过把移动互联网和传统的交通出行相结合，改善了人们出行的方式，增加了车辆的使用率，推动了互联网共享经济的发展，提高了效率。

5) “互联网＋民生”

“互联网＋民生”是指在民生领域，人们可以在各级政府的公众账号享受服务，如网上挂号、微信城市服务等。

6) “互联网＋旅游”

以微信旅游为例，通过腾讯云建设的旅游服务云平台和运行监测调度平台，实现微信购票、景区导览、规划路线等功能。例如，游客可以不在景区门口排队，只要在景区扫一扫微信二维码，就可实现微信支付。购票后，微信将根据市民的购票信息，进行智能线路推送，而且利用微信电子二维码门票自助扫码过闸机，可实现自动检票入园。

7) “互联网 + 医疗”

在传统的医患模式中，患者普遍存在事前缺乏预防、事中体验差、事后无服务的现象。而通过互联网医疗，患者可以从移动医疗数据端监测自身健康数据，做好事前防范；在诊疗服务中，依靠移动医疗实现网上挂号、询诊、购买、支付，节约时间和经济成本，提升事中体验；再依靠互联网在事后与医生沟通，实现事后服务。

8) “互联网 + 教育”

第一代教育以书本为核心，第二代教育以教材为核心，第三代教育以辅导和案例为核心，如今的第四代教育，才是真正以学生为核心。中国工程院院士李京文表示，中国教育正在迈向 4.0 时代。一所学校、一位老师、一间教室，这是传统教育。一张网、一个移动终端，几百万学生，学校任你挑、老师由你选，这就是“互联网 + 教育”，其结果将会使未来的一切教与学活动都围绕互联网进行，老师在互联网上教，学生在互联网上学，信息在互联网上流动，知识在互联网上成型，线下的活动成为线上活动的补充与拓展。

9) “互联网 + 政务”

“互联网 + 政务”是政府通过与互联网巨头的合作，借助互联网来提升政府效率，增加行政透明度，助力向服务型政府转型。如腾讯与河南省、重庆市和上海市政府合作打造智慧城市，其中一项重要内容就是将交通、医疗、社保等一系列政府服务接入微信，把原来需要东奔西走排大队办理的业务通过手机完成。包括阿里巴巴和腾讯在内的中国互联网公司通过自有的云计算服务正在为地方政府搭建政务数据的后台，将原本留存在政府各个部门互不连通的数据归集在一张网络上，形成了统一的数据池，实现了对政务数据的统一管理。

10) “互联网 + 农业”

“互联网 + 农业”通过信息技术对地块的土壤、肥力、气候等进行大数据分析，然后据此提供种植、施肥相关的解决方案，大大提升农业生产效率。此外，农业信息的互联网化将有助于与需求市场的对接，互联网时代的新农民不仅可以利用互联网获取先进的技术信息，也可以通过大数据掌握最新的农产品价格走势，从而决定农业生产重点。与此同时，农业电商将推动农业现代化进程，通过互联网交易平台减少农产品买卖的中间环节，增加农民收益。

电脑互联网、移动互联网、物联网等，都是互联网在不同阶段、不同侧面的一种提法，未来“连接一切”的时代还有很多的想象空间。当然“互联网+”不仅仅是连接一切的网络或只将这些技术应用于各个传统行业，因为除了无所不在的网络，还有无所不在的计算、数据、知识，一起形成和推进了新一代信息技术的发展，推动了无所不在的创新(创新民主化)，催生了以用户创新、开放创新、大众创新、协同创新为特点的面向知识社会的创新 2.0。正是新一代信息技术与创新 2.0 的互动演进和共同作用，改变着我们的生产、工作、生活方式，并给当今中国经济社会的发展带来了无限机遇。

二、工业 4.0

1. 三次工业革命

从 18 世纪末至今，人类已经经历了三次工业革命，目前正处于工业 3.0 中后期——完

全的自动化和部分的信息化，即将进入工业4.0。工业1.0到工业4.0的发展历史见图1.10。

(1) 工业1.0(Industrie 1.0，即第一次工业革命，18世纪末至20世纪初)——机械化：以蒸汽机为标志，用蒸汽动力取代人力驱动机器，从此手工业从农业分离出来，正式进化为工业。

(2) 工业2.0(Industrie 2.0，即第二次工业革命，20世纪初至20世纪70年代)——电气化：以电力的广泛应用为标志，用电力取代蒸汽动力驱动机器，从此零部件生产与产品装配实现分工，工业进入大规模生产时代。

(3) 工业3.0(Industrie 3.0，即第三次工业革命，20世纪70年代至今)——自动化：以PLC(可编程逻辑控制器)和PC的应用为标志，从此机器接管了人的大部分体力劳动，同时也接管了一部分脑力劳动，工业生产能力也自此超越了人类的消费能力，人类进入了产能过剩时代。

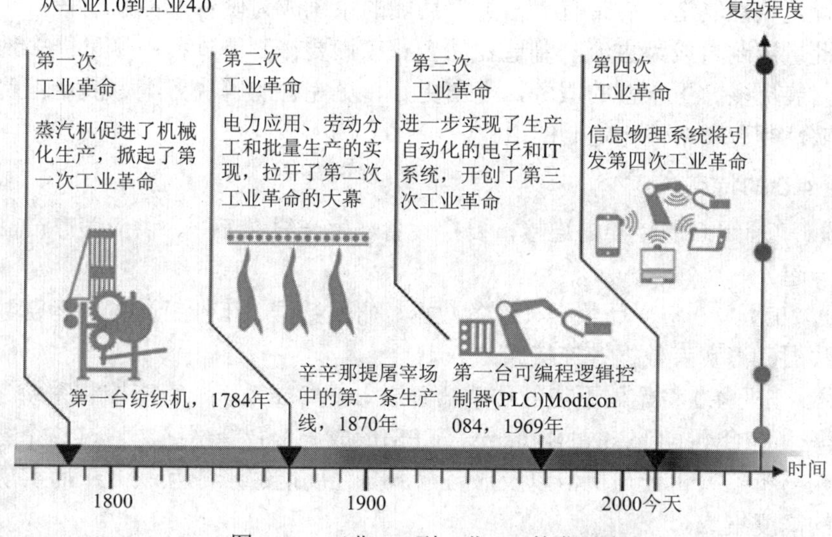

图1.10　工业1.0到工业4.0的发展史

2. 工业4.0

工业4.0(Industrie 4.0)源于2011年的汉诺威工业博览会，是在德国联邦教研部与联邦经济技术部联手资助下，由德国工程院、弗劳恩霍夫协会、西门子公司等德国学术界和产业界推动下形成的，最初的想法只是通过物联网等媒介来提高德国制造业水平。2013年4月汉诺威工业博览会上，德国的工业4.0工作组发表了题为《德国工业4.0战略计划实施建议》，称物联网和制造业服务化宣告着第四次工业革命，即工业4.0的到来。这是涉及诸多不同企业、部门和领域，以不同速度发展的渐进性过程，使跨行业、跨部门的协作成为必然。随后由德国机械设备制造业联合会(VDMA)、德国电气和电子工业联合会(ZVEI)以及德国信息技术、通信、新媒体协会(BITKOM)共同建立工业4.0平台。德国政府提出工业4.0战略的目的是为了提高德国工业的竞争力，旨在支持工业领域新一代革命性技术的研发与创新，在新一轮工业革命中占得先机。

工业4.0分为三大主题：一是智能工厂，重点研究智能化生产系统及过程，以及网络化分布式生产设施的实现；二是智能生产，主要涉及整个企业的生产物流管理、人机互动以及3D技术在工业生产过程中的应用等；三是智能物流，主要通过互联网、物联网、物流网，整合物流资源，充分发挥现有物流资源供应方的效率，而需求方则能够快速获得服务匹配，得到物流支持。

工业4.0有九大技术支柱，即工业物联网、云计算、工业大数据、工业机器人、3D打印、知识工作自动化、工业网络安全、虚拟现实和人工智能。工业 4.0 涉及的软件有工业物联网、工业网络安全、工业大数据、云计算平台、MES系统、虚拟现实、人工智能、知识工作自动化等；工业 4.0 涉及的硬件是工业机器人(包括高端零部件)、传感器、RFID、3D打印、机器视觉、智能物流(AGV)、PLC、数据采集器、工业交换机等。

自2013年4月在汉诺威工业博览会上正式推出以来，工业4.0迅速成为德国的另一个标签，并在全球范围内引发了新一轮的工业转型竞赛。

在工业 4.0 时代，未来制造业的商业模式就是以解决顾客问题为主，所以说未来制造企业将不仅仅进行硬件的销售，而是通过提供售后服务和其他后续服务，来获取更多的附加价值，这就是软性制造。而带有“信息”功能的系统成为硬件产品新的核心，意味着个性化需求、批量定制将成为主流，制造业的企业家们要在制造过程中尽可能多地增加产品附加价值，拓展更多、更丰富的服务，提出更好、更完善的解决方案，满足消费者的个性化需求，走软性制造和个性化定制的道路。

3．工业4.0的特点

(1) 互联。工业4.0的核心是连接，要把设备、生产线、工厂、供应商、产品和客户紧密地联系在一起。

(2) 数据。工业4.0将产品数据、设备数据、研发数据、工业链数据、运营数据、管理数据、销售数据、消费者数据等连接起来。

(3) 集成。工业4.0将无处不在的传感器、嵌入式终端系统、智能控制系统、通信设施通过信息物理系统(Cyber-Physical Systems，CPS)形成一个智能网络。通过这个智能网络，使人与人、人与机器、机器与机器以及服务与服务之间能够形成互联，从而实现横向、纵向和端到端的高度集成。

(4) 创新。工业4.0的实施过程是制造业创新发展的过程，制造技术、产品、模式、业态、组织等方面的创新将会层出不穷，从技术创新到产品创新，到模式创新，再到业态创新，最后到组织创新。

(5) 转型。对于中国的传统制造业而言，转型实际上是从传统的工厂转型到工业4.0的工厂，整个生产形态从大规模生产转向个性化定制。实际上整个生产的过程更加柔性化、个性化、定制化，这也是工业4.0非常重要的一个特征。

4．“中国制造2025”

中国制造业顶层设计——《中国制造2025》(国发〔2015〕28号)是应对新一轮科技革命和产业变革，立足我国转变经济发展方式实际需要，围绕创新驱动、智能转型、强化基础、绿色发展、人才为本等关键环节，以及先进制造、高端装备等重点领域，提出的加快制造业转型升级、提升增效的重大战略任务和重大政策举措，也是中国政府实施制造强国战略的第一个十年行动纲领。

“中国制造2025”是由百余名院士专家制定，为中国制造业未来十年设计的顶层规划和路线图，通过努力实现中国制造向中国创造、中国速度向中国质量、中国产品向中国品

牌三大转变，推动中国到 2025 年基本实现工业化，迈入制造强国行列。“中国制造 2025”的提出见图 1.11。

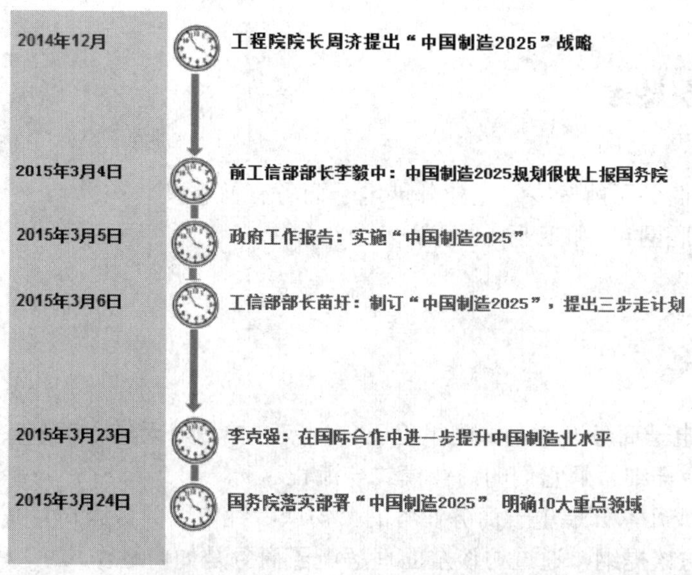

图 1.11　“中国制造 2025”的提出

《中国制造 2025》行动纲领的主要内容是：

(1) 战略目标。第一个十年，要进入世界制造强国之列；第二个十年，要进入世界强国的中等水平；第三个十年，即到 2045 年，要进入世界强国的领先地位，成为具有全球引领和影响力的制造强国。第一个十年，又可分为两个阶段，即到 2020 年，信息化带动工业化，稳固全球制造业中心地位，形成一批具有自主核心技术的优势产业；到 2025 年，工业化、信息化融合，形成一批跨国集团和优势产业集群，在全球价值链的地位明显提升。

(2) 一条主线。一条主线是指以体现信息技术与制造技术深度融合的数字化、网络化、智能化制造为主线。

(3) 四大转变。一是由要素驱动向创新驱动转变；二是由低成本竞争优势向质量效益竞争优势转变；三是由资源消耗大、污染物排放多的粗放制造向绿色制造转变；四是由生产型制造向服务型制造转变。

(4)五大工程。五大工程包括制造业创新中心(工业技术研究基地)建设工程、智能制造工程、工业强基工程、绿色制造工程和高端装备创新工程。

(5) 八项战略对策。这八项战略对策包括：推行数字化、网络化、智能化制造；提升产品设计能力；完善制造业技术创新体系；强化制造基础；提升产品质量；推行绿色制造；培养具有全球竞争力的企业群体和优势产业；发展现代制造服务业。

(6) 九大战略任务和重点。其具体包括：提高国家制造业创新能力；推进信息化与工业化深度融合；强化工业基础能力；加强质量品牌建设；全面推行绿色制造；大力推动重点领域突破发展；深入推进制造业结构调整；积极发展服务型制造和生产性服务业；提高制造业国际化发展水平。九大任务可以提炼出六个关键词，即“创新 + 融合 + 品牌 + 绿色 + 服务 + 国际化”。

(7) 十个领域。十个领域包括新一代信息技术产业、高档数控机床和机器人、航空航天装备、海洋工程装备及高技术船舶、先进轨道交通装备、节能与新能源汽车、电力装备、农机装备、新材料、生物医药及高性能医疗器械。

1．你对电子商务了解多少？企业开展电子商务有何意义？

2．你对“互联网+”和工业 4.0 了解多少？

能力训练

1. 登录一些电子商务网站，如阿里巴巴、淘宝、拍拍、天猫、京东、聚划算、李宁、当当、一号店等，详细了解它们的商业模式与流程。

2. 走访一家或几家开展电子商务业务的公司或者纯电子商务公司，并和高管座谈。要求：事先拟定好访谈提纲，通过访谈全面理解电子商务是如何运作的。

项目二

电子商务模式

★导读★

以前，买东西去商场、超市，现在只需要在电脑上轻轻地一点，想买的东西就会被送上门；以前，企业销售产品，要一层层地转销和分销，现在通过网络销售，直接可以把产品从仓库发到顾客手里。

方便快捷的网络购物已经从一个新生事物变成了越来越多人选择的购物方式。经常有网友问“网上购物可靠吗？”“网上交易安全吗？”“网上商家可以信任吗？”“网上购物应该注意什么？”“网上购物怎样才能不上当？”。

本章将带你认识不同的电子商务模式，并实现网上购物的梦想，同时告诉你网上购物的技巧。

课堂速记

学习任务1　电子商务模式

案例导读

找到好的商业模式

有时，人们付出同样的时间和精力，但却收获不同的利润。三个人拿同样的一两银子做生意，第一个人买来草绳做草鞋，赚了一钱银子；第二个人看到春天来临，买了纸和竹子做风筝，赚了十两银子；第三个人看到人参资源慢慢枯竭，于是买了很多人参种子，在人迹罕至的深山播下，七年后收获上好的人参，获利30万两银子。

第一个人做的是衣食住行的生意，这是人们必然的需求，总会有市场，每个人都可以做，因此收获一分利，如同现在很多人靠产品与规模取胜。

第二个人做的是吃喝玩乐的生意，跟随的是潮流，目标客户范围扩大百倍，而收获十分利，如同现在的新浪、网易、腾讯和盛大等，靠眼光取胜。

第三个人看到的是未来的商机，敢做而善忍，最终创造了数百乃至于数千万的生意，靠的是格局取胜。格局虽然不能决定一个企业现在能赚多少，却能决定未来能做多大和能走多远。沃尔玛之所以成为零售业霸主，阿里巴巴之所以日近斗金，其本身没有生产一样产品，但是它们却成功地创造了商业模式。

顶尖的企业一定是制造游戏规则的，以阿里巴巴为例，如果是它自己收集几十万种产品，再去找人卖，估计早就破产。而它成功地创造了一种让每个人开店赚钱的模式，并让每个人相信它，于是网商云集，自己来经营自己的生意，阿里巴巴所要做的仅仅是管理和维护它所制定的规则。

【思考】互联网和移动互联网是年轻人的天下，你能否在互联网高速发展的今天找到适合自己创业的商业模式？

一、商业模式

1. 商业模式的定义

简单来讲，商业模式就是企业或公司营利的方式。换言之，商业模式是企业赖以生存的业务活动的方法，它决定了企业在价值链中的位置。如饮料公司通过卖饮料来赚钱、快递公司通过送快递来赚钱、网络公司通过点击率来赚钱、通信公司通

过收话费赚钱、超市通过平台和仓储来赚钱等。现代管理学之父彼得·德鲁克说："当今企业间的竞争，是商业模式(Business Model)的竞争，谁先走一步，走对一步，谁就有可能获得极大的增长。"商业模式的成功催生了很多奇迹，而到底什么是商业模式却很少有人能给出答案。商业模式是一个比较新的名词，尽管它第一次出现在20世纪50年代，但直到90年代才开始被广泛使用和传播。如今，虽然这一名词出现的频率极高，但关于它的定义仍然没有一个权威的版本。它最通俗的定义是：商业模式就是描述企业如何通过运作来实现其生存与发展的"故事"。在网络热潮时期，硅谷的许多创业者曾通过给投资者讲一个好的"故事"而获得了巨额融资。

哈佛商学院将商业模式定义为：企业营利所需采用的核心业务决策与平衡。例如，Google让普通用户免费使用其搜索引擎，而通过定向广告从企业客户那里获得收益。

李振勇在其《商业模式》一书中指出，商业模式是指为了实现客户价值最大化，把能使企业运行的内外各要素整合起来，形成一个完整的、高效率的、具有独特核心竞争力的运行系统，并通过最优实现形式满足客户需求、实现客户价值，同时使系统达成持续盈利目标的整体解决方案。其中"整合""高效率""系统"是基础或先决条件，"核心竞争力"是手段，"客户价值最大化"是主观目的，"持续盈利"是客观结果。这七个关键词也就构成了成功商业模式的七个要素，缺一不可。

一般来说，商业模式是指一个企业从事某一领域经营的市场定位和盈利目标，以及为了满足目标顾客主体需要所采取的一系列的、整体的战略组合，即一个组织在何时(When)、何地(Where)、为何(Why)、如何(How)和多大程度(How much)地为谁(Who)提供什么样(What)的产品和服务(7W)，并开发资源以持续这种努力的组合。

现在多把商业模式解释为：一个企业满足消费者需求的系统，这个系统组织管理企业的各种资源(资金、原材料、人力资源、作业方式、销售方式、信息、品牌和知识产权、企业所处的环境、创新力)，形成能够提供消费者无法自力而必须购买的产品和服务，因而具有自我复制但不被别人复制的特性。

商业模式的核心三要素是顾客、价值和利润。一个好的商业模式，必须回答以下三个基本问题：

- 企业的顾客在哪里？
- 企业能为顾客提供怎样的(独特的)价值和服务？
- 企业如何以合理的价格为顾客提供这些价值，并从中获得企业的合理利润？

一个好的商业模式至少要包含以下基本元素：

(1) 价值主张/价值定位(Value Proposition)，即公司通过其产品和服务所能向消费者提供的价值，公司所要填补的需求是什么或者说要解决什么样的问题。价值定位必须清楚地定义目标客户、客户的问题和痛点、独特的解决方案以及从客户的角度来看这种解决方案的净效益。

(2) 消费者目标群体/目标市场(Target Customer Segments)是公司打算通过营销来吸引的客户群，并向他们出售产品或服务，即公司所瞄准的消费者群体。

(3) 分销渠道(Distribution Channels)是公司用来接触消费者的各种途径，即如何开拓市场、如何销售产品或服务，它涉及公司的市场和分销策略。有些产品和服务可以在网上销售，有些产品需要多层次的分销商、合作伙伴或增值零售商。

(4) 客户关系(Customer Relationships)，即公司同其消费者群体之间所建立的联系。

(5) 价值配置(Value Configurations)，即资源和活动的配置。

(6) 收入模型(Revenue Model)，即公司通过各种收入流(Revenue Flow)来创造财富的途径。

(7) 成本结构(Cost Structure)，即公司的成本有哪些，包括直接成本、营销和销售成本、日常开支和售后成本等。

(8) 核心能力(Core Capabilities)，即公司执行其商业模式所需的能力和资格。

(9) 合作伙伴网络(Partner Network)，即公司同其他公司之间为有效地提供价值并实现其商业化而形成的合作关系网络，即公司的商业联盟(Business Alliances)。

(10) 生产，即要确定公司是如何做产品或服务的，是自己生产、外包还是直接买现成的部件，进入市场的时间和成本竞争，市场大小、增长情况和份额，公司面临多少竞争者等。

2. 商业模式的评价指标

(1) 创新性。在企业经营过程当中，商业模式比高技术更重要，因为前者是企业能够立足的先决条件。一个成功的商业模式不一定是技术上的突破，而可能是对某一个环节的改进，或是对原有模式的重组、创新，甚至是对整个游戏规则的颠覆。商业模式的创新形式贯穿于企业经营的整个过程，贯穿于企业资源开发、研发模式、制造方式、营销体系、市场流通等各个环节，也就是说在企业经营的每一个环节上的创新都可能变成一种成功的商业模式。

(2) 盈利性。企业要能够在充分的市场竞争中，凭借其独到的商业模式创造出长期持续的、高于行业平均水平的利润。

(3) 客户价值挖掘。对于企业，暂时的盈利或亏损都是正常的，一家具有好的商业模式的公司并不是不会亏损，而是亏损之后能否有能力东山再起。比如，IBM、索尼等都经历了严重的亏损，但这些公司凭着“浑厚的内功”很快站起来了。再比如，阿里巴巴从1999年成立到2003年，一直亏损。

(4) 风险控制。好的商业模式要能经得起风险的考验，设计得再精巧、修筑得再伟岸的大厦都有一个必要基础，那就是其稳定性，没有稳定一切都无从谈起。

(5) 后续发展力。好的商业模式不是靠抓住偶然的机会，“一不小心”成功。把一朝成功的偶然当成必然，将错误进行到底是经不起时间考验的。即使是“一招鲜、吃遍天”，也要能找到得到这样机会的核心逻辑，从而完善商业模式。

(6) 整体协调。一个商业模式的成功，需要在企业内部与企业的经营管理系统进行有机的整合，并与企业自身状况融为一体，形成内外匹配、行之有效的模式。好的创新商业模式至少要满足两个必要条件：第一，必须使企业的商业模式在总体上保持为一个有机的整体；第二，商业模式的子模式之间必须有内在联系，这个内在联系把各组成部分有机地关联起来，使它们互相支持，共同作用，形成一个良性循环。

(7) 行业领先。在市场上处于领先地位并拥有主导性的份额是能够持续盈利的先决条件。因此，好的商业模式是企业持续竞争优势之源，商业模式的建立和维护对于确立企业的市场领导地位和竞争实力是极为重要的。

3. 商业模式的类型

商业模式是一种包含了一系列要素及其关系的概念性工具，用以阐明某个特定实体的商业逻辑。它描述了公司所能为客户提供的价值以及公司的内部结构、合作伙伴网络和关系资本(Relationship Capital)等用以实现(创造、推销和交付)这一价值并产生可持续盈利收入的要素。

1) 运营性商业模式

运营性商业模式重点解决企业与环境的互动关系，包括与产业价值链环节的互动关系。运营性商业模式创造企业的核心优势、能力、关系和知识，主要包含产业价值链定位和营利模式设计。

➢ 产业价值链定位：企业处于什么样的产业链条中，在这个链条中处于何种地位，企业结合自身的资源条件和发展战略应如何定位。

➢ 营利模式设计(收入来源、收入分配)：企业从哪里获得收入，获得收入的形式有哪几种，这些收入以何种形式和比例在产业链中分配，企业是否对这种分配有话语权。

2) 策略性商业模式

策略性商业模式对运营性商业模式加以扩展和利用，应该说策略性商业模式涉及企业生产经营的方方面面。

➢ 业务模式：企业向客户提供什么样的价值和利益，包括品牌、产品等。

➢ 渠道模式：企业如何向客户传递业务和价值，包括渠道倍增、渠道集中/压缩等。

➢ 组织模式：企业如何建立先进的管理控制模型，比如建立面向客户的组织结构，通过企业信息系统构建数字化组织等。

在中国，商业模式的创新显然比技术创新更为重要。在2005年的西湖论剑时，很多人对阿里巴巴并购雅虎中国表示羡慕，几年之前，阿里巴巴不过是一个婴儿，几年后，却成为IT界的巨子。当年大家进军互联网的时候，只有搜狐、新浪等门户网站利润丰厚；等到大家都去奔向门户的时候，互联网却遭遇寒冬，反而是做B2B的阿里巴巴赚钱了；等大家都去做电子商务的时候，陈天桥做网络游戏却发了财。那些发财的人，走的都是与别人不一样的道路。新的商业模式不仅仅表现在IT行业，在其它各个领域，也出现了新的商业模式。如家改变传统酒店模式，以连锁和简化酒店功能的新型商业模式获得了商务人士的广泛推崇；分众传媒“发现”了楼宇广告，并且开创了户外媒介传播的新方式。在日益激烈的竞争中，新的商业模式也会层出不穷，而这也正是商业社会的魅力之所在，也许某一天，从一个不知名的角落里，会崛起一个巨大的商业帝国。

二、电子商务模式

电子商务的发展是近年来随着计算机网络、通信技术和Internet的普及及应用，国际上迅猛发展起来的最新、最重要的商品交易方式。我国的电子商务始于20世纪90年代后期，虽起步较晚，但却以平均每年40%的增长率迅猛发展。1997年12月，中国化工网上线，成为国内首家垂直B2B网站；1999年，马云成立专门从事电子商务的阿里巴巴，成为电子商务行业的先驱；同年，邵亦波和他的哈佛校友谭海音创办了易趣网，这也是中国第一个C2C电子商务网站。2000年以后的中国电子商务进入高速膨胀期，商务网站超过2500家，涌现出了一大批行业的B2C网站。2003年，阿里巴巴投资1亿元，推出个人网上交易平台

——淘宝网，并创建了独立第三方支付平台——支付宝，随后，二者相继成为全国最大的个人交易网站和最大的独立第三方电子支付平台。

电子商务模式是指在网络环境中基于一定技术基础的商务运作方式和营利模式，简单来说就是关于企业如何开展电子商务获得盈利从而生存下去的方式。具体地说，电子商务模式大致可以分为三个方面：企业(政府)间的商务活动、企业内的业务运作以及个人网上服务。电商的工具和模式层出不穷，大致有网店、团购、比价工具、购物分享社区、收银台、扫码付等。传统的观点是将电子商务模式归纳为B2C(注：2是to的谐音)、B2B、C2C、G2G、G2B、G2C模式，但是随着电子商务应用领域的不断扩大和信息服务方式的不断创新，新颖独特的电子商务模式也在不断涌现，如O2O、C2B等。

1. B2C模式

B2C即Business to Customer，中文简称商对客。B2C是电子商务的一种模式，也就是通常说的商业零售，直接面向消费者销售产品和服务，这种形式的电子商务一般以网络零售业为主，主要借助于互联网开展在线销售活动。B2C即企业通过互联网为消费者提供一个新型的购物环境——网上商店，消费者通过网络进行购物和支付。

B2C电子商务网站由三个基本部分组成：为顾客提供在线购物场所的商场网站、负责为客户所购商品进行配送的配送系统、负责顾客身份的确认及货款结算的银行及认证系统。

B2C模式代表网站：

- 天猫——为人服务做平台。
- 京东——自主经营卖产品。
- 李宁——自产自销做品牌。

从使用角度来讲，一个好的B2C网站最主要的功能，也就是比较共性的功能主要包括以下几个方面。

- 商品的展现：告诉用户本网站主要卖什么东西、价钱如何。
- 商品的查找：让用户快速找到自己感兴趣的东西。
- 购物车的添加和查看：告诉用户自己已经挑选过什么东西。
- 配送的方法：告诉用户如何才能把商品拿到手。
- 订单的结算和支付：告诉用户应该付多少钱和付款的手段。
- 注册登录：获得用户有效信息。
- 客户中心：告诉用户都买过什么东西。
- 帮助、规则、联系方式等相关页面展现。

2. B2B模式

B2B即Business to Business，是企业对企业的电子商务模式，指企业和企业之间利用互联网技术或各种商务网络平台完成商务交易的过程。电子商务是现代B2B Marketing的一种主要的表现形式。B2B方式是电子商务应用最多和最受企业重视的形式，企业可以使用互联网或其他网络为每笔交易寻找最佳合作伙伴，完成从定购到结算的全部交易行为。B2B使企业之间的交易减少了许多事务性的工作流程和管理费用，降低了企业经营成本，网络的便利及延伸性使企业扩大了活动范围，企业发展跨地区、跨国界更方便，成本更低廉。

B2B是企业对企业之间的营销关系，它将企业内部网通过B2B网站与客户紧密结合起

来，通过网络的快速反应为客户提供更好的服务，从而促进企业的业务发展(Business Development)。近年来，B2B 发展势头迅猛，趋于成熟。

B2B 包含的三要素：

➢ 买卖。B2B 网站平台为消费者提供质优价廉的商品，吸引消费者购买的同时促使更多商家入驻。

➢ 合作。与物流公司建立合作关系，为消费者的购买行为提供最终保障，这是 B2B 平台硬性条件之一。

➢ 服务。物流主要是为消费者提供附加服务。

B2B 模式代表网站：

➢ 阿里巴巴是国内也是全球最大的 B2B 电子商务网站，是中小企业首选的 B2B 平台，主要提供“诚信通”服务。

➢ 中国制造网主要为“百销通”付费用户提供服务。

➢ 中国供应商是由中国互联网新闻中心主办的 B2B 贸易平台，提供多种样式的广告服务。

B2B 模式类型：

➢ 垂直(纵向)平台即垂直型的 B2B 电子商务模式，又称面向某一行业的电子商务模式，如汽车制造、航天/航空制造、石油化工、家用电器、IT、化学、钢铁等。垂直平台典型代表企业有中国纺织在线、中国化工网等。其特点是形成一种产业链，将特定产业的上下游厂商聚集一起，各阶层的厂商只要登上这一平台，都能很容易找到所需要的信息。

➢ 水平(横向)平台即综合式的 B2B 电子商务模式，又称面向所有行业的 B2B 电子商务模式，它是将各个行业中相近的交易过程集中到一个场所，为企业的采购方和供应方提供一个交易机会，为买卖双方创建一个信息和交易的平台，买者和卖者可以在此分享信息、发布广告、竞拍投标、进行交易。水平平台的典型代表企业有阿里巴巴、中国商品交易中心、全球制造网、慧聪网等。其特点是涵盖了不同的行业和领域，服务于不同行业的从业者，追求的是“全”。

3. C2C 模式

C2C 即 Customer(Consumer) to Customer(Consumer)，是指消费者与消费者(个人与个人)之间的电子商务业务模式，以网上拍卖为主要形式，它给买卖双方提供一个在线交易平台，让卖方在完全自愿的基础上就转让的商品与买方进行一对一的砍价，俗称网上跳蚤市场，相当于网上集贸市场。它与 B2C 模式一同构成网上零售市场的两大主要业务模式。C2C 模式的领军品牌包括 eBay、淘宝、拍拍等。

C2C 在中国的发展历史

1999 年：邵亦波和谭海音创立易趣网，创中国 C2C 先河。

1999 年 8 月：易趣网正式上线。

2002 年 3 月：eBay 注资易趣网 3000 万美元。

2003 年 5 月：阿里巴巴投资 4.5 亿成立 C2C 网站淘宝网。

2003 年 7 月：eBay 斥资 1.5 亿美元全资收购易趣网。

2004 年 4 月：一拍网正式上线，新浪占其中 33%的股权，原雅虎中国占 67%的股份。

2004 年 6 月：易趣网与美国 eBay 平台对接整合。

2005 年 9 月：腾讯推出拍拍网，2006 年 3 月 13 日运营。

2006 年 2 月 15 日：一拍网彻底关闭，阿里收购一拍全部股份，原属一拍用户将导入淘宝。

2006 年 12 月：TOM 在线与 eBay 合资，更名为 TOM 易趣。

2007 年 10 月：搜索引擎公司百度宣布进军电子商务，筹建 C2C 平台，2008 年初推出。

2008 年 5 月 05 日：易趣宣布任何用户只要在易趣开店，无论是普通店铺、高级店铺还是超级店铺，都将终身免费。

2008 年 6 月 18 日：百度网络交易平台正式在北京启动其在全国范围的巡回招商活动。

2008 年 10 月 8 日：淘宝总裁陆兆禧对外宣布，阿里集团未来 5 年将对淘宝投资 50 亿元，并将继续沿用免费政策。

2008 年 10 月 28 日：百度电子商务网站“有啊”正式上线，有望开创新的电子商务格局。

2009 年：C2C 新形式的诞生——网购导购业进驻 C2C 抢占市场份额。

2009 年 12 月：D 客商城正式上线，推动个性定制业发展。

2011 年 4 月：百度电子商务网站“有啊”宣布关闭 C2C 平台，转型提供生活服务。

2015 年 7 月：创意电商“鸟差网”上线运营，平台为 C2C 类型。

2016 年 4 月 1 日，拍拍网正式关闭，不再提供 C2C 模式的电子商务平台服务。

4. O2O 模式

O2O 即 Online to Offline，又称线上线下相结合，也就是所谓的“线上订购、线下消费”。它是将线下的商务机会与互联网结合在一起，让互联网成为线下交易的前台，这样线下服务就可以用线上来揽客，消费者可以用线上来筛选服务，如有成交还可以在线结算，即消费者在线上订购商品，再到线下实体店进行消费，如图 2.1 所示。

O2O 的商家都有线下实体店，通过把在线支付变成线下体验后再付款，消除了消费者对网购诸多方面不信任的心理。O2O 商务模式能够吸引更多热衷于实体店购物的消费者，传统网购的以次充好、图片与实物不符等虚假信息的缺点在这里都将彻底消失。在 O2O 网站上，只要网站与商家持续合作，那商家的商品就会一直“促销”下去。O2O 电子商务模式需具备四大要素：独立网上商城、国家级权威行业可信网站认证、在线网络广告营销推广、全面社交媒体与客户在线互动。

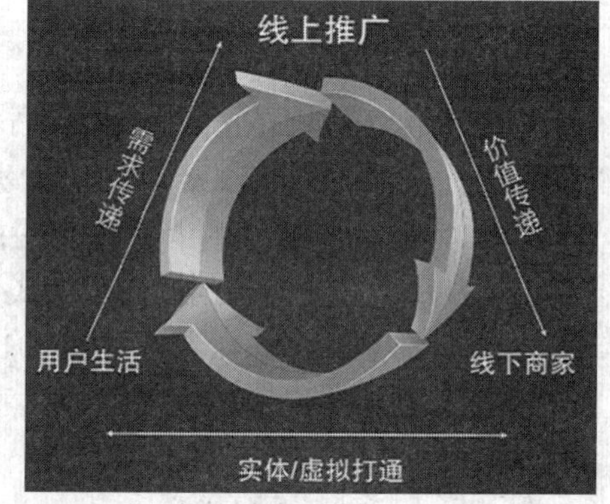

图 2.1　O2O 商务模式模型

一个完整的 O2O 闭环，包括信息发布、信息筛选和在线支付等环节，如苏宁云商的“电商 + 店商 + 零售服务商”O2O 模式，天虹商场和腾讯牵手进军 O2O 的“百货 + 微信”模式，泸州老窖的“工厂直供消费者”O2O 模式。以苏宁 O2O 转型升级的长宁路店为例，消

费者可利用手机或 iPad 等移动客户端(也可以利用门店免费 Wi-Fi)登录苏宁易购，完成线上下单、门店付款、提货。打破了实体店商品展示的空间局限。

O2O 的核心思想是：

➢ 产品：好的产品是前提，所以第一个环节——用户在线下单支付是所有工作的前提。

➢ 服务：互联网靠的就是服务，服务就是指产品或者服务的质量、物流的速度、商家的服务态度以及客服的服务态度。

O2O 模式最重要的特点是：推广效果可查，每笔交易可跟踪。其优势在于把网上和网下的优势完美结合，通过网购导购形式把互联网与地面店完美对接，实现互联网落地。让消费者在享受线上优惠价格的同时，又可享受线下贴身的服务。O2O 模式还可实现不同商家的联盟。

O2O 分为四种运营模式：

➢ Online to Offline 是线上交易到线下消费体验。

➢ Offline to Online 是线下营销到线上交易。

➢ Offline to Online to Offline 是线下营销到线上交易再到线下消费体验。

➢ Online to Offline to Online 是线上交易或营销到线下消费体验再到线上消费体验。

典型的 O2O 模式有：保险直购 O2O，苏宁易购 O2O，大众点评 O2O 等。

相比传统实体零售和传统电商，唯有 O2O 才能让消费者体验到“鱼和熊掌兼得”的好处，正像李开复所说，“O2O 未来会改变中国，线上、线下一旦连起来，这是巨大的爆发式的力量”。为此，中国最大的两家互联网公司腾讯(以“微信 + 二维码 + 账号体系 + LBS + 支付 + 关系链”构成腾讯 O2O 路径)、阿里巴巴(围绕淘宝地图服务布局 O2O，其团购优惠由聚划算提供，商家来自淘宝本地生活，地图由阿里云提供)都已经在 O2O 排兵布阵。这是互联网巨头从 PC 端转向移动端的实力较量，它们都要抓住 O2O 和生活服务类电商化的机会。无疑，O2O 是电商的未来形态之一。

C2C、B2C、O2O、B2B 四种模式的区别：

➢ C2C 是我卖东西你来买。

➢ B2C 是我成立个公司卖东西，你来买。

➢ O2O 是我成立个公司卖东西，你来买但是要你自己来拿。

➢ B2B 是“你也成立了公司，买我公司的东西。

5. C2B 模式

C2B 即 Consumer to Business(消费者到企业)，是互联网经济时代新的商业模式，就是消费者提出要求，制造者据此设计消费品、装备品，即按需定制。“C2B 就是通过互联网把设计者、生产者、消费者直接连通起来，如果不主动拥抱互联网，就会与世界隔绝，最后被市场淘汰。”(李克强总理在 2016 年 1 月 25 日听取专家学者和企业界人士对《政府工作报告(征求意见稿)》和《“十三五”规划纲要(草案)(征求意见稿)》座谈会上的讲话)。这一模式改变了原有生产者(企业和机构)和消费者的关系。

真正的 C2B 应该先有消费者需求产生而后有企业生产，即先有消费者提出需求，后有生产企业按需求组织生产。通常情况为消费者根据自身需求定制产品和价格，或主动参与产品设计、生产和定价，生产企业再进行定制化生产。

C2B 的核心是以消费者为中心，让消费者当家做主。其特征包括：第一，相同生产厂家的相同型号的产品无论通过什么终端渠道购买价格都一样，也就是全国人民一个价，渠道不掌握定价权(消费者平等)；第二，C2B 产品价格组成结构合理(拒绝暴利)；第三，渠道透明；第四，供应链透明(品牌共享)。

C2B 模式的主要目的是：以消费者为核心，一心一意为客户服务，帮助消费者和商家创造一个更加省时、省力、省钱的交易渠道。C2B 便是消费者对商家的电子商务网站，与传统的电子商务网站不同，在 C2B 模式下消费者不用辛苦地去寻找商家，而是经过 C2B 网站把需求信息发布出去，由商家上来报价、竞标，消费者可以选择与性价比最佳的商家成交，不让消费者花一分冤枉钱，让商家不开店不打广告就可以把商品卖出，削减中间环节。

6. B2T 模式

B2T 即 Business to Team，这里的 B 是通常意义上的商家，而 T 则指的是团队(Team)，简单来说就是企业对团队的模式，即一个团队向商家采购，二者通常被称为是团购。团购(Group Purchase)就是团体线上购物，指认识或不认识的消费者联合起来，借助互联网的“网聚人的力量”来聚集资金，加大与商家的谈判能力，以求得最优的价格。其目的就是让每一个人都能找到更优惠的团购商品，让不相识的消费者共同享受物美价廉的服务。该模式不同于传统的供应商主导商品，其核心是通过聚合分散但数量庞大的用户形成一个强大的采购集团，以此来改变 B2C 模式中用户一对一出价的弱势地位，使之享受到以大批发商的价格买单件商品的利益，其代表是聚划算、美团、大众点评、拉手、糯米和 QQ 团等。

7. B2B2C 模式

B2B2C 即 Business to Business to Customers，源于目前的 B2B、B2C 模式的演变和完善，把 B2B 和 C2C 完美地结合起来，通过 B2B2C 模式的电子商务，企业构建自己的物流供应链系统，提供统一的服务。第一个 B 指的是商品或服务的供应商，它并不仅仅局限于品牌供应商，任何的商品供应商或服务供应商都可以成为第一个 Business；第二个 B 指是的电子商务的企业或者交易平台，即提供卖方与买方联系的平台，通过统一的经营管理对商品和服务、消费者终端同时进行整合，是广大供应商和消费者之间的桥梁；C 则表示消费者，即在第二个 B 构建的统一电子商务平台购物的消费者。B2B2C 把“供应商—生产商—经销商—消费者”各个产业链紧密连接在一起，通过把从生产、分销到终端零售的资源进行整合，不仅大大增强了网商的服务能力，更有利于客户获得增加价值的机会。该平台帮助商家直接充当卖方角色，把商家直接推到与消费者面对面的前台。该平台颠覆了传统的电子商务模式，将企业与单个客户的不同需求完全地整合在一个平台上。B2B2C 模式典型的代表就是天猫、亚马逊和京东等。

8. M2C 模式

M2C 即 Manufacturers to Consumer，是生产厂家对消费者。M2C 模式是针对 B2M、B2C、C2C 等电子商务模式而出现的延伸概念，是生产厂家在线直销模式，指生产厂家(Manufacturers)直接对消费者(Consumers)提供自己生产的产品或服务的一种商业模式。此模式摒除了分销、批发等多个中间环节，如海尔、李宁、戴尔等在线商城。

9. P2C 模式

P2C 即 Production to Consumer，是商品到顾客，在国内又叫做生活服务平台。P2C 的模式和理念来自于每个人每天都在消费，因此也可以将 P2C 理解为“人和社区(People to Community)”。

P2C 模式是基于生活服务行业并为之服务的一种比较完善的电子商务形式，主要连接消费者和生活服务行业，使他们之间能更好地进行沟通，使服务行业及时高效地为消费者服务。P2C 把老百姓日常生活当中的一切密切相关的服务信息，如房产、餐饮、交友、家政服务、票务、健康、医疗、保健、旅游、教育培训等聚合在平台上，实现服务业的电子商务化。遍布全国各地的地方门户网站、信息港就具有 P2C(生活服务类网站)的雏形，这类网站大多都拥有生活、打折、黄页、分类等相关的子站，内容就是当地的各类生活服务类信息，提供网民之间资源化商品、服务的在线交易，尤其适用服务业，诸如对订房、订餐、订座、订票、求职、招聘等资源类服务的需求。典型的 P2C 模式有中国雅虎整合的口碑网、谷歌中国推出的生活搜索平台等。

由于商务活动时刻运作在我们每个人的生存空间，因此电子商务可应用于小到家庭理财、个人购物，大至企业经营、国际贸易等诸方面。电子商务的范围涉及人们的生活、工作、学习及消费等广泛领域，其服务和管理也涉及政府、工商、金融及用户等诸多方面。目前，互联网已渗透到每个人的生活中，而各种业务在网络上的相继展开，也在不断推动电子商务这一新兴领域的昌盛和繁荣。如社交电子商务(Social Commerce)，它借助社交媒介、网络媒介的传播途径，通过社交互动、用户自生内容等手段来辅助商品的购买和销售行为。社交电子商务一般可以分为两类：一类是专注于商品信息的，主要是通过用户在社交平台上分享个人购物体验、在社交圈推荐商品的应用；另一类是比较新的模式，通过社交平台直接介入商品的销售过程。

三、电子政务

在全球信息化迅速发展的背景下，以电子政务为代表的政府管理服务实现数字化、网络化、无纸化，其核心价值就是整合政府职能，提高行政效能，改善政府服务，发挥网络技术跨时空快速传递、处理、存储和利用信息的优势，打破条块分割的政府及其部门之间的界限，通过信息共享、流程互通实现协同办公、联合服务。

1. 电子政务

电子政务(Electronic Government)是指运用计算机、网络等现代信息技术手段，实现政府组织机构和工作流程的优化重组，超越时间、空间和部门分隔的限制，建成一个精简、高效、廉洁、公平的政府运作模式，以便全方位地向社会提供优质、规范、透明、符合国际水准的管理与服务。

联合国经济社会理事会将电子政务定义如下：政府通过信息通信技术手段的密集性和战略性应用组织公共管理的方式，旨在提高效率、增强政府的透明度、改善财政约束、改进公共政策的质量和决策的科学性，建立良好的政府与政府之间、政府与社会、社区以及政府与公民之间的关系，提高公共服务的质量，赢得广泛的社会参与度。

世界银行认为电子政务主要关注的是政府机构使用信息技术(如互联网和移动互联

网)，赋予政府部门以独特的能力，转变其与公民、企业、政府部门之间的关系。这些技术可以服务于不同的目的：向公民提供更加有效的政府服务、改进政府与企业和产业界的关系、通过利用信息更好地履行公民权，以及增加政府管理效能。因此而产生的收益可以减少腐败、提高透明度、促进政府服务更加便利化、增加政府收益或减少政府运行成本。

在电子政务中，政府机关的各种数据、文件、档案、社会经济数据都以数字形式存储于网络服务器中，可通过计算机检索机制快速查询、即用即调。

2. 电子政务的类型

1) G2G

G2G(Government to Government)也称为 A2A(Administration to Administration)，是政府对政府的电子政务应用模式，即上下级政府、不同地方政府和不同政府部门之间实现的电子政务活动。其具体的实现方式可分为政府内部网络办公系统，电子法规政策系统，电子公文系统，电子司法档案系统，电子财政管理系统，电子培训系统，垂直网络化管理系统，横向网络协调管理系统，网络业绩评价系统，城市网络管理系统等十个方面，即传统的政府与政府间的大部分政务活动都可以通过网络技术的应用高速度、高效率、低成本地实现。

2) G2B

G2B(Government to Business)也称为 A2B(Administration to Business)、B2G(Business to Government)、B2A(Business to Administration)，是指政府与企业之间的电子政务，包括政府采购、税收、海关、商检、管理规则发布等在内的政府与企业之间的各项事务。在该模式中，政府主要通过电子化网络系统为企业提供公共服务。该模式旨在打破各政府部门的界限，实现业务相关部门在资源共享的基础上迅速快捷地为企业提供各种信息服务，精简管理业务流程，简化审批手续，提高办事效率，减轻企业负担，为企业的生存和发展提供良好的环境，促进企业发展。比较典型的 G2B 应用是网上采购、电子通关、电子报税、电子证照办理与审批、相关政策发布、提供咨询服务和中小企业电子商务服务等。

3) G2C

G2C(Government to Consumer)也称为 A2C(Administration to Consumer)、C2G(Consumer to Government)、C2A(Consumer to Administration)，是指政府与公民之间的电子政务。C 有时也代表 Citizen。这种模式是指政府通过电子网络系统为公民提供各种服务，包括公众信息服务、电子身份认证、电子税务、电子社会保障服务、电子民主管理、电子医疗服务、电子就业服务、电子教育、培训服务、电子交通管理等。其目的除了政府给公众提供方便、快捷、高质量的服务外，更重要的是可以开辟公众参政、议政的渠道，畅通公众的利益表达机制，建立政府与公众的良性互动平台。最常见的 G2C 应用是个人纳税申报、公积金查询、违章驾驶查询等。在澳大利亚，政府的税务机构已经通过指定私营税务或财务会计事务所用电子方式来为个人报税。

4) G2E

G2E(Government to Employee)也称为 A2E(Administration to Employee)，指政府与政府公务员即政府雇员之间的电子政务，也称为内部效率效能(IEE)电子政务模式。它是政府机构通过网络技术实现的内部电子化管理和有效的行政办公和员工管理体系，为提高政府工作效率和公务员管理水平服务。

学习任务 2　网购技巧

红火“双 11”网购折射中国电子商务的快速发展

“买买买”俨然成为了“双 11”的主旋律，截至 11 点 49 分，2015“天猫双 11”交易额超 571 亿元，打破 2014 年“双 11”全天交易额纪录。

11 日凌晨，零点的钟声敲响后的 1 分 12 秒，2015 天猫“双 11”交易额超 10 亿元，其中无线交易额占比 81.82%；12 分 28 秒，交易额超 100 亿元，其中无线交易额占比 74.83%；33 分 53 秒时，成交额破 200 亿，而去年破百亿的时间超过 38 分钟。

对中国人来说，自 2009 年起，11 月 11 日不仅是民间戏称的“光棍节”，也是一个网络购物节。连续进行七年的“双 11”网络购物大促，已成为中国电子商务快速发展的缩影，折射出电子商务拉动内需、刺激消费的强劲动力。

2015 年“双 11”还未落幕，各电商平台就纷纷报捷：天猫截至 11 日 12 时总成交额超过 571 亿元；京东商城前 10 小时订单量超过 1000 万单；国美在线总交易额前 30 秒即破亿；苏宁截至 11 日 8 时全网销售订单量同比增长 372%……

传统商场及实体店也加入了这场促销热潮。京东、苏宁等电商开启 O2O 服务；银泰推出“银泰天猫价”，实现线上线下同时同款同价；北京大悦城、王府井等商场接入微信支付，在“双 11”拓展促销环节；餐饮、健身、交通出行、金融服务甚至云计算服务都加入了“双 11”促销大军。

中国电子商务研究中心监测数据显示，天猫支付宝的“双 11”交易额从 2009 年的 0.5 亿元上升到 2014 年的 571 亿元，增长上千倍。2015 年“双 11”不足半小时的商品成交额就达 160 亿元，超过 2014 年美国“黑色星期五”线上交易总额。

73 岁的浙江省桐庐县金家村村民金竹生打算买些川贝，但他没有像往常一样坐中巴到县城去买。“现在家里就能淘宝，什么东西都能买到，方便又省事。”

2015 年“农村淘宝”亮相天猫平台，也参与到购物狂欢节中。“农村淘宝”组织了一大批在农村有切实需求的商品作为“爆品”，覆盖全国 6000 多个村点，有像金竹生一样的几十万农民首次参与了“双 11”网购盛宴。

中国电子商务研究中心主任曹磊认为，“双 11”带来的逐年销售增量中很大部分是消费增量，也有一部分来自线下销售的转移。他说，目前线上电商和实体零售业正积极探索线上线下深度融合的 O2O 模式，实现互补。

全球化成为今年“双 11”的新亮点。京东今年“双 11”开启海淘嘉年华；天猫启动“全球买”“全球卖”，范围涵盖 25 个国家和地区的 5000 多个海外品牌；苏宁易购开设日本馆、美国馆、韩国馆和欧洲馆等海外购频道……

阿里研究院的报告显示，支付宝已为 190 多个国家和地区的用户提供支付服务，而今年又新增接入 10 多个国际支付机构，使海外用户能更好地购物。

(2) 用户还可以通过分类导航栏来找到想要购买的商品分类，根据分类找到商品。

第二步：将选购商品放入购物车。

在用户想要购买的商品的详情页点击“购买”，商品会添加到用户的购物车中，在购物清单中可以对商品进行删除、放入暂存架或修改订购数量等，如图 2.4 所示；如果用户还要同时购买其他感兴趣的商品，点击购物清单中的“继续挑选商品”，把继续挑选商品放入购物车后一起结算，如图 2.5 所示。

图 2.4　检索到的商品

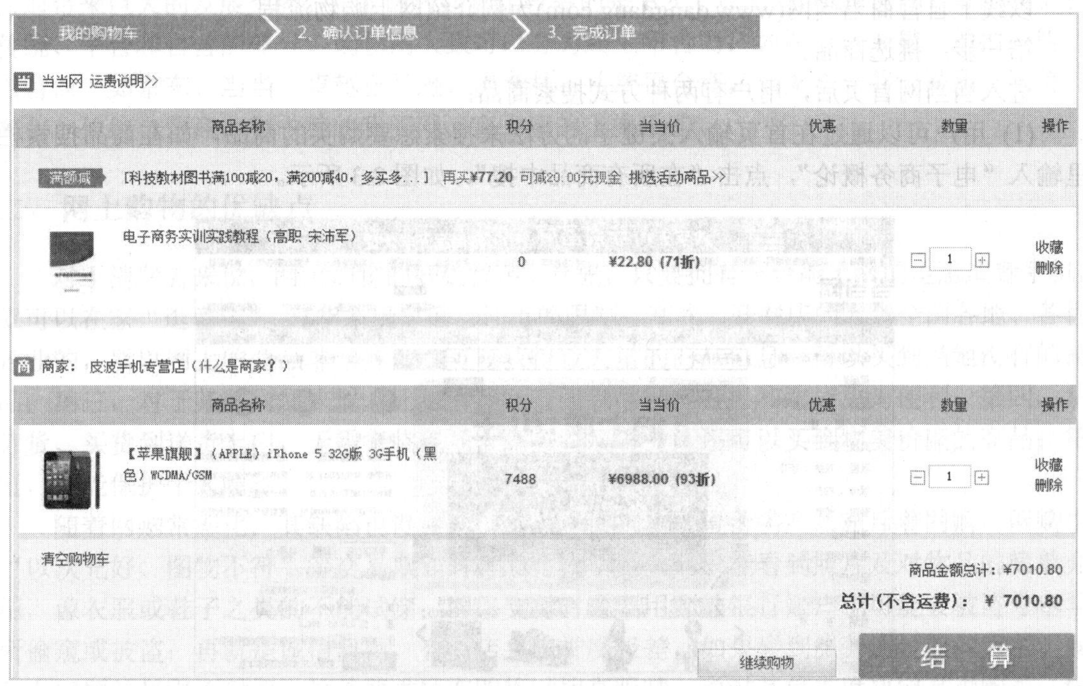

图 2.5　购物车

(1) 在购物车中，系统默认每件商品的订购数量为一件，如果用户想购买多件商品，可在购物车里修改购买数量。

(2) 在购物车中，用户可以将商品移至收藏，或是选择删除。

(3) 在购物车中，用户可以直接查看商品的优惠折扣和参加促销活动的商品名称、促销主题。

(4) 在购物清单页打开“超值赠送区”，可选择各种免费或特惠品。

(5) 购物车页面下方的商品是网店根据用户挑选的商品为其做出的推荐，若有用户喜爱的商品，点击“放入购物车”即可。

提示：

(1) 商品价格会不定期调整，最终价格以用户提交订单后订单中的价格为准。

(2) 优惠政策、配送时间、运费收取标准等都有可能进行调整，最终成交信息以用户提交订单时网站公布的最新信息为准。

第三步：注册/登录。

如果是会员，直接输入用户名和密码登录；如果不是会员，需申请注册成为会员。

注册会员有两种方式。

方法一：购物之前注册。点击左上角的“请登录、免费注册”或者右上角的“我的当当”，见图 2.3 所示；然后填写有效的 E-mail 地址、昵称和密码，也可以通过手机号码注册，网站会通过 E-mail 给用户发送验证等相关信息；最后点击“邮箱验证”即可完成会员注册。

温馨提示：

(1) 请务必填写正确有效的注册邮箱地址，否则当用户忘记注册密码时，无法成功找回，只能重新注册新用户。

(2) 注册成功后，用户可以修改 E-mail 地址、昵称、密码。

方法二：购物过程中注册。如图 2.6 所示，在登录注册页面点击“快速注册新用户”按钮，然后按照方法一完成用户注册。

登录　注册

用户名：

密 码：

登 录　忘记密码？

使用合作网站登录当当：

支付宝 | QQ | 新浪微博 | 网易 | 人人网 | 百度

MSN | 飞信 | 江苏移动 | 139邮箱 | 豆瓣 | 360

图 2.6　会员注册/登录

除天猫、一号店、QQ 网购等会员注册(将在以后章节详细讲解)程序比较复杂且需要实名认证外，其他网店如京东商城、亚马逊、李宁商城、凡客诚品等会员注册程序与当当网会员注册程序一样。

第四步：填写收货及其他信息。

为了保证用户的商品被顺利配送，用户必须准确地提供收货地址及联系人的详细信息，同时提供联系电话号码，也可以选择已维护的收货地址信息，还可以重新创建一个收货地址，商城将根据用户填写具体地址进行配送，如图 2.7 所示。

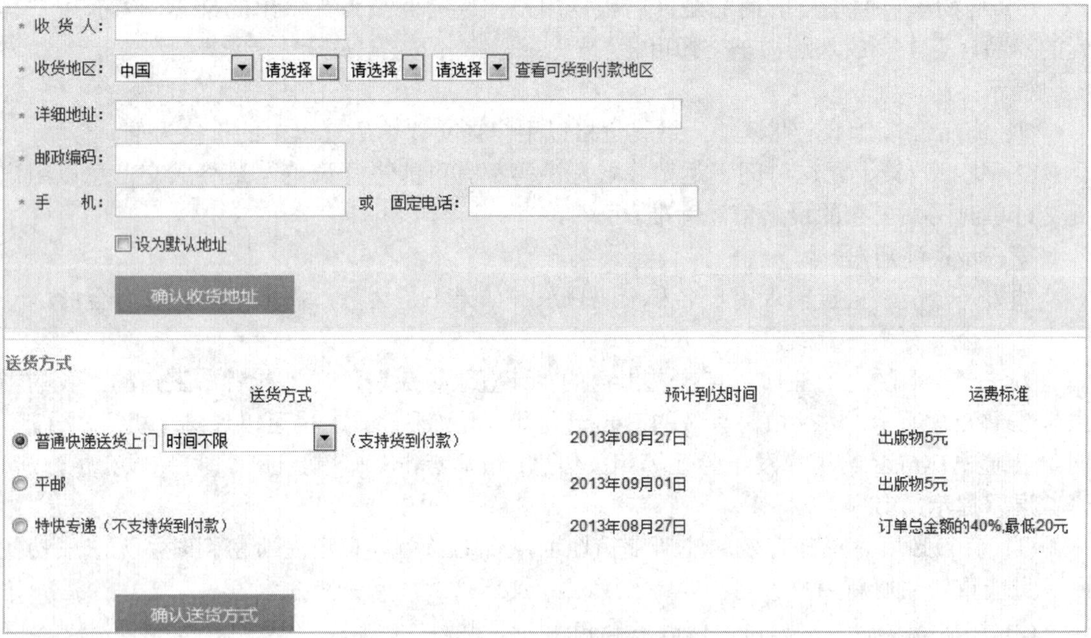

* 收 货 人：

* 收货地区：中国 请选择 请选择 请选择 查看可货到付款地区

* 详细地址：

* 邮政编码：

* 手　　机：　　或　固定电话：

设为默认地址

确认收货地址

送货方式

送货方式	预计到达时间	运费标准
普通快递送货上门 时间不限（支持货到付款）	2013年08月27日	出版物5元
平邮	2013年09月01日	出版物5元
特快专递（不支持货到付款）	2013年08月27日	订单总金额的40%,最低20元

确认送货方式

图 2.7　填写收货人信息和选择送货方式

第五步：选择收(送)货方式。

常见的有物流快递送货上门、平邮和特快专递(EMS)等，如图 2.7 所示。在物流配送环节，越来越多的 B2C 购物网站能独立提供物流服务，通过自建物流提升服务品质，如京东商城等。

第六步：选择支付(付款)方式。

常见的支付方式有货到付款、网上支付、银行转账和邮局汇款，如图 2.8 所示。在支付环节，购物网站都开通了多家第三方支付渠道，大部分购物网站都可局部实现货到付款。

如果支持货到付款，建议用户最好选择此付款方式。选择货到付款的好处在于：可以防止钱货两空的骗局发生，货到付款可以开箱验货，先查看货物描述与购买的货物有无差别，检验货物真实性，质量情况，还有运送损伤等情况之后，根据情况再签单，如果与事实不符，可以拒签，要求退货并附上理由，这样能增加客户的安全感。

第七步：索取发票和礼品卡/礼券使用。

填写正确的发票抬头、发票内容，发票选择成功后，将与订单货物一起送达，如图 2.8 所示。

若用户账户中有礼品卡，可以在“支付方式”处选择使用礼品卡支付；若用户账户中有符合支付该订单的礼券，在结算页面会有“使用礼券”按钮，用户点击选择礼券即可，

如图 2.9 所示。

支付方式

礼品卡：　激活新的礼品卡

您还需为订单支付27.80元，请选择以下支付方式：

网上支付　　为保证及时处理您的订单，请您于下单后24小时内完成付款(您将获得10分积分奖励)，否则订单将被自动取消

订单完成后，您可以选择以下银行及支付方式进行支付：

中国工商银行　招商银行　中国建设银行　中国银行　中国农业银行　交通银行　中信银行

中国民生银行　广发银行　兴业银行　浦发银行　北京银行　中国邮政储蓄银行　中国光大银行

平安银行（原深圳发展银行更名）

银联在线支付　手机支付　支付宝　快钱　银联电子支付公司　财付通　国外信用卡

货到付款-现金

银行转帐

确认支付方式

发票信息

发票抬头：　个人　单位

发票内容：　服装

数码、手机、家电类商品将默认打印出商品名称和型号

确认发票信息　暂不需要发票

图 2.8　选择支付方式和发票信息

第八步：给商家留言。

如果用户购买的是入驻商家的商品，可以给商家留言，如“请让快递公司下午 15 点到 18 点之间送货，谢谢！”，如图 2.9 所示。

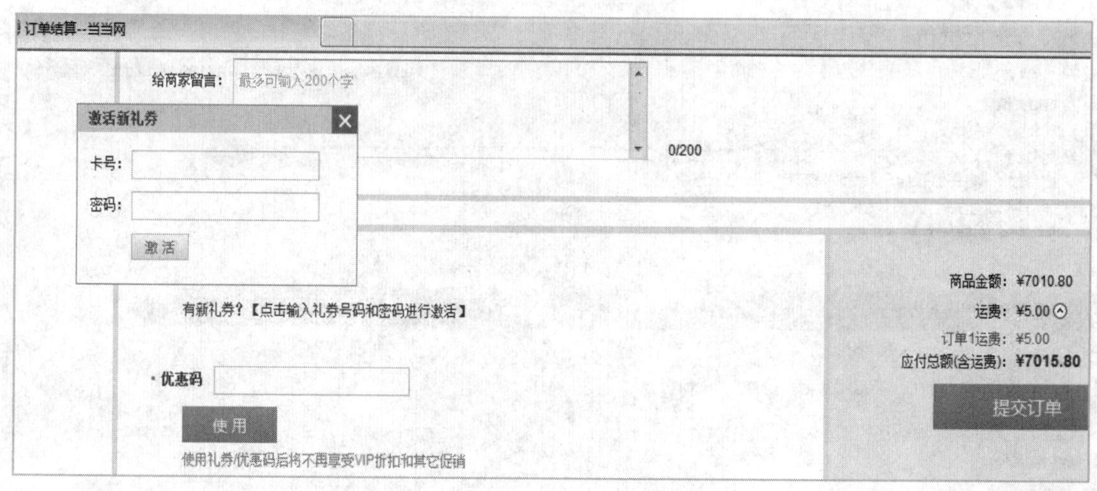

图 2.9　礼券使用和给商家留言图

第九步：提交订单。

以上信息核实无误后，点击“提交订单”，系统会生成一个订单号，说明用户已经成功提交订单，如图 2.10 所示；随后网店会给用户发一封 E-mail，提醒用户订单已生效。

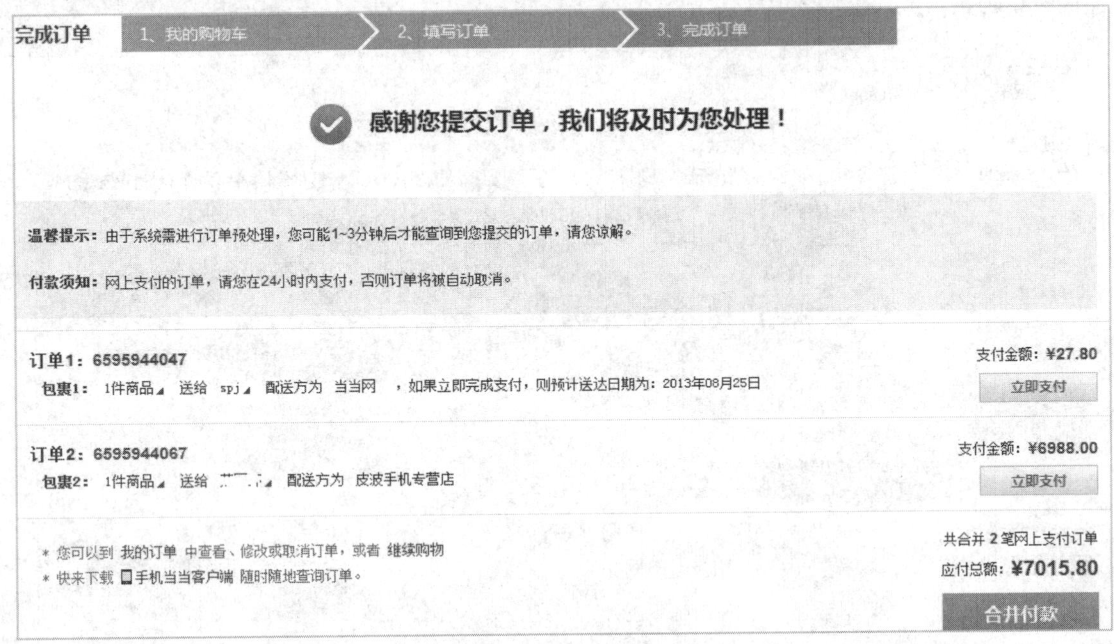

图 2.10　生成并提交订单

因为当当网、京东商城等先后开始了第三方联营的方式，所以在当当网、京东商城等网店经营的商品中有其自营的，也有入驻商家(即在当当等网店开店并经营商品，见图 2.5)。因此，当当网和商家的商品需要分别提交订单订购，不同商家的商品需要分别提交订单，如图 2.11 所示。

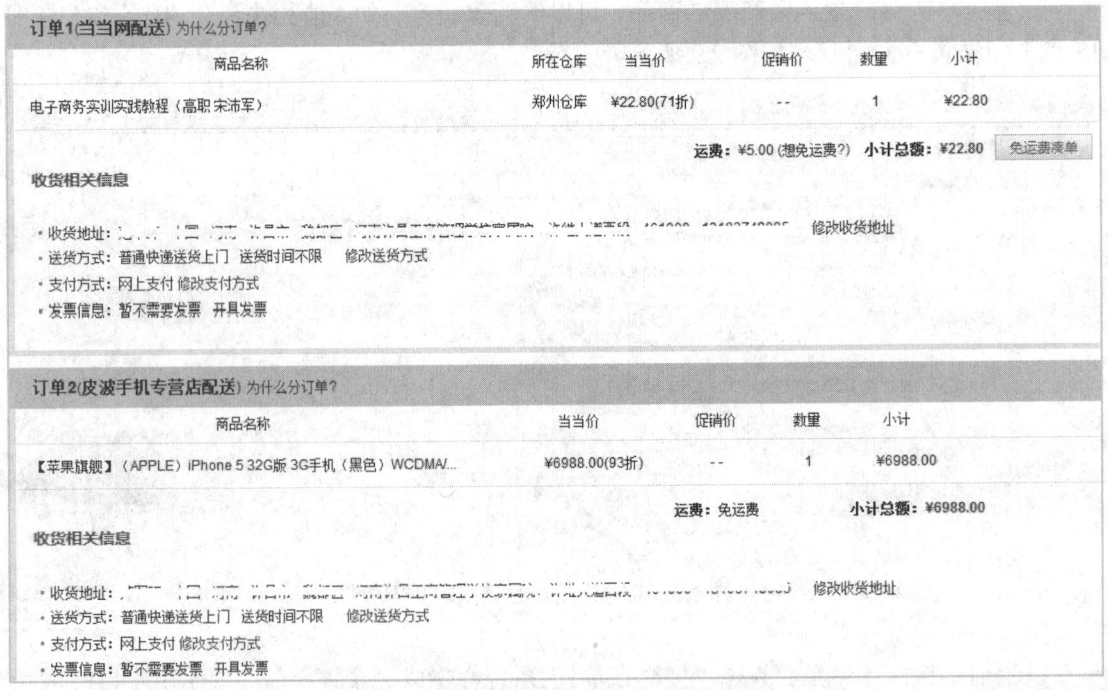

图 2.11　不同商家的商品需要分别提交订单

第十步：支付货款。

订单提交成功后，如果用户选择的是网上支付，则必须付完款后商家才会发货。网上支付流程如下：

(1) 选择要支付的订单。订单提交成功后，用户可以直接进行网上支付，或者登录“我的当当”，选择要支付的订单，然后进行网上支付，如图 2.12 所示。

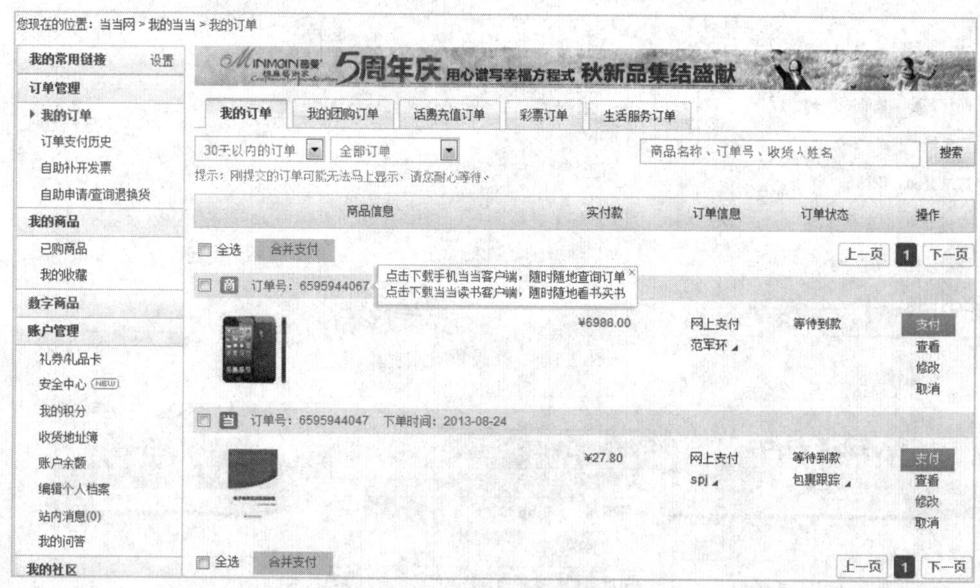

图 2.12　我的订单

(2) 选择网上付款银行或者支付平台，如图 2.13 所示。

图 2.13　选择网上付款银行或者支付平台

(3) 输入支付卡号、证件号码或者用户昵称、登录密码和验证码，然后输入网银盾密码，支付货款，如图 2.14 和图 2.15 所示。

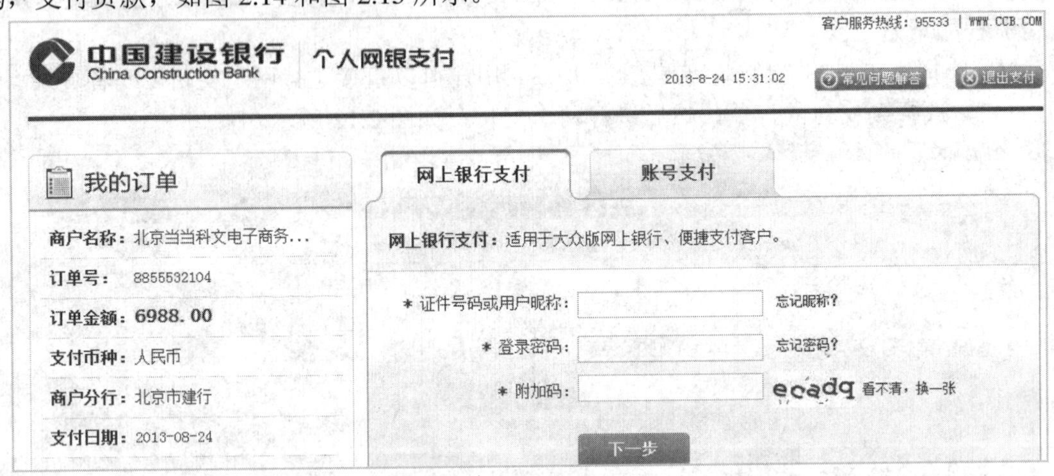

图 2.14　登录网上银行

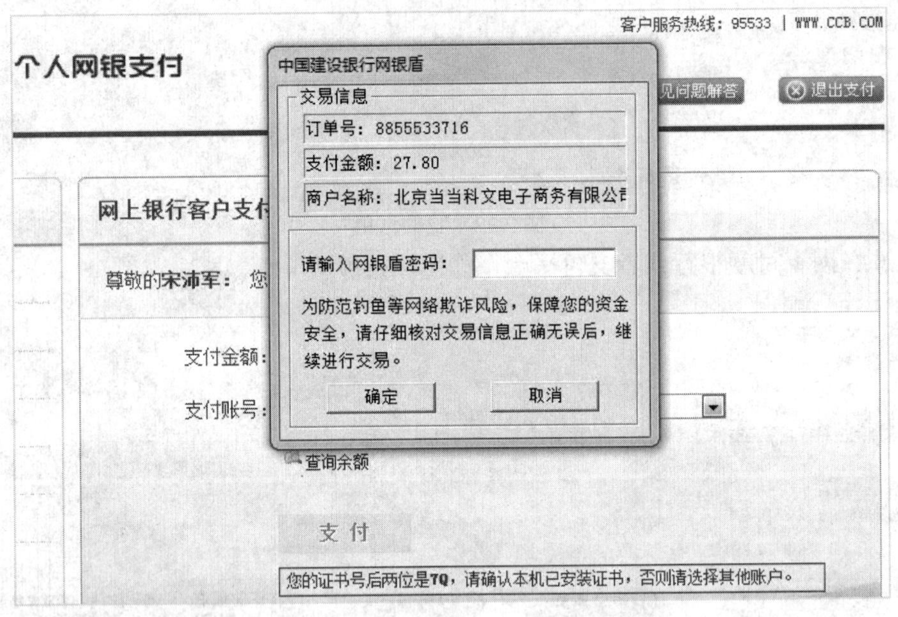

图 2.15　输入网银盾密码并网上支付

第十一步：商品验货与签收。

(1) 快递送货上门的订单和邮局邮寄的订单，签收时都需要仔细核对，如商品及配件、商品数量、网店的发货清单、发票(如有)、三包凭证(如有)等。若存在包装破损、商品错误、商品少发、商品有表面质量问题等影响签收的因素，请用户一定要当面向送货员说明情况并当场整单退货，或是让邮局开具相关证明后签收，然后登陆网店申请退货或申请换货。货到付款的订单送达时，用户要当面与送货员核兑商品与款项，确保货款两清，若事后发现款项有误，网店将无法为用户处理。

(2) 收货时用户务必认真核对，若用户或用户的委托人已签收，则说明订单商品正确无误且不存在影响使用的因素，网店有权不受理因包装或商品破损、商品错漏发、商品表

面质量问题、商品附带品及赠品少发为由的退换货申请。

(3) 服装鞋类商品，用户可以当场试穿(内衣裤，袜子，文胸类等除外)，如不满意可当场办理退货，如用户收下货物后，发现质量问题，可以联系网店客服中心为用户办理退换货业务。

2. 订单管理

订单管理的内容主要包括：我的订单、取消订单、合并订单、修改订单、查询余额、账户充值、查询礼券、查询会员卡、修改 E-mail 地址/昵称、修改登录密码、收藏的商品、修改地址簿、商品送达时间等。用户登录到“我的订单”中可以查询订单、取消订单，如图 2.16 所示。

当订单处于“未经审核”“等待付款”“部分到款”状态时，可以合并订单(根据系统提示的具体操作步骤，按照提示便可以合并订单)，也可以修改“收货人”“联系电话”“送货地址(仅限同城修改)”“邮编”，如图 2.12 所示。

为了方便用户再次提交订单，当当网在“我的订单”中增加了“将被取消订单中的商品放回购物车”的功能，如果用户仍然需要此订单中的商品，可进入当当网“我的账户”，在订单详细信息页面将商品放回购物车后重新提交订单。

跟踪订单如图 2.17 所示，查看订单状态如表 2.1 和图 2.18 所示。另外，用户还可以通过即时通讯软件如 QQ、阿里旺旺进行交流，也可以通过网页进行咨询。

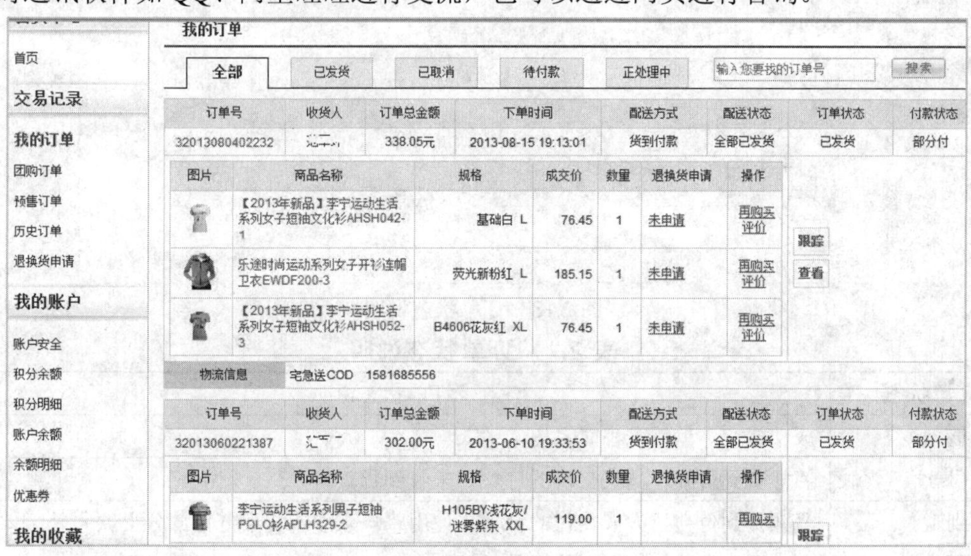

图 2.16　订单管理

图 2. 17　订单跟踪

步骤	上门自提	先款后货	先货后款	订单状态解释
等待处理	✔		✔	订单还未处理，请等待
无法到货	✔	✔	✔	订单中有商品无法到货，需要删除该商品，删除后订单才能继续处理
商品预订	✔	✔	✔	订单中有商品还没到货，请耐心等待，商品到货后订单会继续处理
商品在途	✔	✔	✔	订单中有商品还没到货，请耐心等待，商品到货后订单会继续处理
锁定	✔	✔	✔	订单被锁定（可能由于您修改订单、致电客服操作或由系统锁定）后将无法往下进行，您可以尝试解锁
等待付款		✔		我们还未收到该订单的款项，请尽快付款，该订单会为您保留24小时（从下单之日算起），24小时之后如果还未付款，系统将自动取消该订单。如果已经付款，请务必填写付款确认。
等待付款确认		✔		客户已提交付款确认，等待财务人员审核，通过审核后订单会继续执行
付款成功		✔		客户已付款成功，订单稍后将进入出库状态，请耐心等待
延迟付款		✔		客户申请延迟付款，系统判断客户需在一定日期之前付款，否则系统将自动取消该订单
正在出库	✔	✔	✔	网上订单被打印，目前订单在等待库房人员出库，无特殊情况，当日可以完成
商品出库	✔	✔	✔	订单已出库，即将配送至相应自提点
正在配送	✔			订单商品正在送往自提点途中，待到达自提点后我们会向您发送提货手机短信
等待收货		✔	✔	订单商品已经从库房发出，请准备收货
上门自提	✔			货物已送至自提点，请您在3天内尽快上门取货，过期未自提货物将按退库处理
完成	✔	✔	✔	订单已成功完成交易，欢迎对本次交易及所购商品进行评价，如收到产品有质量问题，请直接与售后部门联系
商品退库	✔			未在规定的时间内上门自提，商品已经退库，可以重新下单购买商品
正在退款		✔	✔	申请退货订单正在退款，请耐心等待

图 2.18　订单状态说明

表 2.1　订单状态说明

订单状态	订单状态说明
待审核	成功提交订单后一小时之内
等待付款	“非货到付款”方式支付的订单，未收到货款
部分到款	“非货到付款”方式支付的订单，使用账户余额或礼券支付部分货款
正在配货	订单通过审核，库房开始配货
等待发货	订单配货完成，等待分配快递公司
订单处理结束	库房发出商品至快递公司
收到退换货	库房收到办理退换货的商品
取消	顾客取消：在“待审核”“等待付款”“部分到款”状态下，顾客取消
	未支付成功取消：非货到付款支付方式，7 天内未成功支付，系统取消
	无效订单取消：订单中地址、收货人等信息无效，系统取消
	缺货取消：订单中商品全部缺货，系统取消

3. 退换货

在售后服务环节，大部分购物网站执行了传统零售业的退换货制度，一些购物网站还实行了 7 天无理由退换、价格保护以及延保服务等。李宁在线商城的退换货流程如图 2.19 所示。

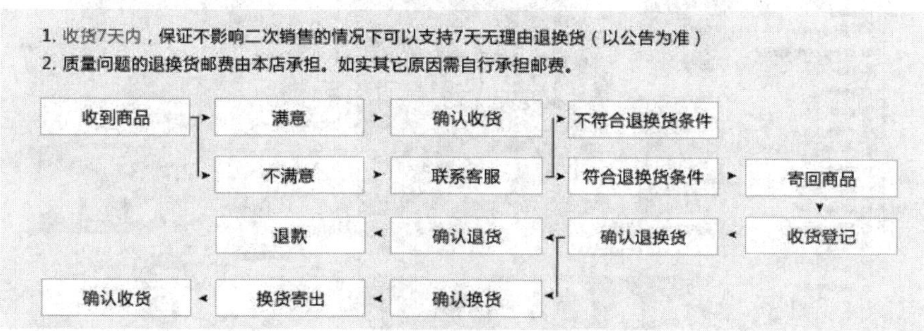

图 2.19　李宁在线商城的退换货流程图

四、网上购物实战——线上平台 B2C 网购流程

与当当、京东、李宁、苏宁易购等以线上自营商为主的 B2C 网店不同，天猫等作为线上平台商，只是搭建了一个网络平台，经营商品的全部是入驻商家，这些商家可以是某些官方产品公司如李宁、美特斯邦威等，也可以是一些取得资质的个体。因此，天猫等是一个许多商家聚合体，而京东、亚马逊等则是一个单独的整体，当然不排除其中存在一小部分的入驻卖家，但总体上讲，从产品的下单、发货，以及售后都由其自己来操作，李宁、海尔等只经营自己生产的产品，没有入驻商家。

以线上平台商天猫超市(www.tmall.com)为例介绍网上购物流程，如图 2.20 所示。

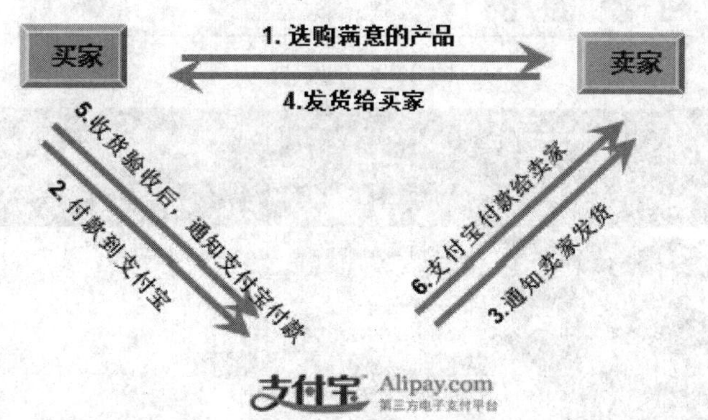

图 2.20　天猫网店的网购流程图

第一步：用户进入天猫超市页面(如图 2.21 所示)搜索商品(如图 2.22 所示)，通过在众多卖家店铺中选择自己比较满意的商品，如图 2.23 所示。

搜索商品可以在搜索栏里直接输入要找的商品，也可以通过“所有商品分类”查找。选择购买前如对商品信息有疑问，请先点击阿里旺旺的图标，通过此聊天工具联系卖家咨询，确认无误后，确认购买数量，点击“立刻购买”或者点击“加入购物车”。

图 2.21　天猫超市页面

图 2.22　搜索商品

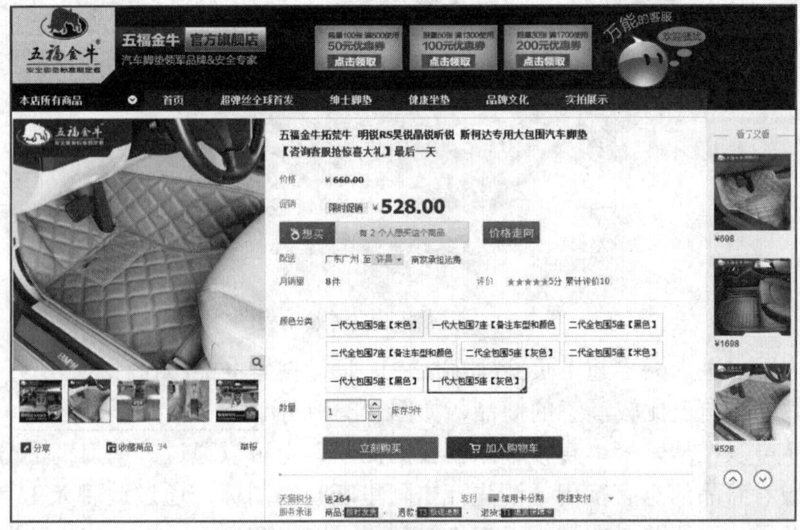

图 2.23　选择商品

第二步：注册/登录，如图 2.24 所示。

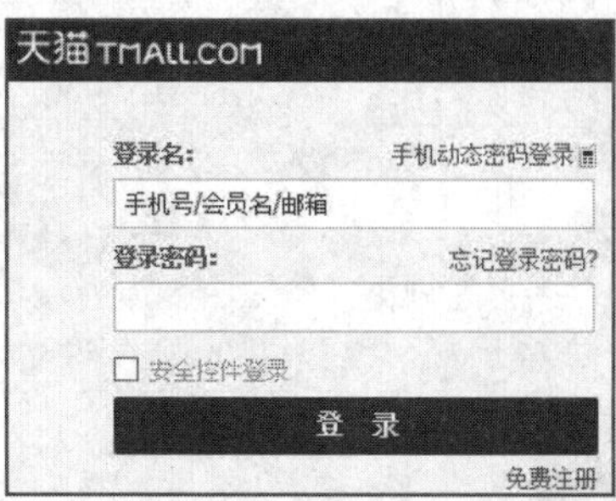

图 2.24　用户注册/登录

如果是会员，请直接输入用户名和密码登录；如果以前在阿里巴巴或者淘宝网上注册过会员，可以直接用阿里巴巴或淘宝的用户名和密码在天猫登录。

如果是不是会员，需申请注册成为会员(会员注册将在“项目三网上创业”中详细讲解)。

第三步：进入购物车，如图 2.25 所示。

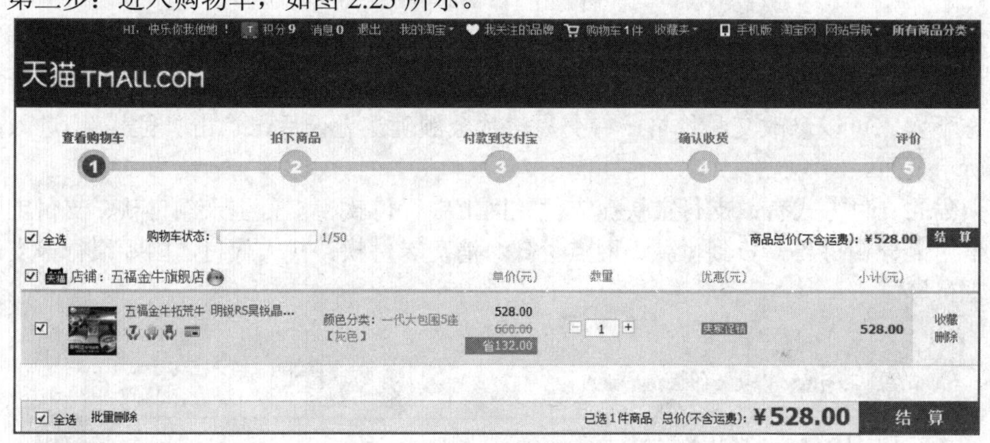

图 2.25　购物车

第四步：提交订单。

选择收货地址、付款方式、发票、运送方式等要素，确认订单信息，然后点击“提交订单”按钮，则生成订单。订单记录可以在“我的淘宝”里“我是买家>交易管理>已买到的宝贝”查找，如图 2.26 所示。也可以在阿里旺旺“淘助手”里查找，如图 2.27 所示。

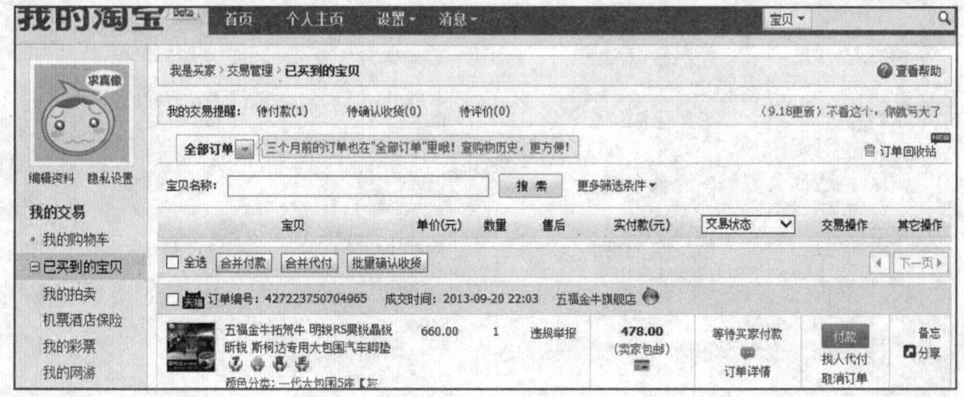

图 2.26　订单查询

图 2.27 “淘助手”

第五步：付款。

在图 2.26 所示的“订单查询”里，选择要付款的商品，交易状态显示“等待买家付款”，该状态下卖家可以修改交易价格，待交易付款金额确认无误后，点击“付款”，进入如图 2.28 所示页面。

天猫的支付方式有：支付宝快捷支付、网上银行付款、支付宝余额付款、支付宝卡付款、信用卡分期付款、货到付款、网点付款、消费卡付款、找人代付、国际银行卡支付和新人支付等。

图 2.28 选择付款方式

例如选择了农业银行快捷支付方式，需要填写相关信息，即姓名、身份证号码、银行卡卡号、手机号码、付款校验码等，如图 2.29 所示，然后点击“同意协议并付款”。

如果支付宝上的余额足以付款的话，也可以选择支付宝余额付款(关于支付宝的注册和使用将放在“项目三　网上创业”中详细介绍)。

一般情况，最好选择第三方支付平台如支付宝(淘宝、天猫和阿里巴巴)、财付通(拍拍、易迅和 QQ 网购)等支付。网上支付平台是指平台提供商通过采用规范的连接器，在网上商家和银行之间建立起连接，从而实现从消费者到金融机构再到商家的在线货币支付、现金流转、资金清算、查询统计等问题。第三方支付平台可以对交易双方的交易进行详细的记录，从而防止交易双方对交易行为可能的抵赖以及为在后续交易中可能出现的纠纷问题提供相应的证据。第三方支付平台的应用，有效避免了交易过程中的退换货、诚信等方面的危险。使用支付宝进行网上支付的流程如图 2.30～2.34 所示。

付款方式：中国农业银行 AGRICULTURAL BANK OF CHINA　储蓄卡　快捷支付　支付 269.00 元

安全设置检测成功！您是数字证书用户，付款环境安全可靠。

请填写以下信息用于实名身份验证。

姓名：　选择生僻字

证件：身份证

储蓄卡卡号：

手机号码：

付款校验码：　免费获取

开通快捷支付，下次可凭支付宝支付密码快速付款。

同意协议并付款

多重安全保障
我们承诺您的用卡安全
- 提供手机校验码和支付宝支付密码双重保障
- 72小时资金赔付，平安保险全额承保
- 采用银行卡支付国际安全标准

图 2.29　付款

支付宝 | 充值　支付宝账户：sina.com | 充值遇到问题？

找朋友充值 | 为他人充值 | 充值记录 | 充退记录

充值账户：　账户余额：0.00元

充值方式：中国建设银行 China Construction Bank

请关注您的充值金额是否超限

单笔限额(元)	每日限额(元)	需要满足的条件	备注
1000	1000	账号直接支付，需要预留的手机号接收验证码	2012年2月8日起，建设银行“网上银行客户支付”及“账号支付”关闭信用卡向支付宝账户充值的服务，请使用建行储蓄卡进行充值。
1000	1000	办理动态口令卡　如何办理？	
50万	50万	办理网银盾　如何办理？	

充值金额：　元

快捷支付 72小时100%赔付　付款过程安全流畅

图 2. 30　给支付宝充值

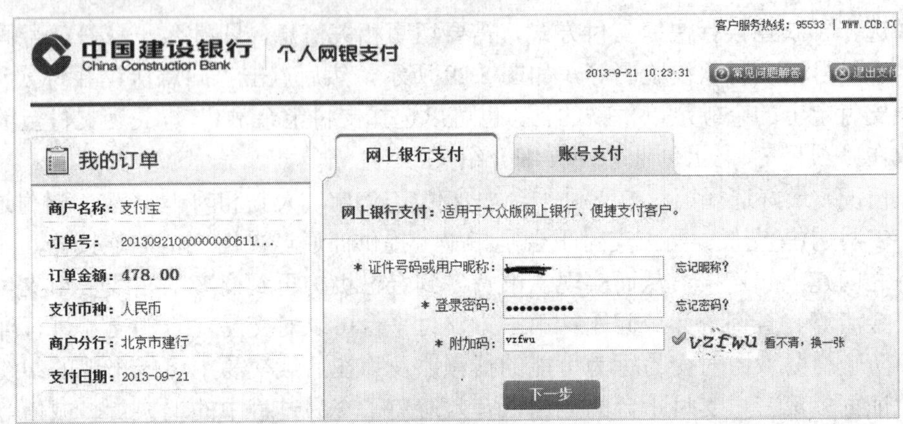

图 2.31　通过网上银行给支付宝充值

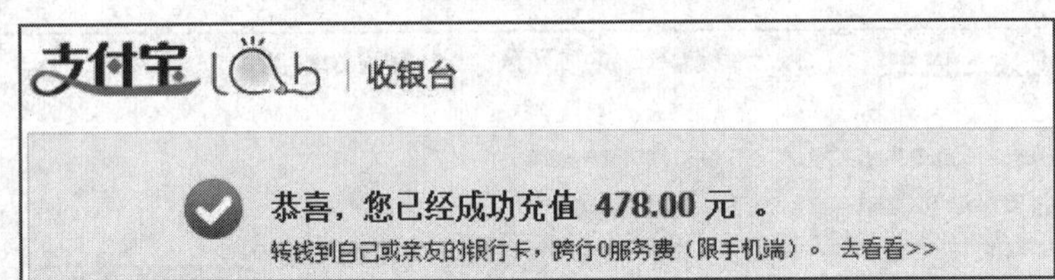

图 2.32　充值成功

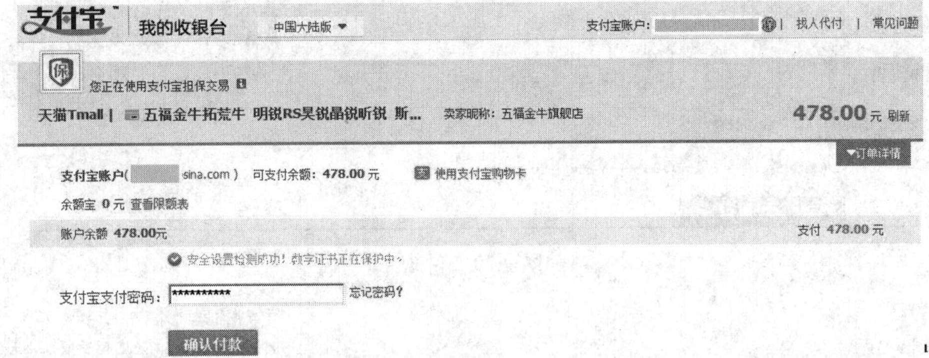

图 2.33　利用支付宝余额付款

图 2.34　支付宝余额付款成功

如果买家没有支付宝或者支付宝余额不足以支付时，也可以找人代付货款。其流程为：在如图 2.26 所示的“订单查询”中，选择“找人代付”，点击后出现如图 2.35 所示的界面，输入代付者的账户后支付宝会给代付款人发一封 E-mail，如图 2.36 所示；代付者登录支付宝后，选择“为他付款”，并确认，如图 2.37 和图 2.38 所示；随后会出现如图 2.39 所示的

界面，即对支付宝充值和代付款(支付宝付款流程如图 2.33 所示)，代付款成功，图 2.40 所示。

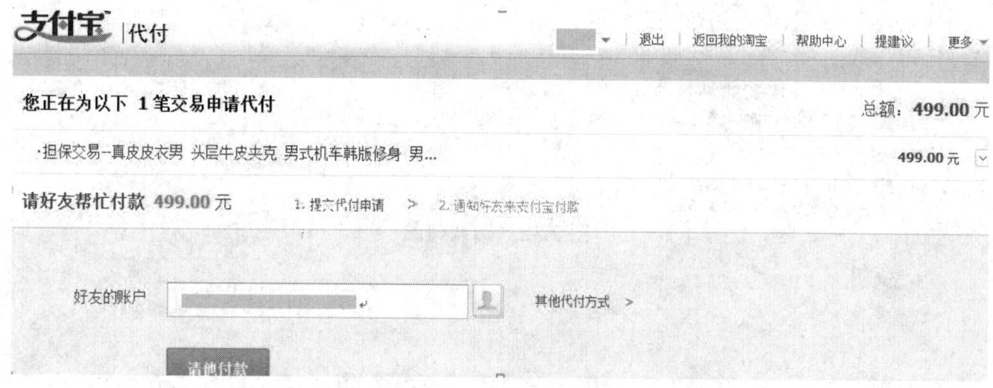

图 2.35　“找人代付”

图 2.36　代付请求 E-mail

图 2.37　代付者选择“为他付款”

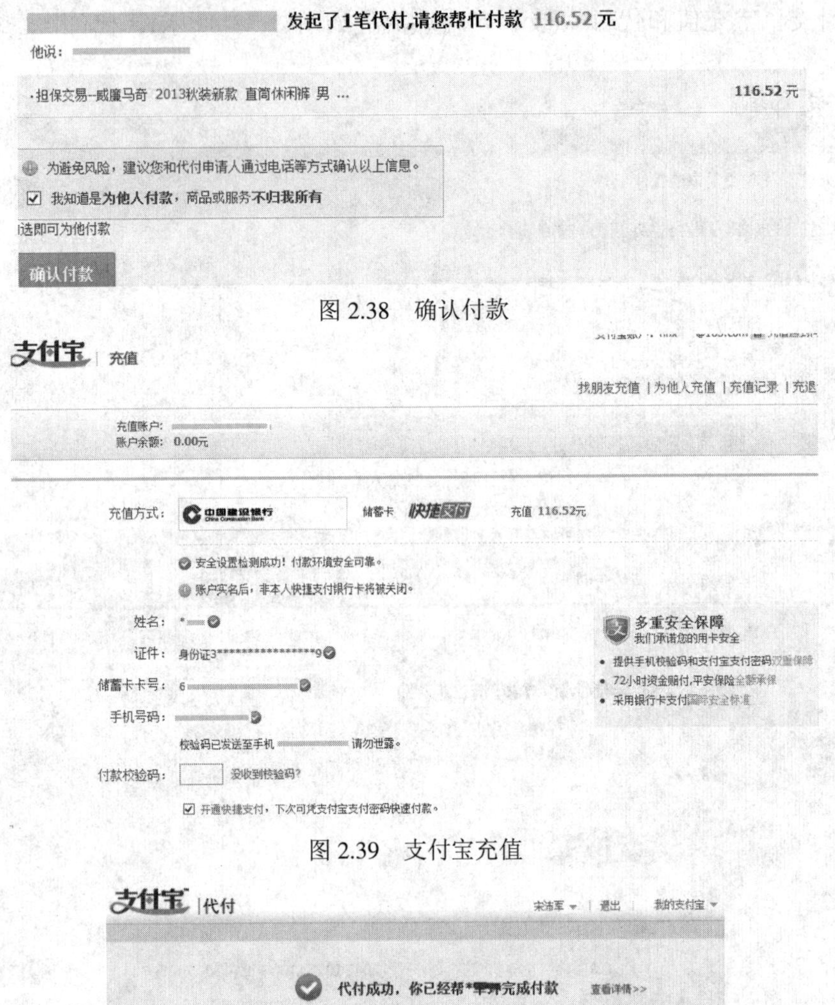

图 2.38 确认付款

图 2.39 支付宝充值

图 2.40 代付成功

第六步：付款成功后，交易状态显示为“买家已付款”，等待卖家发货，如图 2.41 所示。

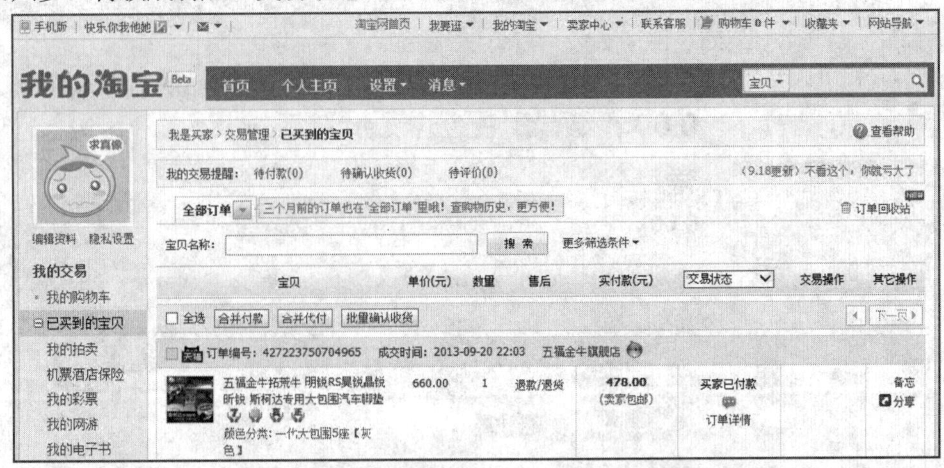

图 2.41 买家已付款，等待卖家发货

第七步：卖家发货，系统会自动将交易状态更改为“卖家已发货”，如图 2.42 所示。同时，阿里旺旺(即淘助手)也会弹出如图 2.43 所示的画面，提示买家“卖家已发货”。

图 2.42　“卖家已发货”页面

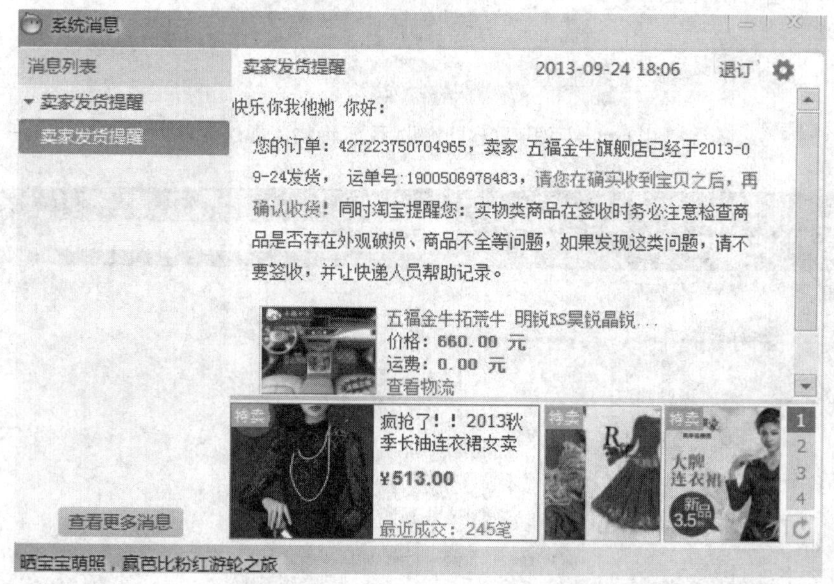

图 2.43　阿里旺旺(即淘助手)会弹出提示买家“卖家已发货”画面

第八步：卖家发货后，可以通过物流公司官网查询订单的物流配送状态，也可以在阿里旺旺(即淘助手)上直接查询，如图 2.44 所示，还可以直接在天猫上查询订单的物流配送状态。

第九步：确认收货。如买家收到货物没有问题，可点击“我的淘宝”再点击“已买到宝贝”点击“确认收货”以完成交易，如图 2.42 所示。也可以在阿里旺旺(即淘助手)直接点击订单号，点击“确认收货”完成交易，如图 2.45 所示。

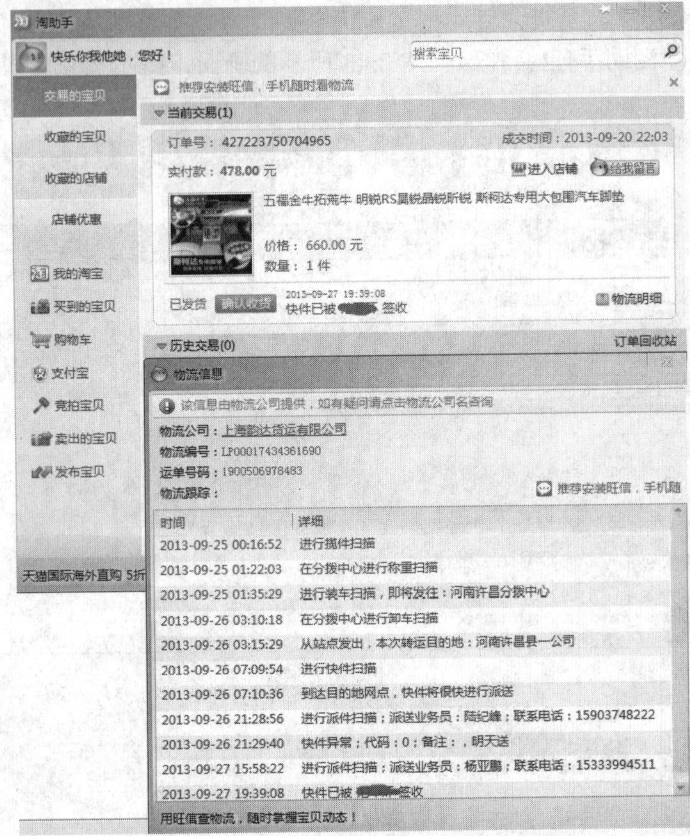

图 2.44　阿里旺旺(即淘助手)查询物流配送订单

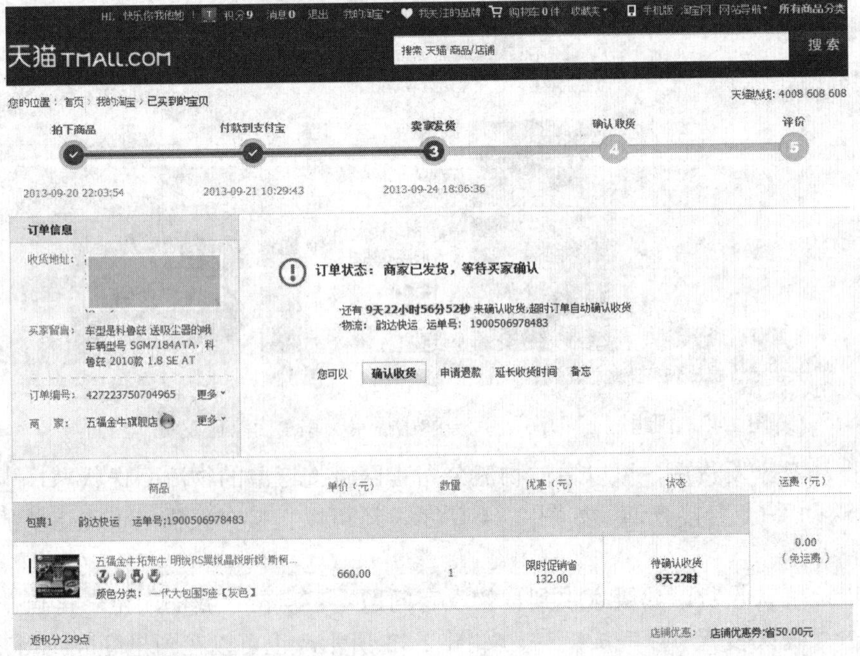

图 2.45　确认收货

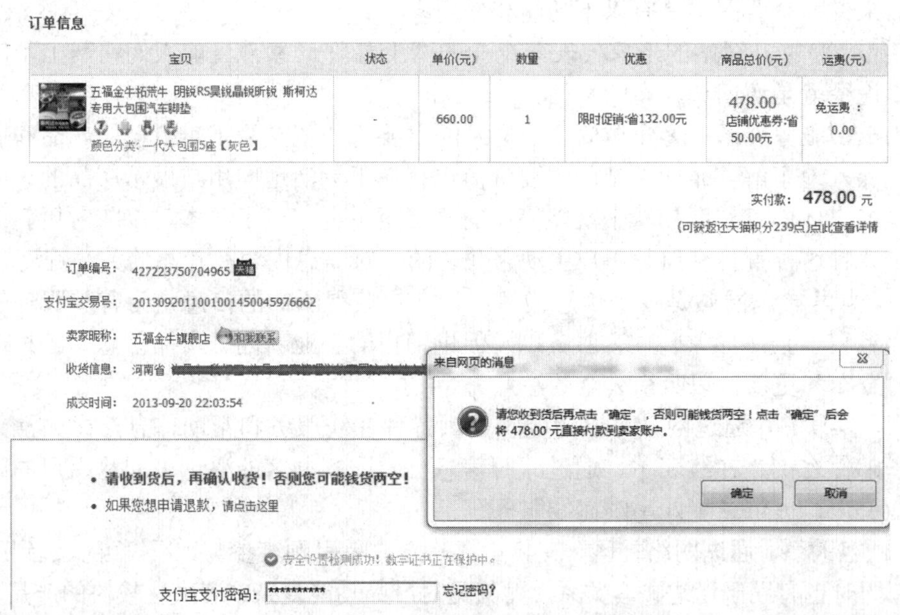

图 2.46　确认支付

第十步：通过支付宝账户支付货款。当买家收到货并确认无误后，输入支付宝账户支付密码，点击“确定”，如图 2.46 所示。随后，在“我的淘宝>我是买家>交易管理>已买到的宝贝”的交易状态显示为“交易成功”，说明交易已完成。

第十一步：买卖双方互评。买家给卖家评价，同时卖家也会给买家评价。

五、网上购物技巧

随着互联网和移动互联网的普及，网上购物不再是一种时尚风潮，而已经成为现代人生活中必不可少的一部分。网上物品不仅种类繁多，而且价格也相当便宜，还不受时间地域的限制，人们可以足不出户就能买到想要的东西。可是网上购物虽然实惠方便，但是也存在着很多的弊端，以衣服类的物品为例，在网上购买时不仅看不到实物，而且也不能试穿，所以很多网民在网上买服装后不是因为质量问题和卖家发生纠纷，就是因为不合适或和照片有差别而压之箱底，让本来觉得物美价廉的东西反而没有了利用的价值。那么，怎样才能淘到物美价廉的东西呢？

1．查

1) 查公司官网

企业网站是企业网上的“家”，是企业在 Internet 上展示形象的门户，是企业开展电子交易的基地，是企业的网络名片。一个企业没有自己的网站就像一个人没有住址，一个商店没有门面，在美国、欧洲、日本、韩国、中国台湾和港澳地区等，百分之九十以上的大小企业、学校、政府机关、服务业甚至酒吧都有自己的网站。企业网站已经成为企业宣传品牌、展示服务与产品、产品资讯发布乃至进行经营互动的平台和窗口。客户如果想了解某个企业的情况与产品，已经由以前的打电话或者发传真发展到先上网看一看，如果这个企业连个网站都没有，客户往往会认为这个企业没有实力。可见，网站对于一个企业已经具有某种象征性的意义。

一般来说，企业网站具有以下功能和作用：

(1) 品牌形象。网站的形象代表着企业的网上品牌形象，目前人们在网上了解一个企业的主要途径就是访问该公司的网站。

(2) 产品/服务展示。客户访问企业网站的主要目的就是为了对公司的产品和服务进行更全面更深入地了解，企业网站的主要价值也就在于灵活地向用户展示产品的说明文字、图片甚至多媒体信息，即使一个功能简单的网站至少也相当于一本可以随时更新的产品宣传资料，并且这种宣传资料是用户主动来获取的，对信息内容有较高的关注程度。

(3) 信息发布。网站是一个信息载体，让客户获得所需的信息是为客户服务的重要方法之一。有利于企业形象、顾客服务以及促进销售的企业新闻、产品信息、各种促销信息等应及时发布和更新，以吸引公众的注意力。

(4) 顾客服务。通过网站可以为顾客提供各种在线服务和帮助信息，比如常见问题解答、电子邮件咨询、在线表单、通过即时信息实时回答顾客的咨询、回答用户的问题并得到客户的反馈、提供二十四小时在线服务等。

(5) 顾客关系。通过网络社区、有奖竞赛等方式吸引顾客参与，不仅可以起到产品宣传的目的，同时也有助于增进顾客关系，尤其是对产品功能复杂或者变化较快的产品更有效。

(6) 网上调查。市场调研是营销工作不可或缺的内容，通过网上在线调查表或电子邮件或论坛等，可以获得有价值的用户反馈信息。

(7) 资源合作。通过与供应商、经销商、客户等进行网上集成，实现资源共享到利益共享。

(8) 网上销售。通过企业网上商城就可以完成订单确认、网上支付等电子商务功能。

一般情况，许多企业都会在自己的官网上设在线商城开展网上销售，如图 2.47 所示是李宁的官网在线商城。有些企业即使没有在线商城，也会把其在天猫、京东、当当、一号店、苏宁易购等开设的旗舰店以及其线下专卖店做一个列表放在其官网最显眼的地方，如图 2.48 所示，是真维斯官网上在线商城列表。在企业官网及其旗舰店上购物，相对来说产品的真实性有保障、价格也较便宜或者有促销活动。

图 2.47　李宁官网在线商城

图 2.48 真维斯官网上在线商城列表

2) 通过搜索引擎查看产品情况

通过百度、搜狗、谷歌、雅虎等搜索引擎查找信息已经成为当今网民们寻找网上信息和资源的主要手段，随着移动互联网快速发展，网民的部分搜索行为将转向移动搜索。本书将在“项目五 电子商务网络技术应用”中详细介绍搜索引擎的应用。

3) 在一些专门网站或者社区网站或者论坛等查看产品情况

互联网上有许多专门分门别类介绍服装、电器、数码等产品的网站，比如中关村在线(www.zol.com.cn)、太平洋电脑网(www.pconline.com.cn)等就是主要介绍 IT 产品的网站。以购买三星 GALAXY S4 手机为例，譬如在中关村在线的搜索栏里输入“三星 GALAXY S4”，可以了解该产品的市场报价、技术参数、评测行情、图片视频、论坛点评等详细信息，如图 2. 49 所示。

图 2.49 产品信息

通过查看价格可以知道该产品在不同商家如亚马逊、京东等以及当地商场的价格；通过图片和视频可以了解该产品的外观、拍照或者录像效果和使用方法介绍；通过论坛和用户的点评来了解该商品用户的使用体会，如图 2.50 所示；同时也可以对同一品牌或者价格相同不同品牌手机之间做对比，如图 2.51 所示。

图 2.50　用户点评

对比结果：　参数对比　外观对比　点评对比

参数仅为参考，产品以当地实际销售实物为准。　□隐藏相同参数　□只显示我点击过的

型号	苹果iPhone 5（16GB）	三星GALAXY Note II（N7100/16GB）	三星GALAXY S4（I9500/16GB/单卡版）	诺基亚925（16GB）
报价	￥4650 2013-08-26 2562个商家报价	￥4699 2013-08-29 2542个商家报价	￥4100 2013-08-28 2521个商家报价	￥3250 2013-08-26 1116个商家报价
点评	3.8星 408个网友点评	4星 344个网友点评	3.5星 286个网友点评	4.1星 47个网友点评
基本参数				
曝光日期	2012年	2012年10月	2013年	2013年
手机类型	4G手机，3G手机，智能手机，拍照手机	4G手机，3G手机，智能手机，拍照手机，平板手机	3G手机，智能手机，拍照手机，平板手机	4G手机，3G手机，智能手机，拍照手机
外观设计	直板	直板	直板	直板
主屏尺寸	4英寸	5.5英寸	5英寸	4.5英寸
触摸屏	电容屏，多点触控	电容屏，多点触控	电容屏，多点触控	电容屏，多点触控
主屏材质	IPS	HD Super AMOLED	Super AMOLED HD	AMOLED
主屏分辨率	1136x640像素	1280x720像素	1920x1080像素	1280x768像素
屏幕像素密度	326ppi	267ppi	441ppi	332ppi
网络类型	单卡双模	单卡多模	单卡双模	

图 2.51　产品对比图

4) 借助网上商店了解产品的属性和价格

不论是服装还是电脑、手机，想知道产品的价格或者最低价格，最好去京东、亚马逊、苏宁易购以及淘宝、天猫、拍拍或者阿里巴巴、慧聪等查查。仍旧以“三星 GALAXY S4”为例，三星 GALAXY S4 在苏宁易购和淘宝上的价格以及相关网上商城的价格比较，如图 2.52 和图 2.53 所示。

图 2.52　三星 S4 在苏宁易购价格比较

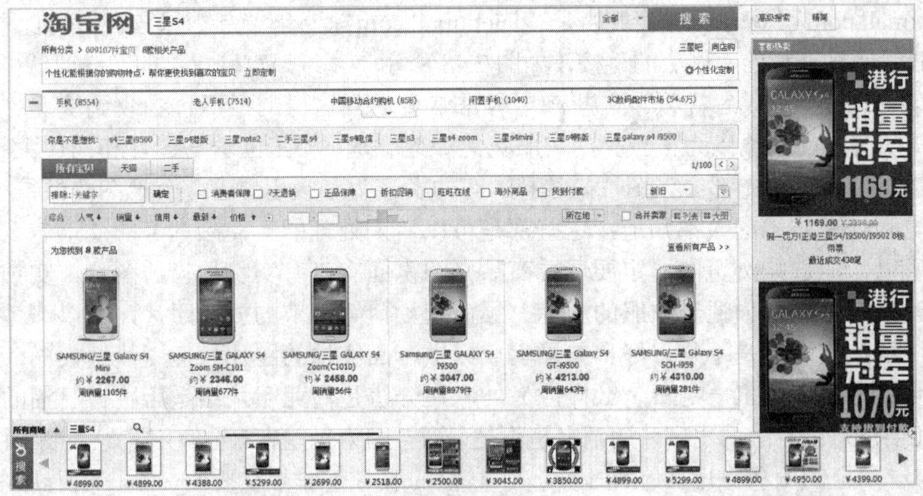

图 2.53　三星 S4 在淘宝上的价格比较

在天猫、淘宝、拍拍、易迅、一号店等线上平台商购物时，还要注意查看以下几个方面的内容。

(1) 查店铺信用等级及店主的信用评价记录。信用等级指以前在这个网店购买过商品的顾客给网店做出的评价。一般情况，信用等级越高，可信度就越高，但是有些信用很高的店铺，不见得就真是物有所值，因为信用有可能作假。因此，一定要查看所有顾客的评价，看其他买家对该产品或相关产品的评价，因为买过的顾客多数会把对这件商品的看法和这件商品的主要信息都评价出来。在查看评价时，多看中差评和带有图片的评价，在看中差评时，一定要看清楚差评的原因——物流、包装还是商品质量，同时要仔细看店主对该评价的解释。如图 2.54 所示，是客户对某一店铺的评价。

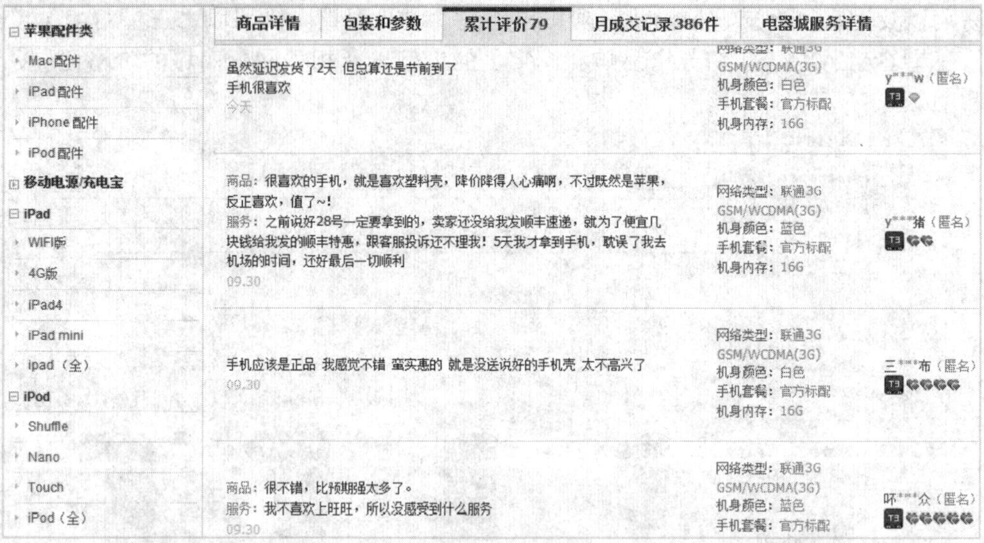

图 2.54　客户评价

另外，在天猫商城购物时尽可能选择旗舰店、专卖店等，因为它们是某个公司在网上开的店，受天猫(淘宝)监督，有质量保证。甄别某公司天猫旗舰店的方法很简单：把天猫(www.tmall.com)网址中的“www”换成该公司名称的拼音即可，如李宁天猫旗舰店是“lining.tmall.com”、海尔天猫旗舰店是“haier.tmall.com”；或者直接登录该公司的官网，查找其在天猫等网站开设的旗舰店的链接，如图 2.48 所示是真维斯官网提供的在线商城列表。

(2) 看产品照片或者视频。一些淘宝客常常会遇到这样的经历：当收到快递打开包装时，发现摆在面前的原以为很漂亮的衣服竟然如此普通，做工面料与图片和描述大相径庭。网上购物时，人们首先都会以图片来选择，有的卖家为了吸引顾客，会把图片做得很漂亮。其实懂电脑处理技术的人都知道，这些都是可以后期处理的，商品本身的质量怎么样才是关键。所以，在选购浏览时一定要看看商品介绍里面有没有实物拍摄的图片，实拍的图片一般都有真实感，比如通过衣服的商标、领口和袖口等细节的放大照片，可以清楚地看到做工是否精致，面料是不是很好。如果卖家提供产品实拍的图片，但图片偏模糊，或光太强，说明其材质和做工一定不怎么样，另外，在分辨是商业照片还是店主自己拍的实物照片时，还要注意图片上的水印和店铺名是不是一致，因为一些店家会盗用其他人制作的图片。

(3) 看掌柜的服务态度。在网上购物，掌柜的服务是非常重要的，不仅要看服务态度，而且要看掌柜是不是真心对待顾客，还是只是为了销售。

(4) 看别人的成交纪录。在网上购物还有一个很重要的参照指数，就是看别人的成交纪录。如果你看中的东西，有别的“钻石”级别的买家买过，那么可以看看他的购物纪录，了解他都买过什么东西，在哪些店铺消费，这会对自己的购物大有帮助。

(5) 看商品的描述。买商品时买家一定要看清卖家写的商品描述，如果卖家在卖价上标着商品的售价是 8 元，但商品描述中却写到拍下者需要付 8000 元，此时就需要买家谨慎处理。因此，在购物时一定要看清商品描述，如需要支付多少邮资，还有没有其他额外的费用，以及付款后多久卖家才发货等。

(6) 看店铺的介绍。在网上购物，有的店铺接受退换货，有的店铺不接受；有的店铺退换货流程很复杂。为了保护自己的权益，先看好店铺的规定，衡量自己能够接受的底线。

2．比

1) 货比三家

货比三家本意为同样的货要进行三家对比，现一般指在采购或交易过程中进行多家比较或性价对比的过程。在实体店购物要货比三家，而在网上购物更应该货比三家，这里的三家是至少三个网店或者网站。通过货比三家，多看多选，经过比较之后，你会发现同样的商品在不同的店里其价格也有所不同，有的甚至差别很大，如图 2.55 所示，同样的一件李宁牌卫衣在李宁在线商城和京东李宁旗舰店的价格对比；如图 2.56 所示，同样的一件 361 度牌 T 恤衫在京东 361 度旗舰店和天猫 361 度旗舰店的价格对比。另外，要用好购物车或者收藏夹，即可以把自己心仪的宝贝放进购物车或者收藏夹，多挑选一些类似的商品先放进去，然后比较再选择。

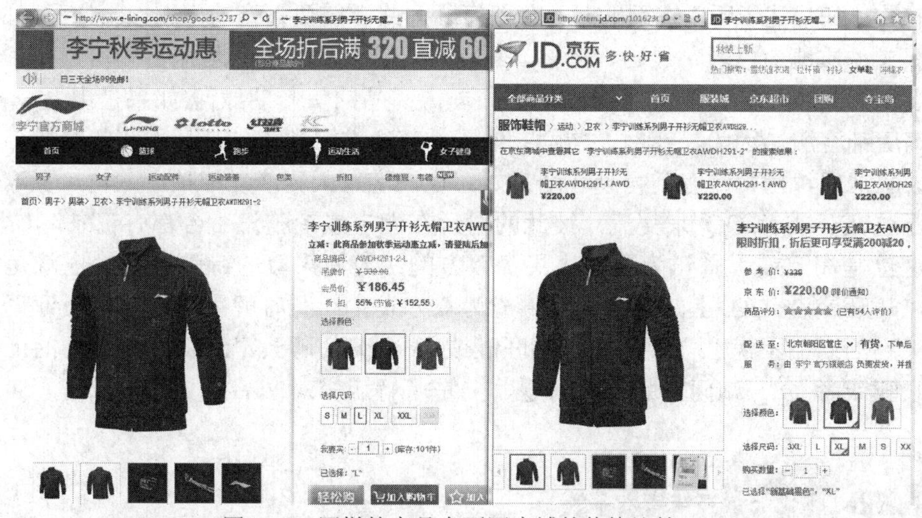

图 2.55　同样的商品在不同店铺的价格比较(1)

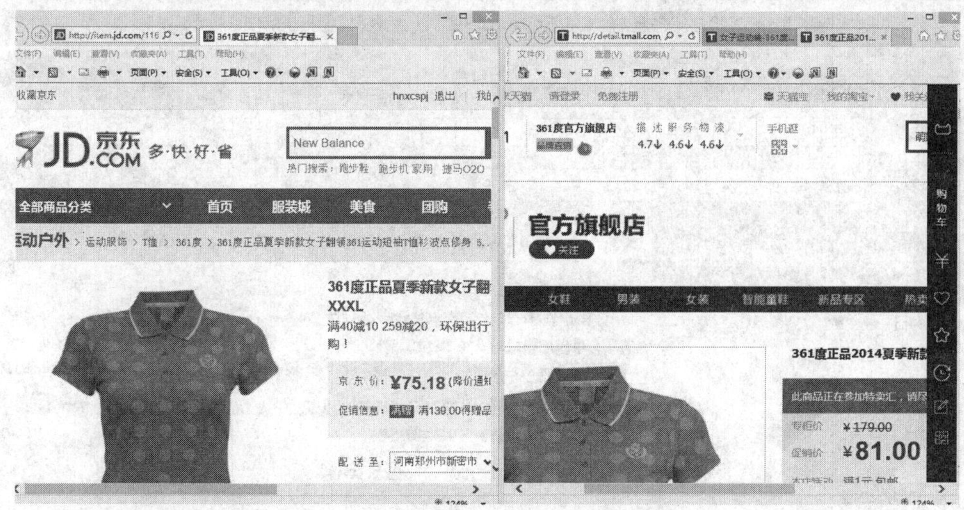

图 2.56　同样的商品在不同店铺的价格比较(2)

2) 价格与信用的对比

确定自己想买的宝贝后，先不要急着查看宝贝，先点击排序后面的价格，第一次点击，所有宝贝将按照价格从低到高的顺序排列，这时排在最前面几个宝贝就是最低价位的，再次点击价格，所有宝贝将按照价格从高到低的顺序排列，这时排在最前面的几个宝贝就是这个产品的最高价位。然后，再分别点击“销量”“人气”“信用”“最新”等进行排序，通过几组对比，就可以了解了这个产品在淘宝中的价格范围。

3. 问

1) 问掌柜和客服

网上购买产品前、付款后、运输途中、收到货前，最好和卖家保持密切联系，有问题及时询问。对于任何一个商家来讲，良好的服务态度是其必备的条件，回答买家的问题和咨询是卖家客服的职责。

网络虽然虚拟，但也是由现实中的人所构成的，最大的不同是在网络上看到的东西只是商品的图片和描述，所以在网购时，有任何疑问或者需要咨询的问题。比如商品的描述、质量、款式、质地、色彩、尺码、价格、物流等，以及商品的售后服务如何，包括收到商品后在没有拆封或没有拉断标牌时的退货处理，商品的保修期如何(如果是电器)，一定要详细咨询店铺客服。因为，在网上购物我们不用担心选了几十件最后不买的尴尬，有问题就放心大胆地问，问得越多问得越详细越好。在淘宝、天猫或者拍拍上购物，买家与卖家一般会通过旺旺或者 QQ 来交流，彼此的对话在淘宝或者腾讯后台都有记录，如图 2.57 所示。这也是淘宝或者腾讯为了解决买卖双方的纠纷而采取的特殊措施，也就是说，买卖双方在旺旺或者 QQ 上的交流文字将成为双方发生纠纷时解决问题的唯一证词，如果买家对买到的商品不满意需要退货，那旺旺或者 QQ 的聊天记录将成为重要的证供。通过阿里旺旺或者 QQ 询问产品相关问题，一是了解店主对产品的了解，二是看店主的服务态度。

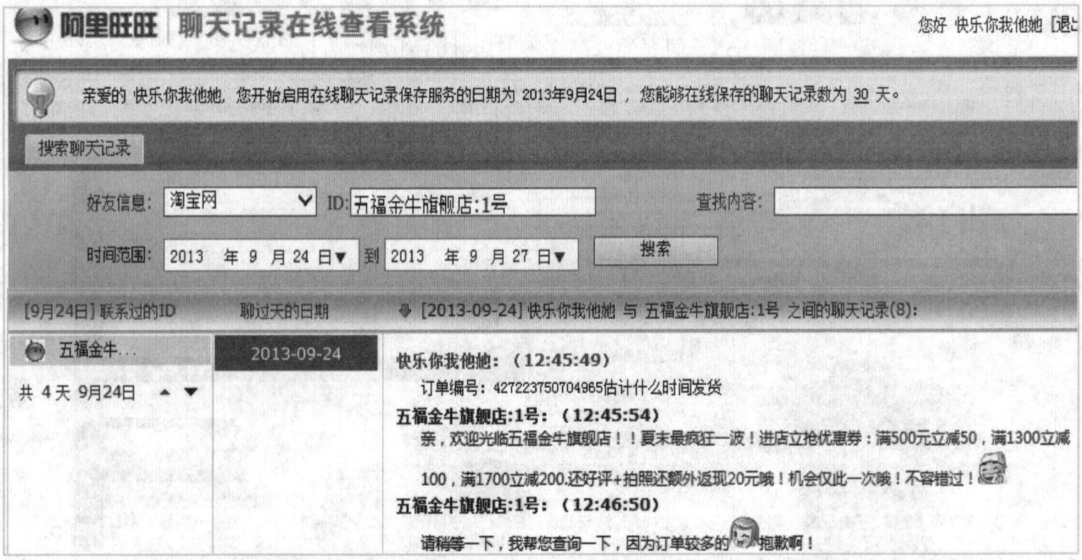

图 2.57 阿里旺旺聊天记录

2) 问买家

一般情况，买家购买了商品后，都会对卖家或者商品进行评价，因此可以在商品评价区或者成交记录里，用阿里旺旺或者 QQ 来咨询已买过该商品的人，如图 2. 54 所示。

4．擅用货到付款或者第三方支付平台

付款是网上购物必不可少的环节，可以直接利用网上银行付款，也可以利用第三方支付平台如支付宝、财富通、百付宝等网上支付工具付款，也可以货到付款，还可以通过邮局汇款或者银行转账，其中最安全的付款方式是货到付款或者第三方支付平台。

现在很多购物网站都能提供货到付款的支付方式。货到付款是一手交钱一手交货，即买家收到货后，卖家把货款支付给快递公司(即快递帮卖家代收货款)，如果采用货到付款的话，最好先询问店铺客服人员是否还要支付额外费用给快递公司。一般京东、当当、亚马逊、李宁等没有额外费用，而淘宝、天猫、拍拍等网上平台类网店会收 1%～10%的额外费用。在选用货到付款时，一定要谨记，货送到后要先验货再签字付款，不满意直接拒收，签收后才发现问题，则需要启动退货流程了，而退货远比拒收麻烦，如果不能先验货，最好不要贸然签收付款。

第三方支付是买卖双方在缺乏信用保障或法律支持的情况下的资金支付中间平台，买方将货款付给买卖双方之外的第三方，第三方提供安全交易服务。其运作实质是在收付款人之间设立中间过渡账户，使汇转款项实现可控性停顿，只有双方意见达成一致才能决定资金去向，以支付宝的交易流程为例，如图 2.58 所示。买家买到满意的产品后，通过网银或者其他方式充值到支付宝账户并支付货款，此时货款还没有到达卖家支付宝账户，而是由支付宝代为管理。卖家通过快递发货给买家，买家确认收到货之后，支付宝才把货款打给卖家，交易才算完成。

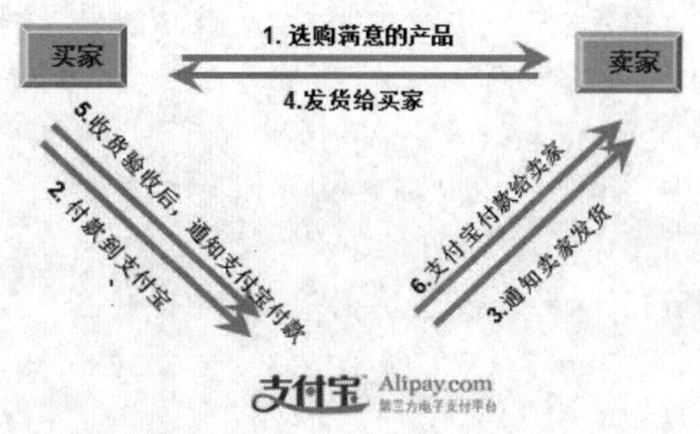

图 2.58 支付宝的交易流

中国国内的第三方支付产品主要有：PayPal(eBay 公司产品)、支付宝(阿里巴巴旗下)、拉卡拉、财付通(腾讯公司，腾讯拍拍)、盛付通(盛大旗下)、通联支付、易宝支付(Yeepay)、快钱(99bill)、国付宝(Gopay)、百付宝(百度 C2C)、物流宝(网达网旗下)、网易宝(网易旗下)、网银在线(Chinabank)、环迅支付 IPS、汇付天下、汇聚支付(Joinpay)、宝易互通、宝付(我的支付导航)等。

从退货和拒收的角度来说，货到付款会方便得多，如果买家认为商品不满意，就可拒收，毕竟退货流程较繁琐一些。从买家风险的角度说，货到付款比第三方信用支付更保险，但是从卖家的角度说货到付款的风险大于第三方信用支付。

1．你对电子商务模式了解多少？你还能找到哪些商务模式？

2．你对网上购物了解多少？你经常在哪些网站购物？

3．与你周边的同学和朋友交流一下网上购物的经验。

1．在李宁官网在线商城上选择一件商品如篮球鞋，然后登录当当、京东、亚马逊、淘宝、拍拍、天猫、聚划算、一号店等网店进行价格比较。

2．尝试网上购物，通过网上实战了解和掌握B2C流程与技巧。

项目三

网上创业

★导读★

有人说，2015 年是中国的“双创”元年，这一年，无论精英还是草根，都可以投身创业创新，众创、众包、众扶、众筹不断涌现，“大众创业、万众创新”大潮兴起，波澜壮阔。

本章将通过讲解开店前的准备、开店流程、店铺装修、网店商品描述与发布、网店日常更新及内容编辑等，帮助你实现网上创业的梦想。

想一想

1. 开网店前要做哪些准备工作？
2. 开网店有哪些流程？
3. 店铺如何装修？
4. 如何对商品进行描述与发布？

课堂速记 

学习任务 1　网上开店前的准备工作

“王小帮”的网上创业人生

2006 年，山西省吕梁市临县木瓜坪乡张家沟村农民王志强，结束了六年的北京打工生涯回到村里，在打开一本叫做《网上开店创业手册》旧书的同时，也打开了自己的另一种人生。

一、大山里走出的时尚网商

2008 年奥运会期间，王志强的山里旺农家店正式开业，主打产品是当地土特产，那年他 30 岁。

由于地处山区农村，卖的又都是五谷杂粮，王志强只能给顾客发平邮，包装也是村里小卖铺讨来的各种纸箱。低廉的邮费虽然容易让人接受，可顾客们忍耐不了平邮时间的漫长和自己取货的不方便。

王志强无力改变山里交通、通讯、物流不发达的现实，只好改善自己的服务。后来他甚至在店铺里打出了一个口号——“淘宝我最牛，就我发平邮。淘宝我最穷，就我在山村。平邮最最慢，山货我最鲜。”

这是一个有着企业家潜质的年轻人，不再去刻意解释缺陷，而是选择了充分说明特点。与此同时，他不仅仅拍摄产品，还拍摄了大量当地风土人情的图片放在网上，彰显产品的乡土味道，打自然牌，博同情分。这份质朴和执着为他的网店赢来了一单又一单的生意，开启了他的电子商务品牌之旅。

二、网上讲故事，火了农家店

2009 年 2 月，王志强参加淘宝网的网络创业先锋大奖赛，登出了主题为《电脑、相机、铁驴子、山货，一根网线串起来，我就是网商》的帖子，讲述了自己的打拼经历和心路历程。当众多网友按图索骥找小帮时，山里旺特产店火了。网友们蜂拥而至，留言众多，王小帮(王志强的网名)有问必答，忙至深夜才顾得上填写当天的发货单。在一问一答间，小帮的朴实和产品的特色给很多网友留下了深刻印象。后来，访友们的订单也接踵而至，2009 年 6 月 6 日，上千的顾客涌来，王小帮不得不暂停营业，处理前几天未完成的订单。

后来，王小帮的山里旺农家店以“我 + 我的村 + 照片”的店铺模式，被评为

2010 年度第一期淘宝网络十家创业先锋奖之一。这下，王小帮的关注度更高了。

三、因电商而改变的生产方式

2014 年，去美国为阿里巴巴在纽约纳斯达克敲钟后，王小帮的名气和生意更是突飞猛进，2014 年的销售额达到 640 万元。电子商务改变的不仅仅是王小帮的个人生活，还有他的产业。

“我主要选择大户、合作社来下订单，我自己有客户资源，大户、合作社有土地和劳动力，我利用这个平台建立一种农民和消费者的信任关系，然后让消费者出钱，让农民按照消费者的意愿来耕作。”这意味着，电子商务的阅历已经让他开始懂得对农业发展方式抬头问路了。

(《农民日报》记者吴晋斌)

【思考】网上创业，店家准备好了吗？

有人说，2015 年是中国的“双创”元年。这一年，药学家屠呦呦喜获诺贝尔奖，振奋人心；这一年，无论精英还是草根，都可以投身创业创新，驰骋于广阔空间；这一年，众创、众包、众扶、众筹不断涌现，生产方式深刻变革；这一年，中国平均每天新登记注册的企业达到 1.16 万户，平均每分钟诞生 8 家公司；这一年，创新已不只是小微企业的专利，大企业主动拥抱“双创”，传统产业改造升级，现代服务业加速崛起，合力打造中国经济新引擎。2015 年 3 月 11 日，国务院办公厅印发《关于发展众创空间推进大众创新创业的指导意见》。在 10 月 14 日国务院常务会议上，国务院总理李克强在会上谈了在基层考察中的两个事例：大连一家创客企业在网上注册平台汇集了 28 万名工程师，为 3 万台机床的技术改造升级提供解决方案；中国核电“华龙一号”的堆芯设计，则是通过互联网聚集了二十多个城市的 500 多台终端和近万人的力量，集中进行攻关。“大众创业、万众创新”大潮兴起，波澜壮阔。

一、网上创业与网店

1. 网上创业

网上创业和现实生活中创业一样，有独立的公司(即网站站点)，有经营项目，有员工(即站内会员)，有特定的工作(如进货、管理、销售等)。利用淘宝、拍拍、京东、当当、苏宁、国美、亚马逊等平台开网上商店是最常见的一种网上创业。

2. 网店

作为电子商务的一种形式，网店是一种能够让顾客在浏览商品的同时进行实际购买，并且通过各种在线支付手段进行支付，完成交易全过程的线上商店。

网店通常是指建立在第三方提供的电子商务平台上的，由商家自行开展电子商务的一种形式，正如同在大型商场中租用场地开设商家的专卖店一样。在电子商务发展的早期，一些零售网站也称为网店，如当当网上书店、亚马逊网上书店等。随着这些零售网站的快速发展，其经营商品品种越来越多，规模也越来越大，因此这些独立的电子商务网站通常都不再称为网店，而改称“网上商城”。一些大型电子商务网站除了销售自己的产品之外，也为其他企业提供租用网上商店或者开设网上专卖店的业务。

有的网店用超低价通过跑量赚取顾客好评，有的聘请专业模特做图片展示，有的花大价钱装修网店店面，有的还请人策划炒作提高信誉度，目的都是为了在浩如烟海的网店中脱颖而出。据了解，淘宝网大部分钻石级的卖家还在维持着家庭作坊式的运作模式，多是小夫妻或三两好友共同经营，级别达到皇冠以上的网店掌柜拥有少则几十人多则上百人的团队，从客服、包装、装修、拍照、商品上架到采购等各个流程环节都有专门的人员负责。其实，这已经算是一家正常运营的公司，已经远不是人们脑海中的一个人一台电脑的概念了。

网店具有如下优点和特点：

(1) 方便快捷。不用装修、采购等普通店铺必须要经过的过程，点点鼠标、敲敲键盘就可以开个网店。

(2) 交易迅速。买卖双方达成意向之后可以立刻付款交易，通过物流把货品送到买家手中。

(3) 不易压货。与传统的店铺相比，网上开店没有实体店铺，也不用注册公司，且按需进货，不用担心货物积压，甚至可以把商品卖给全国甚至全世界的顾客。

(4) 运营简便。不需要请店员看店，也可以不用进货、摆放货架，一切都是在网上进行。看到店铺里的货品下架了，只需要点击一下鼠标就可以重新上货。

(5) 经营方式灵活。网店不受营业时间、营业地点的限制，经营者可以全职也可以兼职，不需要投入大量时间看店。

(6) 安全方便。通过第三方支付平台交易，不易出现货款两空，通过物流配送，交易快捷。

(7) 信任体验。因为线上交易不能提供实实在在的亲身体验，所以买家往往喜欢与自己更信任的商家交易，如果第一次交易顺利，买家回头率更高。因此，网店需要提供更多的信任体验机会。

(8) 消费群体广泛。网店面向的是所有可能看到商品的网民或消费者，这个群体是全国的网民，乃至全球的网民。

(9) 分销渠道多。网站经营者可以到分销网站进行分销，成为供货者的分销商。

3. 个人网上店铺注册资质

网上开店其实很简单，各个电子商务平台略有不同，只需要提供相应的信息即可。现将开店步骤整理如下：

(1) 登录电子商务首页注册，填写账号，设置密码，设置邮箱。

(2) 登录邮箱，激活注册账号，激活在线支付工具账号。

(3) 认证身份证。登录电子商务平台，单击顶部“卖家中心”按钮，提示认证，输入相关信息，上传身份证扫描件，三个工作日认证成功。

(4) 认证银行卡。用在线支付账户登录主页并选择进入在线支付工具，通过在线支付工具进行银行账号管理，准确填写相关信息，完成后保存信息，银行账号即绑定完成。

(5) 三天内到银行(或者网上银行)查看在线支付账户汇款。

(6) 支付工具认证。登录在线支付工具绑定的邮箱，单击激活，系统自动返回在线支付工具页面，即成功激活。

(7) 登录卖家中心，免费申请开店，即可通过。

注意：个人店铺暂时无法升级为企业店铺。

4. 企业网上店铺注册

企业进行网店注册时，除了完成以上步骤外，注册时还需要以法人名义申请，包括填写企业基本信息、上传营业执照、填写对公银行账户信息、上传法人证件图片等。在电子商务平台审核成功后，需要用银行卡给企业的对公银行账户打款，最后填写对公账户收到的汇入金额即可。

二、网上开店前的准备工作

1. 网店平台的分析与确定

目前网上开店主要有三种方式：第一种是在 C2C 网站上开设网店(C2C 相当于集贸市场)，如淘宝、拍拍等都向个人提供网上开店服务，这种方式相当于网下去一些大的商场租用一个店铺或柜台，借助大商场的影响与人气做生意；第二种是在 B2B 或者 B2C 等网站上开设网店(B2B 相当于批发市场、B2C 相当于商店商场)，如阿里巴巴、慧聪、京东、天猫、当当、苏宁、国美等；第三种是在自立门户型的网上开店，经营者亲自动手或者委托他人进行网店的设计，网店的经营与大型购物类网站没有依托关系，完全由自己开设，如李宁商城、海尔商城等。

入驻 B2B 和 B2C 平台的条件是：需要具备合法注册、合法年检的企业营业执照或者个体营业执照。而入驻 C2C 平台的条件比较宽松。

2. 开店前的准备

首先，要有未绑定淘宝账号的手机号码，该手机号码最好是在银行办理账户时预留的手机号码，如果再有一台电脑和一台数码相机会更好，主要用于上网和给商品拍照；其次，必须是成年人(满 18 周岁)才可以开网店，因此要准备身份证正反面彩色复印件或者照片以及本人手持身份证正面照、本人上半身照(电子版，面部清晰，双肘要露出)；最后，还要办一张银行卡并申请开通网上银行功能，进行实名认证时要求身份证信息和银行开户名为同一人。

3. 网店销售商品的选择

网上开店要考虑进货渠道优势、兴趣爱好特点、地域特点、预期成本及利润。那么，网购行业到底怎样？首先看一组网购行业的相关统计数据。

2016 年 1 月 22 日中国互联网络信息中心(CNNIC)发布的《第 37 次中国互联网络发展状况统计报告》显示：截至 2015 年 12 月，中国网民规模达 6.88 亿，网络购物网民规模达 4.133 亿，网络购物使用率提升至 60%，手机网络购物用户达 3.40 亿，使用比例达 54.8%。

2015 年 9 月 8 日中国互联网络信息中心(CNNIC)发布的《2014 年中国网络购物市场研究报告》(简称《网购市场报告》)显示：2014 年网络零售额为 27 898 亿元，同比增长 49.7%，社会消费品零售总额增速快达 37.7%，相当于 2014 年中国社会消费品零售总额(262 394 亿元)的 10.6%；全年交易总次数 173 亿次，年度人均交易次数 48 次。根据 eMarketer 数据显示：2014 年全球网络零售交易额达 1.316 万亿美元，年增长 22.2%，其中美国以 3056.5 亿美元(折合 18 965.3 亿人民币)位居第二位，中国网络零售交易额继续保持全球第一。《网购市场报告》显示：2014 年，中国网络零售市场最为活跃的品类为服装鞋帽，其在线消费者占整体网民的比例为 75.3%，如图 3.1 所示。

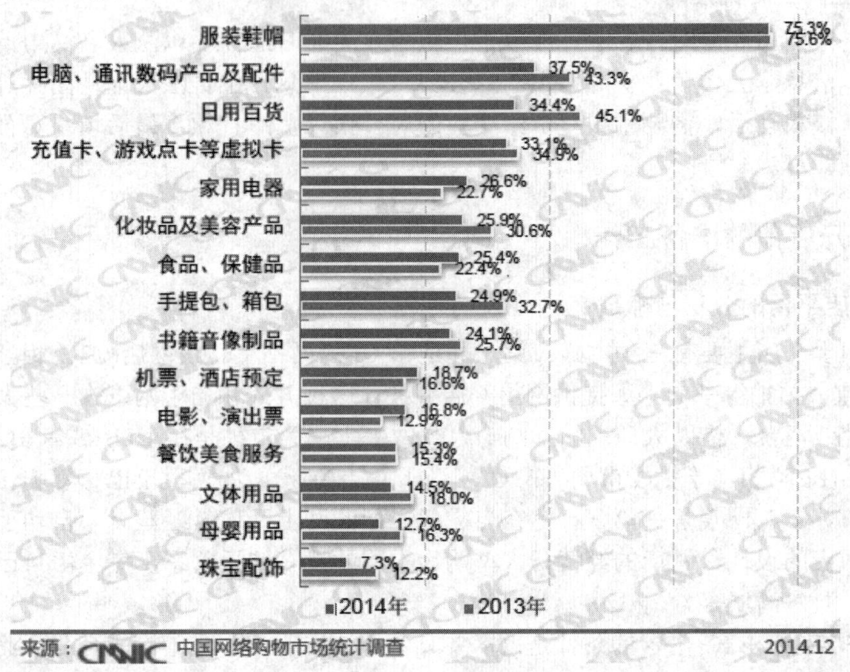

图 3.1　2014 年网络购物用户购买商品品类分布

《网购市场报告》显示：2014 年，我国的网购用户中，一般网购用户占比 87.1%，深度网购用户占比 12.9%；从网购频次来看，一般网购用户半年度平均网购频次为 14 次，深度网购用户半年度平均网购频次为 73 次，如图 3.2 所示；从网购花费来看，一般网购用户半年度平均网购花费为 2687 元，深度网购用户半年度平均网购花费为 12 610 元。

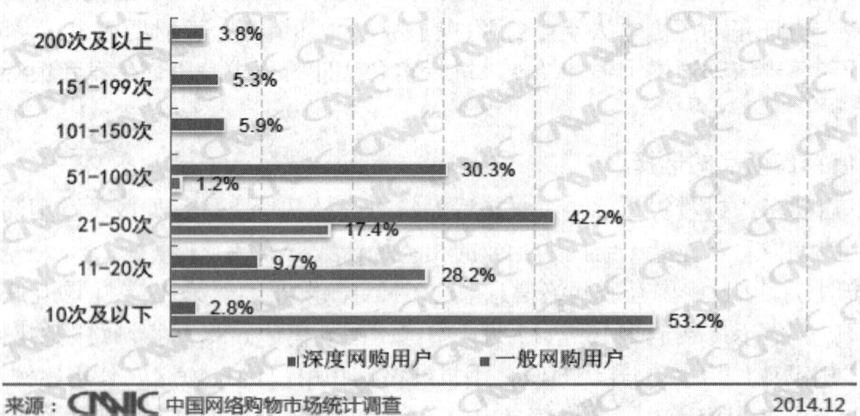

图 3.2　2014 年一般网购用户与深度网购用户半年度网购频次特征

《网购市场报告》还显示：从性别特征来看，无论一般网购用户还是深度网购用户都以男性为主，男性网购用户更容易成为深度网购用户；从年龄特征来看，30～39 岁网购用户更容易成为深度网购用户，19 岁及以下网购用户通常为一般网购用户；从学历特征来看，

大专及以上的高学历用户更容易成为深度网购用户，高中/中专/技校及以下学历用户通常为一般网购用户；从职业特征来看，企业/公司一般职员和中层管理人员、事业单位一般职员，以及个体户/自由职业者更容易成为深度网购用户，在校学生通常为一般网购用户；从收入特征来看，3000 元为区分深度网购用户和一般网购用户的收入特征值。

确定开店的网络平台之后，接下来就需要确定网店销售商品的类型了，因为网上开店的目的就是为了提高自身商品的销售额及提升品牌的影响力。那么，网店销售商品的甄选对于店家来说就显得尤为重要。在网上开店和在网下开实体店是完全不一样的，实体店铺只要位置不要太差，小生意就可以做得不错，就算卖很大众化的东西，也一样可以赚得不少，而在网上做生意，就要独辟蹊径了。因此，首先要结合企业和个人自身特点和优势，选择适宜通过网络销售的商品。

一般来说，网店货源最好找网下不容易买到的东西，例如特别的工艺品、限量版的宝贝、名牌服装、电子产品等。个人网店适合销售的商品一般具备如下条件：

➢ 体积较小，方便运输，能降低运输成本。

➢ 附加值较高。价值比运费还低的单件商品不适合在网上销售。

➢ 具备独特性或时尚性。

➢ 价格较合理。

➢ 通过网站了解就可以激起浏览者的购买欲。如果这件商品必须要亲自见到才可以达到购买所需要的信任，那么它就不适合在网上销售。

根据以上条件，目前适宜在网店销售的商品主要包括首饰、数码产品、电脑硬件、手机及配件、保健品、成人用品、服饰、化妆品、工艺品、体育与旅游用品等。

4．进货渠道分析

对于网上开店而言，货源至关重要。货源的选择一直是困扰创业者的主要问题，并不是因为找不到货源，而是如何用最经济的方法进到最好的货品，毕竟货品的质量和价格直接关系到网店的生存和发展。那么，如何能找到一个有竞争力且有保障的货源？

选择货源要注意以下事项：

➢ 价格(根据店铺定位选择商品的价格)。

➢ 数量(择优、量少、款式多)。

➢ 质量(第一要求，保证店铺顺利开张)。

➢ 市场需求(根据应季、自身特点)。

➢ 退换货售后问题。

进货一般分为两个渠道，一个是线上，一个是线下，如品牌代理、厂家货源、自身货源、批发市场、网上货源等。

1) 线下批发市场

批发市场的商品价格一般比较便宜，这是网店经营者选择最多的货源地。从批发市场进货一般具有以下特点：能看到实物，能保证货品的质量；交易有保障(能与老板面谈，一手交钱、一手交货)。从线下批发市场找货源时应该考虑以下几点：

➢ 多逛，多看，心中有数。在批发市场进货时，一定要多跑地区性的批发市场，不但熟悉行情，还可以拿到很便宜的批发价格。

- 批发商的态度和服务比价格更重要。
- 找到货源后，可先进少量的货试卖一下，如销量好再考虑增大进货量。
- 批发商的推荐可以借鉴，自己的主见更要坚持。
- 新的货品可以小量进货，根据销售情况再二次进货。
- 找货源稳定的批发商，建立长期稳定的合作关系。

2) 线上批发市场

全国最大的批发市场都集中在大城市或者省会城市，很多卖家也没有条件千里迢迢亲临这些批发市场。而一些 B2B 电子商务公司(如阿里巴巴等)，作为网络批发平台为很多小地方的卖家提供了很大的选择空间。这些 B2B 电子商务公司就是网上贸易市场，它们拥有近千万的用户群体，其中大多是生产厂家或批发商，既有来自世界各地的采购商，也有全国各地的厂家和贸易商。通过这样的专业采购网站寻找货源，可以去省去很多不必要的中间环节，从而大大降低进货成本。因为网上进货具有量小、次多和效率高的特点，所以通过网上进货已经成为越来越多网店店主的首要选择。虽然选择网上进货存在一定的风险，但是与传统进货渠道相比，还是占有非常明显的优势。

首先是价格优势。网上的报价比实体店的价格要低很多，并不是商品本身品质的不同，而是因为实体店销售的商品受租金、税收、人力等诸多因素的制约，成本和价格自然会高一些。

其次是时空优势。要获得相等的信息量，通过批发市场与通过网络所花费的时间有百倍之别。例如：要在批发市场比较 20 家的商品价格，可能需要花上大半天的时间，而在网上比较 200 家的商品价格可能只需要 20 分钟左右的时间。所以，网络的信息优势完全可以转化为现实的时空优势。

卖家从网上进货需要注意的是：“货比三家”是永远不变的真理，不只比价格，还要比质量和诚信，除了关注如阿里巴巴诚信通指数外，最好参考其他买家对其商品的评价，同时还要尽量找诚信通会员交易；付款时要多加小心，注意批发商提供的汇款途径，一定要使用支付宝之类的第三方交易平台进行交易，这样可以有效防止网络诈骗；如果是大宗货物交易，一定要立下书面合同，维护自身的合法权益；多比较、多研究，寻找固定的卖家；注意批发商的实体公司名称、电话、地址；无论合作几次，都不要一次购买太多货；在补货前，先问清货物的具体情况(型号、尺寸、颜色等)，越详细越好。

3) 通过淘宝、拍拍等 C2C 平台寻找货源

网店代销是指某些提供网上批发服务的网站或者能提供货源的销售商，与想做网店代销的实体店达成协议，为其提供商品图片数据，而不是实物，并以代销价格让网店代销人销售。一般来说，网店代销人将批发网站所提供的商品图片等数据放在自己的网店上进行销售，销售出商品后通知批发网站为其代发货。对于提供货源的厂家来说，网店代销是获得客源和扩大客源的最好方式，这也是目前网店最普遍的进货方式。在淘宝寻找货源最便利的方法就是通过淘宝分销平台申请成为分销商，不用任何费用就可以代销供应商的商品，还可以赚取差价。从某种程度讲，这是一条零成本、零风险的进货渠道。用户可以在淘宝“卖家中心”的“货源中心”(见图 3.3)里选择“分销管理”，然后进入“天猫供销平台”(见图 3.4)，在里面搜索想找的商品。

图 3.3　淘宝“卖家中心”

图 3.4　天猫供销平台

4) 与实体店合作做网店代理

网店的开办者可以与实体店合作，利用他们的现有资源和比较实惠的价格，也可以在经常性打折的时段与打折商场或厂家进行联系，建立长期的合作关系，为店铺的经营寻找到稳定的货源。

与实体店合作做网店代理要注意的事项：

➢ 选择竞争较小的产品。
➢ 要主动寻找商家。
➢ 慎做个性产品，选择统一规格的产品。
➢ 产品不求多，但求专。

- 产品价格统一、适中。
- 首选规模较大，信誉较好的商家。
- 要及时与商家低成本沟通。
- 慎重对待代理费。

5) 充当市场猎手

密切关注市场变化，充分利用打折商品找到价格低廉的货源。拿网上销售非常火的名牌衣物来说，卖家常常在换季时或在特卖场里淘到款式品质上乘的品牌服饰，再转手在网上卖掉，利用地域或时空差价获得利润。

6) 关注民族特色工艺品

民族特色工艺品具有工业化产品所没有的特性与优势，如奇特、淳朴、个性，具有丰富的文化底蕴，富有地域特色和民族内涵等。这些特性与优势使其在商品海洋中显得尤其突出，但也存在一些地域限制、知名度低等劣势。

7) 地方特产

土特产指某地特有的或特别著名的产品，如洛阳唐三彩、朱仙镇木版年画、开封汴绣、道口烧鸡、信阳毛尖、禹州钧瓷等。

一般而言，土特产是指来源于特定区域、品质优异的农林产品或加工产品，是土产和特产的并称。在我国，土产一般指各地的农副业产品和部分手工业产品，如松香、毛竹、栲胶、陶瓷器、丝织品、花边、水果等；特产指各地土产中具有独特品质、风格或技艺的产品，如杭州的织锦、景德镇的瓷器、宜兴的陶器、溧阳的风鹅、绍兴的黄酒、南丰的蜜橘、三清山的山茶油、汕头的抽纱、张家界的葛粉等。广义的土特产不仅包括农林特产，还包括矿物产品、纺织品、工艺品等。

8) 厂家货源

直接从生产厂家进货，可以拿到第一手货源，进价较低且供货稳定。

9) 品牌代理

优点：货品的品牌价值高，店铺的专业形象好。缺点：途径稀少，较难获得。

总之，不管通过何种渠道寻找货源，价格低廉是关键因素，找到了物美价廉的货源，网上商店就有了成功的基石。

5. 制定商品价格

通过各种渠道找到货源之后，下一步就面临如何制定商品价格的问题。总体来讲，网店商品的定价主要遵循以下几条原则。

第一，商品销售价格首先要保证店家的基本利润，但也不要定价太高；不要轻易降价，定好的价格不要轻易改动。

第二，包括运费后的价格应该低于商品市面上的价格。

第三，网下买不到的商品的价格可以适当高一些，低了反而会影响顾客对商品的印象。

第四，店内经营的商品可以拉开档次，有高价位的，也有低价位的。有时为了促销甚至可以将一两款商品按成本价出售，主要目的是吸引眼球，增加人气。

第五，如果不确定某件商品的网上定价情况，可以在其他购物网站上搜索自己要经营

的商品名称，在查询结果中就会显示同类商品在网上的报价，然后再据此确定出自己的报价。如果自己愿意接受的价格远远低于市场售价，直接用一口价就可以了。

第六，如果不确定市场定价或者想要吸引更多买家，可以采用竞价的方式。

第七，定价一定要清楚明白，是不是包括运费一定要交待清楚，否则可能引起麻烦，影响到网店的声誉。模糊的定价甚至会使有消费意向的客户放弃购买。

在企业网店的商品定价上，可以采用如商品组合定价、阶段性定价、薄利多销和折扣定价、分析买家消费心理定价等策略。

学习任务 2　网上开店——C 店

网上店铺主要分 B 店(商城)和 C 店(集市)，B 店只能是品牌商或厂商、代理商入驻(将在任务 3 中讲解)，而 C 店没有严格要求，企业、个人均可以入驻。下面以在淘宝开 C 店为例，介绍开网店的步骤。

一、网店注册(注册会员账号)

在确定销售商品类别及平台之后，淘宝平台的注册就成为开店的首要任务。

1．登录淘宝网

进入淘宝网首页，点击左上角的“免费注册”。

2．设置用户名

可以通过手机号码注册，也可以通过 E-mail 地址注册。以手机注册为例，输入手机号码，如图 3.5 所示，系统会发送验证短信到用户的手机中并提示“成功发送验证短信”，若用户长时间未收到，请点击“重新发送”；在对话框中输入验证码，如图 3.6 所示，而邮箱验证则是通过输入邮箱地址，淘宝网向店家的邮箱发送一封确认信，通过点击确认信的方式完成会员账号的激活验证。之所以需要验证是因为淘宝网希望通过以上两种方式来鉴别会员身份，其次也为以后对于会员申诉或找回密码的关联考虑。

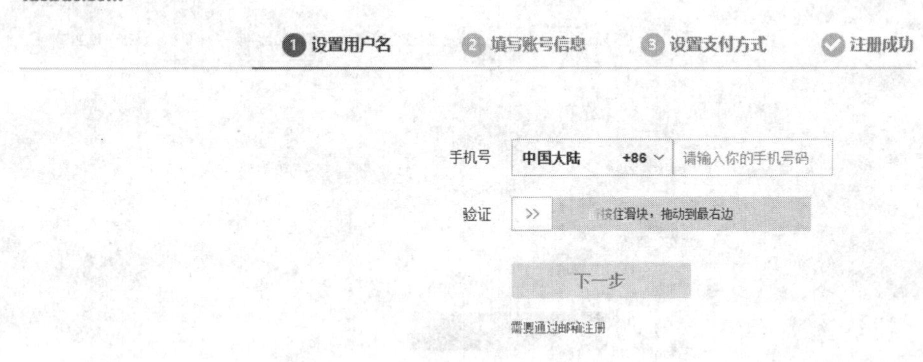

图 3.5　会员注册——输入手机号码

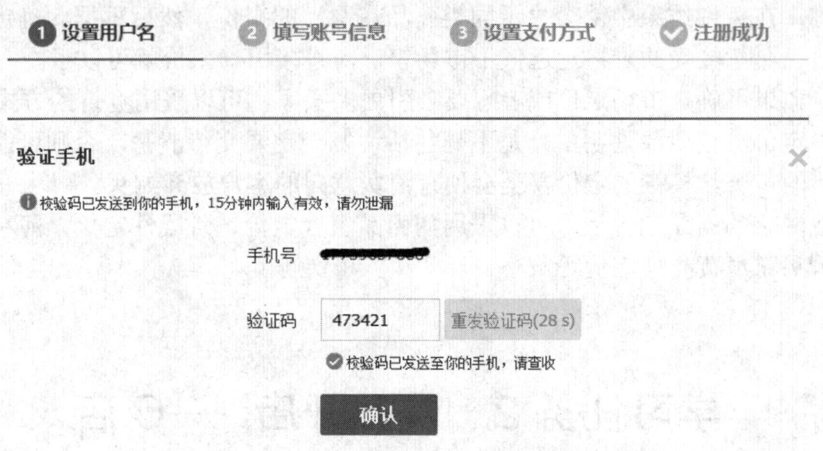

图 3.6　会员注册——验证手机号码

提示：

(1) 务必填写未注册过淘宝会员的手机号码，当用户忘记密码时，可以通过接收验证短信成功找回密码。

(2) 注册成功后，用户可以修改手机号码、昵称和密码。

3．填写账户信息

会员名一般由 5～25 个字符组成，包括小写字母、数字、下划线、中文，不包含标点等特殊字符。为了便于记忆，建议使用中文会员名注册。

登录密码由 6～20 个字符组成，根据密码设置的简易程度分为弱、中、强三个级别，设置登录密码最好使用“英文字母 + 数字 + 标点符号(除空格)”的组合，不要使用自己的生日、手机号码、姓名或连续数字，以防账户被盗。设置会员名如图 3.7 所示。

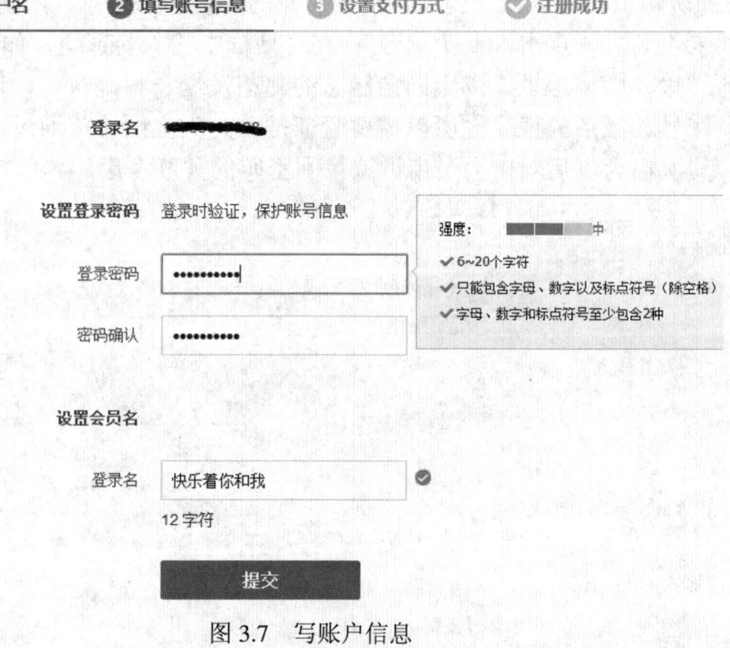

图 3.7　写账户信息

4．设置支付方式

设置支付方式，如图 3.8 所示。

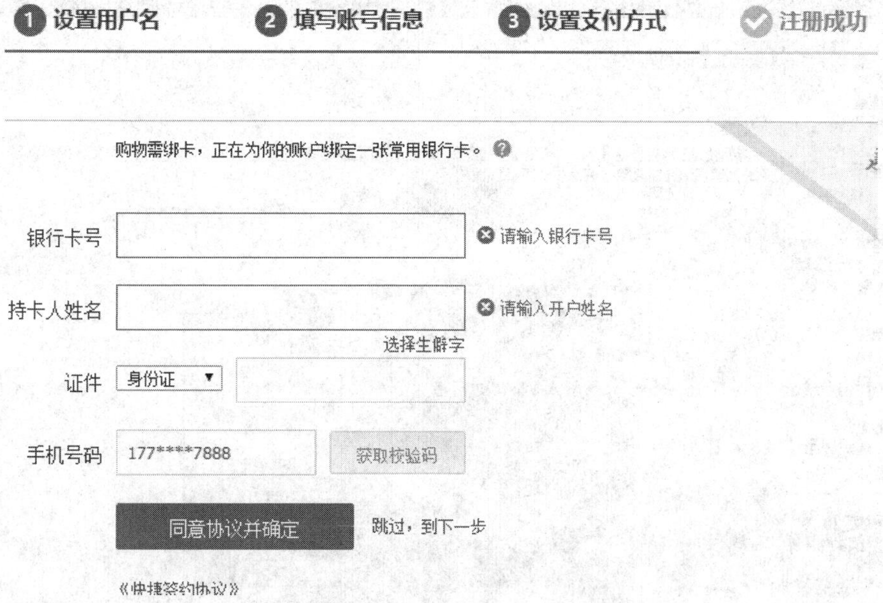

1 设置用户名　2 填写账号信息　3 设置支付方式　注册成功

购物需绑卡，正在为你的账户绑定一张常用银行卡。

银行卡号　请输入银行卡号

持卡人姓名　请输入开户姓名

选择生僻字

证件　身份证

手机号码　177****7888　获取校验码

同意协议并确定　跳过，到下一步

《快捷签约协议》

图 3.8　设置支付方式

5．完成注册

完成淘宝账户注册，如图 3.9 所示。

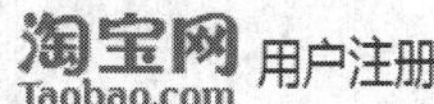

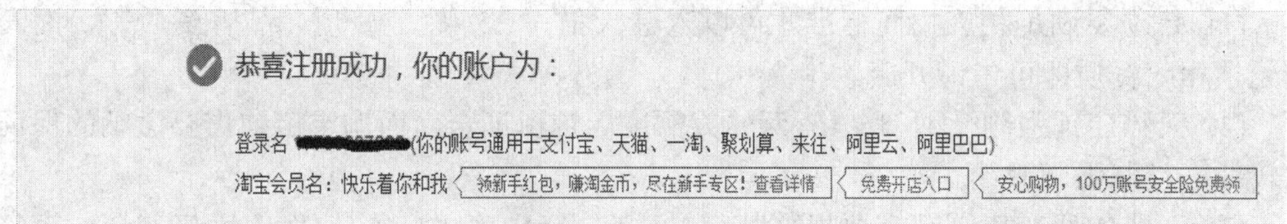

图 3.9　完成注册

申请淘宝账户时，同时自动生成支付宝账户，且支付宝账户登录密码与淘宝账户登录密码默认相同，支付宝支付密码在支付宝激活时需另外设置。

二、创建店铺

验证激活后，会员账号就得以成功注册了，接下来就可以作为卖家身份进驻淘宝平台。在淘宝网首页点击进入“卖家中心”，选择“免费开店”，进入如图 3.10 所示的页面。

1．选择开店的类型

简单地说，天猫是企业品牌网店的集合商城，而淘宝店铺只是个人开店的集市，二者在平台资源、流量供给、诚信交易方面相差甚远。

图 3.10　卖家中心——免费开店

企业开店和个人开店的区别主要有：

(1) 必须要满足相应招商标准才可以入驻天猫，比如企业资质，品牌资质等，而淘宝则无须相应资质即可申请开店。

(2) 天猫店铺强制缴纳 5～15 万的大额度店铺保证金，而淘宝店铺需要缴纳的保证金比较低，且非强制缴纳。

(3) 天猫的所有店铺都需要根据其交易额向平台方缴纳一定比例的销售佣金，淘宝店铺则不需要缴纳。

(4) 天猫强制执行交易保障，包括正品保证、7 天退换货、提供发票等，而淘宝网的交易保障都是开店者自愿加入的。

(5) 企业店铺在商品发布数量、橱窗推荐位、子账号数、店铺名设置和直通车报名上会有相应的权益。一冠以下的企业店铺可发布的商品数量提升至一冠店铺的发布标准；企业店铺可在原有橱窗推荐位的基础上额外奖励 10 个橱窗位；企业店铺在淘宝店铺赠送子账号数的基础之上再赠送 18 个；企业店铺名可使用关键词，如企业、集团、公司、官方、经销等。

(6) 企业店铺和个人店铺有展示的区别。在搜索(宝贝搜索，店铺搜索)、下单页、购物车、已买到宝贝等页面，会展示企业店铺的标识，如图 3.11 和图 3.12 所示。

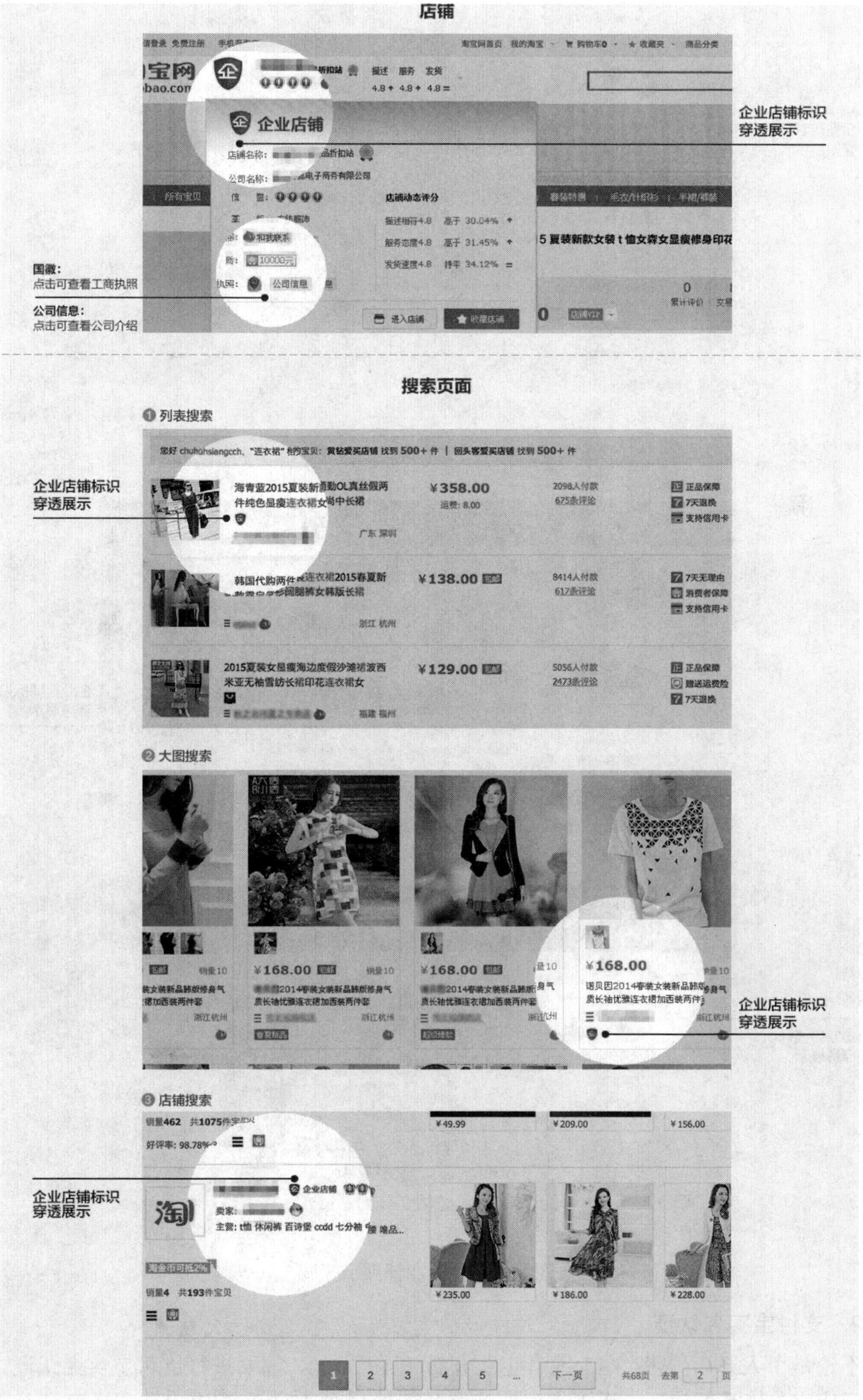

店铺

企业店铺标识
穿透展示

国徽：
点击可查看工商执照

公司信息：
点击可查看公司介绍

搜索页面

❶ 列表搜索

企业店铺标识
穿透展示

❷ 大图搜索

企业店铺标识
穿透展示

❸ 店铺搜索

企业店铺标识
穿透展示

图 3.11　企业店铺展示区域

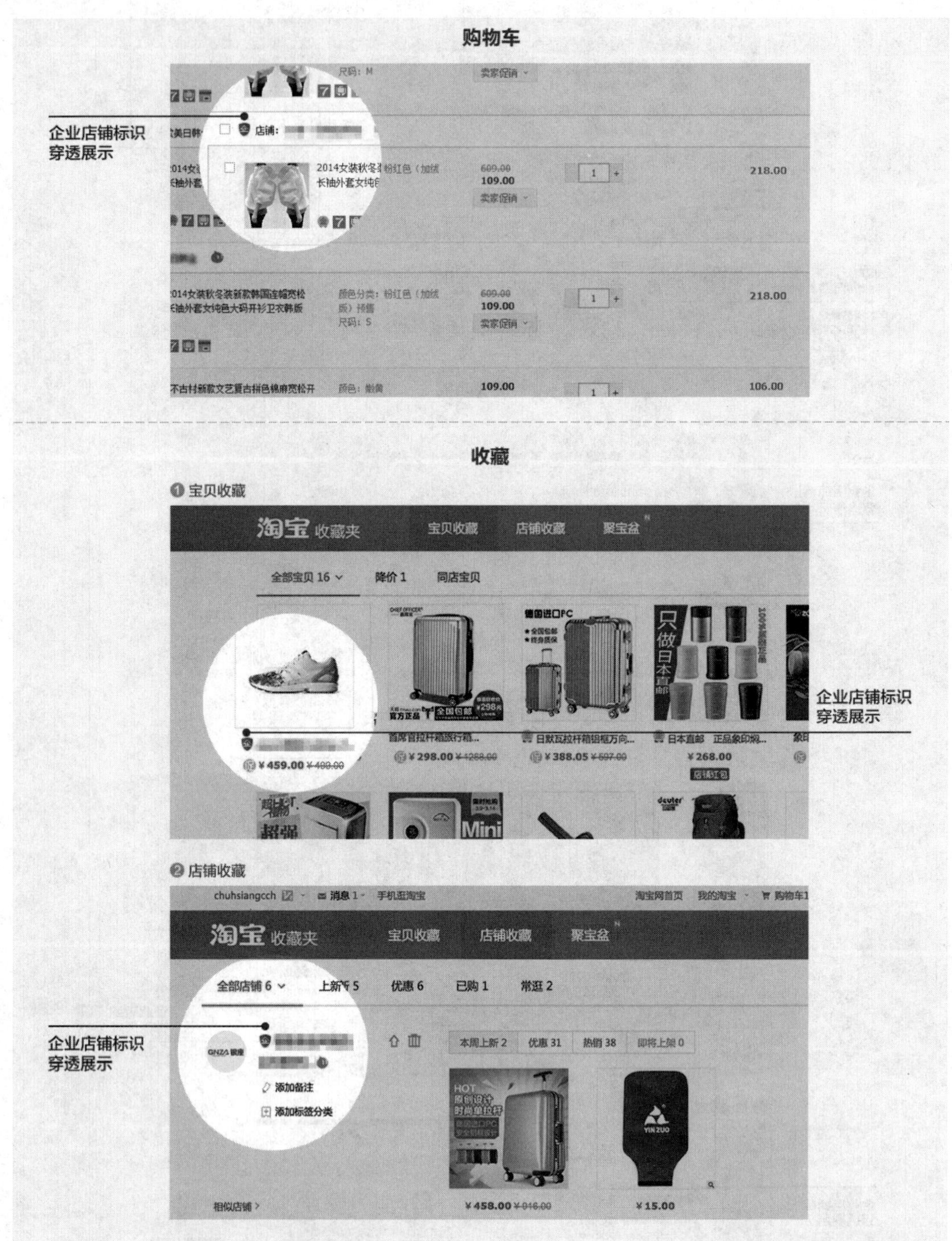

图 3.12　企业店铺展示区域

2．支付宝实名认证

不论是个人开店(见图 3.13)或者企业开店(见图 3.14)，都要进行支付宝实名认证。选择个人开店点击“重新认证”进入支付宝实名认证的页面(如果在淘宝上购买过商品并通过支

付宝支付过货款，就可以省去支付宝实名认证环节)，如图 3.16 所示。选择企业开店时要先添加邮箱账户名(见图 3.15)，再关闭手机登录的功能，然后点击“立即认证”进入支付宝实名认证的页面，如图 3.16 所示。

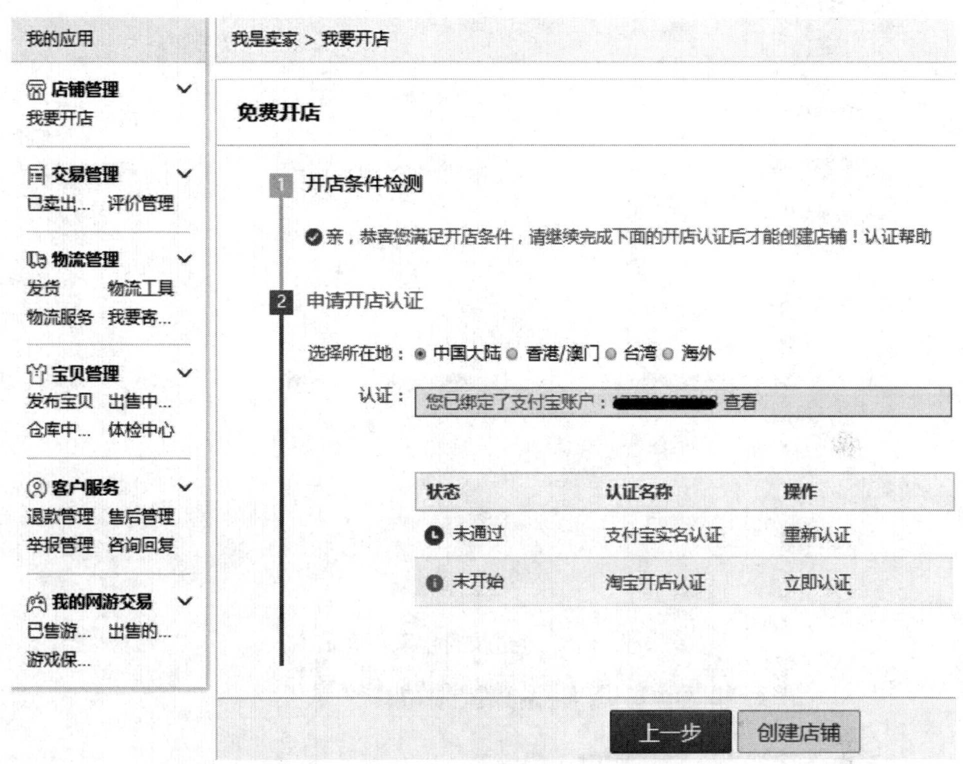

图 3.13　选择个人开店

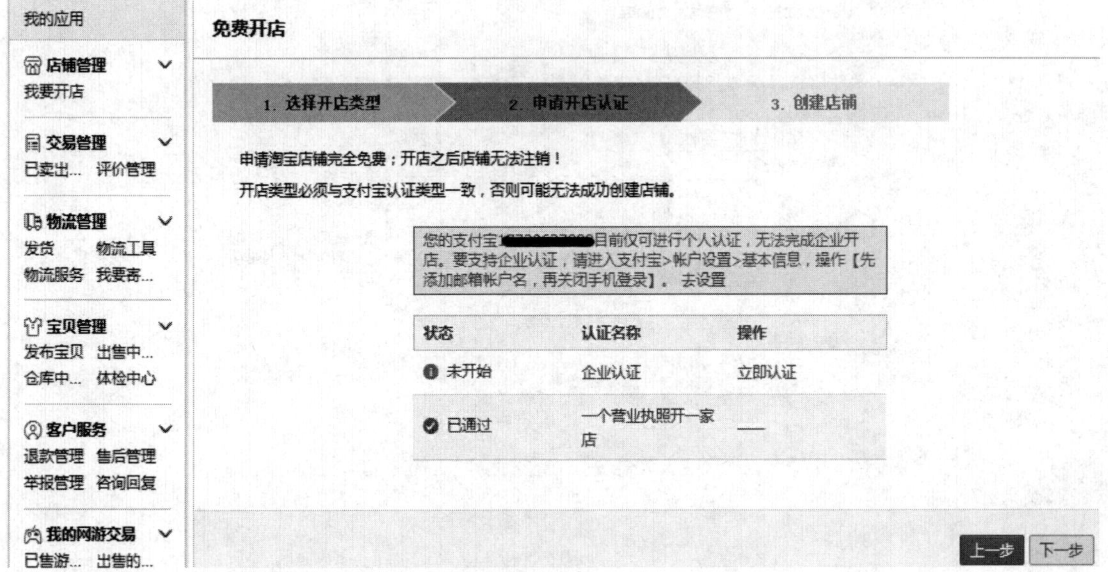

图 3.14　选择企业开店

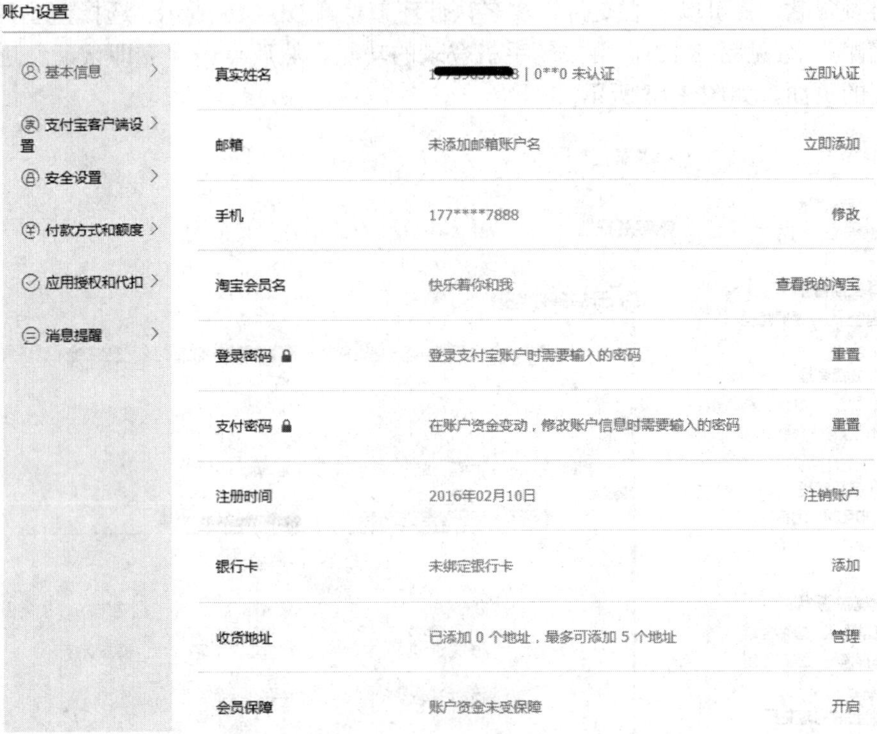

账户设置

基本信息	真实姓名	1**********8 | 0**0 未认证	立即认证
支付宝客户端设置	邮箱	未添加邮箱账户名	立即添加
安全设置	手机	177****7888	修改
付款方式和额度	淘宝会员名	快乐着你和我	查看我的淘宝
应用授权和代扣	登录密码	登录支付宝账户时需要输入的密码	重置
消息提醒	支付密码	在账户资金变动，修改账户信息时需要输入的密码	重置
	注册时间	2016年02月10日	注销账户
	银行卡	未绑定银行卡	添加
	收货地址	已添加 0 个地址，最多可添加 5 个地址	管理
	会员保障	账户资金未受保障	开启

图 3.15　企业支付宝账户页面

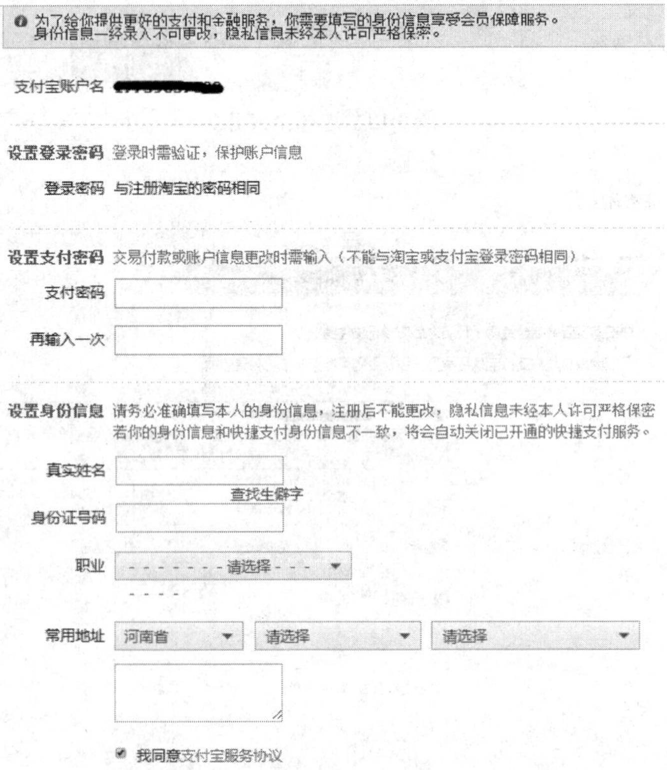

为了给你提供更好的支付和金融服务，你需要填写的身份信息享受会员保障服务。身份信息一经录入不可更改，隐私信息未经本人许可严格保密。

支付宝账户名

设置登录密码 登录时需验证，保护账户信息

登录密码 与注册淘宝的密码相同

设置支付密码 交易付款或账户信息更改时需输入（不能与淘宝或支付宝登录密码相同）

支付密码

再输入一次

设置身份信息 请务必准确填写本人的身份信息，注册后不能更改，隐私信息未经本人许可严格保密
若你的身份信息和快捷支付身份信息不一致，将会自动关闭已开通的快捷支付服务。

真实姓名

查找生僻字

身份证号码

职业 - - - - - - - - 请选择 - - -

常用地址 河南省 请选择 请选择

我同意支付宝服务协议

图 3.16　支付宝实名认证页面

(1) 设置身份信息。在支付宝实名认证页面中正确填写真实姓名、身份证号码、职业、常用地址，设置支付宝支付密码(注意：和支付宝登录密码不一样，支付密码是六位数字)，确定无误后提交，如图 3.16 所示。这里需要说明，若提示身份信息已被占用，则需要申诉，通过客服的核实来完成身份的验证。身份证号码和姓名一旦确认是不能修改的，因此在认证过程中需要认真核对身份证号码和姓名，保证准确无误。

(2) 设置支付方式。在设置支付方式页面中填写银行卡号，绑定支付宝账户，如图 3.17 所示，注意填写的手机号码要与银行预留手机号码一致，否则验证通不过，必须前往银行柜台更改手机号码。填完信息后，点击“同意协议并确定”，即注册成功，如图 3.18 所示。

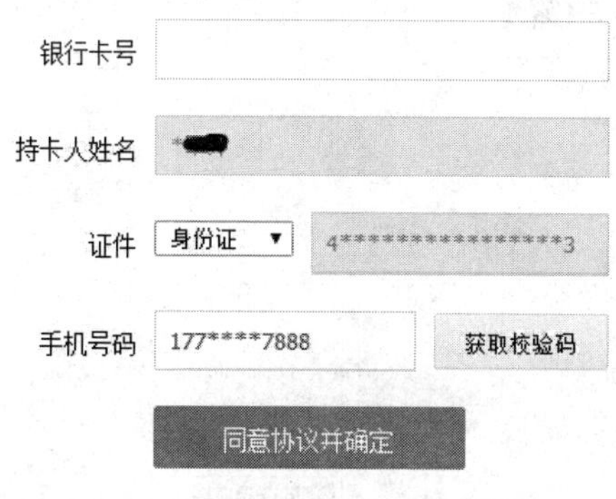

图 3.17 设置支付方式

图 3.18 注册成功

3. 淘宝开店认证

淘宝开店认证是淘宝对于卖家提供的一项身份识别服务。支付宝实名认证通过后，分别回到如图 3.13 和图 3.14 所示的页面，点击“立即认证”。

淘宝开店认证需要卖家上传手持身份证与头部合影照、身份证正面照、本人半身照三张照片。需要注意的是照片必须是原始照片，不能使用任何软件编辑修改，保证图片清晰，字体和头像可辨认，身份证证件号码完整、清晰即可；其次在照片拍摄过程中需要同一场景，着装与背景统一，如图 3.19 所示为淘宝开店认证照片上传的页面。照片上传完成后，淘宝网会在 48 个小时之内以邮件的形式通知用户审核结果。

另外需要特别注意：双手持证照要漏出两条胳膊肘，手机验证码是通过电话反呼叫获得的。

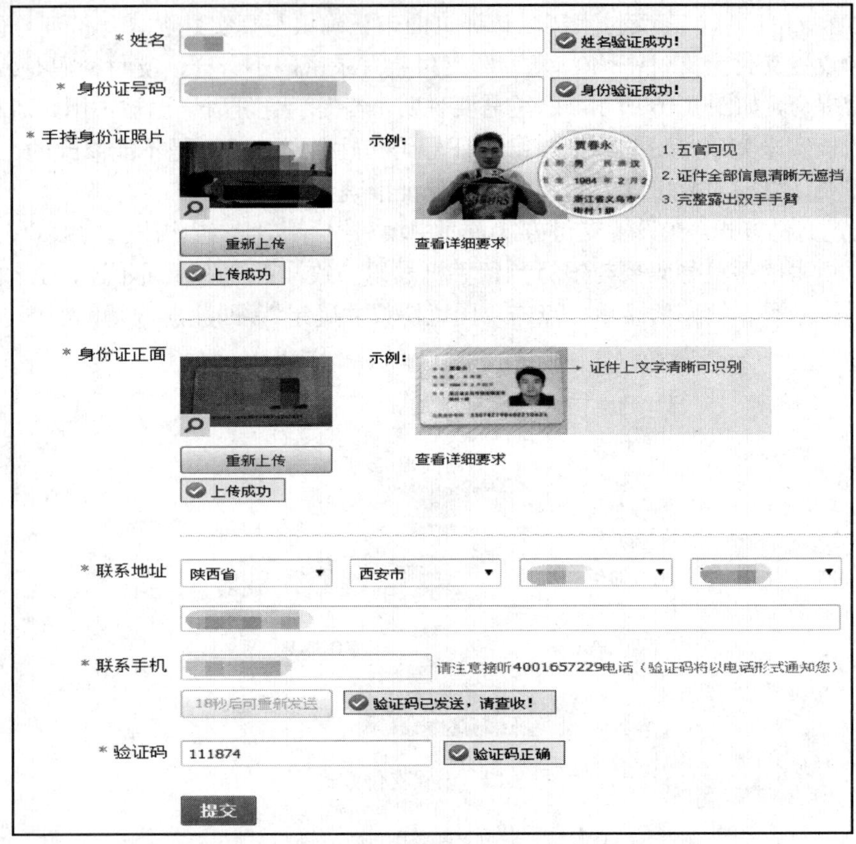

图 3.19 淘宝开店认证页面

4．创建店铺

支付宝实名认证和淘宝开店认证通过后，就可以创建店铺了。

三、设置店铺基本信息

1．确定店铺名称

店铺名称与人的名字一样，好的店铺名称会给人留下美好的第一印象，且让人记忆深刻。店铺名称应尽可能以简洁的语言概括出店铺的特质，力求规范，让人一看就能大致了解店铺的基本信息，而且便于搜索。店铺名称的一般格式是：品牌 + 商品名 + 规格 + 说明。店铺名称的设置应注意以下几点：

(1) 名称言简意赅。店铺名称要响亮、易记，这样才便于传播。

(2) 名称易于传播。在命名时尽量通俗易懂，切莫咬文嚼字，但不要通俗过甚而成至庸俗。

(3) 名称与商品特性相辅相成。店铺名称要体现商品的消费特征，包括经营商品、经营风格等方面。

对店铺名称的文字设计应注意以下两点：

(1) 美术字和书写字要注意大众化，中文和外文美术字的变形不要太花、太乱、太夸张，书写字不要太潦草，否则反而不易辨认。

(2) 字形、大小、色彩和位置的考虑应有助于店招的正常使用。

2．完善店铺信息

对于卖家而言，完善店铺的基本信息十分重要，这不仅能够全面地展现店铺的经营类别，而且可以直观地宣传企业店铺的特点，只有这样才能有效地提升店铺的运营效果。

登录淘宝卖家中心，点击“基础设置”，完善店铺基本信息，如图 3.20 所示。

图 3.20　店铺基本信息设置页面

3．手机店铺设置

手机淘宝店铺的设置主要在于店铺店标和客服电话的设计，见图 3.21，店标由图片构成，其设计制作分为在线制作和自己制作好在线上传两种方式。在线制作店标是由淘宝旗下的阿里巴巴在线设计提供，卖家可以在其平台上根据自身商品的属性和风格在线制作自己的店标。而上传店标则是由卖家自己设计好之后再上传，支持的图片格式有 GIF、JPG、JPEG、PNG，大小在 10 K 以内，尺寸为 280 × 50。

图 3.21　手机淘宝店

学习任务 3　网上开店——B 店

天猫、京东、当当、苏宁、国美、亚马逊等电子商务平台是以招商为主(即商家入驻)的。

一、在京东平台开网店

入驻京东开放平台的流程如图 3.22 所示。

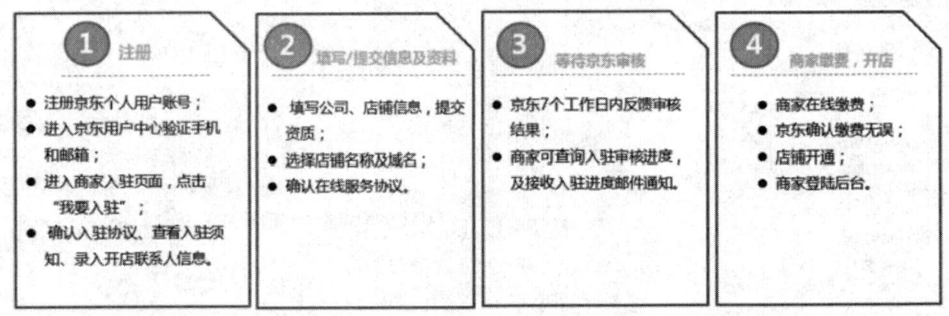

图 3.22　入驻京东开放平台的流程

第一步：注册。

(1) 注册京东账号。

(2) 进入商家入驻页面(http://sale.jd.com/act/wQTpIm7GnXE.html)或者点击京东主页(www.jd.com)最下面的“商家入驻”，点击“我要入驻”，选择入驻商家类型，如图 3.23 所示。

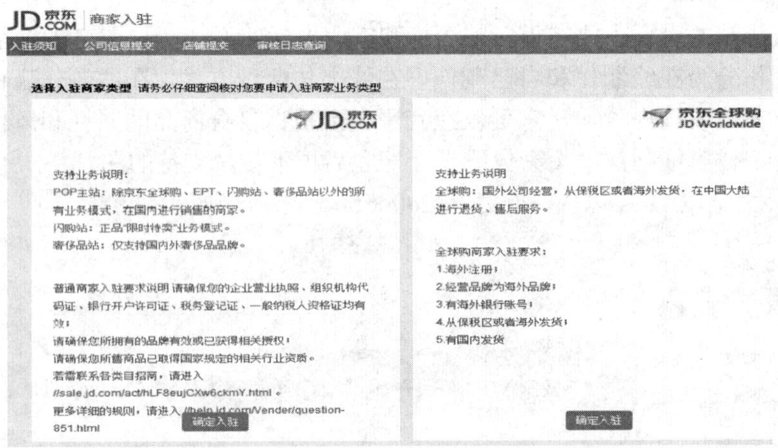

图 3.23　选择入驻商家类型

第二步：公司信息认证。

(1) 完善公司营业执照的相关信息、组织机构代码证信息，同时上传相应的电子版信息(需要加盖彩色企业公章)，如图 3.24 所示。

公司信息提交

入驻须知　公司信息认证　店铺信息认证　等待审核

1. 信息提交前，请务必先了解京东开放平台招商资质标准细则；
2. 公司类信息需填项较多，建议先查看公司信息注意事项再进行填写；
3. 以下所需要上传电子版资质仅支持JPG、GIF、PNG格式的图片，大小不超过1M，且必须加盖企业彩色公章。

营业执照信息（副本）

*公司名称
*营业执照注册号
*法定代表人姓名
*身份证号　非大陆证件
*法人身份证电子版　上传
*营业执照所在地　请选择
*营业执照详细地址
*成立日期
*营业期限　—　永久
*注册资本　万元
*经营范围
*营业执照副本电子版　上传
*公司所在地　请选择
*公司详细地址
*公司电话
*公司紧急联系人
*公司紧急联系人手机

企业法人营业执照

查看大图

组织机构代码证

*组织机构代码
*组织机构代码证有效期　—
*组织机构代码证电子版　上传

查看大图

上一步　下一步，完善税务及银行信息

图 3.24　填写公司信息

(2) 完善税务及财务信息。完善公司税务登记证信息、结算银行账户信息，同时上传相应的电子版信息(需要加盖彩色企业公章)。

(3) 完善店铺信息。录入卖家基本经营信息、是否受到其他商家推荐、是否收到京东垂直网站邀请(如未收到邀请，勿选择)。

(4) 完善类目及资质。选择期望店铺类型、期望经营的类目及对应的资质电子版(所有电子版均需要加盖彩色企业公章)。

(5) 添加品牌。点击“添加品牌”，卖家可以添加期望经营的品牌信息；当店铺不存在品牌信息时，可以选择“无品牌信息”。

(6) 店铺命名。根据所选的店铺类型完成店铺命名，按照提示的规范完成店铺命名，不符合规范将被驳回。

(7) 确认在线服务协议。阅读《“京东 JD.COM”开放平台在线服务协议》，如无异议，勾选“我已仔细阅读并同意协议”后，点击“提交入驻申请”。

(8) 入驻进度查询及通知。提交入驻申请后，卖家可以通过入驻申请页面登录查看入驻申请的进度，同时京东也会在入驻过程中通过邮件实时通知。开店完成后，店铺登录相关信息会通过邮件形式通知商家。

注意：所有入驻的企业必须给消费者提供正规发票，发票盖章的公司名称必须与和京东合作的公司名称一致；京东不接受未取得国家商标总局颁发的商标注册证或商标受理通知书的境外品牌的开店申请。

第三步：商家缴费，入驻京东开店。

所有信息填写完毕，京东审核通过后，商家在线缴费，并入驻开店且进行店铺管理。在当当、苏宁、国美、亚马逊等电子商务平台上开设网店的流程与入驻京东开店的流程类似。

2016年京东开放平台招商标准(节选)

一、京东店铺类型及相关要求

1. 旗舰店

旗舰店指卖家以自有品牌(商标为R或TM状态)，或由权利人出具的在京东开放平台开设品牌旗舰店的独占性授权文件(授权文件中应明确独占性、不可撤销性)入驻京东开放平台开设的店铺。

旗舰店可以有以下几种类型：经营一个自有品牌商品的品牌旗舰店(自有品牌指商标权利归卖家所有)或由权利人出具的在京东开放平台开设品牌旗舰店的独占性授权文件(授权文件中应明确独占性、不可撤销性)的品牌旗舰店；经营多个自有品牌商品且各品牌归同一实际控制人的品牌旗舰店(自有品牌的子品牌可以放入旗舰店，主、子品牌的商标权利人应为同一实际控制人)；卖场型品牌(服务类商标)商标权利人开设的旗舰店，开店主体必须是品牌(商标)权利人或持有权利人出具的开设京东开放平台旗舰店独占性授权文件的企业。

2. 专卖店

卖家持他人品牌(商标为R或TM状态)授权文件在京东开放平台开设的店铺。

专卖店的类型：经营一个或多个授权品牌商品(多个授权品牌的商标权利人应为同一实际控制人)但未获得品牌(商标)权利人授权入驻京东开放平台独占性的卖家专卖店；品牌(商标)权利人出具的授权文件没有地域限制的专卖店。

3. 专营店

经营京东开放平台相同一级类目下两个及以上他人或自有品牌(商标为R或TM状态)商品的店铺。

专营店可以有以下几种类型：相同一级类目下经营两个及以上他人品牌商品入驻京东开放平台的专营店；相同一级类目下既经营他人品牌商品又经营自有品牌商品入驻京东开放平台的专营店。

二、京东开放平台保证金/平台使用费/费率标准

1. 保证金

保证金是指卖家以“一店铺一保证金”的原则向京东缴纳用以保证店铺规范运营及对商品和服务质量进行担保的金额。当卖家发生侵权、违约、违规行为时，京东可以依照与卖家签署的协议中相关约定及京东开放平台规则扣除相应金额的保证金作为违约金或给予消费者的赔偿。保证金按最高金额的类目缴纳，经营过程中增加的类目对应的保证金与原有保证金不一致时，商家须补交差额部分。保证金不足额时，卖家应在出现该情况后5个

自然日内及时补缴足额的保证金，使可用余额达到最低保证金金额。京东可向卖家发出续费通知，如卖家在京东开放平台上有未结货款，京东有权从该款项中扣除以补足保证金。如卖家逾期未能补足保证金，则京东开放平台有权对其店铺进行监管或终止服务。

2. 平台使用费

平台使用费是指卖家依照与京东签署的相关协议使用京东开放平台各项服务时缴纳的固定技术服务费用。京东开放平台各经营类目对应的平台使用费标准详见《2016 年京东开放平台经营类目资费一览表》。续签卖家的续展服务期间对应的平台使用费须在每年 3 月 20 日 18 时前一次性缴纳；新签卖家须在申请入驻获得批准时一次性缴纳相应服务期间的平台使用费。

卖家主动要求停止店铺服务的不返还平台使用费；卖家因违规行为或资质造假被清退的不返还平台使用费。每个店铺的平台使用费依据相应的服务期计算并缴纳。服务开通之日在每月的 1 日至 15 日(含)间的，开通当月按一个月收取平台使用费；服务开通之日在每月的 16 日(含)至月底最后一日间的，开通当月不收取平台使用费。拥有独立店铺 ID 的为一个店铺，若卖家根据经营情况须开通多个店铺时，须按照店铺数量缴纳相应的平台使用费。

3. 费率

费率是指卖家根据经营类目在达成每一单交易时按比例(该比例在与卖家签署的相关协议中称为“技术服务费费率”或“毛利保证率”)向京东缴纳的费用。京东开放平台各经营模式及各经营类目对应的费率标准详见表 3.1。

表 3.1　2016 年京东开放平台经营类目资费一览表(部分)

一级分类	二级分类	三级分类	费率		平台使用费	保证金
			SOP	FBP	单位-元/月	单位-元
服饰内衣	男装/女装/内衣		8%	7%	1000	30,000
	服饰配件	其他三级类目	8%	7%		
		口罩	6%	6%		
鞋靴			8%	7%	1000	30,000
珠宝首饰	黄金/铂金/K金饰品		3%	8%	1000	50,000
	金银投资	工艺金	1%	1%		
		工艺银	5%	5%		
	银饰	银吊坠/项链/银戒指/银耳饰	10%	9%		30,000
		银手镯/手链/脚链	8%	7%		
		足银手镯/宝宝银饰	5%	5%		
	翡翠玉石		9%	8%		50,000
	钻石	裸钻	5%	5%		
		其他三级类目	8%	7%		
	水晶玛瑙/时尚饰品		10%	9%		30,000
	手木串/把件/彩宝/珍珠		8%	7%		
礼品箱包	奢侈品	配件/饰品	7%	6%	1000	30,000
		其他三级类目	7%	6%		50,000
	潮流女包/精品男包/功能箱包		10%	9%		30,000
		火机烟具/军刀军具/婚庆用品	10%	10%		
		鲜花绿植/礼盒礼券	5%	5%		

➢ 注 1：所有闪购业务店铺，免平台使用费，类目费率统一按照 10%执行，保证金为 1 万元；已开设 SOP/FBP 模式店铺并缴纳相应保证金的商家，其新增闪购店铺可免交并共用 SOP/FBP 模式店铺保证金。

➢ 注 2：京东商城 FBP 模式。京东给商家一个独立操作的后台，但是从仓储到配送到客服都由京东来操作，京东自营的产品所有能享受的服务，商家都能享受(备注：要求先备货到京东仓储)。商家必须要给京东开具增值税发票，京东给消费者开具发票。该模式下，系统是开放给商家的，商家能看到每天的订单信息，订单由京东来处理，商家还可以看到库存信息，若库存不足需及时补充货物。该模式的店铺可享用京东自营的仓储、配送和覆盖全国 71 个城市的自提点，同时京东给所有消费者开具京东的发票。

➢ 注 3：京东商城 SOP 模式。京东给商家一个独立操作的后台，和淘宝商城的模式类似，由商家来承担所有的服务，包括退换货服务，目前只支持在线支付，即消费者通过支付宝、网银等在线支付后商家才能发货。不能开增值税发票的商家，可采用此合作模式。

二、在天猫平台上开网店

入驻天猫平台的店铺有以下三个类型：

(1) 旗舰店——品牌拥有者。旗舰店指商家以自有品牌(商标为 R 或 TM 状态)入驻天猫开设的店铺；开店主体必须是品牌(商标)权利人或持有权利人出具的开设天猫品牌旗舰店排他性授权文件的企业。旗舰店可以有以下几种类型：

➢ 经营一个自有品牌商品的品牌旗舰店。

➢ 经营多个自有品牌商品且各品牌归同一实际控制人的品牌旗舰店(仅限天猫主动邀请入驻)。

➢ 卖场型品牌(服务类商标)所有者开设的品牌旗舰店(仅限天猫主动邀请入驻)。

(2) 专卖店——单品牌代理商。专卖店指商家持品牌授权文件在天猫开设的店铺；品牌(商标)权利人出具的授权文件不得有地域限制，且授权有效期不得早于当年年底。专卖店有以下几种类型：

➢ 经营一个授权销售品牌商品的专卖店。

➢ 经营多个授权销售品牌的商品且各品牌归同一实际控制人的专卖店(仅限天猫主动邀请入驻)。

(3) 专营店——多品牌代理商。专营店指经营天猫同一招商大类下两个及以上品牌商品的店铺且一个招商大类下专营店只能申请一家。专营店有以下几种类型：

➢ 经营两个及以上他人品牌商品的专营店。

➢ 既经营他人品牌商品又经营自有品牌商品的专营店。

➢ 经营两个及以上自有品牌商品的专营店。

无论何种类型的天猫店铺，都需要满足招商标准中要求的相应资质才可以入驻。以法人名义申请认证需要提供企业营业执照副本复印件、企业税务登记证复印件(国税、地税均可)、组织机构代码证复印件、银行开户许可证复印件、法定代表人身份证正反面复印件(盖有公司红章)、店铺负责人身份证正反面复印件、由国家商标总局颁发的商标注册证或商标注册申请受理通知书复印件、商家向支付宝公司出具的授权书、银行对公账户和产品清单。以代理人名义申请认证的除了提供以上证件以外，还需要提供代理人身份证复印件(盖有公司红章)和公司的委托书。

打开天猫主页(www.tmall.com)，点击右上角“商家支持”，选择“商家入驻”，进入天猫招商页面，详细了解入驻标准后，点击“立即入驻”开始报名。商家入驻天猫的流程如图 3.25 所示。

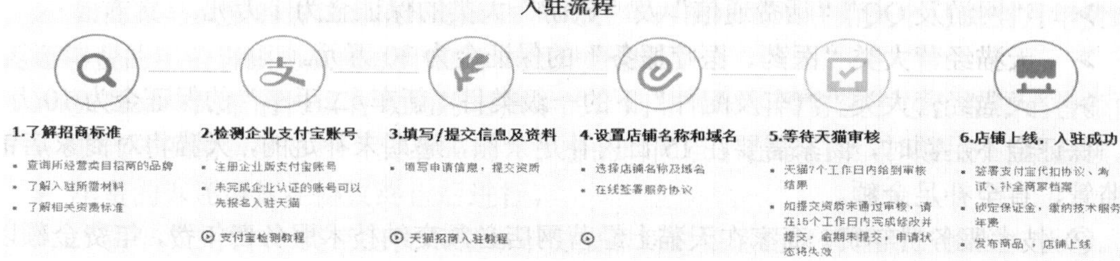

图 3.25　商家入驻天猫流程

第一步：查询入驻条件，了解招商标准。

(1) 查询所经营类目招商的品牌。选择商品类目和品牌如图 3.26 所示，如果所选品牌不在招商范围内，可以点击页面右上角“找不到我要的品牌”，以便推荐优质品牌给天猫。

(2) 了解入驻所需材料。选择店铺类型(入驻天猫的商家类型：旗舰店、专卖店、专营店)，若类型显示灰色，表示该店铺类型不招商。

图 3.26　选择入驻品牌和商家类型

(3) 了解相关资费标准，包括保证金、技术服务费年费以及实时划扣技术服务费。

① 保证金。入驻天猫的店铺必须交纳保证金，主要用于保证商家按照天猫的规范进行经营。如果商家有违规行为，天猫将根据《天猫服务协议》及相关规则规定用保证金向天猫及消费者支付违约金。保证金金额分为 5 万、10 万、15 万三档，其中品牌旗舰店和专卖店带有 TM 商标的为 10 万元，全部为 R 商标的 5 万元；专营店带有 TM 商标的为 15 万元，全部为 R 商标的为 10 万元。

特殊类目说明：

➢　卖场型旗舰店，保证金为 15 万元。

➢　经营未在中国大陆申请注册商标的特殊商品(如水果、进口商品等)的专营店，保证金为 15 万元。

➢　天猫经营大类“图书音像”的保证金收取方式：旗舰店、专卖店为 5 万元，专营店为 10 万元。

➢　天猫经营大类“服务大类”及“电子票务凭证”的保证金为 1 万元。

完成后，登陆天猫账号完成认证。

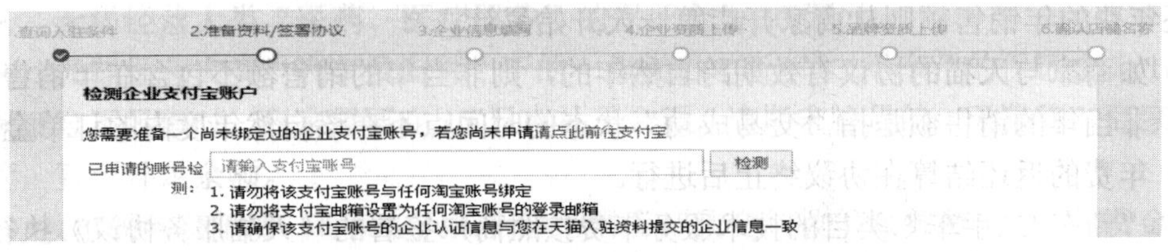

图 3. 28　填写并检测企业支付宝账号

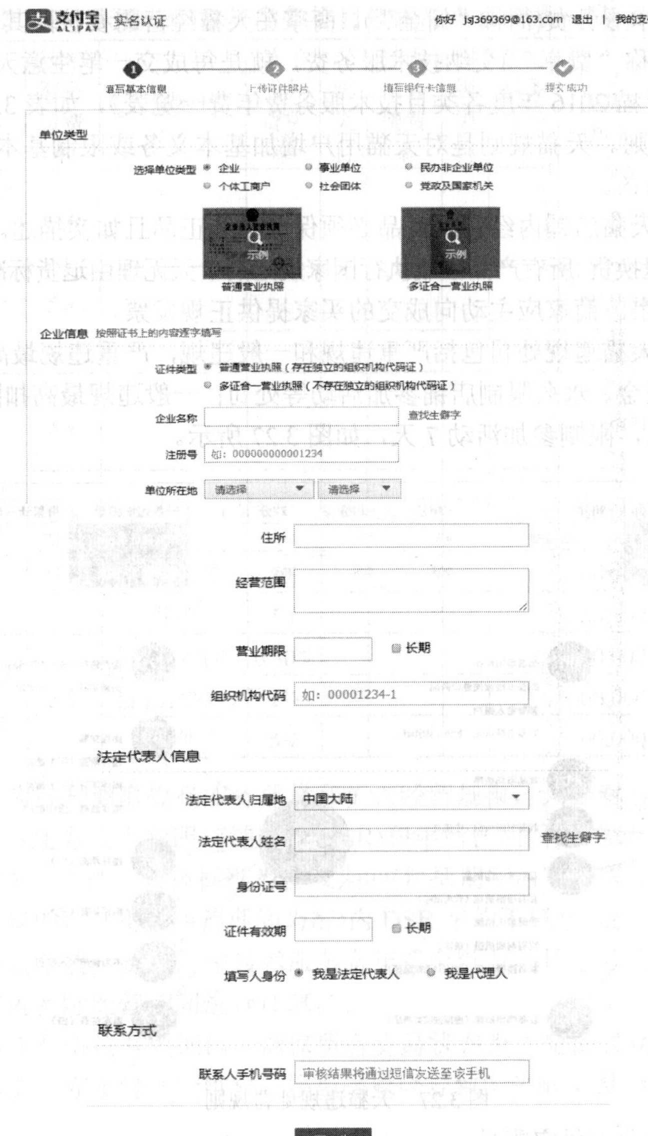

图 3.29　企业支付宝账号申请

注意：

➢ 请勿将该支付宝账户与任何淘宝账号绑定。

➢ 请勿将该支付宝邮箱设置为任何淘宝账号的登录邮箱。

➢ 请确保该支付宝账号的企业认证信息与店家在入驻天猫时提交的企业信息一致。

注册企业支付宝账号需要准备(注意：影印件必须为彩色原件的扫描件或数码照)：

➢ 营业执照影印件。

➢ 对公银行账户，可以是基本户或一般户。

➢ 法定代表人的身份证影印件。

如果是代理人，除以上资料外还需准备：

➢ 身份证影印件。

➢ 企业委托书(必须盖有公司公章或者财务专用章，不能是合同/业务专用章)。

第三步：填写/提交信息及资料。

(1) 准备资料。企业支付宝账号检测通过后，根据页面说明准备相关资质的电子档。不论是旗舰店、专卖店还是专营店，其店铺资质必须满足：企业营业执照副本复印件(根据2014年10月1日生效的《企业经营异常名录管理暂行办法》，需确保未在企业经营异常名录中且所售商品属于经营范围内)；企业税务登记证复印件(国税、地税均可)；组织机构代码证复印件；银行开户许可证复印件；法定代表人身份证正反面复印件；店铺负责人身份证正反面复印件；商家向支付宝公司出具的授权书。行业资质要求可以登录天猫网招商页面查询。

旗舰店店铺资质还必须满足：

➢ 由国家商标总局颁发的商标注册证或商标注册申请受理通知书复印件(若办理过变更、转让、续展，请一并提供商标总局颁发的变更、转让、续展证明或受理通知书)。

➢ 若由商标权利人授权开设旗舰店，需提供独占授权书(如果商标权利人为自然人，则需同时提供其亲笔签名的身份证复印件)。

➢ 若商标权利人为境内企业或个人，提供中文版独占授权书；若商标权利人为境外企业或个人，可选择提供中文版或英文版独占授权书；如果商标权利人为境内自然人，则需同时提供其亲笔签名的身份证复印件；如果商标权利人为境外自然人，则需同时提供其亲笔签名的护照复印件。

➢ 经营多个自有品牌的旗舰店，需提供品牌属于同一实际控制人的证明材料，此类店铺为主动招商。

➢ 若申请卖场型旗舰店，需提供服务类商标注册证或商标注册申请受理通知书，此类店铺为主动招商。

专卖店店铺资质还必须满足：

➢ 由国家商标总局颁发的商标注册证或商标注册申请受理通知书复印件(若办理过变更、转让、续展，请一并提供商标总局颁发的变更、转让、续展证明或受理通知书)。

➢ 商标权利人出具的授权书(若商标权利人为自然人，则需同时提供其亲笔签名的身份证复印件)。

➢ 品牌属于同一实际控制人的证明材料(经营多品牌的专卖店)，此类店铺为主动招商。

专营店店铺资质还必须满足：

➢ 自有品牌需提供商标注册证或商标注册申请受理通知书复印件。

➢ 代理品牌需提供：

① 商标注册证或商标注册申请受理通知书复印件。

② 以商标持有人为源头的完整授权。若授权中的授权方为自然人，则需同时提供其亲笔签名的身份证复印件。

(2) 填写申请信息。填写企业基本信息、法人信息、品牌资质、企业资质(注意：所有提交的资料均需要加盖开店公司红章)，如图 3.30、图 3.31 和图 3.32 所示。

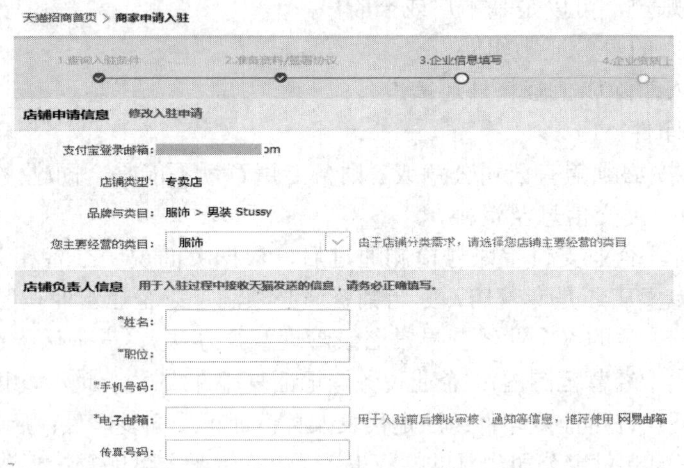

图 3.30　填写店铺申请信息、负责人信息页面

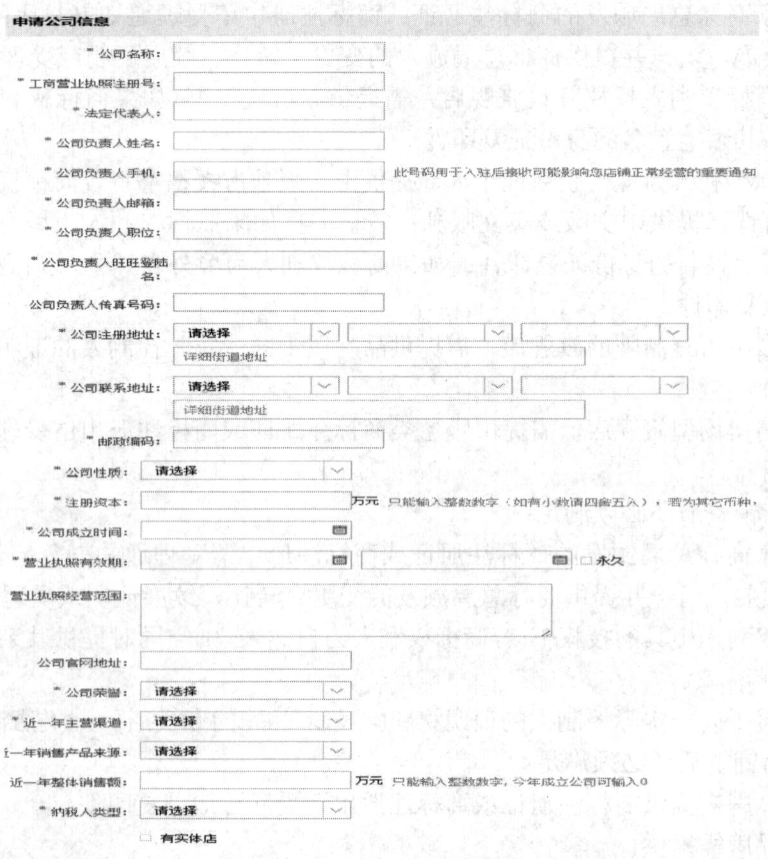

图 3.31　填写公司信息页面

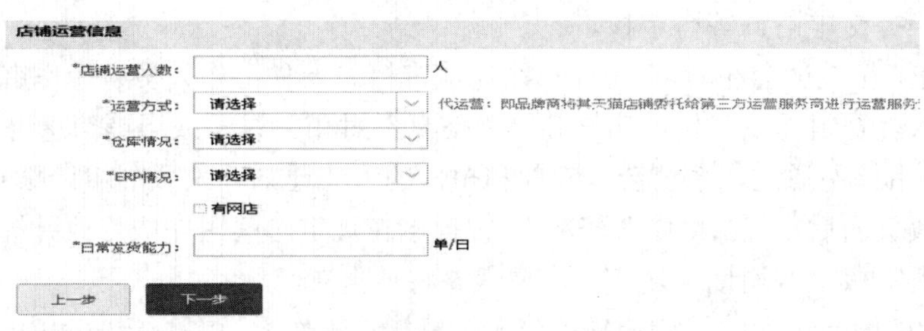

图 3.32　填写店铺运营信息页面

(3) 上传品牌资质和企业资质等照片或者扫描件(注意：所有提交的资料均需要加盖开店公司红章)，如图 3.33 所示。

图 3.33　上传营业执照和法人证件或者代理人(如果有的话)等图片

第四步：选择店铺名和域名，在线签署服务协议。

商家的会员名、店铺名应当严格遵守《天猫店铺命名规范》，如表 3.3 所示。天猫店铺 ID 及域名根据商家经营商品所在类目、品牌属性等要素自动生成，如遇店铺名称已被占用等特殊情况，天猫有权进行适当调整。天猫店铺 ID 及域名一旦生成，则无法修改。

表 3.3　天猫店铺命名规范

店铺类型	命 名 规 则	域 名 规 则
旗舰店	品牌名 + (类目) + 旗舰店	品牌英文名(或者品牌中文名拼音)
专卖店	品牌名 + 企业商号 + 专卖店	品牌英文名(若无，则使用品牌中文名拼音) + 企业商号全拼或者首字母
专营店	企业商号 + 类目 + 专营店	企业商号全拼或者首字母 + 类目名全拼或者首字母
注释： ➢　店铺名字不得超过 24 个字符(适用于 2012 年 9 月 5 日起线上报名的商家)； ➢　域名不得少于 4 个字符，支持英文、数字和“-”(英文状态下的横杠)； ➢　专卖店命名中，若企业商号与品牌名一致，则启用以下规则：品牌名 + 区域 + 专卖店		

第五步：提交申请，等待审核。

(1) 天猫工作人员会在 7 个工作日内完成审核。天猫工作人员未操作审核时，商家可点击“修改入驻资料”及“修改店铺负责人信息”对相关资质或店铺信息进行修改。

(2) 初步审核不通过，系统会以邮件和短信的方式通知商家登陆申请账号查看并修改。商家登陆修改页面后，点击“修改资料”，按提示在规定时间内完成修改并提交，等待天猫工作人员重新审核；若逾期未提交，申请状态将被重置。

(3) 初步审核通过后，等待天猫工作人员复核，工作人员在规定时间内给出复核结果；复核不通过，系统会以邮件和短信的方式通知商家登陆申请账号查看并修改。商家登陆修改页面后，点击“修改资料”，按提示在规定时间内完成修改并提交；等待审核的过程中，可以通过审核过程里的“资质审核详情”查看资质提交/修改情况。

(4) 复核通过后，天猫工作人员将即时授权品牌和类目，系统将以邮件和旺旺的方式，将天猫账户名及登录密码发送给商家。商家登录天猫商家中心，根据提示完成后续步骤。

第六步：店铺上线，入驻成功。

(1) 收到天猫账号登录名和密码后登录天猫，点击“商家中心”，完成后续操作。如完成支付宝相关操作(报名时支付宝账号未完成企业认证的)、学习天猫规则、补全商家档案信息等。

① 完成支付宝实名认证。报名时提供的支付宝账号在此时若未完成企业认证，需根据提示完成后续认证操作。如图 3.34 所示，填写对公银行账号，天猫工作人员审核通过后开始给对公账户汇款，商家会员填写汇款金额后即认证成功，若审核不通过则无法汇款。银行卡认证或支付宝关联认证，即当前已存在以开店公司名义完成认证的支付宝主账号，需进行关联认证。由于营业执照和法人的相关证件已在申请入驻天猫环节中通过校验，因此天猫会将信息一并同步至支付宝。需要注意的是：认证支付宝时填写的企业名称与提交入驻申请时填写的公司名称必须完全一致。

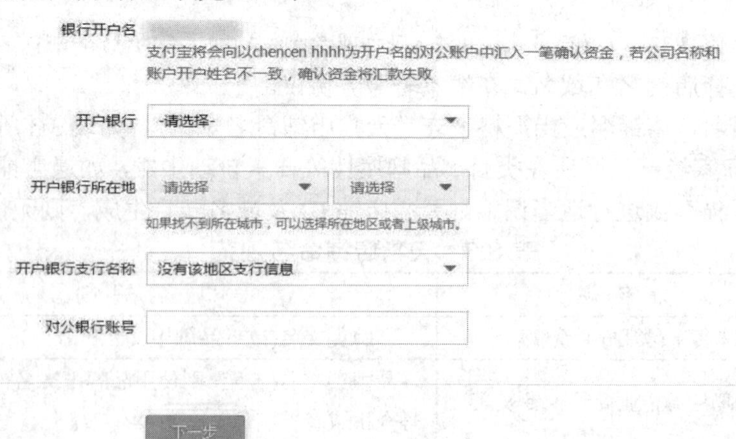

图 3.34　填写对公银行账户信息

② 回到天猫商家中心页面，签署支付宝代扣协议(需录入支付密码)。

③ 学习天猫规则并通过天猫考试。

④ 补全商家档案信息，包括公司信息、店铺运营信息、人员信息。

(2) 冻结保证金及缴纳技术服务年费，操作前请先确保支付宝账户内有足够的可用余额。在收到天猫账户名和密码的 15 天内完成保证金/技术服务年费的冻结缴纳操作，若逾期未操作，则本次申请作废。

(3) 发布商品、店铺上线。以天猫账号登录“我的淘宝—我是卖家—天猫服务专区”，点击“发布商品”，根据页面提示在 30 天内发布满规定数量商品(如服饰、鞋类、箱包、运动户外、珠宝配饰为 20 件，化妆品、家装家具家纺、汽车及配件、电子票务凭证、居家日用、母婴、食品保健品为 10 件，图书音像为 30 件，家用电器、网络游戏点卡为 5 件)，若逾期未操作，则本次申请作废。

(4) 申请店铺上线，完成店铺入驻流程。点击“下一步，店铺上线”，店铺即正式入驻天猫。

学习任务 4　网 店 管 理

由于网络购物者只能通过网店的文字和图片来了解商品，所以一个好的店铺装修能增加顾客的信任感和访问量。在实体店买东西，买家可以通过观看、品尝、触摸等方法感知商品，但在网上买东西，买家只能通过眼睛去看卖家设计的图片、文字或视频。好的店铺装修能给顾客带来好心情，营造良好的购物环境；好的店铺装修能吸引顾客的关注，塑造店铺形象和品牌；好的店铺装修能刺激顾客的购物欲望，留住买家促进成交。所以，店铺的装修设计直接影响卖家的店铺能否在众多店铺中脱颖而出。

一、店铺装修

网店装修就是在淘宝、拍拍等平台允许的结构范围内，尽量通过图片、程序模板等装饰让店铺更加丰富美观。

网店的商品固然重要，但也绝对不能忽视网店装修。正所谓三分长相七分打扮，网店的美化如同实体店的装修一样，让买家从视觉和心理上感觉到店主对店铺的用心，并且能够最大限度地提升店铺形象，有利于网店品牌的形成，提高浏览量，增加顾客在网店的停留时间。漂亮恰当的淘宝装修能给顾客带来美感，顾客浏览商品时不易疲劳，好的商品经过恰当的装饰，会使人更加不愿意拒绝，有利于促成交易。

以淘宝店铺装修为例：打开淘宝网，登陆卖家账号，在网站首页右上角进入“卖家中心”，如图 3.35 所示。在卖家中心左侧快捷菜单中找到“店铺管理”，点击进入“店铺装修”页面，如图 3.36 所示。

淘宝店铺的装修分为两种，一种是根据商品的特性和需要来设计独具个性的店铺页面(如果装修过程中内容丢失，可以从备份的模板恢复)；另一种是通过购买淘宝卖家中心提供的模板来装修。淘宝旺铺共有两个版本，即基础版和专业版。淘宝旺铺后台主要分为三个区域：菜单区(包括页面装修、模板管理、装修分析、装修模板、微海报、宝贝分类、营销等)、左侧工具栏(包括模块、配色、页头、页面、CSS 等)、右侧编辑区(即装修编辑区)，如图 3.36 所示。

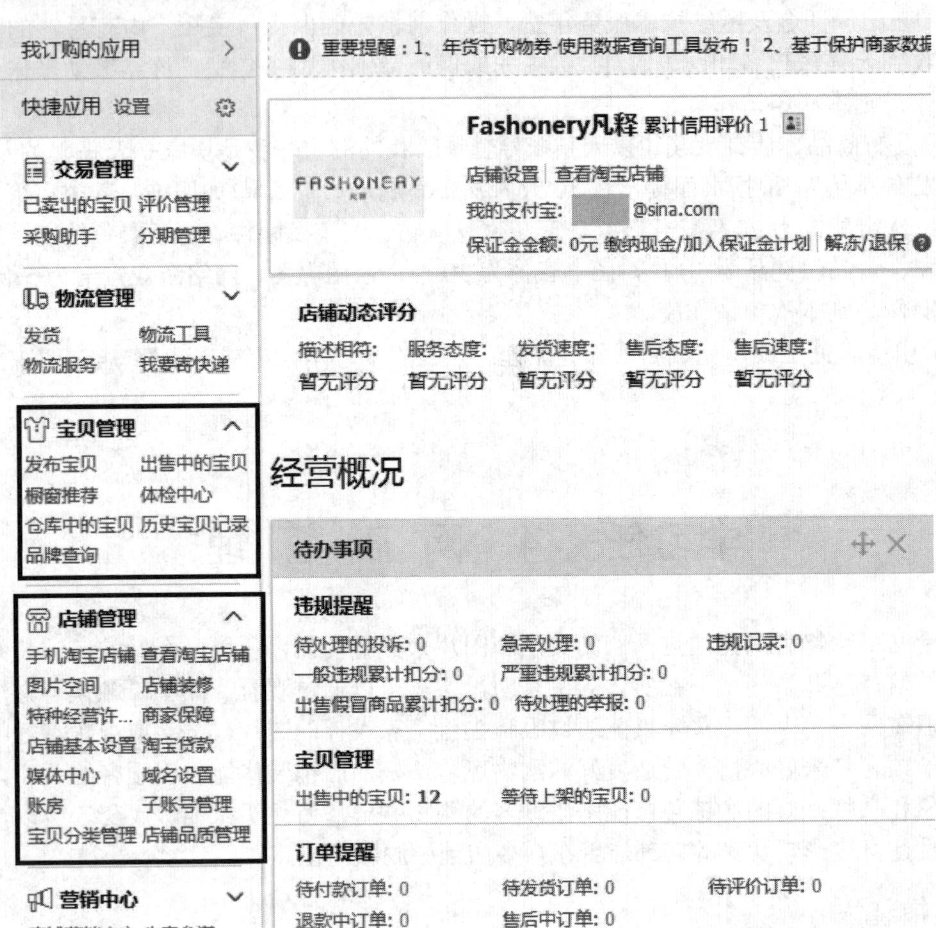

图 3.35 卖家中心页面

图 3.36 店铺装修页面

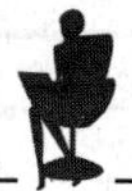

装修网店一般包括以下四个基本步骤：

第一步：选模板。点击模板管理，选择可用的模板，如图 3.37 所示。

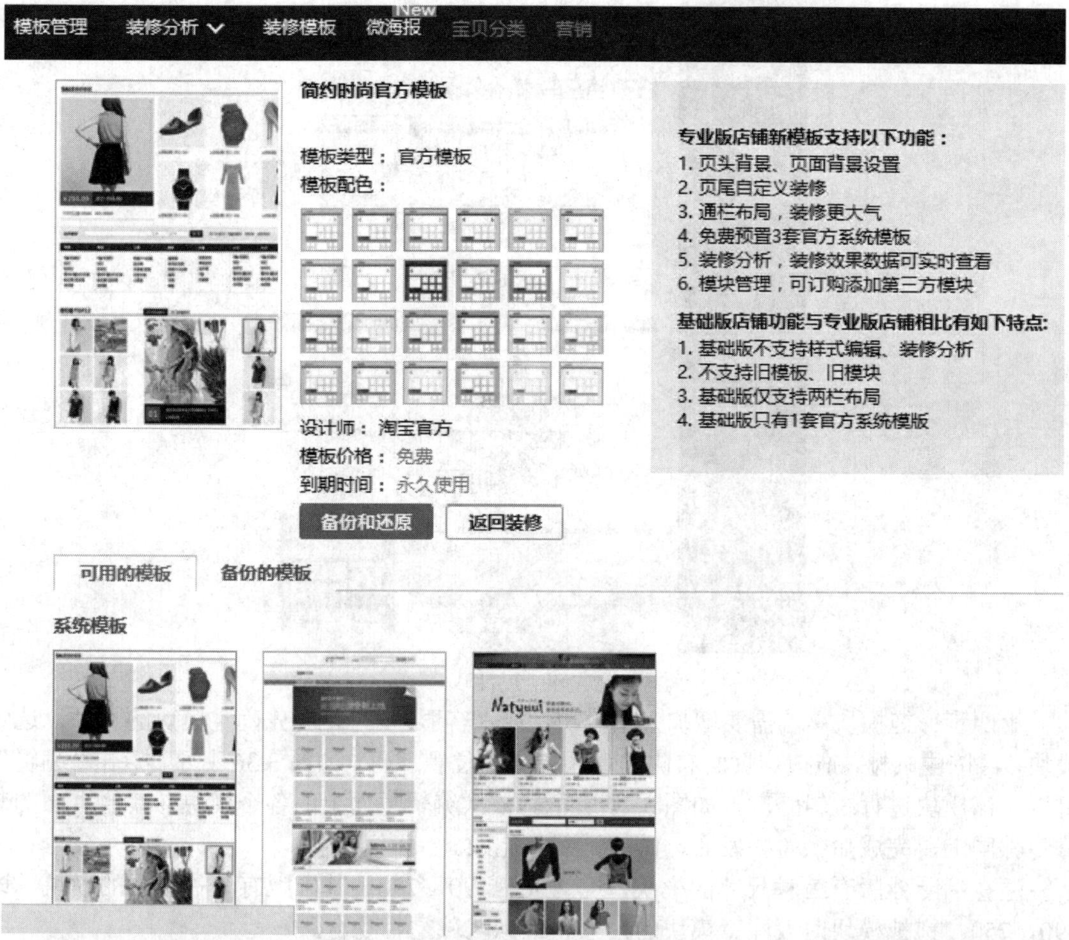

模板管理
装修分析
装修模板
New
微海报
宝贝分类
营销
简约时尚官方模板
模板类型：官方模板
模板配色：
设计师：淘宝官方
模板价格：免费
到期时间：永久使用
备份和还原
返回装修
专业版店铺新模板支持以下功能：
1. 页头背景、页面背景设置
2. 页尾自定义装修
3. 通栏布局，装修更大气
4. 免费预置3套官方系统模板
5. 装修分析，装修效果数据可实时查看
6. 模块管理，可订购添加第三方模块
基础版店铺功能与专业版店铺相比有如下特点：
1. 基础版不支持样式编辑、装修分析
2. 不支持旧模板、旧模块
3. 基础版仅支持两栏布局
4. 基础版只有1套官方系统模版
可用的模板
备份的模板
系统模板

图 3.37　选择可用的模板

第二步：选页面。展开页面列表，选择需要装修的页面，例如首页、详情页，如图 3.38 所示。

页面装修
模板管理
装修分析
装修模板
New
微海报
宝贝分类
营销
首页
页面编辑
布局管理
我的全部页面:
管理页面
新建页面
基础页
宝贝详情页
宝贝列表页
自定义页
活动页面
首页
店内搜索页
默认宝贝详情页
默认宝贝分类页
特价活动详情页
店铺活动优购页
试用宝贝详情页
试用活动详情页

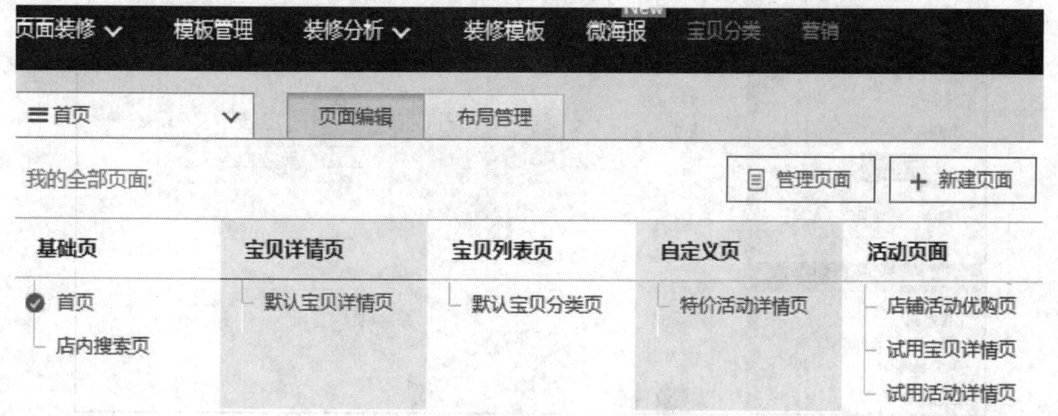

图 3.38　选择需要装修的页面

第三步：定样式。设置该页面的配色、页头背景、页面背景，如图 3.39 所示。

图 3.39　定样式

第四步：拖模块。若需要增加某个模块，如“客服中心”，应先确定模块的尺寸，选定模块，再按住鼠标，拖拽到页面右侧编辑区指定的位置即可，如图 3.36 所示。点击“编辑”，可以对该模块进行编辑修改，如图 3.40 所示。依次编辑页面上的各个模块，其他页面的装修步骤同上，完成后预览并发布，则店铺装修完成。

注意：专业版有三种尺寸的模块，即 950、190、750；基础版有两种尺寸的模块，即 190，750。拖拽模块时要注意模块的尺寸和目标区域是否吻合。

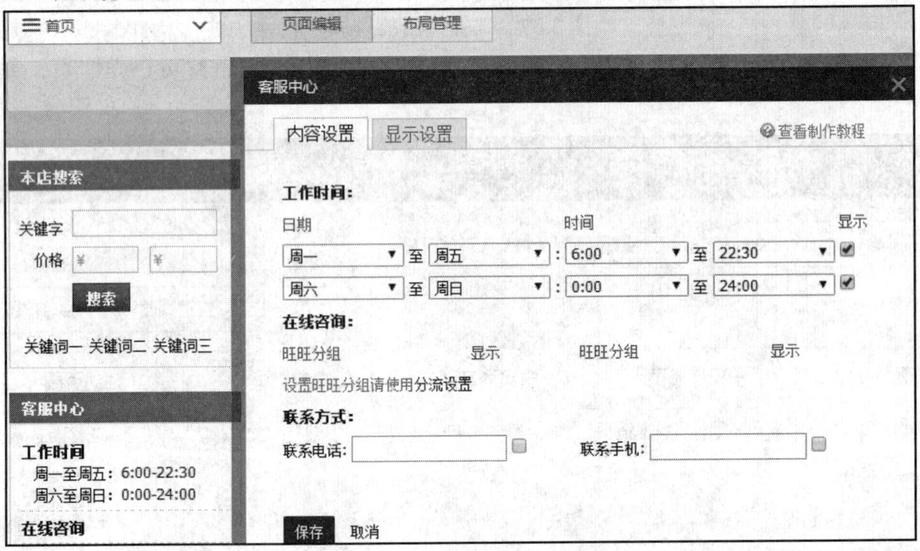

图 3.40　编辑“客服中心”模块

淘宝店铺装修的要点指引

1. 店铺首页

根据主营行业特性及产品特性设计，风格和色彩要统一、要注重视觉引导、注重用户体验、突出主推产品。

(1) 导航要简约，起到快捷引导的效果，不要出现死链。内容要完善，模块要丰富，比如“首页、全部分类、女士衬衫、男士衬衫、下装、新品热卖、搭配套餐、自助购物、售后服务、有奖互动”。

(2) 要突出主推宝贝(主图)。

(3) 整体色调和谐。颜色统一，在一个主色调下可以用渐变色增加层次感，穿插的小插件可以用对比强的颜色突出，整体色调效果和谐。

(4) 模块位置合理。模块位置上下对齐，以齐整为标准；模块布置符合网民购物习惯，给予视觉引导，提供良好的视觉体验，刺激其眼球和点击欲；突出商品、突出优惠信息，更多优惠能刺激消费。

2. 商品详情页面设置

要注重页面打开速度和视觉效果的平衡，以及注重用户良好的购物体验，总结归纳为以下几点:

(1) 商品标题关键词要精准，包含顾客可以想到的所有关键词并注意空格，可参考排名靠前的同类商品使用的关键词，对标题进行精细化编辑。

(2) 风格与店铺主题色系统一，可适当配合渐变等手段。

(3) 商家促销放在靠上位置。

(4) 放置“收藏商品”“收藏店铺”按钮。

(5) 商品介绍。先放大图片再放产品的基本文字介绍，然后放商品详细描述和品牌描述，再放品牌导航图，顾客常见问题问答。

(6) 需将以往顾客的好评内容放置在热销商品的详细描述后。

(7) 写软文必须以顾客反馈的方式放置在好评内容后。

(8) 宝贝上架时间设置为七天。

(9) 橱窗推荐。只推荐快下架的主打商品。

(10) 每个页面要新增功能按钮以减少出店人数。

(11) 风格。时尚简约、潮流搭配、成熟品质等。

二、制作店铺标志与店招

1. 店铺标志

店铺标志(见图 3.21)可以用企业 Logo。对于淘宝店铺来说，一个好的店铺标志等同于免费的店铺推广。淘宝店铺的图片规格根据不同的定位有着不同的规范，店铺标志的图片支持 GIF、JPG、JPEG 以及 PNG 四种格式，大小在 80 KB 以内，像素为 80 × 80。店铺标志做好之后，在如图 3.21 所示的页面中点击“上传图标”，在跳出的对话框内选择确定好的店铺标志图片(或者企业 Logo)即可。

2．店招

店铺的店招是指店铺的招牌，是商家用来展示店铺名称和形象特点的一种重要途径，它可以由文字和图案组成。

进入淘宝首面，点击“我是卖家”进入淘宝“卖家中心”(见图 3.3)，选择页面左栏“店铺管理”项中的“店铺装修”，进入如图 3.36 所示的页面，在这个页面栏的角上会出现“编辑”的图标。店招编辑分为“自定义招牌”和“BannerMaker”，其中“BannerMaker”是淘宝网推出的一种在线付费编辑形式，一般店铺装修使用较多的还是“自定义招牌”。点“编辑”对店铺的店招进行编辑，如图 3.41 所示。

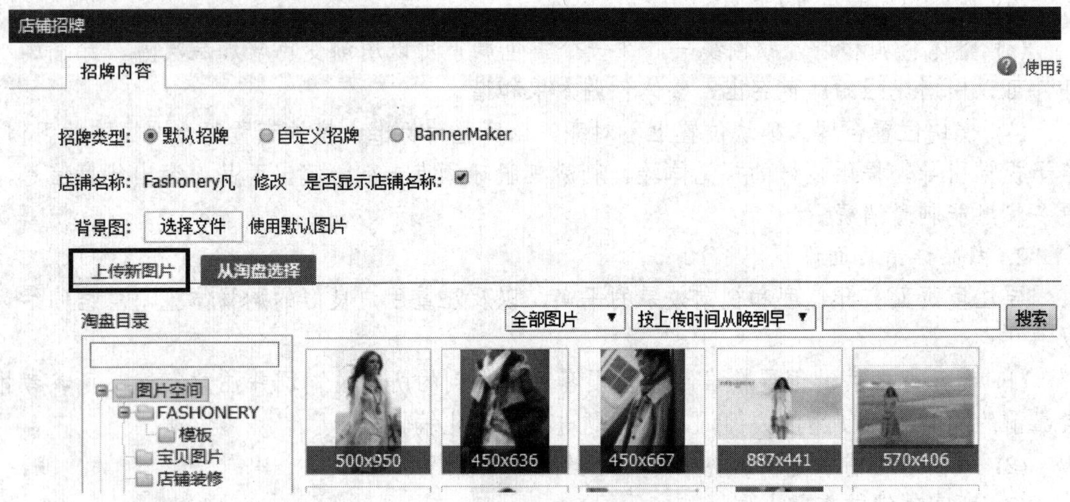

图 3.41 编辑店铺的店招

常见的招牌显示类型有三类，分别是默认招牌，自定义招牌与 BannerMaker。默认招牌是以“背景图片 + 店铺名称”显示，这种设置非常简单，其中的背景图片不但可以更换，还可以使用淘宝店铺默认的招牌背景图片。自定义店招功能比较丰富，既可以添加自己设计的店招图片，也可以安装更多功能的店招代码。如果不会自己设计图片，则可以选择 BannerMaker 显示，通过购买淘宝付费的店招快速安装店铺招牌。另外，淘宝顶部模块的高度默认为 150 px，顶部模块包括店铺招牌和导航条，其中导航条高度为 30 px，因此建议设置店招高度在 120 px 以内。店铺招牌的设计尺寸一般为 960 × 150 px，格式为 JPG 或 GIF，图片的大小不超过 80 KB，也可以使用 PhotoShop、Fireworks 等软件来完成店招制作。店招做好之后，在如图 3.41 所示的页面中，点击“上传新图片”，在弹出的对话框内选择确定好的店招图片即可。

三、布局管理

网店的空间布局(页面布局)是指通过对网店结构的调整、修改达到店内产品展示布局的合理。点击如图 3.36 所示页面中的“布局管理”，便展现出该店铺当前的页面布局，如图 3.42 所示。设置页面布局的方法如下：

(1) 首先找到“添加布局单元”按钮。

(2) 选择想要的布局，如 950、190 + 750 或 750 + 190。

(3) 要在选好的布局中添加模块，直接拖动选中的模块即可，点击“+”移动功能模块，点击“x”删除功能模块。

(4) 点击不同的页面可以设置不同的布局管理。

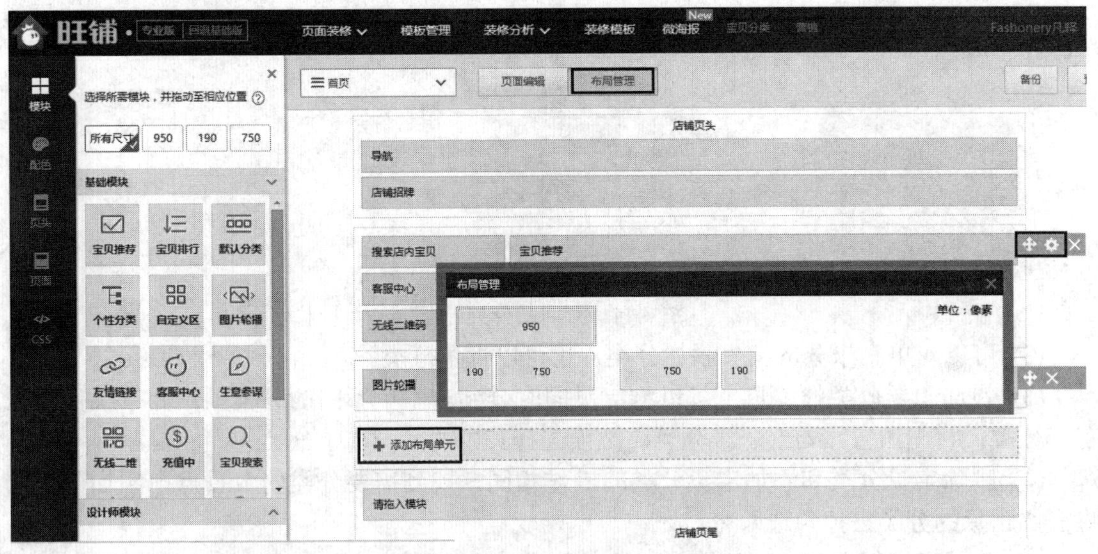

图 3.42　某店铺布局

四、商品分类的添加和管理

在如图 3.43 所示的页面中点击“宝贝分类”，选择“添加手工分类”或者“添加自动分类”，可以添加商品的分类，并对商品进行分类管理，同时可以为每个分类添加图片，也可以删除分类。商品分类的管理方法如下：

(1) 点击如图 3.44 所示页面左上侧菜单中的“宝贝管理”，系统会默认展示“未分类宝贝”。

图 3.43　添加商品分类

图 3.44　对商品分类管理

(2) 可以对单个未分类宝贝添加分类，也可以批量分类。

(3) 勾选想要分类的宝贝，可以将宝贝同时分到若干个不同的分类里；如果宝贝已经有子分类，将无法直接勾选一级分类，必须选择其中的某一个子分类。

(4) 删除宝贝分类和添加宝贝分类的操作相同，找到需要分类的宝贝点击添加分类，将需要删除的分类去掉勾选即可。

(5) 除了直接勾选，也可以输入宝贝名称或在价格区间查找宝贝，并对其分类管理。

淘宝店铺内宝贝分类的设置技巧

将新款宝贝放在最上面(以便买家在第一时间知道新货上架)，其次是特价宝贝(特价是吸引人气的最好方法，特价宝贝的畅销有时候也会带动其他宝贝的销售量上升)，再按产品的品牌分类(很多人买衣服都是冲着品牌去的，特别是男装，所以有品牌的衣服会比没有品牌的更好销售)，在每个品牌下增设分类(如外套、长 T 恤、夹克等)。在店铺首页的宝贝推荐区域，还可以增加一些手动推荐宝贝的自定义模块，例如掌柜推荐外套(不分品牌)、掌柜推荐上衣(不分品牌)、掌柜推荐夹克(不分品牌)、掌柜推荐牛仔裤(不分品牌)，以便于不求品牌只想找某类商品的买家在最短的时间内找到最适合的商品。

当然，也可以不用对宝贝分类，系统会自动根据宝贝名字中的关键字搜索后显示在店铺分类页面上。或者在首页添加一个自动推荐模块，在模块的关键字中设置一个词，如“裤”，这样只要宝贝名称中带有“裤”字，不管是牛仔裤还是西裤、运动裤都会显示出来。

五、宝贝推荐区的编辑管理

宝贝推荐区是店铺最重要的模块，是买家快速认知店铺内宝贝和影响购买决策的模块，下面介绍宝贝推荐区的编辑方法。

(1) 点击进入店铺后台，添加“宝贝推荐”模块，点击“编辑”，如图 3.45 所示。

图 3.45　编辑宝贝推荐模块

(2) 宝贝设置有自动推荐和手工推荐两种推荐方式，自动推荐如图 3.46 所示。

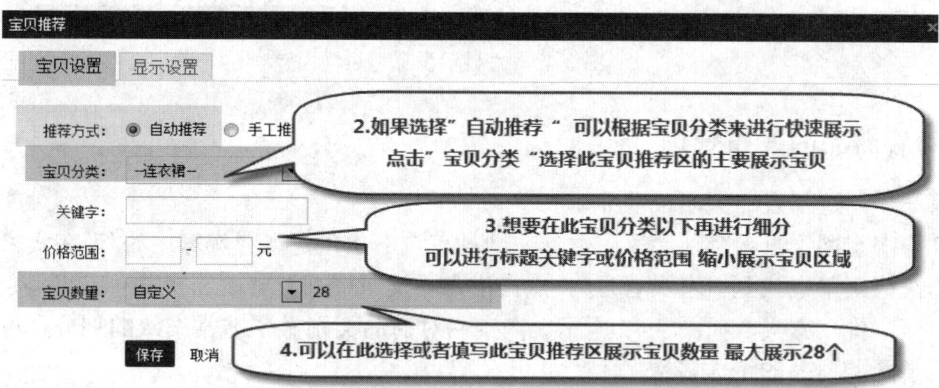

图 3.46　“宝贝设置”—“自动推荐”页面

(3) 手工推荐更为自由，可以糅合各类目不同宝贝的推荐，如图 3.47 所示。

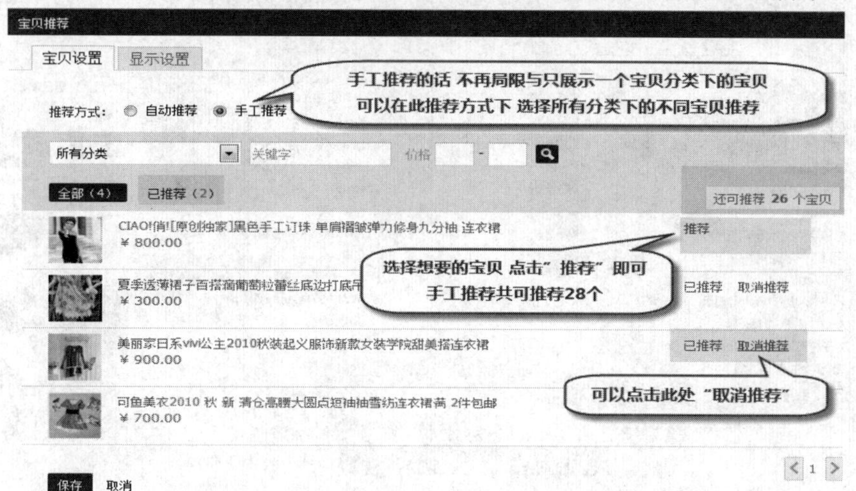

图 3.47　“宝贝设置”—“手动推荐”页面

(4) 宝贝设置完毕之后可以点击“显示设置”进行微调，如图 3.48 所示。

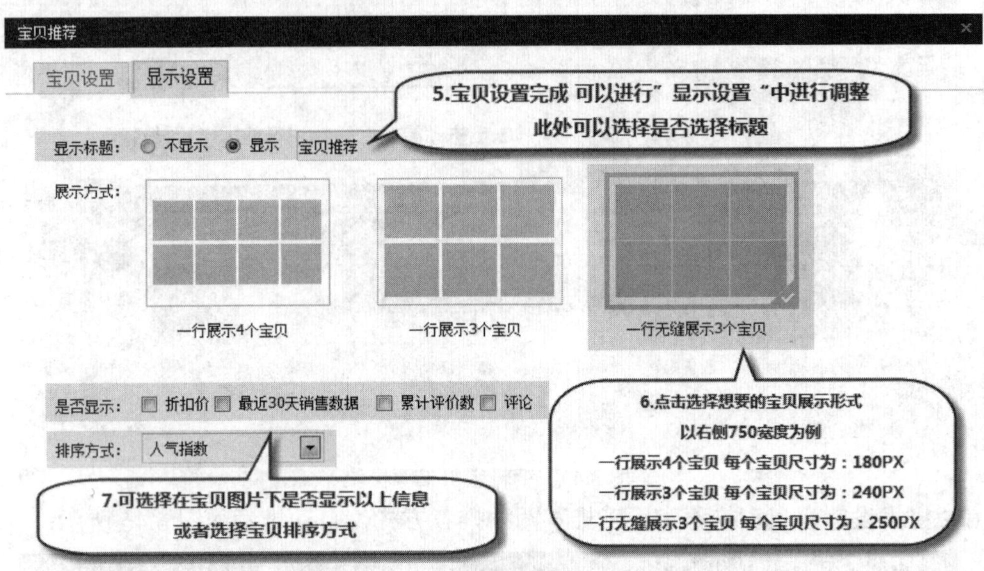

图 3.48 “显示设置”页面

六、网店商品的发布管理

第一步：选择发布宝贝的类别。

打开淘宝网主页，登陆卖家账号，在网站首页右上角进入“卖家中心”，在卖家中心页面左侧快捷菜单中找到“宝贝管理”，点击进入“发布宝贝”页面选择发布宝贝类别，默认显示“一口价”方式，如图 3.49 所示。淘宝网对商品类别做了非常细致的划分，可以说范围涵盖了网购商品的绝大多数。

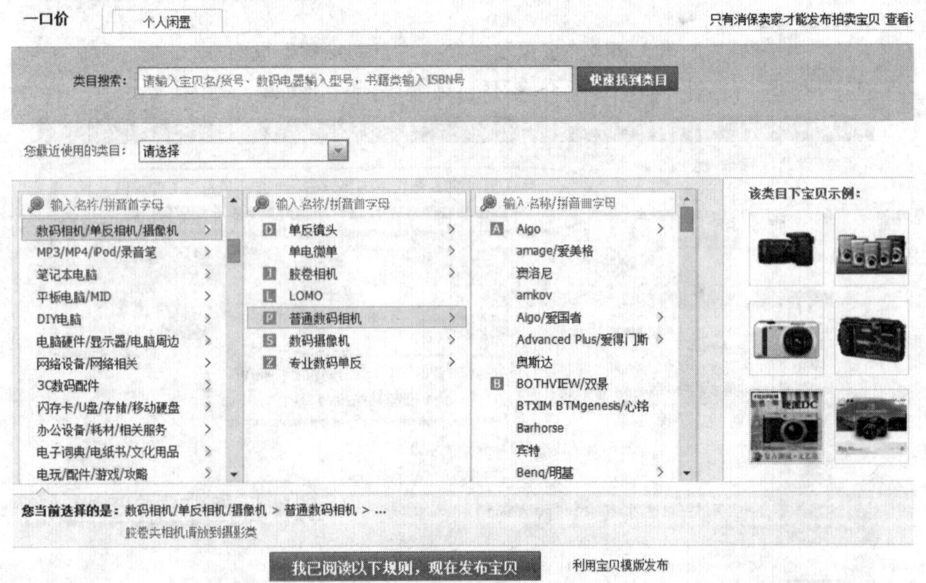

图 3.49 选择发布宝贝类别

第二步：填写商品详细属性信息。

找到要发布商品的具体类别后，点击“现在发布宝贝”，进入如图 3.50 所示的商品发布页面，即商品详细内容编辑页面，填写完成后点击“发布”按钮，则商品发布成功。

产品信息

类目：数码相机/单反相机/摄像机>>普通数码相机 编辑类目

1. 宝贝基本信息

宝贝类型：* 全新 二手 发布闲置宝贝，请走卖闲置简易流程

抱歉，该类目需要缴纳保证金，才能发布全新宝贝，立即缴纳

宝贝属性：

填错宝贝属性，可能会引起宝贝下架，影响您的正常销售。请认真准确填写

品牌：*

如果没有您需要的品牌，您可以点此申请添加品牌

像素：*

感光元件类型：*

传感器尺寸：* 可直接输入内容

特殊功能：* 光学防抖 面部优先 笑脸快门 广角 长焦 微距 手动挡 高清摄像 触摸屏 旋转液晶屏 防水 防摔 防尘 防冻 支持外接闪光灯 支持GPS功能 支持RAW格式文件 无特殊功能

上市时间：

光学变焦：*

成色：*

显示屏尺寸：*

电池类型： 5号电池 锂电池 镍氢电池 其他/other

售后服务：*

屏幕类型：*

有效像素：*

防抖性能：*

高清摄像：*

镜头类型：*

适用场景：

重量：

图 3.50　商品详细内容编辑页面

1. 填写商品详细属性及相关内容

商品详细内容编辑页面包含宝贝类型、使用的页面模板选择以及宝贝属性。因为淘宝网有二手物品交易市场，所以宝贝类别分为全新与二手两种。页面模板通常采用默认宝贝详情页，这是最基础的宝贝编辑页面，具有较高的延展性，如果卖家喜欢追求个性化，也

可以自己编辑一个宝贝详情页作为模板。商品属性将商品的各方面细分，各项参数均可在商品属性中添加。商品属性应尽量详细，因为属性会显示在商品最终发布后的商品参数栏中，详细的商品参数会使消费者产生高度信任感，参数相对齐全的同类商品更容易被消费者接受。

认识商品的属性

商品属性主要指商品本身所固有的性质，是商品在不同领域差异性(不同于其他商品的性质)的集合。也就是说，商品属性是商品性质的集合，也是商品差异性的集合，如衣服的尺寸号、颜色、面料、品牌、款式、风格等一系列内容。商品属性在买家的搜索和购买行为起到至关重要的作用。

1. 商品属性的重要性

(1) 商品属性的展示为商品的展示及筛选提供了多个维度，其在丰富商品内涵的同时，使商品信息的标准化成为可能，为买家提供了更好的购物体验。

(2) 商品属性是定义商品分类的核心。据互联网调研机构相关统计，80%的用户会直奔其想要了解的商品品类栏目。因此，要让客户在第一时间以最方便的途径找到其想要了解的商品品类，必须通过属性对商品进行合理分类。例如：按价格分为 50～100 元、100～200 元、200 元以上；按材质分牛皮、PU 皮革(Poly Urethane，聚氨酯)、革等；按用户群分为送长辈、送领导、送同事等。

(3) 商品搜索的本质其实就是搜索商品的属性。用户购物的目的性越强，使用搜索功能就越频繁，网站的商品越多，搜索功能也就越重要。现实中，商家可以通过扩大卖场面积来展示更多的商品，而购物网站却只能用显示器屏幕展示商品。如果商品属性设置不全，随着网店商品越来越多，买家在多如沙砾的小图片中一页一页地翻看，不免眼花缭乱，难以做出购买决定。

因此，商品属性细分更加有利于买家购买，多选择一个属性就更接近自己想要的商品，卖家的商品也能更快地被买家找到。商品属性页面的完善，对买家进行商品搜索有着至关重要的引导作用，特别是当用户的购物目的性较强时，商品基本属性的规划部署就显得尤为重要。

2. 常见的商品属性

(1) 商品的常见基础属性。商品的常见基础属性包括商品名称、商品价格、价格区间、简单描述、SKU(Stock Keeping Unit，库存量单位)编码、重量、成本、Meta(描述)信息、关键字、商品图片、类别分类、库存、生产厂家等。

(2) 商品的固有属性。商品的固有属性主要指商品相对不变的属性，如商品编码、商品名称、生产厂家、商品条码、商品类别等。一般情况下，这些属性不发生变化，特殊情况下会有一些变化。如商品类别，同一种商品在小类划分的时候，不同的商场可能有不同

的归属。商品编码一般也不会变，但商场的经营部门发生变化时，商品编码可能会发生变化，这主要取决于商场现有计算机系统中商品编码的规则。

固定属性还可以进一步分成经营属性和管理属性。经营属性主要指商品流转过程中涉及的种种属性，商品编码、名称、生产厂家、条码等都属于经营属性。商品的管理属性是指为满足经营过程中的进一步要求而设置的属性，如商品保质期，保修期，某些商品的最高、最低库存，以及商品的各种损耗率等。

3. 在商品属性的确定过程中应该注意的问题

(1) 属性错放。为了方便管理数以千万计的商品，网站启用了很多管理模型，其中“属性错放”就是其中一个。它会检查商品标题描述与属性中的描述是否相符，避免因属性错放而影响购物体验。例如，标题描述有“篮球鞋”而属性选择为“跑步鞋”，产品实际为“篮球鞋”，买家搜索“跑步鞋”时有可能搜索到篮球鞋。如果出现这种情况会令买家认为网站不专业、类目不规范、搜索不准确，从而影响买家的购物体验。同样的，如果商品的其他属性，如年份、技术、材料、性别等相关信息不准确也会影响买家的购物体验。

(2) 卖家对商品个别属性定义不清晰。商品个别属性一般从应用场景选择，与商品自有属性不一样。如标题含“匡威帆布鞋”而属性栏选择的是“休闲鞋”，虽然从产品功能看，帆布鞋确实可作为休闲鞋，但这样会造成标题与属性不匹配，这种情况需要通过修改属性或标题来解决。

(3) 部分商品具有延续性。例如，一款鞋在 2015 年上市，随后在 2016 年以相同的材料、外观、货号、价格等属性上市，卖家在属性上依旧选择 2015 年，而在标题描述中含有“2016 年新款”的关键字。对于这样的新上架商品不但要改名，还要改属性，否则就会使买家产生困惑：到底是“2015 年”还是“2016 年”？会降低买家对卖家的信任感。

(4) 多个同类属性出现在标题。如商品标题为“××跑步鞋休闲鞋”，这种情况与品牌堆砌类似，系统会同时检查“跑步鞋”与“休闲鞋”是否与属性一致，只要有一个不一致，即判错误。卖家在标题描述中过多地描述同一属性，其实并不会让买家更清晰，反而会让买家更混淆，所以出现这种错误时只需要将非属性对应的描述去掉即可。

2. 填写商品标题与描述等信息

商品参数信息填写完成后，开始对商品标题与描述等信息进行编辑，如图 3.51 所示。网店通常最看重的两件事：一是对产品的文字描述；二是为产品拍摄图片与美化。文字为顾客传递理性信息，图片为顾客传递感性信息，利用感性信息对商品进行初步定位，再靠理性信息精准了解商品，只有理性信息与感性信息相结合才能使完整的商品信息展现在顾客眼前。因此，做好商品描述的关键字布局成为重中之重。

买家购物一般先通过关键词来搜索，那么商品关键词的设置就显得尤为重要。只有设置的关键词和买家的搜索习惯相吻合，商品被搜索到的几率才会更大，才会促进更多的交易。因此，在编写宝贝标题时，最好多用一些较热的关键词。

宝贝标题：* 还能输入 30 字

宝贝卖点： 还能输入 150 字

一口价：* 元

宝贝规格：

颜色分类： 该类目下的颜色上传图片功能已经关闭，已经上传的图片会在宝贝编辑时清除，详情

军绿色	天蓝色	巧克力色	桔色
浅灰色	浅绿色	浅黄色	深卡其布色
深灰色	深紫色	深蓝色	白色
粉红色	紫罗兰	紫色	红色
绿色	花色	蓝色	褐色
透明	酒红色	黄色	黑色
全选			

套餐：

官方标配	套餐一	套餐二	套餐三
套餐四	套餐五	套餐六	套餐七
套餐八			

宝贝数量：* 1 件

采购地：* 国内 海外及港澳台

商家编码：

商品条形码： 你家宝贝没条形码？那怎么抢扫码新流量！

宝贝图片：* 本地上传 图片空间 视频中心

选择本地图片： 文件上传

提示：1．本地上传图片大小不能超过3M。

2．本类目下您最多可以上传 5 张图片。

700*700 以上的图片可以在宝贝详情页主图提供图片放大功能

主图视频 视频长度9秒内 * 主图

宝贝视频：

图 3.51　商品信息设置

关键词与商品标题

设置吸引人的宝贝标题是增加宝贝点击率的关键。众所周知，淘宝店铺吸引顾客的不仅仅是商品的图片，还包括商品的文字介绍，而商品的文字介绍中首当其冲的就是商品标题，而商品标题中合理且准确的关键词会起到至关重要的作用。

1. 关键词

商品描述关键词的布局可以分四个步骤来进行：找词、分词、分配词、组合词。

步骤一，找词。最简单的找词方法有三种：网站搜索的下拉菜单、直通车关键词推荐、同行业店铺关键词。网站搜索的下拉菜单是对店铺商品信息数据与消费者搜索习惯数据相结合的统计，为了更加满足消费者访问体验的人性化需求，网站搜索器通过对消费者搜索习惯与消费习惯进行对比，筛选出最贴合消费者意愿的搜索结果。所以，网站搜索的下拉菜单就成为寻找商品关键词的首选途径。

步骤二，分词。商品一般名称由两部分组成，即基本的名称和简单的描述(注：商品的名称一般会作为一个偏正词组出现，中心词为商品名称及商品的基本信息，再加上一定的形容词或副词作为商品修饰语，阐明商品特征)。由于同样的商品可以使用不同的名称进行描述，如蜂蜜、百花蜜、土蜂蜜，所以对于同一件商品而言，不同的商品描述方式会产生不同的效果。

步骤三，分配词。如果是同一店铺同一品类的不同商品，最好采用意思相近的不同关键词来扩大关键词的覆盖范围。以蜂蜜为例：有四川九寨沟蜂蜜、江西宜春山区蜂蜜、老巢蜂蜜、花粉蜜、椴树蜂蜜等。

步骤四，组合词。找出某件商品比较恰当的关键词，然后对这些关键词进行组合，形成该商品的标题。

2. 设计商品标题

在设计商品标题时，选出商品搜索量最大的关键词(最热的关键词)，同时参考同行使用的其他常用关键词，发布商品时可以对不同热度的关键词进行组合。一款商品最好选取9～10个关键词，如花瓶、透明(样式)、玻璃(材质)、欧式、现代、时尚、古典、田园(风格)、家居摆件(用途)、丹麦原装进口(正品说明)、七折优惠(促销)等。

设置商品标题时应注意的事项：

(1) 宝贝标题应限定在30个汉字(60个字符以)内，否则会影响发布；一般情况，在30字的标题中，系统会默认五个有较好的展现和排名的主搜索关键词。

(2) 标题无法被搜索引擎识别的时候，系统就会展现出默认主搜索关键词，所以可以通过这一系统漏洞测试出标题被搜索引擎默认的主搜索关键词。例如：先复制想要设置的搜索主关键词，然后放进“list.taobao.com”，并在标题中加入一些特殊符号，如果系统无法识别，则该词不能作为主搜关键词。

(3) 标题要尽量简单直接，突出卖点。宝贝的标题需要和当前商品的类目、属性相一致，例如出售的是女装T恤，就不能出现童装等非女装类的关键词。

(4) 大多数情况下，改动标题后关键词的权重会被清零，所以标题不能轻易改动。

(5) 合理应用“空格”将有助于算法更好地理解标题，避免误判。例如：标题“拉拉博美瞳月抛6片装*****”中，“拉拉博”为品牌词，“美瞳”为行业词，看上去没什么问题。但是，算法对完整标题进行理解时，是以字为单位逐步扩展到两字词、三字词，以此类推。这种情况下，“拉拉博”作为完全不知名的品牌就会被忽略，而“博美”作为知名犬种名称获得算法的理解，从而直接影响整个商品标题的文本得分，因此标题修改为“拉拉博 美瞳 月抛6片装*****”比较合理。

3. 商品标题的选词技巧

第一步：确定行业热门关键词的词根，如表3.4所示。

表 3.4 淘宝热门关键词及其转化率

序号	热门关键词	搜索人数	搜索次数	转化率(%)
3	U 盘 32 G 特价包邮	199 679	665 890	11.09
9	U 盘 16 G 特价包邮	126 580	400 563	7.61
11	32 G U 盘正品包邮	98 077	390 783	12.32
13	U 盘 64 G 特价包邮	90 576	309 050	9.02
15	金士顿 32 G U 盘	79 436	298 077	11.97
16	64 G U 盘正品	60 547	225 460	8.01
19	16 G U 盘	57 496	190 807	7.62
23	创意 32 G U 盘	52 009	236 748	6.11
25	U 盘 8 G 特价包邮	48 052	50 083	3.92
27	金士顿 U 盘正品包邮	43 087	90 868	8.94
29	创意 U 盘	32 983	50 908	1.03
35	8 G U 盘包邮	29 063	32 534	3.24
39	迷你 U 盘	23 185	49 658	4.66
42	迷你 U 盘 32 G	19 830	58 668	6.93
47	16 G U 盘正品包邮	12 001	43 230	8.96
51	苹果 U 盘正品包邮	9047	12122	1.29
59	U 盘可爱	8603	9076	0.73
66	透明心形水晶 U 盘	7036	8075	0.21

(淘宝转化率就是所有到达店铺并产生购买行为的人数和所有到达店铺的人数的比率。计算方法为：转化率＝(产生购买行为的客户人数 / 所有到达店铺的访客人数)×100%)

如上表所示，通过词根拆解可以确定热门关键词的词根包括：

- 品牌词：金士顿。
- 品类词：U 盘。
- 规格词：xG。
- 描述词：卡通。
- 促销词：特价、包邮、正品。

第二步：确定组词规则。

推荐组词规则：点击率词＋品牌＋属性＋相关词＋补充词。

- 点击率词：有促销时的促销词，特定词。
- 品牌：自身商品的所属品牌。
- 属性：如型号、规格、材质、颜色等。
- 相关词：产品的近似名，相似描述等。
- 补充词：其他辅助定位的精准描述词。

3. 填写商品描述

标题和关键词是消费者寻找到宝贝的关键，而宝贝描述则是消费者购买与否的关键所

在，如图 3.52 所示。

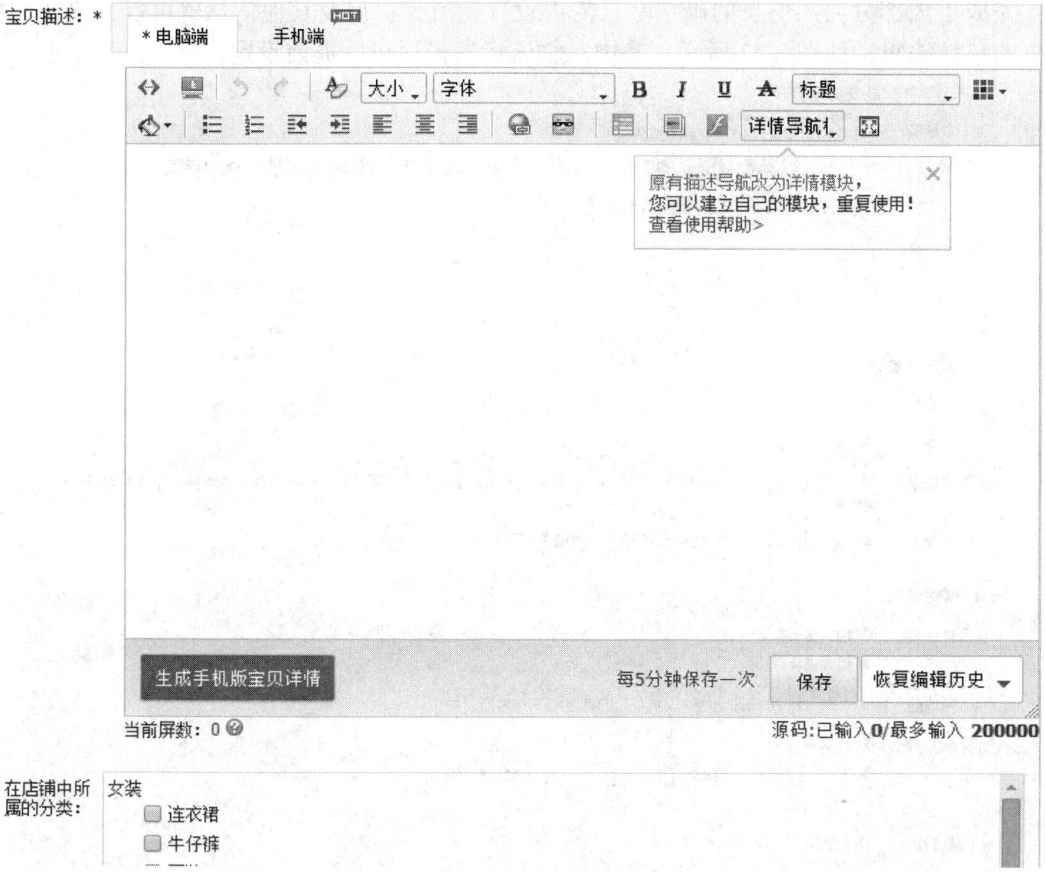

图 3.52　“商品描述详细内容”编辑页面

商品描述中可以插入文字和多张图片。众所周知，最吸引买家眼球的当属商品的图片，精美的图片是吸引买家最直接的因素，对促成交易起到事半功倍的效果。当然，图片也不要太失真，切忌太夸大宝贝的优点，以免引起不必要的纠纷。商品描述往往被很多卖家所忽略，经常在一些淘宝店铺看到卖家对商品描述只是草草了事，殊不知其实商品描述直接关系到成交率。商品详细描述展示在商品购买页面中商品参数的下方，通常包含图片、文字说明、视频等，需要对添加的素材进行美化处理。在进行文字信息描述时要注意，重要的文字信息可以通过字体放大、颜色变化等进行强调，引起消费者注意。

商品图片可以由一张或多张组成，如果商品图片较长，可以将图片分解为多个图片组合，以此来提高网页的加载速度。根据 Google 的研究结果表明，如果页面加载时间超过 1 秒钟，那么用户的浏览就会被打断；页面加载时间超过 3 秒，57%的用户会放弃当前浏览；74%的用户登录某网站的时间超过 5 秒后就不会再登录这个网站。页面加载时间每延长 1 秒，作为全球最大的 B2C 电子商务网站的亚马逊一年就会减少 16 亿美元销售额。所以无论是独立网站还是依托于电子商务平台的网店，为了提供最好的用户体验并且吸引访问者，都应该专注于更快速地加载网页内容，而图片的大小正是影响网页加载速度的最主要因素之一。

4．商品物流、售后及其他信息的填写

完成了大部分商品信息的确定，只需再设置物流、售后及其他信息就可以完成商品描述页的整体编辑，如图 3.53 所示。其中，物流运费模板可以提前设置。

2. 宝贝物流及安装服务

运费：* 请选择运费模板 ▼ 新建运费模板

运费模板已进行升级，您的"宝贝所在地"、"卖家承担运费"等设置需要在运费模板中进行操作，查看详情

电子交易凭证 申请开通 了解详情

物流参数： 物流体积(m3)：

物流重量(Kg)：

3. 售后保障信息

发票： 无 有

保修： 无 有

退换货承诺： 凡使用支付宝服务付款购买本店商品，若存在质量问题或与描述不符，本店将主动提供退换货服务并承担来回邮费！

服务保障： 该商品品类可支持"七天退货"服务；承诺更好服务可通过交易合约设置

4. 其他信息

库存计数： 拍下减库存

付款减库存

有效期： 7天 即日起全网一口价宝贝的有效期统一为7天

开始时间： 立刻

设定 2016年2月13日 ▼ 23 ▼ 时 15 ▼ 分

放入仓库

秒杀商品： 电脑用户 手机用户

橱窗推荐： 是 橱窗是提供给卖家的免费广告位，了解如何获得更多橱窗位

发布

图 3.53　物流、售后及其他信息的填写页面

运费模板分为：快递运费模板、家装物流模板、货到付款。其设置步骤为：先进入“卖家中心”，再进入“物流管理”点击“物流工具”，分别在“运费模板设置”和“配送安装费用配置”中直接设置运费模板。如果没有“配送安装费用配置”功能，先发布 10 件大件物流商品，10 天之后系统将会自动添加该功能。

提示：运费模板的名称中不能出现特殊字符，否则将无法显示。

商品发布时间的选择技巧

淘宝商品排列规则是，商品的位置按商品下架剩余的时间排定，越接近下架的商品就越靠前。从这点来看，如果商品同时发布，那么每星期只有一天时间排在最前面，如果将店铺商品分三次隔天发布，那么该店铺的商品每周就会有三天排列在前面。因此，选择商

品发布时机要注意以下几点。

(1) 选择上架时间为七天。原因很简单，选择 7 天比选择 14 天多了一次下架的机会，当然也就获得了更多的宣传机会。

发布商品的 7 天有效期指：商品发布成功之后，以 7 天为一个周期，7 天之后系统将自动对商品做下架并上架操作；商品越接近下架的时间点，搜索会增加相应的权重。若店主在 7 天内的某一天对商品作下架操作，7 天有效期会以该商品再次上架时间为起始点重新计算。

(2) 从淘宝网的调查数据来看，早上 9 点到 12 点、下午 2 点到 5 点、晚上 8 点到 10 点是网络购物交易量最大的时间段，所以商品发布的时间最好选择早上 12 点，下午 5 点，或者晚上 10 点。商品一定要在黄金时段内上架，而且每隔半小时左右发布一个新商品。

(3) 每天坚持在两个黄金时段内发布新商品。

(4) 所有的橱窗推荐位都供即将下架的商品使用。

七、网店图片空间的管理

在淘宝“卖家中心”的“店铺管理”中点击进入“图片空间”页面，如图 3.54 所示。点击“上传图片”，可以把编辑好的图片从本地上传到服务器上。

图 3.54　图片空间

鼠标右键单击需操作的图片，可对图片进行“替换”“移动”“重命名”“删除”“编辑”“查看引用”“适配手机”的操作。

替换图片的操作步骤：选择“替换”后弹出对话框，用户选择所需替换的图片，点击确认即可，图片替换会在 1 小时内生效，如图 3.55 所示。

移动图片的操作步骤：选择所需移动的图片，右键选择“移动”，在弹出的对话框中选择需要移动到的文件夹，点击确认即可。

删除图片的操作步骤：右键选择“删除”，若所选图片未被引用，则可删除该图片(删除的图片，7 天内可在回收站内还原)；若所选图片已被引用(图片被使用于宝贝详情页或宝贝副图)，则不允许删除该图片。鼠标拖动选择多张图片可以进行批量操作，可多图复制，批量移动，批量删除。

图 3.55　图片替换

如果要对图片进行编辑，可以选择“百宝箱”中的“网店秀”“美图秀秀”。以网店秀为例：点击“百宝箱”下拉菜单，点击其中的“网店秀”，如图 3.56 所示，可以从“图片空间”“本地上传”“宝贝主图”“网络图片”等选择要编辑的图片，如从“图片空间”中选择要编辑的图片，也可以对该图片进行“修改尺寸”“快速调整”“图片微调”“色彩偏移”“色彩调整”等操作，如图 3.57 所示。

图 3.56　“网店秀”编辑页面

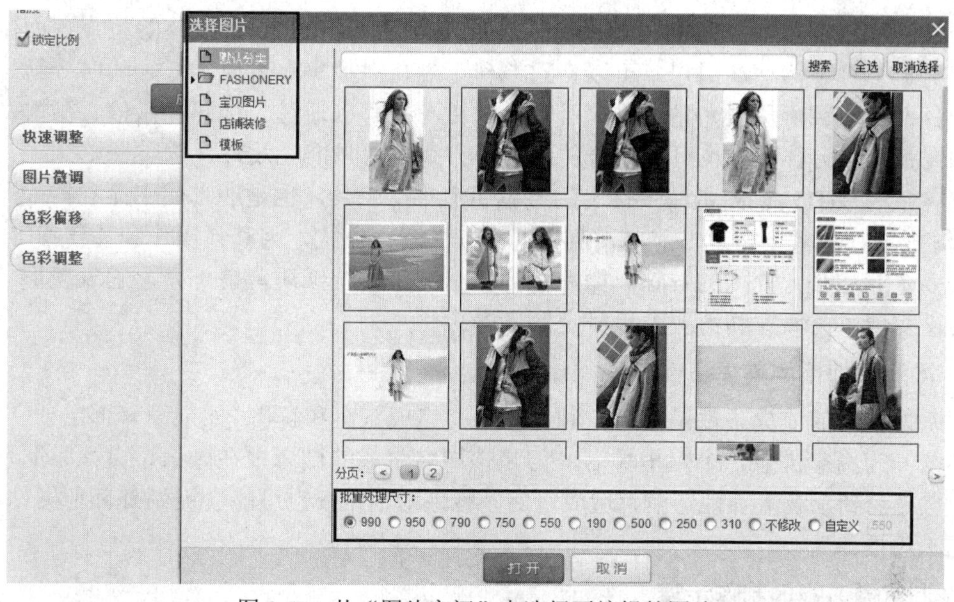

图 3.57　从“图片空间”中选择要编辑的图片

也可以选择“百宝箱”中的“美图秀秀”对图片进行编辑，如图 3.58 所示。

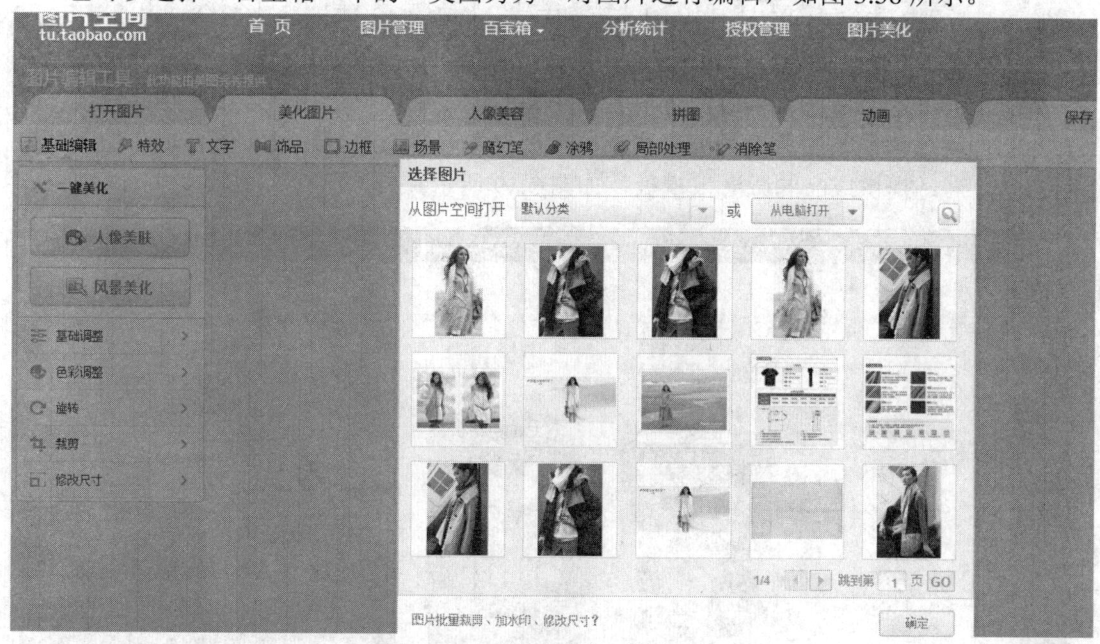

图 3.58　“美图秀秀”编辑页面

八、微海报——淘宝店引流新利器

微海报是企业用于品牌展示、活动推广、客户互动的工具，它主要展示在移动终端上，如智能手机、平板等。根据企业的创意，微海报可以做成电子海报、邀请函、手机商城、手机官网、个人名片、问卷调查表甚至是快餐菜单等。微海报与其他传统广告的区别在于：传统广告主要以户外、纸质、杂志、电视广告为主，受时间、环境、地域限制，具有成本相对较高、收益小、难以持续、更新较慢、无法准确地推送给目标群体等特点；而微海报主要作用于手机等移动端用户，可以自己制作个性化海报，具有成本低、随时更新、持续时间长、不受地域所局限、精准推广等特点；微海报可以通过二维码、微信、微博、陌陌等移动端社交平台传播，也可以结合传统推广方式以增强推广效果。

淘宝微海报(H5 海报)是淘宝推出的一款引流推广工具，也是朋友圈引流利器，即移动端 H5 海报设计工具。它是当前非常流行的互联网营销方式，因其易操作和易传播等特性，备受许多企业和个人商家的青睐。微海报完美颠覆了传统纸质营销工具，它表现形式多样化，真正实现了为商家和消费者量身定制广告。

1. 微海报使用的前提条件

微海报使用的前提条件是要绑定独立域名并完成备案和解析。如果没有绑定独立域名，淘宝会统一为商家提供一个阿里域名，但是该域名生成的微海报在微信、微博、朋友圈传播时，容易受到系统兼容性影响，造成进店不畅通等情况，也可能会被站外其他网站屏蔽，造成无法传播。

2. 淘宝微海报的制作步骤

第一步：登录淘宝/天猫卖家账号，点击右上角“卖家中心”。

第二步：进入卖家中心，点击左侧菜单“店铺装修”，进入店铺装修后台点击“微海报”菜单。

第三步：进入微海报菜单后，有很多种类型的模板供用户选择，点击“立即使用”即可开始制作创意海报，当然也可以选择空白模板自主创建微海报。没有制作能力的卖家也不用担心，网站提供成品的微海报模板，如图 3.59 所示。

图 3.59　微海报

第四步：点击左上角微海报的名称可进行修改，给微海报取个诱人的标题，并上传一张吸引眼球的封面图(注意：微海报的标题和封面很重要，封面、标题诱人则点击率大)。

第五步：编辑组件。点击“文本”“图像”“分享”等按钮即可添加相应组件，也可以把各种组件拖拽到装修区域进行编辑，如图 3.60 所示。对文字或图片进行设置，只需用鼠

标单击即可编辑，之后添加分享按钮，按钮可以链接详情页或店铺首页，顾客通过点击按钮便能进入店铺首页或详情页。

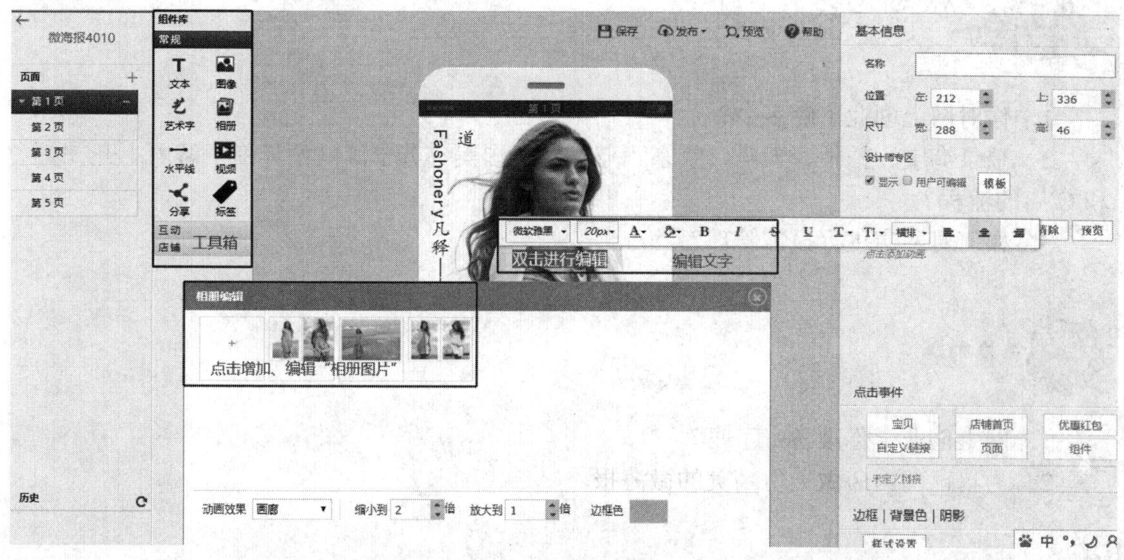

图 3.60 编辑组件

第六步：制作完成后，先保存再预览，查看效果后发布，如图 3.61 所示。

图 3.61 查看预览效果

第七步：点击“发布”可以选择“使用上次发布的二维码”或者“使用新的二维码”。发布后可打开浏览器，把微海报分享到 QQ、新浪微博、QQ 空间、豆瓣网等社交平台，还可以通过手机扫二维码的形式，分享到微信朋友圈，以提高商品销量和转化率。

1．你对网上创业了解多少？

2．登录淘宝、拍拍、天猫、京东、亚马逊、国美、苏宁等网站详细了解网上开 B 店和 C 店的流程？

3．如何对网店进行日常管理？

1．网上创业，你准备好了吗？

2．为自己的网店做一份精美的微海报。

项目四

网络营销

★导读★

随着互联网影响的进一步扩大，人们对网络营销理解的进一步加深，以及出现越来越多的网络营销推广的成功案例，人们已经开始意识到网络营销的诸多优点，并越来越多地通过网络进行营销推广。

本章将带你认识微信、微博、QQ 等各种网络营销工具，以及如何用网络营销工具进行网络营销方案策划。

课堂速记

学习任务1　认识网络营销

案例导读

玩具闯入互联网

2008 年 12 月中央电视台财经频道(CCTV-2)《对话》栏目邀请海利集团董事长方光明就该企业介入互联网的经营模式和经验进行了座谈。

主持人：2008 年的金融危机已经给世界经济带来了一定程度的影响。对中国来说，一些对外依存度比较高的企业，比如说长期大量出口的服装、鞋帽、玩具、家电制造的企业，他们的海外订单在一夜之间减少了不少，给自己企业的生存和发展都带来了很大的困扰。今天各位在我们的《对话》节目当中将会结识这样一位企业家，他的企业已经有十六年 OEM 的历史，就在大家面对金融危机，感觉资金链非常紧张的时候，他却一下子拿出了一个多亿进军互联网，真可谓是一掷亿金。他为什么会在这样的情形之下敢做出这样的一个举动呢？难道他真的发现了别人都没有看到的金矿，或者他真的像别人所说的那样头脑发热、失去了理智？答案马上揭晓，有请海利集团董事长方光明先生。

主持人：您一上场就与众不同，带了一个和自己的年龄不太相符的东西上来，这么可爱的玩具带上来是要送给我吗？

方光明：这个我还不舍得送你，因为这个叫恐龙迪迪的玩具是我在网上领养的。

主持人：这个礼物背后有什么样的秘密吗？

方光明：玩具是我生产的，我们现在投入了一个多亿开发了网络(进军互联网游戏)，小孩子买了这个玩具以后，通过这个玩具上的密码进入我们的网络，并生成一个网上宠物。拿这个玩具来说，看上去跟普通的毛绒玩具是一模一样的，只不过它耳朵上多了这么一个智慧卡，当小孩子买了这个玩具以后，通过这个智慧卡的密码，进入到我们投资的网站上，它立马变成了他的宠物。我需要这个小孩子去做作业，去学知识，我们才会给你虚拟货币，用这个货币去买东西给这个宠物吃，就形成了这么一个产业链。比如说当这个宠物脏了，三天不洗澡，那我们会提醒你，你领养的宠物已经脏了，然后你要帮他洗，从一块肥皂，到一瓶沐浴露，你都要给它买，然后帮它洗澡，洗得干净，这个宠物也就高兴。用这种模式来引导小孩子不断地学习，不断地积累虚拟货币，来跟这个宠物一起生活、一起长大。我们在游戏里面专门设计了，一定要通过学习才能赚到钱，而且一定要学得正确。另外，我们在游戏

里设计了关卡来增加我的销售量，比如说我们要到海洋里面，那你不能带这个恐龙了，海洋里面要什么？购买一条鱼才能到海底世界淘宝，这就变成了产业链的延伸。此外，我们这个宠物会随着小孩子的年龄增长而改变，第二年需要重新购买一个宠物来延续你网络上领养的宠物。

喜好玩具是小孩子的天性，所以我们的服务对象是小孩子。我们开发的玩具造型在全世界买不到第二个，也就是说这个造型是完全自主设计出来的，仅此一个。然后我们在网游上还设置了一个小孩子可以自己设计的功能，把颜色涂鸦上去以后，我们可以专门为你订制，这种模式在一般的传统行业是没有的。

吴长江(雷士照明控股有限公司总裁)：我们觉得你的这个模式是有很大的风险的。其实做网络这一块，你投入一个亿或者两个亿都不算多的，中国有多少互联网企业投入了很多钱，最终也是白花钱。

方光明：你们说的就是网络维护这块，实际从另外一个概念来考虑，网络其实就是我企业的一个销售平台、一个销售终端。但作为一个整体来说，它的生命力、它的盈利点，我觉得就要强多了。

魏鹏举：谁都知道，网络是一个烧钱的行业。网络游戏的传播模式是靠渠道，我们国内的渠道运营基本上是垄断的，所以网游运营商和渠道的谈判能力几乎是零，所以这就导致可能投入很大。方总所代表的企业反而可以给我们网游提供一个更好的盈利模式。

方光明：从融资的角度来说，难度非常高。比如说我搞一个网游公司，一开始就跟银行借钱的话，对不起，不可能借你钱，你什么都没有，就凭一个故事，我要借你钱，那是不可能的。所以一般首先要自己有资金，你才能够跨出第一步，那么第二步等到你产品上来了，利润也来了，业务也做出来了，银行会找上门的，主动问你“要不要钱？”。

方光明：一方面就是我们从文化、文化创意、网络设计这方面组建了公司，一方面我们在营销团队上培养了人才，然后形成了几百人的这么一个销售团队，把两头做强。我做玩具可以说是刚刚开始，小孩子的鞋子、衣服、帽子、文具用品，我们都可以在网上实现。实现以后我就不做玩具了，而是用 OEM 的方式给人家做加工，给品牌店去加工，把生产链逐步逐步地削弱来加强我的网络开发和营销。

主持人：特别想送给方先生的四个字就是“心想事成”，玩具行业和互联网嫁接，而且这样的一次嫁接也让自己的企业和整个行业充满了无限的生机。我们需要这样的智慧，当然更需要把这样的智慧放在今天的现实环境中，不断地去探索去体验。

【思考】你认为互联网和传统产业能否擦出火花？

作为一种交互的、直接的、即时的营销模式，网络营销能在客户参与营销的全过程中，始终面向日益个性化和多样化的客户需求。网络营销是在传统营销的基础上发展起来的新型营销方法。

一、网络营销

网络营销产生于 20 世纪 90 年代，它在英文中有多种表达，即 Internet Marketing、Online Marketing、Web Marketing、e-Marketing、Network Marketing、Cyber Marketing 等。尽管这些词都可以翻译为“网络营销”，但不同的单词含义略有不同。

➢ 互联网营销(Internet Marketing)指在 Internet 上开展的营销活动，它强调的是以 Internet 为工具的市场营销。

➢ 在线营销(Online Marketing)指与 Internet 连接，在网上销售产品和服务。

➢ 网站营销(Web Marketin)的重点在于网站本身的营销，如怎样推广网站，发展用户，通过站点与顾客沟通，保持顾客对站点的忠诚度。

➢ 电子营销(e-Marketing)是指以企业实际经营为背景，以互联网或者移动互联网为载体，为达到一定营销目的而开展的营销活动。其中 e 表示电子化、信息化、网络化，既简洁又直观，而且与电子商务(e-Business)、电子虚拟市场(e-Market)等对应。

➢ 网络营销(Network Marketing)特指在网络上开展的营销活动，这里指的网络不仅仅是 Internet，还可以是一些其他类型的网络，如增值网络 VAN。

➢ 虚拟营销(Cyber Marketing)又叫虚拟计算机空间营销，主要是指网络营销在虚拟的计算机空间(Cyber，计算机虚拟空间)进行运作，特指借助联机网络、电脑通信和数字交互式媒体的营销方式。

从实现方式来看，网络营销有广义和狭义之分。广义的网络营销指企业利用一切计算机网络为主要手段开展的营销活动；而狭义的网络营销专指国际互联网营销，是指组织或个人基于开放便捷的互联网，对产品、服务所做的一系列经营活动，从而达到满足组织或个人需求的全过程。

从营销的角度来看，网络营销是建立在互联网基础之上，借助于互联网来更有效地满足顾客的需求和愿望，从而实现企业营销目标的一种手段。也可以理解为：网络营销就是以企业实际经营为背景，以网络营销实践应用为基础，从而达到一定营销目的的营销活动。总体来说，凡是以互联网或移动互联为主要平台开展的各种营销活动，都可称之为网络营销。

二、网络营销的特点

网络营销具有传统营销不具备的许多独特且鲜明的特点。一方面它基于互联网，以互联网为营销介质；另一方面它属于营销范畴，是营销的一种表现形式。因此网络营销具有精准定向、效果可测、即时灵活、趣味互动的特点，具体包括如下几个方面。

(1) 传播的超时空性(时域性)。营销的最终目的是占有市场份额，互联网能够超越时间约束和空间限制进行信息交换，可全天候随时随地提供全球性营销服务。

(2) 交互的便捷性和纵深性。网络营销不同于传统媒体对信息的单向传播，而是互动传播，通过链接，用户只需简单地点击鼠标，就可以从厂商的相关站点得到更多、更详尽的信息。一方面互联网可以通过商品图像展示、商品信息资料库提供有关的查询，来实现供需互动。另一方面，通过 Internet，顾客可以直接向企业表达他们的需求和欲望，这意味着企业的营销人员能够与顾客进行双向沟通，可以随时得到宝贵的用户反馈信息，进一步缩短了用户和企业、品牌之间的距离。另外，网络营销可以将文字、声音、画面完美地结合之后供用户主动检索，重复观看。而与之相比，电视广告却只是让广告受众被动地接受广告内容。

(3) 个性化。在互联网时代，由于消费者拥有比过去更大的自由，可以根据自己的个性、特点和需求，在世界范围内寻找所需要的商品信息。因此，企业可以通过 Internet 收集

顾客信息，经过对顾客的个性化需求进行分析，为他们提供个性化的产品和服务，实现一对一营销。

(4) 成长性。互联网使用者数量快速增长并遍及全球，使用者多属年轻人、中产阶级，具有高教育水准，而且这部分群体购买力强而且具有很强的市场影响力。因此，网络营销是一项极具开发潜力的市场营销渠道。

(5) 整合性。网络营销提供从商品信息发布、支付、售后服务等销售的全过程，也是一种全程的营销渠道。同时，企业可以借助互联网将不同的传播营销活动进行统一设计规划和协调实施，以统一的传播资讯向消费者传达信息，避免不同传播过程的不一致性产生的消极影响。

(6) 超前性。互联网是一种功能强大的营销工具，它兼具渠道、促销、电子交易、互动顾客服务，以及市场信息分析与提供等多种功能。

(7) 高效性。计算机可存储大量信息待消费者查询，其可传送的信息数量与精确度远超过其他媒体，并能应市场需求及时更新产品或调整价格，因此能及时有效地了解并满足顾客的需求。网络营销广告成本低、速度快、更改灵活、制作周期短，即使在较短的周期进行投放，也可以根据客户的需求很快完成制作，而传统广告制作成本高且投放周期固定。

(8) 经济性。对于买卖双方，网络营销均能带来经济利益。对卖方而言，网络媒介具有传播范围广、速度快、无地域限制、无时间约束、内容详尽、多媒体传送、形象生动、双向交流、反馈迅速等特点，可以有效降低企业营销信息传播的成本。通过互联网进行信息交换，还可以减少印刷与邮递成本，做到无店面销售，节约水电与人工成本，减少迂回多次交换带来的损耗。对消费者来说，有更多的选择自由，有利于节省时间成本和交易成本。

(9) 富媒体。纸质媒体是二维的，而网络媒体则是多维的。网络营销的载体通常是多媒体和超文本文件，可以传输文字、声音、图像和动画等多种媒体信息，使得为达成交易进行的信息能以多种形式存在和交换，一方面可以充分发挥营销人员的创造性和能动性，另一方面，网络营销将文字、图像和声音有机地组合在一起，传递多感官的信息，让顾客如身临其境般感受商品或服务。

(10) 技术性。网络营销的信息传递与服务需要强大的技术手段作支撑，网络营销的成功与否在一定程度上取决于其技术使用的范围和先进程度。

(11) 针对性。网络营销通过提供各种服务，借助大数据和云计算，建立完整的用户数据库，以便企业精准营销。其中，用户数据库包括用户的地域分布、年龄、性别、收入、职业、婚姻状况、爱好等信息。

(12) 受众关注度高。据资料显示，电视并不能集中人的注意力，电视观众中有40%同时在阅读，有21%同时在做家务，有13%在吃喝，有12%在玩赏它物，有10%在烹饪，有9%在写作，有8%在打电话。而网络用户中有55%在使用计算机时不做任何其他事，只有6%同时在打电话、5%在吃喝、4%在写作。

(13) 网络广告投放周期短。网络营销缩短了媒体投放的进程。广告主在传统媒体上进行市场推广一般要经过三个阶段，即市场开发期、市场巩固期和市场维持期。在这三个阶段中，厂商要首先获取注意力，创立品牌知名度；在消费者获得品牌的初步信息后，厂商推广更为详细的产品信息；然后建立和消费者之间较为牢固的联系，以建立品牌忠诚。而互联网将这三个阶段合并在一次广告投放中实现：消费者看到网络营销，点击后获得详细信息，并填写用户资料或直接参与广告主的市场活动甚至直接在网上实施购买行为。

三、网络营销的功能

1. 网络品牌建设、价值扩展和延伸

美国广告专家莱利预言：未来的营销是品牌的战争，拥有市场比拥有工厂更重要。拥有市场的唯一办法，就是拥有占市场主导地位的品牌。

网络营销的重要任务之一就是在互联网上建立并推广企业的品牌，知名企业的线下品牌可以在线上得以延伸，一般企业则可以通过互联网快速树立品牌形象，并提升企业整体形象。网络品牌价值是网络营销效果的表现形式之一，通过网络品牌的价值转化可实现持久的顾客关系和更多的直接收益。

2. 网站推广

网站所有功能的发挥都要以一定的访问量为基础，获得必要的访问量也是网络营销取得成效的基础。尤其对于中小企业，由于经营资源的限制，发布新闻、投放广告、开展大规模促销活动等宣传机会比较少，因此通过 Internet 进行网站推广的意义显得更为重要。

3. 信息发布

网络营销的基本思想是通过各种网络工具，将企业营销信息以高效的方式向目标用户、合作伙伴、公众等群体传递。无论哪种营销方式，结果都是将一定的信息传递给目标人群，包括顾客/潜在顾客、媒体、合作伙伴、竞争者等。Internet 为企业发布信息创造了优越的条件，不仅可以将信息发布在企业网站上，还可以利用各种网络营销工具和网络服务商的信息发布渠道把信息发布到全球任何一个地点，既可以实现信息的广覆盖，又可以形成地毯式的信息发布链；既可以创造信息的轰动效应，又可以发布隐含信息。在互联网中，信息的扩散范围、停留时间、表现形式、延伸效果、公关能力、穿透能力都是最佳的。更加值得提出的是，在网络营销中，信息发布以后，借助大数据和云计算，可以能动地进行跟踪，获得反馈，还可以进行反馈后的再交流和再沟通，因此信息发布的效果明显。

4. 销售促进

市场营销的基本目的是为最终增加销售提供支持，网络营销也不例外。各种网络营销方法大都直接或间接具有促进销售的效果，同时还有许多针对性的网络促销手段，如网络广告、网络视频营销、游戏置入式营销等。

5. 销售渠道开拓

网络具有极强的冲击力和穿透力。传统经济时代的经济壁垒，如地区封锁、人为屏障、交通阻隔、资金限制、语言障碍、信息封闭等，都阻挡不住网络营销信息的传播和扩散。新技术的诱惑力，新产品的展示力，图文并茂、声像俱显的昭示力，网上路演的亲和力，地毯式发布和爆炸式增长的覆盖力，将整合为一种综合的信息进击能力，快速打通各种壁垒，疏通种种渠道，实现和完成开拓市场的使命。

实际上，网络销售是企业销售渠道在网络的延伸，一个具备网上交易功能的企业网站本身就是一个网上交易场所。网上销售渠道建设并不限于企业网站本身，还包括建立在专

业电子商务平台上的网上商店，以及与其他电子商务网站不同形式的合作等。因此网络销售并不只有大型企业才能开展，不同规模的企业都有可能拥有适合自己的在线销售渠道。

6．特色服务

网络营销使服务的内涵和外延都得到了扩展和延伸。Internet 提供了更加方便的在线顾客服务手段，从形式最简单的 FAQ(常见问题解答)，到电子邮件、在线论坛(BBS)、MSN、聊天室、QQ、微信等各种即时信息服务，还可以获取在线收听、收视、订购、交款等选择性服务，无假日的紧急需要服务和信息跟踪、信息定制到智能化的信息转移、手机接听服务，以及网上选购、送货到家的上门服务等。这种服务以及服务之后的跟踪延伸，不仅极大地提高了顾客的满意度，使以顾客为中心的原则得以实现，而且使客户成为了商家的一种重要的战略资源。

7．客户关系管理

客户关系管理源于以客户为中心的管理思想，是一种旨在改善企业与客户之间关系的新型管理模式，是网络营销取得成效的必要条件，是企业的重要资源。

在传统的经济模式下，由于认识不足或自身条件的局限，企业在管理客户资源方面存在着较为严重的缺陷。针对上述情况，在网络营销中，通过客户关系管理将客户资源管理、销售管理、市场管理、服务管理、决策管理于一体，将原本疏于管理、各自为战的销售、市场、售前和售后服务与业务统筹协调起来，既可以跟踪订单，帮助企业有序地监控订单的执行过程，规范销售行为，了解新、老客户的需求，提高客户资源的整体价值，又可以避免销售隔阂，帮助企业调整营销策略，收集、整理、分析客户反馈信息，全面提升企业的核心竞争能力。

客户关系对于开发客户的长期价值具有至关重要的作用，以客户关系为核心的营销方式成为企业创造和保持竞争优势的重要策略。网络营销为建立客户关系、提高顾客满意度和忠诚度提供了更为有效的手段，良好的客户关系是网络营销取得成效的必要条件，通过网络营销的交互性和顾客参与等方式开展顾客服务的同时，也增进了客户关系。

另外，借助客户关系管理系统的强大的统计分析功能，可以为企业提供“决策建议书”，以避免决策的失误，为企业带来可观的经济效益。

8．网上商情调研

网络营销中的商情调查具有重要的商业价值。对市场和商情的准确把握，是网络营销中一种不可或缺的方法和手段，是现代商战中对市场态势和竞争对手情况的一种电子侦察。

在激烈的市场竞争下，主动地了解商情，研究趋势，分析顾客心理，窥探竞争对手动态是确定竞争战略的基础和前提。通过在线调查或者电子询问调查表等方式，不仅可以省去了大量的人力、物力，而且可以在线生成网上市场调研的分析报告、趋势分析图表和综合调查报告。其效率之高、成本之低、节奏之快、范围之大，都是以往其他任何调查形式所做不到的，这为广大商家提供了一种对市场的快速反应能力，为企业的科学决策奠定了坚实的基础。

9．信息搜索

在网络营销中，企业利用多种搜索方法，主动、积极地获取有用的信息和商机，主动进行价格比较，了解对手的竞争态势，通过搜索获取商业情报，进行决策研究。搜索功能已经成为了营销主体能动性的一种表现，一种提升网络经营能力的进击手段和竞争手段。随着信息搜索功能由单一化向集群化、智能化的发展，以及向定向邮件搜索技术的延伸和微信的广泛使用，网络搜索的商业价值得到了进一步的扩展和发挥，寻找网络营销目标将成为一件易事。

网络营销能极大地提高营销者的获利能力，使营销主体提高或获取增值效益。这种增值效益的获得，不仅由于网络营销效率的提高、营销成本的下降、商业机会的增多，更归功于在网络营销中信息量的累加，使原有信息的价值实现增值。

网络营销与传统营销、电子商务的区别

一、网络营销与传统营销的区别

共同点：网络营销与传统营销一样都是以用户需求为核心，且有相同的营销目的——促进销售、宣传商品及服务、加强与消费者的沟通交流等。

区别：从营销的手段、方式、工具、渠道以及营销策略来看，二者有着本质的区别。传统营销是借助传统媒体开展营销活动，网络营销是利用网络工具开展营销活动。网络营销与传统营销的区别具体表现在以下三个方面：

(1) 从价格(Price)和成本(Cost)来看，由于网络营销直接面对消费者，减少了批发商、零售商等中间环节，所以商品的价格低于传统营销方式下商品的价格。

(2) 从促销(Promotion)和方便(Convenience)来看，网络营销既可以采用电子邮件、网页、网络广告、微博、微信、QQ 等方式，也可以借鉴传统营销的方式。

(3) 从渠道(Place)和沟通(Communication)来看，离开了网络便不可能去谈网络营销，而传统营销的渠道是多样的。由于网络有很强的互动性和全球性，所以网络营销可以实时地和消费者进行沟通，解答消费者的疑问，也可以通过 BBS、电子邮件、QQ、微信等快速为消费者提供信息。

二、网络营销与电子商务的区别

简单来说，电子商务是在线执行交易全过程(信息流、商流、资金流、物流)；网络营销是发挥商务信息传递作用，为促成交易和提升效果提供支持。两者的区别具体表现在以下两个方面：

(1) 网络营销与电子商务的研究范围不同。电子商务强调的是交易方式和交易的过程，而网络营销注重的是以互联网为主要手段的营销活动。网络营销和电子商务的这种区别也表明，发生在电子交易过程中的网上支付和交易之后的商品配送等问题并不是网络营销所能包含的内容。同样，电子商务体系中所涉及的安全、法律等问题也不适合全部包括在网络营销中。

(2) 网络营销与电子商务的关注重点不同。网络营销的重点在交易前的宣传和推广，电子商务的标志之一则是实现了电子化交易。无论是传统企业还是基于互联网开展业务的

企业、无论是否具有电子化交易的发生，都需要网络营销。但网络营销本身并不是一个完整的商业交易过程，而是为促成交易提供支持，因此它是电子商务中的一个重要环节，尤其在交易发生之前，网络营销发挥着主要的信息传递作用。从这种意义上说，电子商务可以被看作是网络营销的高级阶段，一个企业在没有完全开展电子商务之前，同样可以开展不同层次的网络营销活动。

学习任务 2　网络营销方式与手段

"朋友圈"里的桃子熟了

2015 年 11 月末，上海南汇民信桃业合作社的桃园进入休养期，但理事长姚全军的微信朋友圈里"抢桃大赛"正热闹，这是他们团队刚开发的游戏，游戏积分可以兑换购物券，用来买明年的新桃子。

南汇水蜜桃是华东地区的知名品牌，本不愁卖，但 2015 年 7 月"灿鸿"台风登陆上海，"我记得太清楚了，雨从 9 日一直下到 12 日，被打掉的果子堆成了小山。"姚全军说，"因为受灾，很多人担心口感不好，蜜桃卖不动了"。

合作社每年都会参照上年的标准约定好收购保护价，今年受了灾但规矩不能变。姚全军按约定价把桃子都收了回来，但受雨水影响，桃子的保质期缩短，卖不完怎么办？"卖不完就白送!"姚全军和团队在微信朋友圈里发布了"点赞送桃子"的活动，规定转发集齐 68 个赞，可以免费领取一箱水蜜桃。

帖子发出去不到半天，阅读量已超过 10 万，每年都要花费 40 多万元做广告的他，没想到不要钱的微信朋友圈会有这么大的影响力。"当时领桃子的人排起了长队，店门口的马路上停满了车，总共送出桃子 5000 箱"。按照合作社的定价，一箱 12 个水蜜桃要 130 元。"等于把广告费直接送给了消费者。有些从上海市区赶过来的人，还领一箱买两箱呢!"姚全军对活动效果很满意。

趁着农闲，姚全军全力升级合作社的微商城——一个基于微信传播的商业平台。水蜜桃的成功推广帮他在平台攒下了 1.8 万的会员数量，如今他已委托专业团队每月策划一个活动，通过手机吸引消费者对其农产品的持续关注。

潘文官是大团镇金桥村的桃农，提起民信合作社，他开心地称赞："姚老板人蛮好！别人只收大桃子，他全都要。"有经验的人都知道，个小的桃子卖不上价。"四两以上的桃子我包装成礼盒，小桃子送到超市，帮桃农多赚一点儿钱"。多年人脉积累和品质保证，姚全军已经和欧尚超市、农工商、麦德龙等多家超市建立起供销合作关系。

现在除了操心手机里的"桃园"，姚全军每天还要到现实的桃园看一眼，桃园面积近一千亩，附近的农民看见他都热情地打招呼，他也小跑过去和大家寒暄。"规模大了，品牌质量一定要保证。"姚全军最近又看上一款进口的桃子分拣机，可以测试每个桃子的糖分和重量，他说："要让我们的桃子口味实现标准化，再借助信息传播新技术，品牌会越来越响"。

点评：移动互联网时代，一次次思维与模式的创新，让手机购物变成一件时髦事儿。农业看起来离时髦有点远，但是姚全军通过创新，把农产品从看不见的渠道送到看得见的地方。从某种程度来看，姚全军卖的不仅是桃，而是营销策略，他利用移动终端低成本、高效率的特点，展现出农民合作社领头人带动农民合作共赢的责任和智慧。

《农民日报》记者 刘婉婷

【思考】除了微信，你知道网络营销还有哪些方法与手段吗？

网络营销的方法很多，如口碑营销、网络广告、媒体营销、事件营销、网上调研营销、通用网址营销、网络黄页营销、搜索引擎营销(SEM)、E-mail 营销、数据库营销、短信营销、论坛社区营销、分类信息营销、呼叫广告营销、资源合作营销、网络体验营销、电子杂志营销、病毒式营销、问答营销、威客营销、电子地图营销、电子杂志营销、网络视频营销、游戏置入式营销、RSS 营销、3D 虚拟社区营销、网络会员制营销、QQ 群营销、微信营销、博客营销、微博营销、社会化媒体营销、针对 B2B 商务网站的产品信息发布，以及平台营销等。据中国互联网络信息中心(CNNIC)2016 年 1 月 22 日发布的《第 37 次中国互联网络发展状况统计报告》：截至 2015 年 12 月，全国利用互联网开展营销推广活动的企业比例为 33.8%，即时聊天工具营销推广最受企业欢迎，使用率为 64.7%；电子商务平台推广、搜索引擎营销推广分列二、三位，使用率分别为 48.4%和 47.4%，如图 4.1 所示。

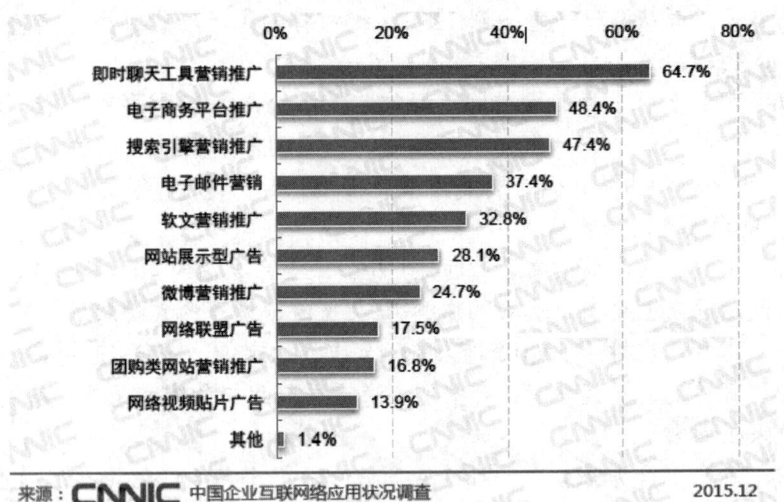

图 4.1　2015 年企业互联网营销渠道使用比例

在开展过互联网营销的企业中，35.5%通过移动互联网进行了营销推广，其中有 21.9%的企业使用过付费推广。随着用户行为全面向移动端转移，移动营销将成为企业推广的重要渠道。

如图 4.2 所示，在各种移动营销推广方式中，微信营销推广最受企业欢迎，使用率达 75.3%。目前微信营销推广主要有三种方式：微信朋友圈广告主要服务于财富 500 强企业，微信公众账号推广与微店运营则更适合中小微企业。此外，移动营销企业中建设移动官网的比例为 52.7%。

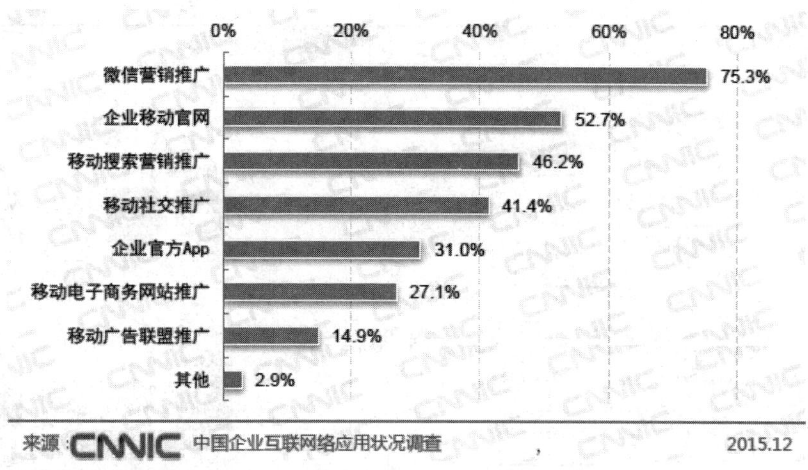

图 4.2　2015 年企业各移动互联网营销渠道使用比例

一、搜索引擎营销(SEM)

搜索引擎营销(Search Engine Marketing，SEM)的基本思想是让用户发现信息，并通过(搜索引擎)搜索点击进入网站/网页进一步了解他所需要的信息。一般认为，搜索引擎优化设计主要目标有两个层次，即被搜索引擎收录和在搜索结果中排名靠前。简单来说，SEM 所做的就是以最小的投入在搜索引擎中获得最大的访问量并产生商业价值。SEM 的价值在于：带来更多的点击与关注、带来更多的商业机会、树立行业品牌、增加网站广度、提升品牌知名度、增加网站曝光度。SEM 的方法包括搜索引擎优化(SEO)、付费排名以及付费收录等。

1．搜索引擎优化(SEO)

搜索引擎优化(Search Engine Optimization，SEO)是一种利用搜索引擎的搜索规则来提高目标网站在有关搜索引擎内排名的方式。SEO 的目的是：为网站提供生态式的自我营销解决方案，让网站在行业内占据领先地位，从而获得品牌收益。

通过 SEO，企业针对搜索引擎对网页检索的特点，让网站建设各项基本要素适合搜索引擎的检索原则，从而收录尽可能多的网页，并在搜索引擎自然检索结果中排名靠前，最终达到网站推广的目的。搜索引擎优化的主要工作是通过了解各类搜索引擎如何抓取互联网页面，如何进行索引以及如何确定其对某一特定关键词的搜索结果排名等技术来实现的。

2. 付费排名与付费收录

付费排名和付费收录是竞价推广的主要形式。竞价推广是把企业的产品、服务等以关键词的形式在搜索引擎平台上作推广，用少量的投入就可以给企业带来大量潜在客户，有效提升企业销售额。竞价排名是一种按效果付费的网络推广方式，由百度在国内率先推出，企业在购买该项服务后，通过注册一定数量的关键词，其推广信息就会率先出现在网民相应的搜索结果中(如图 4.3 和图 4.4 所示)。付费排名主要是企业在搜索引擎购买关键词，当用户搜索这些关键词信息时，企业的推广内容就会出现在用户面前。付费收录是一种被某些搜索引擎所采用的以索引网站并在其搜索结果中显示为条件，要求网站主付费的方式。

图 4.3　百度付费排名(网页最上面)

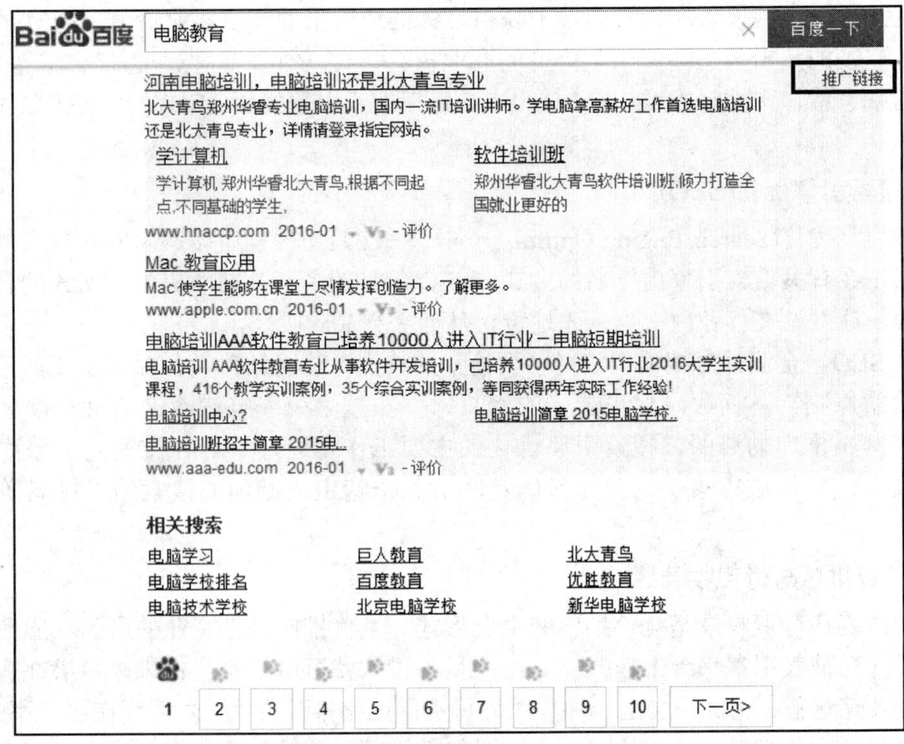

图 4.4　百度付费排名(网页最下面)

竞价推广排名完全按照给企业带来的潜在用户访问数量计费，即按点击次数收费，没有客户访问不计费。企业可以同时注册多个关键词，数量没有限制，无论提交多少个关键字，均按网站的实际点击量计费，针对性强，更容易实现销售。选择竞价推广一般要考虑

如下内容：

(1) 关键词的选择需以企业产品和服务为核心，抓住客户的搜索习惯及心理。企业网络宣传的核心是企业的产品、服务、品牌，涉及企业产品、服务、品牌的词汇自然成了参与竞价的首选。这些词汇往往大多是热门词，但是在实际推广中，过热的关键词推广性价比并不高，因此企业要不断地观察关键词，适当添加长尾词来提升账户，真正的优质账户都是在实践中摸索出来的。

(2) 推广地域及推广时间。账户的推广地域要根据产品、业务和服务的特性选择业务覆盖范围内的地域进行竞价投放。如果企业业务只涉及省内，最好不要向全国投放，虽然这样会带来大量的广告流量，但同时也会花费很多金钱。另外，推广时间应和客服咨询同步进行，否则会造成竞价费用的浪费。

(3) 关键词标题及创意。标题和创意的选择直接影响质量度，进而影响账户质量、排名、消费和推广效果。标题描述撰写要准确规范、主题明确、言简意赅，突出与关键词的相关性和实效性。

3．网站交换链接

网站交换链接也称为友情链接、互惠链接、互换链接等，是具有一定资源互补优势的网站之间的简单合作形式，即分别在自己的网站首页或者内页放置对方网站的Logo或关键词并设置对方网站的超级链接，使得用户可以从合作方的网站中看到自己的网站，达到互相推广的目的。

交换链接的主要作用有：获得访问量、提高关键词排名、增加用户浏览时的印象、提高网站权重、增加在搜索引擎排名中的优势、通过合作网站的推荐增加访问者的可信度和企业知名度及品牌形象等。更值得一提的是，交换链接的意义在于可以增加该企业在业内的认知度和认可度。

4．品牌营销

品牌营销(Brand Marketing)是指企业通过获取消费者对产品的需求，用质量、文化和独特性的宣传来创造一个品牌在用户心中的价值认可，最终形成品牌效益的营销策略和过程，即通过市场营销运用各种营销策略使目标客户形成对企业品牌和产品、服务的认知—认识—认可的过程。企业要想不断获得和保持竞争优势，必须构建高品位的营销理念。最高级的营销不是建立庞大的营销网络，而是利用品牌符号，把无形的营销网络铺建到社会公众心里，把产品输送到消费者心里，把企业的形象、知名度、良好的信誉等展示给消费者，从而在消费者的心目中形成对企业的产品或者服务的品牌形象，使消费者选择消费时认这个产品，投资商选择合作时认这个企业。

二、论坛营销

论坛营销就是企业利用论坛这种网络交流平台，通过文字、图片、视频等方式发布企业的产品和服务的信息，从而让目标客户更加深刻地了解企业的产品和服务，最终达到宣传企业的品牌、加深市场认知度的网络营销目的。

1．论坛营销的特点

(1) 利用论坛的超高人气，可以有效地为企业提供营销传播服务；而由于论坛话题的开放性，企业所有的营销诉求几乎都可以通过论坛传播得到有效的实现。

(2) 通过置顶帖、普通贴、连环贴、论战贴、多图贴、视频贴等，可以使专业的论坛帖在论坛空间得到高效传播。

(3) 论坛活动具有强大的聚众能力。利用论坛作为平台举办各类灌水、贴图、分享视频等活动，可以调动网友与品牌之间的互动。

(4) 事件炒作。通过炮制网民感兴趣的活动，将客户的品牌、产品、活动内容植入传播内容，并展开持续地传播，引发新闻事件，导致传播的连锁反应。

(5) 运用搜索引擎内容编辑技术，不仅使内容能在论坛上有好的表现，在主流搜索引擎上也能够快速寻找到已发布的帖子。

(6) 适用于商业企业的论坛营销分析。对长期网络投资项目的组合应用，可以精确地预估未来企业投资回报率以及资本价值。

(7) 论坛营销成本低，见效快。论坛营销多数属于论坛灌水，其操作成本比较低，主要要求的是操作者对于话题的把握能力与创意能力。

(8) 传播广，可信度高。论坛营销一般是企业以自己的身份或者以伪身份发布信息，所以对于网民来说，其发布的信息要比单纯的网络广告更加可信。

(9) 互动、交流信息精准度高。企业做营销的时候一般都非常注重论坛主题和板块内容，企业所发布的内容针对性越强，用户在搜索自己所需要内容的时候，精准度就越高。

(10) 针对性强，精准度高。论坛营销的针对性非常强，企业可以针对自己的产品在相应的论坛中发帖，也可以为了引起更大的反响而无差别地在各大门户网站的论坛中广泛发帖。论坛营销还可以通过平台与网友进行互动，引发更大的回响。

2．论坛营销的方法

企业在进行论坛营销活动时，一定要考虑以下几个方面。

(1) 寻找目标市场高度集中的行业论坛。在进行论坛营销时，首先要对本身所在的行业进行透彻的分析，根据分析得出的结果寻找所在行业的相关著名论坛和主题论坛。在主题集中的论坛上进行论坛营销，往往会起到事半功倍的效果。

(2) 参与论坛，建立权威。为打响知名度，企业要有自主性，积极在论坛上参与讨论，发表意见和看法，同时也要时刻留意其他会员的动态情况。

(3) 不要发广告。不要在论坛上发广告，尤其是广告性很强的广告。基本上所有的网民都会排斥论坛上的广告，而且会对发广告的人产生抵触心理。

(4) 在论坛签名中促销。打造一个个性化的签名，在论坛签名中插进产品和服务的介绍，并且在论坛中留下签名链接，以加大宣传力度，这样可以让有意者看到你的产品和服务，并主动和你联系。

(5) 充分利用个人图像和免费推广位。在论坛注册后，制作一张尺寸大小适中的广告图片作为个人图像，加大企业的曝光率，同时也方便看帖的朋友了解企业信息，达到广告宣传的效果。有些论坛的主题会有一个免费的广告位，可以利用这个广告位刊登产品、服务信息，以充分达到推广营销的效果。

3．论坛营销的技巧

(1) 经常收集、整理论坛，对所收集的论坛进行分类(如娱乐、地区、女性、财经、综

合等)及属性标注(如人气、严肃程度、是否支持可链接 URL)。

(2) 注册账号，即注册统一的中文 ID，以提高后续发帖效率。注册账号要求所有账号资料必须填写完整并上传头像，且用户名必须使用中文，这样可以使账号更加正式，增强账号的可信度。为了制造气氛，需要注册大量马甲号，这是炒作的前期条件，如果是强势品牌炒作，通常仅需要少量马甲号即可引起用户自发讨论，如果还算不上强势品牌，则需要更多的马甲号和更多的人力投入。

(3) 不失时机地发布论坛主题，即将事先撰写好的软文发布到论坛相应的版块。要求找准版块并分析版块内容及气氛，防止主题与版面内容偏差太大，导致高删帖率，必要时可根据版面内容调整文章标题或内容，使软文最大限度贴近主题。

(4) 及时跟踪及维护。主题发布后，将主题 URL 整理成文档存放，以便后续效果分析及维护，同时还要定期回访主题。回访项目包括：检查主题是否被删除，是否被执行管理操作(如加精、提升、置顶、掩埋)，是否有人回复提出问题或者质疑，以及回复用户的疑问或顶贴等。

(5) 经常对账号进行维护，即对于热门论坛，需要培养高级账号，使用该高级账号与论坛成员建立互动关系，提高账号知名度、美誉度、权威性，使该账号成为该社区的舆论领袖，从而使由该账号发布的主题更具说服力。

(6) 对效果进行及时评估。效果评估参数包括：发布论坛数，发布主题数，帖子浏览量，帖子回复量以及帖子被加精、置顶、删除的比率等。

4．论坛营销步骤

1) 论坛数据库的建立

定位好了营销方向之后就要选择发布信息的论坛了，论坛数据库的建立是论坛营销的基础和前提，数据库建立的质量高低直接关系到论坛营销能否顺利开展。如果做专业的论坛推广，不可能只注册一个论坛发一个帖子，这样一方面会降低工作效率，另一方面许多论坛为了防灌水、防广告，对论坛注册以及发帖设置了重重限制。比如，注册时间少于 1 个小时、2 个小时或者 24 小时不得发帖，注册用户的积分累计不到 100 不得发帖，或者注册必须进行邮箱验证等。

建立论坛数据库是非常必要的。一般而言，数据库中的论坛所使用的用户名、密码以及注册时使用的邮箱需要保持一致，这也是为了方便后期的营销和推广。论坛数据所需要的信息包括论坛的名称、论坛的地址、论坛的分类、论坛的核心版块列表、论坛的活跃指数。

2) 论坛软文营销

论坛营销中最主要的方式就是软文营销。顾名思义，软文营销是相对于硬性广告而言的，用唯美的语言将产品形象化，刺激阅读者的兴趣进而产生消费的欲望。软文写作的目的是要将企业的产品和形象通过优美的文字来进行包装，以达到宣传的效果。软文写作的最高境界就是言之无物，实则有物。

软文营销已经成为企业或者产品营销推广中一种很实用的方式，通过软文可以达到广告的效果和提高企业知名度和美誉度的目的。软文营销的直接效果就是提高销量，即通过软文将企业的产品和服务卖出去。写软文首先要选切入点，即如何把需要宣传的产品、服务或品牌等信息完美地嵌入文章内容，其次要设计文章结构，把握整体方向，控制文章走势，选好冲击力强的标题，然后要完善整体文字，按框架丰富内容，润色具体内容，最后要反复沟通和完善。

论坛文案是指发布在类似天涯、猫扑、搜狐、网易、新浪等整合性论坛上的文字，其主要目的也是推销产品。一篇论坛帖子或文章由文字和图片组成，当然也可以有视频、音频、Flash 之类的元素。由于网络的特殊环境，论坛文字不要太华丽，最主要的是讲出真实感受，语言描述清楚即可，图片需要用心去拍摄挑选，但不需要特别商业化，接近生活即可。论坛软文营销中的文案形式包括以下几种：

(1) 事件式。利用社会热点事件和网络热点事件来吸引人的眼球，从而赚取高点击和转载率。如世界杯、欧洲杯和冠军杯，球迷们熬夜看比赛后顶着黑眼圈上班都是常见的事，因此可以利用此事件为引子，引出人们在看欧洲杯等时发生的某些事情，同时隐形地插入联系紧密的产品信息，这便是事件式论坛营销文案。

(2) 亲历式。利用第三者的身份，讲述身边朋友真实的生活故事和体验效果的文章。

(3) 解密式。以专业的态度或者个人独特的见解，对产品进行客观解剖分析，能够满足网友的片面性观点，能让受众从多个角度认识所接触的信息。

(4) 求助式。阐述事情经历，直接提出问题，寻求大家的帮助，在内容中自然地植入产品名称。

(5) 分享式。以快乐分享为主，分享体验效果，给网友一定的信息价值。

(6) 幽默式。以轻松、幽默、有趣的方式表达，能够给网友带来会心一笑。最具代表性的是 2012 年的病毒营销事件“杜甫很忙”，让网友在参与改图的过程中获得乐趣，也让围观的网友记忆深刻。

3) 论坛软文推广

论坛软文的推广是论坛营销成败的关键。并不是所有的论坛都设有广告专栏，但大部分论坛都设有灌水专区、杂谈之类的版块，可以将软文发布在这样的版块里，以提高帖子存活的概率。另外，很多人做推广的时候不愿意在小论坛、地方性论坛发帖，但其实论坛都是由网民组成的，而网民有很大的互通性，地方性论坛的网民也极有可能成为潜在客户，不放过任何一个可以推广的机会是网络推广制胜的关键。而且，地方性论坛、小论坛的限制一般也较少。

当然，回帖也要讲究技巧，可以大胆地反对你所发布的帖子的内容，吸引网友的目光。这就是所谓的论坛枪手。

4) 论坛营销组合策略

一方面指通过对消费群体经常光临的门户、社区和网站，进行科学的组合，即按人气和流量在推广中组合，使推广达到最佳效果。另一方面是指论坛营销要与其他营销方式相结合。通过论坛营销工具所具备的自动注册、自动发帖、自动顶贴功能，来保证成功率，提升信息覆盖面和网站排名，帮助企业更好地做好论坛营销。同时，要抓住通过论坛营销获得的潜在用户，尽量多地得到他们的信息，然后通过其他的营销方式与他们进行直接或者间接的沟通，最终达到营销的目的。

5) 论坛账号信息的维护

企业注册了某个论坛的会员并不是发完广告就再也不登录该论坛了，这是对资源的浪

费。企业要定期维护论坛账号，除了发广告之外，还要尽量在论坛上活跃，进入到论坛的核心会员之中或者在条件允许的条件下申请成为论坛的版主，以方便对自己的帖子进行加精或者置顶等操作。

三、微信营销

微信(WeChat)是腾讯公司于 2011 年 1 月 21 日推出的一款为智能终端提供即时通讯服务的免费应用程序，它支持跨通信运营商、跨操作系统，通过网络快速发送免费(需消耗少量网络流量)语音短信、视频、图片和文字，可以群聊，同时也可以使用通过流媒体共享的资料和基于位置的社交插件“摇一摇”“漂流瓶”“朋友圈”“公众平台”“语音记事本”等服务插件。微信涉及的服务功能包括：移动电商入口、用户识别、数据分析、支付结算、客户关系维护、售后服务和维权、社交推广等。“微信智慧生活”渗透的传统行业有：微信打车、微信交电费、微信购物、微信医疗、微信酒店等，为医疗、酒店、零售、百货、餐饮、票务、快递、高校、电商、民生等数十个行业提供网络营销平台。

1. 微信营销的含义

微信营销(WeChat Marketing)是网络经济时代企业营销模式的一种创新，是伴随着微信的普及而兴起的一种网络营销方式。用户订阅自己所需的信息，商家通过提供用户需要的信息，推广自己的产品，从而实现点对点的营销。微信营销主要体现为对智能手机或者平板电脑中的移动客户端进行区域定位营销，商家通过微信公众平台展示微官网、微会员、微推送、微支付、微活动，已经形成了一种主流的线上线下微信互动营销方式。微信营销具有立体化、高速度、便捷性、广泛性的特点及高到达率、高曝光率、高接受率、高精准度、高便利性的优势。

2. 微信营销的特点

(1) 点对点精准营销。微信拥有庞大的用户群，借助移动终端、天然的社交和位置定位等优势，每个信息都是可被推送的，能够让每个个体都有机会接收到信息，继而帮助商家实现点对点精准化营销。

(2) 形式灵活多样。微信有多种服务插件可以为营销活动提供灵活多样的形式。

① “漂流瓶”。用户可以发布语音或者文字然后投入“大海”中，如果有其他用户“捞”起则可以展开对话。

② “位置签名”。商家可以利用“用户签名档”这个免费的广告位为自己做宣传，附近的微信用户就能看到商家的信息。比如，饿的神、K5 便利店等就采用了微信签名档的营销方式。

③ “二维码”。用户可以通过扫描识别身份二维码来添加朋友、关注企业账号；企业则可以设定自己品牌的二维码，用折扣和优惠来吸引用户关注，开拓 O2O 的营销模式。

④ “开放平台”。通过微信开放平台，应用开发者可以接入第三方应用，还可以将应用的 Logo 放入微信附件栏，使用户可以方便地在会话中调用第三方应用进行内容选择与分享。如订阅“茗水秀茶楼”(微信号：mingshuixiu)公众号的用户可以将“茗水秀茶楼”中的内容分享给他人，使该微信的好文章如品茶、茶道知识、哲理小文等得到不断的传播，进而实现口碑营销。

⑤ “公众平台”。在微信公众平台上，每个人都可以用一个 QQ 号码或者手机号打造自己的公众账号，并在微信平台上实现和特定群体的文字、图片、语音的全方位沟通和互动。

(3) 强关系的机遇。微信营销离不开微信的公众平台支持，微信的点对点产品形态注定其能够通过互动的形式将普通关系发展成强关系，从而产生更大的价值。通过互动的形式与用户建立联系，可以解答疑惑、讲故事等，用一切形式让企业与消费者形成朋友关系，因为人们不会相信陌生人，但是会信任自己的“朋友”。微信作为一个点对点沟通的平台，是很好的客户关系维护渠道。

(4) 独特的语音优势。在大街、餐厅、公园等公众地方随处都可以看见有人把手机当成对讲机用。微信不仅支持文字、图片、表情符号的传达，还支持语音发送——可以直接通过微信发语音营销信息。

(5) 定位功能。微信有 LBS(Location Based Service，即定位服务或基于位置服务)功能，在微信的“查看附近的人”插件中，用户可以查找与本人地理位置邻近的微信用户。系统除了显现邻近用户的名字等基本信息外，还会显现用户签名档的内容，商家也可以运用这个免费的广告位做宣传。

基于位置的服务(定位服务)也称为移动定位服务系统(Mobile Position Services，MPS)，是通过电信移动运营商的无线电通信网络(如 GSM 网、CDMA 网)或外部定位方式(如 GPS)获取移动终端用户的位置信息(地理坐标，或大地坐标)，在地理信息系统(Geographic Information System，GIS)平台的支持下，为用户提供相应服务的一种增值业务。它包括两层含义：首先是确定移动设备或用户所在的地理位置；其次是提供与位置相关的各类信息服务。如找到某个上海手机用户的当前地理位置，然后在上海市 6340 平方公里范围内寻找该手机用户当前位置 1 公里范围内的宾馆、影院、图书馆、加油站等的名称和地址，并用微信推送给该用户。简而言之，LBS 就是借助互联网或无线网络，在固定用户或移动用户之间，完成定位和服务两大功能。

(6) 稳定的人际关系。在微博中，僵尸粉丝和无关粉丝很多，而微信的用户却一定是真实的、私密的、有价值的。微信关注的是人，人与人之间的交流才是这个平台的价值所在。微信营销是基于朋友圈的营销，能够使营销转化率更高。

(7) 移动客户端。微信的用户主要为使用智能手机系统的人，多为年轻人。

(8) 方便的信息推送。微信可以经过后台的用户分组和地域操控，完成精准的信息推送。

3. 微信营销的优势

(1) 高到达率。营销效果很大程度上取决于信息的到达率，这也是所有营销工具最关注的问题。与手机短信群发和邮件群发被大量过滤不同，微信公众账号所群发的每一条信息都能被完整无误地发送到终端手机，到达率高达 100%。

(2) 高曝光率。曝光率是衡量信息发布效果的另外一个指标，与微博相比，微信信息拥有更高的曝光率。在微博营销过程中，除了少数一些技巧性非常强的文案和关注度比较高的事件被大量转发后获得较高曝光率之外，直接发布的广告微博很快就淹没在了微博滚动的动态中。而微信是由移动即时通讯工具衍生而来的，天生具有很强的提醒力度，比如

铃声、通知中心消息停驻、角标等，随时提醒用户收到未阅读的信息，曝光率高达100%。

(3) 高接受率。微信已经成为或者超过类似手机短信和电子邮件的主流信息接收工具，其广泛性和普及性成为营销的基础。由于公众账号的粉丝都是主动订阅而来，信息也是主动获取的，完全不存在垃圾信息招致抵触的情况。

(4) 高精准度。事实上，那些拥有粉丝数量庞大且用户群体高度集中的垂直行业微信账号，才是真正炙手可热的营销资源和推广渠道。比如“茗水秀茶楼”(微信号：mingshuixiu)公众账号，拥有万名粉丝，这些精准用户粉丝相当于一个盛大的在线茶展会，每个粉丝都是潜在客户。

(5) 高便利性。移动终端的便利性再次增加了微信营销的高效性。相对于PC而言，未来的智能手机不仅能够拥有PC所拥有的全部功能，而且携带更方便，用户可以随时随地获取信息，而这将给商家的营销带来极大的便利。

四、微博营销

1. 微博的含义

微博(Weibo)，即微型博客(Microblog)的简称，也是博客的一种，是一个基于用户关系的信息分享、传播以及获取的平台。它也是通过关注机制分享简短实时信息的广播式社交网络平台，用户可以通过WEB、WAP等各种客户端组建个人社区，以140字(包括标点符号)的文字更新信息，并实现即时分享。作为一种分享和交流平台，微博更注重时效性和随意性，更能表达出每时每刻的思想和最新动态，而博客则更偏重于梳理自己在一段时间内的所见、所闻、所感。

微博最大的特点是信息发布快，信息传播快，具体来说包括以下几个方面。

(1) 便捷性。微博提供了这样一个平台，网民既可以作为观众在微博上浏览感兴趣的信息，也可以作为发布者在微博上发布内容供他人浏览，发布的内容可以是文字，也可以是图片或视频等。相对于强调版面布置的博客来说，微博的内容只是由简单的只言片语组成，技术门槛较低，而且在语言的编排组织上没有博客要求高。微博即时通讯功能非常强大，可以通过手机在任何时间、任何地点即时发布信息，其信息发布速度超过传统纸媒及网络媒体。

(2) 背对脸。微博是背对脸的交流，可以一点对多点，也可以点对点。移动终端提供的便利性和多媒体化，使得微博的黏性越来越强。

(3) 原创性。博客的出现，已经将互联网上的社会化媒体推进了一大步，导致大量原创内容爆发性地被生产出来。

(4) 草根性。微博的草根性更强，且广泛分布在桌面、浏览器和移动终端等多个平台。

(5) 自主性。微博的信息获取具有很强的自主性、选择性，用户可以根据自己的兴趣偏好，依据对方发布内容的类别与质量来选择是否关注某用户，并可以对所有关注的用户群进行分类。

(6) 广泛性。微博宣传的影响力具有很大弹性，与内容质量高度相关，其影响力基于用户现有的“粉丝”数量。用户发布信息的吸引力、新闻性越强，对该用户感兴趣、关注该用户的人数也越多，其影响力也越大。

(7) 内容短小精悍。微博的内容限定为140字，内容简短，不需长篇大论，门槛较低。

2. 微博营销的含义

微博营销(Microblog Marketing)以微博作为营销平台，每个听众(粉丝)都是潜在营销对象，企业通过更新自己的微博向网友传播企业信息、产品信息，树立良好的企业形象和产品形象。该营销方式注重价值的传递、内容的互动、系统的布局、准确的定位。微博的快速发展也使得其营销效果尤为显著。

微博营销是以客户为中心的精准营销和主动式服务营销。在正确的时间把正确的信息传递给正确的人是微博营销的理念，即“一切围绕客户”。企业可以在不同的消费阶段与用户进行互动，并逐步建立情感关系。在消费者认知阶段，可以主动发现潜在客户的需求，帮助消费者了解品牌和产品的基本功能；在消费者购买阶段，可以有针对性地回答客户咨询，促进购买决策的达成；在消费者使用阶段，通过贴心的互动让客户有更好的体验；最后关键要倾听客户如何评价产品和使用体验，给予关注和奖励，促使客户主动向身边的朋友推荐。

通过微博营销，企业可以有效实现品牌的建立和传播；树立行业影响力和号召力，引导行业良性发展，传播企业价值观；提高产品曝光率；及时发现目标客户，实现精准互动营销，完成客户转化和订单销售，全面分析营销效果。借助微博，企业可以无处不在地主动为客户服务，同时为企业的口碑进行实时监测，确保危机公关。

3. 微博营销的特点

(1) 成本。发布门槛低，成本远小于广告，效果却不差。140个字的信息，远比博客容易发布，对于同样效果的广告则更加经济。与传统的大众媒体(报纸、流媒体、电视等)相比受众同样广泛，前期一次投入，后期维护成本低廉。

(2) 覆盖。传播效果好，速度快，覆盖广。微博信息支持各种平台，包括手机、电脑与其他传统媒体，同时，传播的方式具有多样性，转发非常方便。

(3) 效果。针对性强，传播迅速。一条高热度的微博在各种互联网平台上发出后，经过短时间内的互动性转发就可以抵达微博世界的每一个角落，达到短时间内最大的浏览量。

(4) 手段使用。多样化、人性化。从技术角度看，微博可以借助多种多媒体技术手段，以文字、图片、视频等展现形式对产品进行描述，从而使潜在消费者更形象直接地接受信息。从人性化角度看，企业品牌的微博本身就可以将自己拟人化，更具亲和力。

(5) 开放性。微博几乎是任何话题都可以进行探讨，而且没有什么拘束。

(6) 互动性强，拉近距离。在微博世界里，总统可以和平民点对点交谈，政府可以和民众一起探讨，明星可以和粉丝们互动。通过即时沟通，企业可以及时获得用户的反馈。

(7) 便捷性。微博只需要编写好 140 字以内的文案即可发布，从而节约了大量的时间成本。

(8) 高技术性，浏览页面佳。微博营销可以借助许多先进的多媒体技术手段，以多维角度等展现形式对产品进行描述，从而使潜在消费者更形象直接地接受信息。

(9) 操作简单，信息发布便捷。一条微博最多 140 个字，只需要简单的构思就可以完成一条信息的发布。这点要比博客方便得多，毕竟构思一篇好博文，需要花费很多的时间与精力。

4. 微博营销的步骤

1) 定位和目标

企业微博营销的目标是获得足够多的跟随者，形成良好的互动交流平台，逐步打造具有一定知名度的网络品牌。因此，企业微博的定位是快速宣传企业新闻、产品、文化等的互动交流平台，同时对外提供一定的客户服务和技术支持反馈，形成企业对外信息发布的一个重要途径。

2) 内容建设

微博营销的内容建设包括：书写博文、发布信息、互动交流。

(1) 书写博文。一要抓住流行元素，流行就是热点，就是焦点，虽然不一定是好的，但一定是最利于传播的；微博上的流行元素是有时效性的，最好在流行刚刚成势的时机进入，如果在尾声进入，则效果不佳。二要包含适应广大网友认知水平的题材和元素。三要有"包袱"，让人感兴趣，让人永远记住。

(2) 发布信息指单向地把企业的信息(如企业博客的文章、新品发布、企业新闻等)告知给跟随者，以达到扩大宣传范围和提高知名度的效果。发布时需要注意，要保证跟随者阅读新更新的信息，保证其具有阅读价值，多更新一些有趣的、有特色的信息，以提高更多的转载率和企业微博的关注度。

(3) 互动交流指通过和跟随者进行交流，达到人际传播和推广的效果。为了形成良好的互动交流，企业微博应关注更多的用户，并积极参与回复讨论。

3) 给予有力的推广

微博有几亿用户，每天更新的信息量很大，再好的内容也会被淹没，如果不对外推广，再好的内容也无法得到有效的传播。因此，必须通过有效的推广渠道来发布营销信息。

企业微博的推广方式有很多，如开展有奖活动，提供限时打折活动，在一些门户类网站发布企业微博的广告，利用相关行业的 KOL(Key Opinion Leader，关键意见领袖)，引导企业员工开通微博并在上面交流信息，通过邮件或其他渠道邀请客户或者潜在用户注册等。

4) 运营与维护

企业微博的运营是长期的，内容的更新可以采用人工+自动的更新方式。在推广初期，尽量采用人工的更新方式，保证每一条信息的质量，后期可以采用自动更新的方式，以方便维护。对于重点推广的文章，一定要填写详细的摘要，并添加文章的链接地址。

微博与微信的区别

微博是自媒体，微信则兼具自媒体和用户管理(CRM)的双重身份。

微博是一对多，微信是一对一，后者更具有针对性。

微博更偏向传统广告，微信则是真正的对话。

微博的曝光率极低，微信的曝光率几乎是 100%。

微博有点扰民，微信没有这个麻烦。

微博是开放的扩散传播，而微信是私密空间内的闭环交流。

微博是弱关系，微信是强关系，后者用户价值更高。

微博是一种展示工具，微信是一种联络工具。

五、博客营销

1. 博客与博客营销

博客(Blogger，是 Web Log 的混成词)，它的正式名称为网络日志，是以网络作为载体，简易、迅速、便捷地发布自己的心得，及时、有效且轻松地与他人进行交流，再集丰富多彩的个性化展示于一体的综合性平台。Blog 是继 E-mail、BBS、ICQ 之后出现的第四种网络交流方式，是网络时代的个人“读者文摘”，是社会媒体网络的一部分。一个典型的博客结合了文字、图像、其他博客或网站链接及其他与主题相关的媒体，能够让读者以互动的方式留下意见。大部分的博客内容以文字为主，也有一些博客专注于艺术、摄影、视频、音乐、播客等主题。

博客营销是内容营销的一种形式，它是通过博客网站或博客论坛接触博客作者和浏览者，利用博客作者个人的知识、兴趣和生活体验等传播商品信息的营销活动。它靠原创的、专业化的内容吸引读者，并培养忠实的读者，在读者群中建立信任度、权威度，形成个人品牌，进而影响读者的思维和购买决定。博客营销的基础是有价值的知识信息资源，往往真正的营销是在博客之外，因此提高网络可见度是实现博客营销的基本途径。

2. 博客营销的优势

(1) 博客细分程度高，广告定向准确，更精准、更有效。博客是个人的网上出版物，拥有个性化的分类属性，因而每个博客都有其不同的受众群体，其读者也往往是一群特定的人，细分的程度远远超过了其他形式的媒体。广告主可以根据不同类别的博客分类，投放不同性质的广告，因而细分程度越高，广告的定向性就越准，投放的广告就越为有效。

(2) 互动传播性强，信任程度高，口碑效应好。博客同时扮演了两个角色，既是媒体(Blog)又是人(Blogger)，既是广播式的传播渠道又是受众群体，它能够很好地把媒体传播和人际传播结合起来，通过博客与博客之间的网状联系扩散开来，放大传播效应。每个博客都拥有一个相同兴趣爱好的博客圈子，而且在这个圈子内部的博客之间相互影响力很大，可信程度相对较高，朋友之间互动传播性也非常强，因此可创造的口碑效应和品牌价值非常大。虽然单个博客的流量绝对值不一定很大，但是受众群明确，针对性非常强，单位受众的广告价值自然就比较高，所能创造的品牌价值远非传统方式的广告所能比拟。

(3) 影响力大，引导网络舆论潮流。随着博客用户规模的不断扩大，所形成的评论意见影响面和影响力度也越来越大，博客渐渐成为了引导网民舆论潮流的“意见领袖”，他们所发表的评价和意见会在极短的时间内在互联网上迅速传播开来，对企业品牌造成巨大影响。

(4) 大大降低传播成本。通过博客吸引更大范围的社会人群的高度关注，可以获得显著的广告效果，这种广告效果带来的收益必将远远大于广告投入。

3. 博客营销的目的

(1) 以营销自己为目的。这类博主的目标是通过博客的写作，给自己带来名利。当然，

很多博主刚开始写博客的时候并没有目的性，只是随着时间的推移，发现了博客具有营销功能，也就有心为之了。

(2) 以营销公司文化、品牌，建立沟通平台，更好地为公司管理、销售、服务为目的。这类博主都是企业的老板或者高层管理人员，主要看好博客这种营销手段。这类博客营销要做好，最关键的不是博客文章，而是整体的管理策划和引导。

(3) 以营销产品为目的。这类博客营销的目的很简单，通过博客文章的写作，达到销售产品的目的。这类博主一般都是小型企业的老板或者销售主管，想通过博客营销为自己公司的电子商务服务。由于这类博主的目的简单明了，博客文章的写作对他们才是最实用的。因此，本书只讨论博客营销目的的第三种情况，也就是掌握博客营销文章的写作技巧，打动、感化客户，以提高产品的销量。

4. 博客营销的技巧

(1) 专业而不枯燥。博客营销文章要有一定的专业水平或行业知识，文章整体要始终不虞的为最终目的服务。营销博客不能什么都写，要围绕产品来布局文章，要体现专业知识水平，增加专业的趣味性，才能得到业内人士的认可。一般来说，用通俗易懂的语言写出来的专业博文才是好博文，才能达到营销的目的。

(2) 巧妙的广而告之。博客营销不是简简单单地利用博客来做广告，好的博文要有知识性、趣味性和经验的分享，要让每个看过的人都有所收获。

① 产品功能故事化。博客营销文章要学会写故事，更要学会把产品功能写到故事中去，通过生动的故事情节，自然地介绍产品功能。

② 产品形象情节化。要使产品深入人心，打动客户，感动客户，最好的方法就是把对产品的赞美情节化，让人们通过感人的情节来感知、认知产品。如此，客户记住了情节也就记住了产品。

③ 行业问题热点化。写博文时，一定要抓行业热点，不断地提出热点，才能引起客户的关注，才能通过行业的比较显示出自己产品的优势。

④ 产品发展演义化。博客营销文章要赋予产品以生命，从不同的角度和层次来展示产品，可以以拟人的形式进行诉说，也可以是童话或者幽默等，越有创意的写法，越能让读者耳目一新、记忆深刻。

⑤ 产品博文系列化。博客营销不是立竿见影的电子商务营销工具，所以需要长时间的坚持不懈。因此，在产品的博文写作中，一定要坚持系列化，就像电视连续剧一样，不断有故事的发展，还要有高潮，这样的博文影响力才大。

⑥ 博文字数精短化。博文不同于传统媒体的文章，既要论点明确论据充分，又要短小耐读；既要情节丰富感人至深，又要节约阅读时间。

(3) 博文重在给予和分享。博客营销文章真正能起到营销作用的关键在于文章能给予读者、客户什么样的实惠。营销博文和其他博文的最大区别就在此，其他博文可以风花雪月，可以抒发情感，可以随心所欲，但营销博文不可以，不仅要保证每篇博文带来应有的信息量，还要有知识含量，还要有趣味性以及经验的分享，让客户每次看博文都会有所收获。这是黏住客户最好的方法，因此一开始写博文就要做到定位准确，乐于给予，善于分享。

(4) 博文的切磋与交流。与业内人士进行切磋与交流，也是博文选题和写作较好的方法。不仅要自己写作和发布博文，也要经常关注同行业人士的观点，这样不仅扩大了自己的知识面，也获得了更多的博文写作素材。与读者分享与交流，指企业博文在发布之后还需要了解用户的反馈，对于用户的咨询有必要做出回复。

5. 博客营销应遵循的原则

(1) 遵循基本。遵循写作的基本方法。

(2) 简明扼要。博客写作要短小精炼，直接说出观点。

(3) 新闻价值。博客要有新闻价值、有趣、有用和幽默。

(4) 内容实用。人们订阅或者经常看博客的主要原因是博客的内容对他们的日常工作和生活有实用价值。

(5) 便于浏览。人们订阅了大量的博客，没有时间每天阅读一遍，所以要让网民快速浏览，很快抓住文章主旨。文章便于快速浏览的最好方法是列表，人们可以扫一眼就了解主要观点；另一个好方法是高亮博主的主要观点。

(6) 标题出秀。标题需要简练并且具有吸引力。

(7) 第一人称。这可能是博客写作与其他写作的最大区别。在一般的出版物中，惯例是作者保持中立，但博客不同，你就是你，带着千万个偏见，越表达出自己的观点越好。

(8) 延续链接。博客虽然在网络门户里是独立并自成体系的，但也是互联网的一部分，应尽量为读者提供优秀的链接，让他们通过链接继续深入阅读。

(9) 做好编辑。满篇错别字，排版不工整，很令人生厌，博主应该认真地对博文逐字逐句校对。

(10) 关注好博。好的博客会随着时间推移逐渐显露出来，好的地方要借鉴，错的地方要摈弃。

(11) 更新适度。如果想要做好博客营销，一成不变的博文很难长期吸引客户关注的目光，所以博文要定期更新。

(12) 真实诚信。博客的内容应该以真诚为主。博客营销以企业用得最多，而主要目的是吸引经销商或代理商或客户的目光和引起共鸣，如果博客内容过于虚假、浮夸，则会引起客户的反感。

6. 博客营销与微博营销的区别

由于博客的普及，人们对微博的认识和接受也就顺理成章了，但显然微博的普及要比博客容易得多。微博营销与博客营销的本质区别可以从下列三个方面进行简单的比较：

(1) 信息源的表现形式差异。博客营销以博客文章(信息源)的价值为基础，并且以个人观点表述为主要模式，每篇博客文章表现为独立的一个网页，因此对内容的数量和质量有一定要求。而微博内容则短小精练，重点在于表达发生了什么有趣(有价值)的事情，而不是系统的、严谨的企业新闻或产品介绍。

(2) 信息传播模式的差异。微博注重时效性，同时微博的传播渠道除了相互关注的好友(粉丝)直接浏览外，还可以通过好友的转发向更多的人群传播，因此是一个快速传播简短信息的方式。博客营销除了用户直接进入网站或者 RSS 订阅浏览外，往往还可以通过搜索引擎搜索获得持续的浏览，博客对时效性要求不高的特点决定了博客可以获得多个渠道用户的长期关注。

(3) 用户获取信息及行为的差异。用户可以利用电脑、手机等多种终端方便地获取微博信息，发挥了碎片时间资源集合的价值，也正是信息和时间的碎片化，使得用户通常不会立即做出某种购买决策或者其他转化行为。

六、即时通讯营销

1．即时通讯营销的含义

即时通讯(Instant Messaging，IM)营销，是企业通过即时通讯工具推广产品和品牌，以实现目标客户挖掘和转化的网络营销方式。其常用的方式主要有以下两种：

第一种，网络在线交流。中小企业建立网店或者企业网站时一般会有在线即时通讯功能，潜在客户如果对产品或者服务感兴趣会主动和在线商家联系。

第二种，广告。中小企业可以通过 IM 工具，发布产品信息、促销信息，或者同时加上带企业宣传标志的图片。

IM 营销是网络营销的重要手段，是进行商机挖掘、在线客服、病毒营销的有效利器，它克服了其他非即时通信工具信息传递的滞后性，实现了企业与客户无延迟、全方位的沟通。IM 最基本的特征就是即时信息传递，具有高效、快速的特点，无论是品牌推广还是常规广告活动，通过 IM 都可以取得巨大的营销效果。对于被动展示信息模式的网站营销而言，IM 营销能够弥补其不足，同潜在访客进行即时互动，并能够主动发起沟通，有效扩大营销途径，使流量利用最大化。

2．即时通讯营销的优势

IM(即时通讯)作为互联网的一大应用，其重要性日益突显，它已经成为人们工作和生活中沟通的主要方式。IM 营销的优势具体表现如下：

(1) 互动性强。无论哪一种 IM，都会有各自庞大的用户群，即时的在线交流方式可以让企业掌握主动权，摆脱以往等待关注的被动局面，将品牌信息主动展示给消费者。当然这种主动不是让人厌烦的广告轰炸，而是巧妙利用 IM 的各种互动应用，例如借用 IM 的虚拟形象服务秀，或者尝试 IM 聊天表情，将品牌不露痕迹地融入进去。这样的隐形广告很少会遭到抗拒，用户也乐于参与这样的互动，并在好友间广为传播，在愉快的氛围下自然对品牌的印象产生好感，促成日后的购买意愿。

(2) 营销效率高。一方面，通过分析用户的注册信息，如年龄、职业、性别、地区、爱好等，以及兴趣相似的人组成的各类群组，针对特定人群专门发送其感兴趣的品牌信息，能够诱导用户在日常沟通时主动参与信息的传播，使营销效果达到最佳。另一方面，IM 传播不受空间、地域的限制，类似促销活动这种消费者感兴趣的实用信息能通过 IM 在第一时间告知消费者。

(3) 传播范围大。任何一款 IM 工具都聚集有大量的人气，并且有庞大的关系网，而且使用者之间有着很强的信任关系，因此企业任何有价值的信息都能在 IM 开展扩散传播，产生的口碑远非传统媒体可比。凭借巨大的用户基数，IM 蕴含的巨大市场营销价值已经为越来越多的企业所认可，而 IM 承载的传播形式更是变得越来越丰富。

3．营销 QQ

QQ(TencentInstantMessenger，简称 TM 或腾讯 QQ)是 1999 年 2 月由腾讯自主开发的基

于 Internet 的即时通讯工具。QQ 以前叫 OICQ，是模仿 ICQ(一个国际范围的聊天工具，是 I seek you(我寻找你)的意思)在前面加了一个字母 O，意为 Opening I seek you(开放的 ICQ)，但被指侵权，于是腾讯老板(马化腾)就把 OICQ 改名字叫 QQ。除了名字的变化，腾讯 QQ 的标志却一直没有变，一直是小企鹅。

营销 QQ(QQ Marketing)是 IM 营销中的一种，是腾讯为企业开发的既适用于企业内部员工沟通管理，又适用于企业对外商务沟通管理的企业版 QQ。和普通 QQ 相比，企业 QQ 屏蔽了普通 QQ 与办公无关的娱乐业务，专为企业内部沟通需求设计了树形组织架构、实时通讯录、企业邮箱等功能，同时，企业主也可实时审查企业内员工的行为记录，以满足管理需求。

营销 QQ 是在 QQ 即时通讯的平台基础上，专为企业用户量身定制的在线客服与营销平台。它基于 QQ 的海量用户，致力于搭建客户与企业之间的沟通桥梁，充分满足企业客服稳定、安全、快捷的工作需求，为企业实现客户服务和客户关系管理提供解决方案。营销 QQ 可按企业需求定制在线客服与网络营销工具，通过海量的 QQ 用户帮助企业拓展并沉淀新客户，提高在线沟通效率，拓展更多商机。

七、病毒式网络营销

诺贝尔经济学奖获得者、美国经济学家 P. 萨缪尔逊有一个著名的“幸福公式”：幸福＝满足/欲望，它所揭示的是饥饿营销的另一法则——吊胃口。其实病毒式网络营销就是一种典型的“吊胃口”。

1. 病毒式网络营销的含义

病毒营销(Viral Marketing，又称病毒式营销、病毒性营销、基因行销或核爆式行销)，是一种常用的网络营销方法，常用于网站推广和品牌推广等。病毒式营销是指通过类似病理方面和计算机方面的病毒传播方式，即自我复制的病毒式传播过程，利用已有的社交网络提升品牌知名度或者达到其他市场营销目的。也就是说，病毒式网络营销通过提供有价值的产品或服务，“让大家告诉大家”，通过别人做宣传，实现营销杠杆的作用。病毒式营销是由信息源开始，依靠用户自发的口碑宣传，达到一种快速滚雪球式的传播效果，它描述的是一种信息传递战略，经济学上称之为病毒式营销，因为这种战略像病毒一样，利用快速复制的方式将信息传向数以千计、数以万计的受众。病毒式营销已经成为网络营销最为独特的手段，被越来越多的商家和网站成功利用。

病毒式营销利用的是用户口碑传播原理，在互联网上，这种传播方式下信息像病毒一样迅速蔓延，因此病毒式营销成为一种高效的信息传播方式，而且由于这种传播是用户之间自发进行的，因此几乎是不需要费用的网络营销手段。和传统营销相比，病毒式营销的受众自愿接受的特点使得该营销所用成本更少，收益更多也更加明显。

病毒式营销的两个重要功能：

(1) 人们在获得利益的同时不知不觉地、不断缠绕式地宣传了商家的产品或服务，信息传播者往往是信息受益者。

(2) 商家信息的传播是通过第三者“传染”给他人而非商家自己，人们通常更愿意相信他人介绍而非商家自荐。

2．病毒式网络营销的特点

病毒式营销的关键在于找到营销的引爆点，如何找到既迎合目标用户口味又能正面宣传企业的话题是关键。而营销技巧的核心在于如何打动消费者，让企业的产品或品牌深入到消费者的心坎里，让消费者从认识品牌、了解品牌、信任品牌到最后依赖品牌。与其他营销方式相比病毒营销具有如下特点。

(1) 有吸引力的“病毒(病原体)”。病毒式营销的核心就是“病毒”的制造，不管“病毒”最终以何种形式来表现，都必须具备基本的感染基因。“病毒”必须是独特的、方便快捷的，而且必须有吸引力，并能让受众自愿接受且感觉获益匪浅。病毒式营销必须是“允许式”而不是“强迫式”，要让受众能够自愿接受并自愿传播。网络上盛极一时的“流氓兔”证明了信息伪装在病毒式营销中的重要性。韩国动画新秀金在仁为儿童教育节目设计了一个新的卡通兔，这只兔子相貌猥琐、行为龌龊、思想简单、诡计多端、爱耍流氓、只占便宜不吃亏，然而正是这个充满缺点，活该被欺负的弱者成了反偶像明星，它挑战已有的价值观念，反映了大众渴望摆脱现实，逃脱制度限制所付出的努力与遭受的挫折。流氓兔的Flash出现在各BBS论坛、Flash站点和门户网站，网民们还通过聊天工具、电子邮件、QQ进行传播，如今这个网络虚拟明星衍生出的商品已经达到一千多种，成了病毒式营销的经典案例。

(2) 营销成本低廉。天下没有免费的午餐，任何信息的传播都要为渠道的使用付费。之所以说病毒式营销是无成本的，主要指它利用了目标消费者的参与热情，但渠道使用的推广成本依然存在，只不过目标消费者受商家的信息刺激自愿参与到后续的传播过程中，原本应由商家承担的广告成本转嫁到了目标消费者身上，因此对于商家而言，病毒式营销是无成本的。

目标消费者并不能从为商家打工中获利，他们为什么自愿提供传播渠道？原因在于第一传播者传递给目标群的信息不是赤裸裸的广告信息，而是经过加工的且具有很大吸引力的产品和品牌信息。而正是这一披在广告信息外面的“漂亮外衣”，突破了消费者心理的“防火墙”，促使其完成从纯粹受众到积极传播者的转变。

(3) 几何倍数的传播速度。大众媒体发布广告的营销方式是一点对多点的辐射状传播，实际上无法确定广告信息是否真正到达了目标受众。病毒式营销是自发的、扩张性的信息推广，它并非均衡地、同时地、无分别地传给每一个人，而是通过类似于人际传播和群体传播的渠道，产品和品牌信息被消费者传递给那些与他们有着某种联系的个体。例如，目标受众看到一则有趣的信息后的第一反应或许就是将这则信息通过 QQ、微信等通讯工具转发给好友、同事，无数个参与转发的“大军”就构成了成几何倍数传播的主力。

(4) 高效率的接收。大众媒体投放广告有一些难以克服的缺陷，如信息干扰强烈、接收环境复杂、受众戒备抵触心理严重等。以电视广告为例，同一时段的电视有各种各样的广告同时投放，其中不乏同类产品“撞车”现象，大大降低了受众的接受率。而对于那些有吸引力的“病毒”，是受众从熟悉的人那里获得或是主动搜索而来的，在接受过程中自然会有积极的心态，接收渠道也比较私人化，如手机短信、电子邮件、封闭论坛、微信、QQ等(存在几个人同时阅读的情况，这样反而扩大了传播效果)。以上优势使得病毒式营销很好地克服了信息传播中的干扰影响，增强了传播效果。

(5) 更新速度快。网络产品有自己独特的生命周期，一般都是来得快去得也快。病毒式营销的传播过程通常呈S形曲线，即在开始时很慢，当其扩大至受众的一半时速度加快，而接近最大饱和点时又会慢下来。

3．病毒式网络营销的实施

美国著名的电子商务顾问 Ralph F. Wilson 博士认为一个有效的病毒性营销战略应具有六项基本要素：① 提供有价值的产品或服务；② 提供无需努力向他人传递信息的方式；③ 信息传递范围很容易大规模扩散；④ 利用公共的积极性和行为；⑤ 利用现有的通信网络；⑥ 利用别人的资源进行信息传播。在制定和实施病毒式营销计划时，应该进行必要的前期调研和针对性检验，以确认病毒式营销方案是否满足以上六个基本要素。

当然，病毒式营销并不是随便就可以做好的，需要遵照一定的步骤和流程。成功实施病毒式营销需要以下三个步骤：

第一步，巧做“病原体”，即设计具有吸引力的信息源。实施病毒性营销需要独特的创意，独创性的创意最有价值，跟风型的方案策划也可以获得一定效果，但要做相应的创新才更吸引人。同样一件事情，同样的表达方式，第一个是创意，第二个是跟风，第三个做同样事情的则可以说是无聊了，甚至会遭人反感。在设计方案时，一个特别需要注意的问题是，如何将信息传播与营销目的结合起来？如果仅仅为用户带来了娱乐价值(例如一些个人兴趣类的创意)或者实用功能、优惠服务而没有达到营销的目的，那么这样的病毒性营销计划对企业的价值就不大，当然，如果广告气息太重，可能会引起用户反感而影响信息的传播。

第二步，巧发“病原体”，即对网络营销信息源和信息传播渠道进行合理的设计以便利用有效的通信网络进行信息发布和推广。“病原体”做好后，需要考虑它的传递渠道，让传播者相互转发更便捷，太复杂的转发方式最终会导致信息源在传播中夭折，因此要选择恰当的时机予以发布，即考虑时间、载体、发布人等因素。病毒性营销须经过大范围的传播才能达到预期的效果，因此对病毒式营销的原始信息可以首先在易于传播的小范围内进行发布和推广。

第三步，监测“病原体”，即对病毒性营销的效果进行跟踪和管理。当病毒性营销的方案设计完成并开始实施之后，对于营销的最终效果实际上是无法控制的，但并不是不需要进行这种营销效果的跟踪和管理。实际上，对于病毒性营销的效果分析是非常重要的，不仅可以及时掌握营销信息传播所带来的反应，也可以从中发现计划中可能存在的问题，以及可能的改进思路，将这些经验积累下来，可以为下一次病毒性营销计划提供参考。

4．病毒式网络营销中常用的“病原体”

没有“病原体”何来传播？“病原体”本身是引发传播的母体和根本，如何设计信息内容才能让它具备病毒特性？

(1) 免费类。互联网中有一个强大的定律：免费模式，即“天上会掉馅饼”，如免费的邮箱、免费的视频、免费的图片、免费的信息、免费的软件、免费的电子书、免费的试用装、免费的网络服务等，只要其中有优秀的内容，用户就会传播。免费的资源无论何时都会引起关注和自发地传播或参与，只要给予用户利益，没人会抗拒。

(2) 娱乐类。互联网是娱乐经济，是注意力经济，病毒的设置应该具有娱乐精神，可以说“无娱乐，不病毒”。娱乐是生活的重要内容，也是大家共同的生活元素，回想一下人

们在 QQ 群中转载最多的是什么内容，一定是各类笑话等。因此，将商业信息融入到娱乐中，或者设计娱乐化的传播场景是病毒营销设计的重要一环。

(3) 工具资源类。这类信息主要是各类便民服务信息，如提供日常生活中常会用到的公交查询、火车查询、航班查询、电话查询、手机归属地查询、天气查询等。

(4) 邀请推荐类。邀请类病毒营销的始作俑者是 Google 的 Gmail。Google Gmail 在推广初期就利用了饥饿营销与病毒营销的双重功效，并不接受公开注册，而是需要现有用户的邀请才能注册。稀缺使人们产生好奇，邀请机制使有共同兴趣爱好的用户聚成一个圈子，在这个圈子里用户能互相交流信息，为其他产品或服务的推广埋下伏笔。2008 年北京奥运会期间，可口可乐公司利用 QQ 平台推出了火炬在线传递，如果用户争取到了火炬在线传递的资格，将获得“火炬大使”的称号，头像处将出现一枚未点亮的火炬图标，如果 10 分钟内可以成功邀请其他用户参加活动，图标将被成功点亮，同时将获取可口可乐火炬在线传递活动 QQ 皮肤的使用权，这个活动在 40 天内就拉拢了 4000 万人。可口可乐之所以能够实现如此好的病毒营销效果，完全是因为通过点亮 QQ 图标、QQ 皮肤使用权等利益驱使让 QQ 用户疯狂地加入到活动中来，这项病毒营销策划的成功在于它的巧妙设计——有效地拉动了受众的积极性。

(5) 祝福类。祝福类信息由于其包含特殊的纪念意义，最容易引起网民的共鸣，尤其是在节假日，目前最重要的扩散渠道是 QQ 群、论坛、博客、微信和 E-mail。对于祝福类信息的病毒性传播最关键的是如何巧妙地将商业信息融入到祝福活动中，并引发转载或参与。例如，2006 年春节前夕，百事可乐联合网易做了一个“百事祝福传千里，齐心共创新纪录”活动，网易先以邮件方式向所有的邮箱用户告知此活动，用户只要填写自己的姓名和好友的姓名并写上祝福的话，系统就会自动生成一个有百事字样的彩色祝福邮件，并发送到用户指定的邮箱地址，发送一定的数量还有奖励。如此一来，百事借送祝福的名义，在短时间内就把品牌影响力传导至网易庞大的邮件用户群和其他邮箱用户群中。

八、口碑营销

1．口碑营销的含义

口碑营销是指企业在品牌建立过程中，通过客户间的相互交流将产品信息或者品牌传播开来，即由生产者、销售者以外的个人，通过明示或暗示的方式，不经过第三方处理加工，传递关于某一特定产品、品牌、厂商、销售者及能够使人联想到上述对象的任何组织或个人信息，从而使被推荐人获得信息、改变态度、甚至影响购买行为的一种双向互动的传播行为。可简单理解为，通过购买者以口口相传的方式将商品的有关信息传递给购买者的家人、朋友和在工作与生活中交往的人，从而促使其购买决策形成的一种营销方式。网络口碑营销(Internet Word of Mouth Marketing，IWOM)是网络时代最重要的营销手段之一，旨在应用互联网的信息传播技术与平台，通过消费者的口碑信息，其中包括企业与消费者之间的互动信息，为企业营销开辟新的通道，获取新的效益。

口碑传播最重要的特征就是可信度高，因为在一般情况下，口碑传播都发生在朋友、亲戚、同事、同学等关系较为密切的群体之间，在口碑传播之前，他们之间已经建立了长期稳定的关系，所以相对于纯粹的广告、促销、公关、商家推荐、家装公司推荐等而言，可信度要更高。口碑营销的特征是：口碑是目标，营销是手段，产品是基石。

影响消费者口碑的有时不是产品的主体，而是一些不太引人注意的“零部件”，如西服的纽扣、家电的按钮、维修客服的一句话等，这些“微不足道”的错误，却能够引起消费者的极大反感。更重要的是，品牌企业却不易听到这些反感，难以迅速彻底地改进，往往是销量大幅减少，却不知道根源究竟在哪里。据专业市场研究公司调查得出的结论，只有4%的不满顾客会对厂商提出他们的抱怨，但是却有80%的不满顾客会对自己的朋友和亲属谈起某次不愉快的消费经历。

2．口碑营销的“5T”原则

(1) 谈论者(Talkers)。谈论者是口碑营销的起点，首先要考虑主动谈论产品的是粉丝、用户、媒体、员工、供应商还是经销商。口碑营销往往都是以产品使用者的角色来发起，以产品试用为代表。

(2) 话题(Topics)。给人们一个谈论的理由——产品、价格、外观、活动、代言人等。其实口碑营销就是一个炒作和寻找话题的过程，总要发现一点合乎情理却又出人意料的话题，供人们尤其是潜在的用户谈论。

(3) 工具(Tools)。通过网站广告、病毒邮件、博客、BBS、E-mail、QQ、微信等工具帮助信息更快地传播。

(4) 参与(Taking Part)。这里的参与是指参与到人们关心的话题讨论，也就是鼓动人们主动参与到热点话题的讨论中。其实网络中从来不缺话题，关键在于如何寻找到与产品价值和企业理念相契合的传播接触点。

(5) 跟踪(Tracking)。发现评论，寻找客户的声音是营销实施后监测的环节。企业应当参与用户对于自己产品的话题讨论，并作相应的引导，以达到更好地营销效果。

3．口碑营销的内容设计

(1) 争议。具有争议性的话题很容易被广泛传播，但争议往往都带有一些负面的内容，因此企业在口碑营销时要把握好争议的尺度，最好使争议在两个正面的意见中发展。例如某企业为了引起大众的关注，招聘时出怪招：不招生肖属狗的员工。果然，引起了公众广泛的关注与讨论，多家媒体纷纷报道，但事件却并没给企业带来正面的收益，大众纷纷指责该企业存在用人歧视、封建迷信等问题，给企业带来了极其严重的负面效果。

(2) 私密。世界上很多传播最广泛的事件曾经都是秘密，这是因为每个人都有探听私密的兴趣，越是私密的事物，越是能激发人们探知与议论的兴趣。英国一个学者做了一个有趣的实验：他神秘地向两位邻居透露了一个消息，说早上一只怪鸟在自己家的庭院产下了一枚巨大的绿壳蛋，并且告诉这两个邻居不要对别人讲，可不到一个小时，就有人在街上议论这件事情。没到第二天，这位学者所在小镇的所有人都知道了这个消息。

(3) 借势。口碑营销的特点就是以小搏大，操作时要善于利用各种强大的势能来为己所用——可以借助自然规律、政策法规、突发事件，甚至是竞争对手的势能。百事可乐创立时，受到老牌饮料巨头可口可乐的阻击，可口可乐以自己悠久的历史与美国传统文化为卖点，嘲笑百事可乐是一个刚刚诞生，没有历史，没有文化的品牌，并在广告中通过各种方式对比自己的“老”与百事可乐的“新”。当时的百事可乐作为一个初创品牌，没有那么大的实力通过广告战来反驳或对抗可口可乐，他们就借助可口可乐的“新老论”来树立百事可乐的品牌形象，打出了“新一代的可乐，新一代的选择”为主题的广告，结果可口可

乐铺天盖地的广告反倒帮助百事可乐树立了新一代可乐的品牌形象。

让优秀的品牌推荐一些尚未建立良好美誉度的品牌，会收到意想不到的效果。迈克尔·乔丹和泰格·伍兹在耐克产品广告中频频露面，使耐克成为世界名牌；无独有偶，在第23届奥运会上，喝着健力宝的中国女排轻取“东洋魔女”后，又以秋风扫落叶之势挫败了美国女排，登上世界冠军的宝座，健力宝也随之一举成名。

(4) 新颖。口碑营销也属于病毒式营销，其核心内容就是能“感染”目标受众的病毒——事件，病毒威力的强弱则直接影响营销传播的效果。在媒体泛滥的时代里，消费者对广告，甚至新闻都具有极强的免疫能力，只有制造新颖的口碑营销内容才能吸引大众的关注与议论。张瑞敏砸冰箱事件在当时是一个引起大众热议的话题，海尔由此获得了广泛的传播与极高的赞誉，可之后又传出其他企业类似的行为，则几乎无人关注，因为大家只对新奇、偶发、第一次发生的事件感兴趣。所以，口碑营销的内容要新颖奇特。

4．口碑营销成功的必要条件

一传十，十传百，百传千千万，口碑营销正显示出其悠远永恒的魅力之光。

(1) 提供有价值的产品或服务，制造传播点。企业要根据其所提供的产品或服务，提炼一个传播点，故事是一种有效的传播点，因为故事的传播带着情感。21世纪初，意大利皮鞋“法雷诺”悄然登陆中国市场，而为国内影视明星、成功男士、政界名流等中高档消费群体所钟情的，不只是“法雷诺”皮鞋的款式新颖、做工精细、用材考究，还有着一个充满传奇色彩的神话故事。公元1189年，神圣罗马帝国皇帝腓特烈一世和英法两国国王率领第三次“十字军”东征前往耶路撒冷，行至阿尔卑斯山附近时，天气突变，风雪大作，“十字军”的脚冻得寸步难行，情急之下，罗马骑士Farino(法雷诺)让其他人把随身的皮革裹在脚上继续前进。14到15世纪，意大利北部城市一家有名的皮鞋制造商，为纪念法雷诺将军的这段趣事，将自己生产的最高档皮鞋命名为“法雷诺”，从此“法雷诺”的美名便流传开来。

(2) 简单快速的传播方法。找到传播点，巧妙地进行包装并传播，要简单、方便，利于传播。传统的广告理论认为，消费者购买某个产品，要经历关注、引起兴趣、渴望获得产品进一步的信息、记住某个产品到最后购买五个阶段，整个传播过程是一个由易到难、由多到少的倒金字塔模型。互联网为消费者的口碑传播提供了便利和无限的时空，如果消费者关注某个产品，对它有兴趣，一般就会到网上搜索这个产品的相关信息，经过一番去伪存真、比较分析后，随即进入购买决策和产品体验分享过程。在这一过程中，可信度高的口碑在消费者购买决策中起到关键作用，这在一定程度上弥补了传统营销传播方式在促进消费者形成购买决策方面能力不足的短板。

(3) 意见领袖。意见领袖是一个小圈子内的权威，他的观点能被广泛接受，他的消费行为能被其粉丝狂热模仿。全球第一营销博客博主、雅虎前营销副总裁Seth Godin认为，口碑传播者分为强力型和随意型两种，强力型主导传播的核心价值，随意型扩大传播的范围。口碑营销要取得成功，强力型口碑传播者和随意型口碑传播者缺一不可。

(4) 搭建用户沟通平台和渠道。要建立广泛、快捷的沟通渠道，比如社会化媒体、评论类媒体、在线客服等方便客户表达意见。消费者厌倦了精心组织策划的新闻公关稿和广告宣传语，讨厌你说我听以及我的地盘我做主的霸道，他们希望与品牌有平等、真诚的互动沟通。被誉为比尔·盖茨一号广播小喇叭的微软前博客负责人斯考伯说：“再不经营博客，企业将沦为二流角色。”所以，再不放低身段，倾听来自消费者的声音，历史性的口碑营销机遇也会与你擦肩而过。

营销人员可以雇佣专业公司来做搜索引擎优化服务，屏蔽有关企业的所有负面信息。但堵不如疏，更好的办法是开通企业博客、微信公众平台、品牌虚拟社区，及时发布品牌信息，收集消费者的口碑信息，找到产品或服务的不足之处，及时处理消费者的投诉，回答消费者的问题，降低消费者的抱怨，引导消费者口碑向好的方向传播。

值得提醒的是，赢得知名度只需要投入大量资金，进行密集性广告轰炸，短期内就能形成效果。而赢得口碑，一定要把各项基础工作做得非常细致到位并持之以恒，只有产品和服务水平超过顾客的期望，才能得到他们的推荐和宣传，而那些领先于竞争对手或别出心裁的服务和举措，更会让消费者一边体验快乐，一边绘声绘色地传播。

九、网络视频营销

网络视频营销是指企业将各种包含产品或品牌信息的视频短片以多种形式放在互联网上，通过网民的力量实现自发传播，以达到一定宣传目的的营销手段。网络视频营销的形式类似于电视视频短片，但平台却在互联网上。视频与互联网的结合，让这种创新营销形式具备了两者的优点，即它具有电视短片的种种特征，例如感染力强、形式内容多样、肆意创意等，又具有互联网营销的互动性、主动传播性，以及传播速度快、成本低廉等优势。

一段有效的营销视频包含以下必备元素：一是引人入胜的标题、关键词及标签；二是下一步的行动指南(企业希望观众看完视频后的后续动作)；三是用户分享视频能获得利益；四是确保视频便于在开放平台分享；五是确认视频具备即时分享及嵌入等功能。

十、数据库营销

1. 数据库营销的含义

数据库营销(Database Marketing)是企业通过收集和积累会员(用户或消费者)信息，经过分析筛选后针对性地使用电子邮件、短信、电话、信件等方式进行客户深度挖掘与关系维护的营销方式。数据库营销是以与顾客建立一对一的互动沟通关系为目标，并依赖庞大的顾客信息库进行长期促销活动的一种全新的销售手段。它是一套内容涵盖现有顾客和潜在顾客，可以随时更新的动态数据库管理系统。数据库营销的核心是数据挖掘，它可以收集和管理大量的信息，呈现出顾客的基本状态，以便企业进行消费者分析，确定目标市场，跟踪市场领导者以及进行销售管理等，是协助规划整体营销计划和计划、控制和衡量传播活动的有力工具。

简单来说，数据库营销是为营销数据创建数据库，并根据对数据库内数据的分析，进行市场营销活动的一种营销推广手段。

2. 数据库营销的作用

(1) 选择和编辑顾客数据。收集、整理顾客的数据资料，构建顾客数据库。收集顾客的数据应包括顾客个人资料、交易记录等信息。

(2) 选择适当的消费者。有针对性地进行沟通，提高反馈率，增加销量，从而降低营销成本。

(3) 为使用营销数据库的公司提供消费者的信息，应用于邮件、电话、销售、服务、顾客忠诚计划和其他方法。

(4) 反击竞争者。数据库可以反映出与竞争者有联系的顾客特征，进而分析竞争者的优劣势，以改进营销策略，提供比竞争者更好的产品和服务，增进与顾客的关系。

(5) 及时的营销效果反馈。利用数据库可以分析市场活动的短期和长期效果，并提出改进方法。

3. 数据库营销的运营

一般来讲，数据库营销需经历数据采集、数据存储、数据处理、寻找理想消费者、使用数据、完善并更新数据这六个基本过程。

(1) 数据采集。数据库数据一方面通过调查消费者消费记录以及促销活动的记录获得，另一方面利用公共记录的数据获得，如人口统计数据、医院婴儿出生记录、患者记录卡、信用卡记录等。

(2) 数据存储。将收集的数据存储，并建立数据库。

(3) 数据处理。运用统计技术，利用计算机进行数据整理。

(4) 寻找理想消费者。根据消费者的共同特点，建立某产品的消费模型。

(5) 使用数据。将数据库的数据用于营销活动，如开发消费者感兴趣的新产品，制作比较有效的广告，根据消费记录判定的消费者的消费档次和品牌忠诚度。

(6) 完善并更新数据库。

十一、许可 E-mail 营销

EDM 营销(Email Direct Marketing，EDM)，即 E-mail 营销、电子邮件营销。企业通过 EDM 建立同目标顾客的沟通渠道，向其直接传达相关信息，达到促进销售的目的。EDM 有多种用途，可以发送电子广告、产品信息、销售信息、市场调查、市场推广活动信息等。

许可 E-mail 营销是指在用户事先许可的前提下，通过电子邮件的方式向目标用户传递有价值信息的一种网络营销手段。

E-mail 营销具有应用范围广、针对性强、反馈率高、操作简单、信息量大、保存期长、成本低廉等特点。所以通过 E-mail 投放的企业广告内容不受限制，适合各行各业，具有长期的宣传效果，并且收藏和传阅非常简单方便。

十二、O2O 立体营销

O2O 立体营销是基于线上(Online)、线下(Offline)全媒体深度整合营销，以提升品牌价值转化为导向，运用信息系统移动化，帮助品牌企业打造全方位渠道的立体营销网络。它根据市场大数据(Big Data)分析制定出一整套完善的多维度立体互动营销模式，从而使企业以全方位视角，针对受众需求进行多层次分类，选择性地运用报纸、杂志、广播、电视、音像、电影、网络、移动端在内的各类传播渠道，以文字、图片、声音、视频、触碰等多元化的形式进行深度互动融合，涵盖视、听、光、形象、触觉等人们接受资讯的全部感官，对受众进行全视角、立体式的营销覆盖，帮助企业打造多渠道、多层次、多元化、多维度、全方位的立体营销网络。

学习任务3　网络营销策划

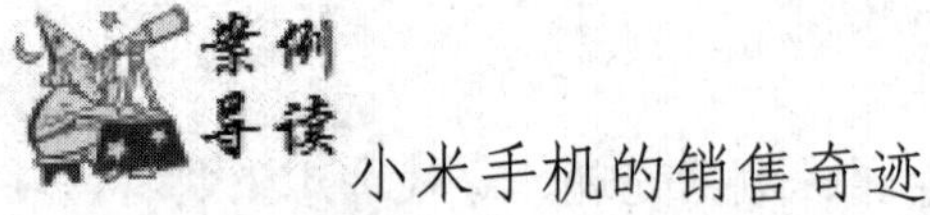

小米手机的销售奇迹

毫无疑问，2011年12月18日对于很多人来说是平凡得不能再平凡的日子，但对所有小米人来说却是创造奇迹的一天。2011年12月18日零时，轰动全球的小米手机正式上线销售，仅仅过了三个小时，小米将备货的10万台手机销售一空。2012年的“双11”，小米手机三分钟销售破亿，24小时销售额达5.5亿；2012年销售额超过100亿；2013年销售额超过300亿，年增幅高达140%；2014年小米售出6112万台手机，增长227%，销售额为743亿，增长135%；2015年全年小米手机销量超7000万。如今，小米已成为全球商业史上成长最快的公司。

推销自己是雷军(小米科技创始人、董事长兼首席执行官，金山软件公司董事长)营销的第一步，他完全依靠互联网销售手机，用虚拟的方式激发消费热情，用微博、QQ、微信等社交网络作为手机大卖场。新浪微博，5万台小米手机2.5分钟售罄；QQ空间，10万台红米手机90秒卖完；微信专场，15万台小米3在9分55秒内被抢购一空。小米千万级的粉丝规模，支撑了他的营销神话。

小米手机联合创始人、副总裁黎万强在接受《21世纪经济报道》采访时表示：“小米绝不止是营销的成功，同时小米的营销也不是外界所理解的营销，如发微博、转微信等简单动作，而是有一整套互联网逻辑的驱动——从产品开发、营销，到服务，用户全程参与。”从某种意义上来说，小米卖的不是手机，是参与感。

小米手机之所以创造销售奇迹，主要原因有两个：一是极致的产品体验，实现的手段是“铁人三项”，即雷军所说的软件＋硬件＋互联网；二是互联网驱动，包括营销互联网化、渠道互联网化、供应链管理互联网化。雷军的总结为“专注、极致、口碑、快”。

小米手机创造销售奇迹的营销秘诀可以总结为以下几点。

1. 领军人物决定企业格局

作为企业的领军人物至少应满足以下两个条件：一是领军人物必须是本行业、本领域公认的杰出人物，必须出类拔萃；二是领军人物必须具备成为一个团队核心和灵魂的能力。这就要求领军人物是杰出性和引领性相统一的帅才和将才，不仅自身要优秀，所带领的队伍也是优秀团队。作为金山软件公司董事长、小米科技创始人的雷军恰恰具备了上述条件，同时，他还非常重视其在团队中的协调、整合能力，尤其是在团队中发挥的核心与灵魂作用，能够充分调动集体的力量，做出突出成就。

2. 选择大于努力

现在年轻人出门必备三件东西：钱包、手机、钥匙，其中手机的市场容量最大；互联网主要消费群体在18～35岁之间，这也是手机的主流用户群体。

雷军有巨大的互联网免费推广资源渠道，这是因为早在2010年MIUI论坛(即小米论坛)的注册用户就已超过100万。他们遍布于全球数十个国家，成为了小米手机的第一批“粉丝”。到2014年底，小米论坛注册用户已经超过1000万，每天有100万用户在里面讨论，日发帖量达20多万，微博账号有200多万粉丝，微信账号订阅数为256万，每天在微信上的用户互动信息有3万多条，小米QQ空间认证账号的粉丝数超过1000万。

3. “米粉”经济学

2009年，雷军二次创业成立小米科技公司，第一个产品是MIUI操作系统。黎万强当时负责MIUI业务，雷军问他：“阿黎，能不能不花钱做到100万用户？”不花钱怎么拉到用户？唯一的办法就是在论坛做口碑。在雷军的重压下，黎万强开始带领团队泡论坛、灌水、发广告、寻找资深用户。

黎万强从最初的1000个人中选出100个作为超级用户，参与MIUI的设计、研发、反馈。这100人成为MIUI操作系统的“星星之火”，也是最初的“米粉”。后来做手机，小米走的是同样的套路，在“零预算”的前提下，黎万强建立起了小米手机的论坛，最终成为“米粉”的大本营。

不同的是，MIUI起家时一穷二白，而2010年准备做小米手机时，MIUI论坛的注册用户已经超过100万。目前在小米论坛上有几个核心的技术板块：资源下载、新手入门、小米学院，后来又增加了生活方式板块，有酷玩帮、随手拍、爆米花等(如图4.5所示)。“米粉”可以通过论坛参与产品的调研、开发、测试、传播、营销、公关等多个环节。微博在2010年开始流行，小米粉丝的阵地也顺理成章地从论坛向微博覆盖。雷军后来曾这样总结说：“微博的崛起帮助了小米，小米赶上了这一势头。”

图4.5 小米社区主页

除了线上活动外，还有更为强大的线下活动平台，即同城会。目前“米粉”的同城会已经覆盖31个省市自治区，各同城会会自发搞活动。小米官方则每两周都会在不同的城市举办小米同城会，根据后台分析决定同城会的举办顺序，在论坛上登出宣传帖后用户报名参加，每次活动邀请30～50个用户到现场与工程师做当面交流。

黎万强说，“米粉”文化类似车友会，后者是因为车这个共同爱好而聚在一起，然后组织各种形式的线下活动，而“米粉”是因为小米手机聚在一起，在线上讨论，在线下组织活动，甚至做公益事业。

此外，小米还设立了“米粉节”，是与用户一起狂欢的 Party。这是“米粉”的节日，在每年的“米粉节”活动上，雷军都会与“米粉”分享新品，沟通感情。

“米粉”是小米手机最忠实的用户，“米粉”中重复购买 2～4 台手机的用户占 42%。

4. 势能决定事能

在业内有句经典名言：高手造势、低手做事。造势，是网络营销的最高境界，可以不用销售而产生销售。雷军和他的团队用了半年多的时间集中在网络媒体上进行饥饿营销，为小米的产品造势。

5. 资格营销改变乾坤，成交型网站显威力

可能很多人都听说过商家求客户购买商品，但很少听说过顾客求商家卖商品。在小米手机的销售过程中，雷军把资格营销做到了极致，用户只有通过预约才有优先购买权，吊足了手机发烧友的胃口，如图 4.6 所示。

图 4.6　小米手机主页

6. 产品品质“最”

有好的营销策略也得有好的产品。雷军一开始就把小米手机定位为中国“最牛”的手机：双核、RAM 和 ROM 容量最大、后置和前置摄像头像素配置最高、待机时间最长、性价比最高(销售 1999 元人民币)、最人性化(比 IOS 更适合中国消费者的安卓系统)等。

7. 社会化营销铺天盖地

论坛、微博并不是小米社会化营销的全部，因为还有微信、QQ 空间等。为了迅速占领年轻人主流市场，小米采用了立体式的运作模式，不仅利用传统的手机测评、试用、评论、推荐等营销手段，还利用了事件策划、微博、网盟、异业推广、论坛管理、软文等营销手段，用一句话来概括，即凡是你想到或者没想到的传播方式，小米都用了。这一切都在改变小米的网络通路，这种爆炸式裂变传播让小米手机在上市前 3 个月就得到了史无前例的业内关注。

黎万强说，小米对不同社区渠道有比较明确的分工，简单说就是“微博拉新、论坛沉

淀、微信客服”。微博的强传播性适合在大范围人群中做快速感染、传播，获取新用户；论坛适合沉淀、持续维护式的内容运营，保持已有用户的活跃度；而微信则是一个超级客服平台。

小米借助话题和活动，让用户产生参与感。黎万强列举了几个活动，其一是“150 克青春”，话题发布后，所有人都在讨论：“传说人的灵魂是 21 克，为什么是 150 克呢？”。在青春版手机发布时，答案正式揭晓——150 克是青春版的小米手机重量。该次活动共有 200 多万转发，100 多万的评论，黎万强事后很得意：“这是不花一分钱的结果。”另一个活动则是“我是手机控”，2011 年 8 月，小米手机在微博上发布了这一活动，雷军在微博里率先炫耀自己的“藏品”，用户的怀旧情绪和炫耀心理被激发了出来，在很短的时间内就有 100 万用户参与了活动，同样没有花一分钱。另外，小米社区还举行过“智勇大冲关”活动，比拼谁更了解小米手机的相关参数，优胜者可以获得小米社区的勋章、积分等奖励，参与人次为 1800 万，被激发的同样是人们的炫耀心理。红米手机发布前，小米携手 QQ 空间联合搞活动，让大家猜测产品是什么，有 650 万人参与此活动，有 750 万用户预约，首批 10 万台红米手机在 90 秒内售完。

这是小米在社会化营销中创造的奇迹，黎万强这样解读这一奇迹背后的社会心理基础：“这并非只是利用人类的炫耀心理，而是人类自我认知、自我表达的基本需求之一。炫耀与存在感是后工业时代和数字时代交融期，在互联网上最显性的群体意识特征。”

在小米论坛上，用户可以决定产品的创新方向或者功能的增减，小米公司为此设立了“爆米花奖”，每周的周二，小米会根据用户对新功能的投票产生上周做得最好的项目，然后给予员工奖励，颁发“爆米花奖”。同时，众多“米粉”参与讨论产品功能，以便在下一个版本中做改进。这种将员工奖惩直接与用户体验反馈挂钩的完整体系，确保员工的所有驱动不是基于大项目组或者老板的个人爱好，而是用户的需求。这个活动已经持续了三年多，至今一直深刻影响着小米产品的设计和完善。黎万强说：“每周五开发版发布，MIUI 社区的点击数都达几十万至上百万。此前一周或者两周，用户会跟我的产品经理、团队一起在论坛上讨论，到底想要什么功能，到底这个功能做得好不好。”

在整个产品开发过程中，无需小米主动引导，很多核心用户就能够清楚地知道手机的电话功能是哪位工程师做的，短信的功能是谁做的，做得好会说“牛逼”，做得不好会说“滚蛋”。

海尔集团董事局主席张瑞敏认为：“未来的生产制造是并行的，即开发者、消费者、供应链伙伴、销售渠道、售后服务等在产品设计阶段即参与进来，参与开发、设计、生产制造、销售、服务等整个产品周期；与之相对应，过去的生产制造是串行的，开发者、消费者、供应链、渠道、售后服务是割裂的，只参与某个环节。”而并行模式和全产品周期参与正是小米的秘诀——小米公司、“米粉”、小米供应商、小米电商(www.mi.com)工作人员、小米售后人员等全程参与小米手机生产的所有环节，且各个环节的参与者之间高频度互动、高度参与。

从这种意义上来说，小米卖的不是手机，卖的是参与感，通过互动、口碑模式将更多的人裹挟进入小米发起的这场“人民战争”。

思考：

1. 从小米手机营销案例中能够得到哪些启示？

2. 哪些企业最容易开展网络营销活动？

网络营销策划(The Network Marketing Plan)就是为了达成特定的网络营销目标而进行的策略思考和方案规划的过程，是网站推广和网上销售的重要手段，有对客户服务的支持，对线下产品销售的促进以及对公司品牌拓展的帮助等网络营销表现。

一、网络营销策划的原则

1. 系统性原则

网络营销是以网络为工具的系统性的企业经营活动，它在网络环境下对市场营销的信息流、商流、制造流、物流、资金流和服务流进行管理。因此，网络营销方案的策划是一项复杂的系统工程，策划人员必须以系统论为指导，对企业网络营销活动的各种要素进行整合和优化，使“六流”皆备，相得益彰。

2. 创新性原则

网络为顾客对不同企业的产品和服务所带来的效用和价值进行比较带来了极大的便利。在个性化消费需求日益明显的网络营销环境中，通过创新来构造和顾客的个性化需求相适应的产品特色和服务特色，是提高效用和价值的关键。创新带来特色，特色不仅意味着与众不同，而且意味着额外的价值。在网络营销方案的策划过程中，必须在深入了解网络营销环境尤其是顾客需求和竞争者动向的基础上，努力营造旨在增加顾客价值和效用且受顾客欢迎的产品特色和服务特色。

3. 操作性原则

网络营销方案的可操作性表现为：在网络营销方案中，策划者根据企业网络营销的目标和环境条件，就企业在未来的网络营销活动中做什么、何时做、何地做、何人做、如何做的问题进行了周密的部署、详细的阐述和具体的安排。也就是说，网络营销方案是一系列具体的、明确的、直接的、相互联系的行动计划指令，一旦付诸实施，企业的每一个部门、每一个员工都能明确自己的目标、任务、责任以及完成任务的途径和方法，并懂得如何与其他部门或员工相互协作。

4. 经济性原则

成功的网络营销策划，应当是在策划和方案实施成本既定的情况下取得最大的经济收益，或花费最小的策划和方案实施成本取得目标经济收益。

5. 协同性原则

网络营销策划应该是如口碑营销、事件营销、微信营销、新闻传播、微博传播、整合营销等各种营销手段的应用，而不是方法的孤立使用，诸如论坛、博客、微信、社区、网媒等资源要协同应用才能真正达到网络营销的效果。

二、网络营销策划策略

1. 品牌策略

网络品牌建设以企业网站建设为基础，通过互联网来快速树立品牌形象，并提升企业

整体形象。在一定程度上讲，网络品牌的价值甚至高于通过网络获得的直接收益。

2. 产品策略

产品是指某种有形的劳动产物，如服装、家具、电视机等。从市场营销学观点来看，市场营销过程不单是推销产品的过程，而是一个满足顾客需求的过程，顾客的需求是多方面的，不但有生理和物质方面的需要，而且还有心理和精神方面的需求。一般来说，网络营销和传统营销在产品的概念上并没有本质的差别，它们都是一个整体，具有三层内容，即核心利益或服务、有形产品和附加产品。

1) *核心利益或服务层次*

核心利益或服务层次是满足顾客需求的核心内容，是顾客要购买的实质性的东西。核心利益或服务是指产品能够提供给消费者的基本效用或益处(使用价值)，也是消费者真正想要购买的基本效用或益处，消费者的绝大部分需求都是由该层次满足的，例如消费者购买空调是为了调节室内气温等。企业在设计和开发产品核心利益时要从顾客的角度出发，同时要针对全球性市场的需求，在推广产品时，也要注意网络营销的全球性。

2) *有形产品层次*

有形产品层次是产品的具体物质形态，由企业的设计和生产人员将核心利益或服务通过一定的载体转化为有形的物体而表现出来。它包括产品的质量水平、外观式样、功能、款式、特色、品牌、商标和包装等。这些是消费者购买产品时第一时间接触到的，会影响到消费者对产品的第一印象，从而影响其做出购买决策。在网络营销中，消费者不能像传统营销那样，亲身接触到产品的外观和实体，首先接触的是网络信息，无论网络提供的信息多么翔实，都无法替代消费者亲身接触产品的真实感受，这会使消费者非常谨慎地做出购买决策。因此，必须保障品质，注重产品的品牌，注意产品的包装，在式样和特征方面要根据不同地区的文化来进行针对性加工。

3) *附加产品(期望产品、延伸产品和潜在产品)层次*

附加产品层次是指顾客在购买产品时所得到的附加服务或利益，譬如提供信贷、质量保证、免费送货安装、售后服务等，主要是帮助消费者如何更好地使用核心利益和服务。在网络营销中，顾客处于主导地位，消费呈现出个性化的特征，不同的消费者对产品的要求可能不一样。因此，产品的设计和开发必须满足顾客个性化的消费需求，要注意提供满意的售后服务、送货、质量保证等，同时还要注意潜在顾客的需求。

美国著名管理学家李维特曾指出：新的竞争不在于工厂里制造出来的产品，而在于工厂外能否给产品加上包装、服务、广告、咨询、融资、送货、保管或顾客认为有价值的其他东西。例如海尔提出“您来设计我实现”，消费者可以通过海尔的网站提出自己的个性需求，如性能、款式、色彩、大小等，海尔根据消费者的特殊要求进行产品设计和生产。因此，对于物质类产品，企业的设计、生产和供应等环节必须实行柔性化的生产和管理，而对于无形产品如服务、软件等，企业必须根据顾客的需要来提供个性化服务。

3. 价格策略

产品的销售价格直接关系着市场对产品的接受程度，影响着市场需求量的大小和企业利润的多少。不同企业、不同产品、不同市场、不同时期都有不同的营销目标，因而也有不同的定价策略。一般企业的定价目标有：以维持企业生存为目标；以获取当前理想的利润为目标；以保持和提高市场占有率为目标；以应付或抑制竞争为目标；以树立企业形象为目标。在网络营销中，由于信息的开放性，消费者很容易掌握同行业各个竞争者的价格，同时，人们在网上购物的一个很大的原因就是冲着产品的低价而来。因此，目前网络营销产品的定价一般都较低，甚至是免费的。

4. 促销策略

促销的目的是为了增加销售量，网络营销也不例外。网络促销是指利用现代化的网络技术，包括网络广告、销售促进、站点推广和关系营销等，向虚拟市场传递有关商品和服务的信息，以激发需求，引起消费者的购买欲望和购买行为的各种活动。

5. 渠道策略

营销渠道是指与提供产品或服务以供使用或消费这一过程有关的一整套相互依存的机构，它涉及信息沟通、资金转移和事物转移等。网上销售渠道就是借助 Internet 将产品从生产者转移到消费者的中间环节，应该本着让消费者方便的原则而设置。因此，为了促进消费者购买，应该及时在网站发布促销信息、新产品信息、公司动态，同时为了方便消费者购买，还要提供多种支付方式。

6. 客户服务策略

客户对公司的生存至关重要。为了在竞争中取胜，唯一的途径就是认真了解客户的需求，树立“以客户为中心”的思想，多方面采集客户信息，把销售、服务与经营的各个方面整合到一起，改善客户关系，提高客户的满意度和忠诚度，并从现有客户身上获取更大利润。在市场规模急剧扩大，市场竞争日趋白热化和全球化的今天，谁能准确把握住客户的需求，谁就会获得捷足先登的优势地位；谁能尽善尽美地服务于客户，谁就能永久留住客户的心。只有良好的客户关系才能使企业在竞争激烈的市场环境下获得相对丰厚的回报。网络营销与传统营销模式的不同就在于它特有的互动性，借助 QQ、微信、阿里旺旺等即时通讯工具可以和用户进行一对一的交流。

1．你对网络营销了解多少？企业为什么要进行网络营销活动？
2．你对网络营销的方式和工具了解多少，还能够找到哪些？
3．网络营销策划策略有哪些？

1．登录一些企业网站，如海尔、联想等，详细了解它们的网络营销策划策略。
2．走访一家或几家企业，尝试为该企业做个网络营销策划方案。

项目五

电子商务网络技术应用

★导读★

21世纪是一个以数字化、网络化与信息化为核心的信息时代。作为信息时代一种新的贸易形式，电子商务的实现与发展需要网络和信息技术的支持。

本章将带你走进互联网的世界，了解电子商务所涉及的基本技术，以及互联网的应用。

课堂速记

学习任务1　互　联　网

案例导读

李克强：互联网是人类最伟大发明之一

“世界因为互联网变‘小’了，也因为互联网变‘大’了。”2014年11月20日，李克强总理在杭州首届世界互联网大会上如此阐述他眼中的互联网。

当天下午，李克强总理在杭州会见出席首届世界互联网大会的中外代表，并同他们座谈。总理说：“我们说世界变平了，一个很重要的原因就是互联网的诞生。互联网的诞生，缩短了我们地理空间的距离和信息传递的时间，让世界在全球化的浪潮中‘变小’，成了地球村。但另一方面，互联网创造了各种各样的产业、文化和新兴业态，给人类经济发展、社会生活带来了巨大变化，让世界所蕴藏的发展潜力变得越来越‘大’”。

交流中，李克强总理感慨道：“20年前中国刚接入国际互联网的时候，恐怕没有人想到，互联网会在今天如此深刻地影响中国经济社会发展和人们的生活。”他说，“目前中国有7亿网民，6亿人通过手机等移动终端上网，还有越来越多人投身到互联网建设当中，带来了巨大的消费的市场，也提供了众多创业的机会和创新的平台。更重要的是，互联网圆了很多年轻人发展事业的梦想，让他们在网上一边工作一边享受生活，一边创造财富，一边实现人生的价值。”互联网不仅是工作、学习的工具，也是一种生活的方式，人们的很多思维习惯都因为网络而改变。他强调：“互联网是人类最伟大的发明之一！依托于互联网经济的新兴业态，将会培育出中国经济发展的新‘发动机’”。

会上，李克强总理谈到了前一天考察浙江义乌“网店第一村”的场景。“昨天我去了义乌的一个村庄，那里聚集了很多外来人口，利用各种各样的电子商务平台进行交易，这就是网络带来的变化——一个人，无论是来自繁华城市还是偏僻乡村，都能享受到消费的权利，也会有平等的就业创业机会，共享社会公平。我跟几位网店店主交流时发现，他们不仅卖商品，也为客户做新设计，提供多样化的服务。对他们而言，开网店不仅是谋生，也是一种生活方式，而且这种生活方式正在成为一种新的生活潮流。中国正在进入这样的新时代。”他说，“今年以来，中国经济在增速放缓的情况下，就业率不降反增，重要原因是进行了政府的自身改革，推出了一

系列简政放权举措，引发小微企业、个体户井喷式增长。而这些企业、商户中多数人的经营业务都是依托于互联网展开。可以说，依托于互联网经济产生的新兴业态，为大众创业、万众创新形成了有力支撑。”李克强总理说，“13亿中国人，八九亿劳动力，这其中如果有越来越多的人依托新业态发展，就会培育出中国经济发展的新‘发动机’，也必将会对社会发展、人民进步造成深刻影响”。

人类在迅速进入大数据、云计算的时代，我们的思维方式从“利我”变成了“利他”，任何东西都可转化，任何消费都讲求体验，这将会对未来20年人类生活的方方面面产生巨大影响。

“可以说，活力和秩序是互联网的‘两翼’。没有活力，互联网就没有生机和魅力；离开了秩序，互联网也就没有了安全和信任。”李克强总理说，“我上午在义乌国际商贸城的交易大厅里看到一幅大标语：诚信是商品市场的生命。我想借他们的话说，诚信是电子商务的生命，信任和安全是互联网发展的保障”。

“互联网是开放的，也应该是透明的，更应该会是安全的。这需要每个参与互联网的国家都能够平等构建一个共同遵守的协议，使我们的游戏有规则，竞争可以公平。”

在座谈会议即将结束时，李克强总理以杭州著名的“钱塘潮”鼓励参会者，“互联网发展就像‘钱塘潮’一样，是人类经济社会发展的大潮流。”他说，“希望你们继续站在‘潮头’，成为互联网潮流的‘弄潮儿’、引领者!”

【思考】你认为互联网能否对未来20年人类生活的方方面面产生巨大影响?

1989年3月，当物理学家蒂姆·伯纳斯·李向欧洲核研究组织提交文件建议共享计算机信息数据时可能没有想到，他的建议竟促成了全球互联网的发明，更没有预料到后来这20多年信息业的飞速发展。当年，伯纳斯·李的建议只不过是想在他工作的实验室建立一个小型网络，使所有工作人员都能获取存储在计算机中的数据。他的建议虽然模糊但却引起了上司的兴趣并获得鼓励将设想付诸实施，这成为建立未来全球互联网的基础。在过去的20多年中，随着新设备的发明和新想法的涌现，互联网不断地进步，如今网络已经对社会产生了深远影响，改变每个人的生活。毫无疑问，在未来，“上网”将是生活的基本需求，甚至有人设想，21世纪末判断人贫富的标准将是他联网能力的大小而不是财富的多少。

一、互联网与互联网发展

1. 互联网

互联网(Internetwork，简称Internet)又称因特网，是全球性的网络。互联网将两台或两台以上的计算机终端、客户端、服务端通过计算机信息技术的手段互相联系起来，人们可以与远在千里之外的朋友相互发送邮件、共同完成一项工作、共同娱乐。互联网也是一种公用信息的载体。

互联网是当今世界规模最大、信息资源最丰富、最开放的，由成千上万个网络及上亿台计算机相互连接而成的全球计算机网络，是具有提供信息资源查询和信息资源共享的信息超级市场。

2. 互联网发展史

互联网始于1969年的美国，是美国国防部DOD(Department of Defence)高级研究计划局ARPA(Advanced Research Project Agency，美国国防部研究计划署)于1968年主持研制的用于支持军事研究的计算机实验网ARPAnet(阿帕网)。

20世纪60年代中期，正处于冷战的高潮，美国国防部认为应利用电路交换网来支持核战时的命令和控制信息传输，因为线路或者交换机的故障可能导致整个网络的瘫痪，造成信息传输的中断，因此希望能够建立一种高冗余、可迂回的新网络来满足需求，即帮助那些为美国军方工作的研究人员通过计算机交换信息，且交换过程中网络要能够经得住故障的考验而维持正常工作，当网络的某部分因受攻击而失去作用时，网络的其他部分仍能维持正常通信。

1969年6月，美军在ARPA制定的协议下将美国西南部的大学UCLA(加利福尼亚大学洛杉矶分校)、Stanford Research Institute(斯坦福大学研究学院)、UCSB(加利福尼亚大学)和University of Utah(犹他州大学)的四台主要的计算机连接起来，称为ARPAnet(国防研究项目的高级研究计划网络：Advanced Research Projects Network)，以连接有关高校、研究机构和国防工程承包商的电脑系统，这是最早的电脑互联网络。这个协议由剑桥大学的BBN和MA执行，在1969年12月开始联机。构建计算机网络，是为了解决相距数千里但又需要共同工作的计算机之间的通信这个关键性问题。

1974年文顿·瑟夫和卡恳(Cerf.V和KaHN.R)提出了TCP/IP协议。TCP/IP协议集在ARPAnet上的应用，使得ARPAnet成为初期Internet的骨干网。

1975年夏天，ARPAnet结束试验阶段，网络控制权交给美国国防部信息系统局(DCA)，DCA在ARPAnet基础上组建了美国国防数据网(DDN)。

1976年，ARPAnet发展到60多个结点，连接了100多台主机，跨越整个美国，并通过卫星连至夏威夷，触角伸至欧洲，形成了覆盖世界范围的通信网络。

1978年，UUCP(UNIX和UNIX拷贝协议)在贝尔实验室被提出来。

1979年，在UUCP的基础上新闻组网络系统发展起来。

1980年左右，DARPA开始致力于互连网技术(The Interneting Project)的研究，其研究成果被简称为Internet。

1985年美国国家科学基金会(National Science Foundation，NSF)筹建了六个拥有超级计算机的中心，1986年资助形成NSFnet，连接所有的超级计算机中心，同时还对各地的科研协会进行资助，形成区域网，鼓励学校和研究部门就近连入区域网，共享超级计算机中心的资源。

1989年，Tim Berners和其他在欧洲粒子物理实验室的工作人员提出了一个直到1991年后才称为World Wide Web的分类互联网信息协议。

1991年，第一个连接互联网的友好接口在Minnesota大学被开发出来。

1992年美国政府提出“信息高速公路”计划，进一步加强对Internet的资金支持，并取消商业性应用的禁令。1992年7月开始电子邮件服务，1992年11月开展了全方位的网络服务。

从1995年起，Internet主干网转由企业支持，AOL(美国在线)、Prodigy和CompuServe(美国在线服务机构)也开始了网上服务。

1998年6月，微软推出浏览器和Win98操作系统，互联网进入快速成长阶段。

3. 互联网发展阶段

互联网发展到现在，主要经历了三个大的阶段，并即将经历第四个阶段(以主要流量来源和用户行为目标为划分依据)，即第一阶段是传统网络，主要是传统的网站当道，这个阶段持续了十几年。第二阶段主要是网站和内容流型社交网络并存，这个阶段目前已趋于尾声，已经持续了七八年。第三阶段则是网站弱化、移动 APP 与消息流型社交网络并存的阶段，这个阶段目前正在发生，已持续有两三年了。第四阶段则是即将发生的，超级 APP 将以用户为基础，承载一切的内容与服务，最终完成互联网信息的全面整合。互联网每一个阶段的具体发展模式如下所示：

1) 第一阶段

在第一个阶段，各种传统的互联网网站以“内容为主、服务为辅”为主要形态，而其内容提供方式则主要是信息块，有部分信息流。它的特点是，通过静态网站来实现内容的展示。这个阶段的内容发现机制是通过搜索引擎做内容聚合来实现的，用户通过搜索引擎寻找内容，使得搜索引擎成为事实上的互联网入口，并成为用户与内容的中间商。这就是李彦宏提出“中间页”战略的原因。

这个阶段的互联网缺陷相当明显：一是用户分散，没法聚焦，账号体系的缺失也导致内容作者与用户没法互动，因此不能提供持续服务；二是用户与网站各自独立且分裂，无论是内容找用户，还是用户找内容都非常困难，导致信息的流通成本很高；三是消息流的缺失导致部分服务需要跳转到沟通工具，如邮件，QQ 等，加剧了用户与内容提供方的沟通成本；四是因为这个阶段的互联网核心是基于域名的，所以用户使用成本非常高，这也间接导致了域名生意的火爆。

2) 第二阶段

第二个阶段，也就是 Web 2.0 时代，各种互联网网站与内容流型社交网络(如 Facebook、微博等)并存。这个阶段的互联网形态，仍然是以内容为主，服务为辅，而其内容与服务提供方式则主要是提供多种信息块与信息流，其中信息流以内容流为主，消息流为辅。这个阶段的内容发现机制是：内容与服务通过社交网络的统一账号直面用户，而搜索引擎不再是唯一的信息获取渠道。

在这个阶段互联网发展出现了一些改进：第一是通过信息流来提供服务与部分动态内容，取代了之前通过静态网站呈现内容的方式。第二是依托于社交网络的初步发展，用户成为互联网的中心，这也体现了“以用户为中心”的企业一般性策略。第三则同样因为社交网络的发展与聚合作用，使得用户聚焦；而统一的账号体系则为用户与内容提供商提供了持续互动的可能，从而也促进了内容提供方为用户提供更加长久的内容展示与服务的能力。第四则是动态内容的主动推送，使得内容方不会被遗忘，从而避免边缘化，而这种主动推送也节省了用户寻找内容的时间，符合人性的懒惰。因此，很多网站的流量，开始大量来自于微博等的导流了，而传统搜索引擎的价值则被弱化。

但这个阶段的互联网仍然存在很多缺陷。一是信息块的缺失导致欲展示其他信息时，仍然要跳转到其他网站。二是消息流的弱化使得交互不足，导致服务倾向于工具而不是沟通，不过在国内，依托于在线即时通讯工具 QQ 的发展，减少了因此不足导致的信息沟通成本。三是这个阶段才出现七八年，而快速发展也就最近三四年，新的工具就崛起并因此改变了用户习惯，传统社交网络面临着用户从内容流型社交网络向消息流型社交网络迁移的问题。四是这个阶段的互联网移动属性较弱。

3) 第三阶段

目前，互联网正在快速转向第三个阶段，即移动 APP 与消息流型社交网络(如微信等)并存，而传统互联网网站面临萎缩的阶段。这个阶段的主要内容形式是内容与服务并重，而且内容提供方式主要是信息流，其中以消息流为主，而以内容流为辅。这个阶段的内容发现机制是：借助于各种 APP 使用户直面服务。换句话说，APP 成为内容中心，而再无需通过搜索引擎或内容流型社交网络这两类中介了。

4) 第四阶段

第四个阶段的崛起将得益于移动互联网的深刻发展。在这个阶段，超级 APP 将会诞生，有可能完成早期搜索引擎曾经做过的事情，即成为链接中心，打造互联网统一体。

4．互联网在中国的发展历程

1) 第一阶段

第一阶段是 1986 年至 1993 年，这一阶段实际上只是为少数高等院校、研究机构提供了 Internet 的电子邮件服务。

1986 年 8 月 25 日，瑞士日内瓦时间 4 点 11 分，北京时间 11 点 11 分，由当时任高能物理所 ALEPH 组(ALEPH 是在西欧核子中心高能电子对撞机 LEP 上进行高能物理实验的一个国际合作组，我国科学家参加了 ALEPH 组，高能物理所是该国际合作组的成员单位。)组长的吴为民，从北京发给 ALEPH 的领导——位于瑞士日内瓦西欧核子中心的诺贝尔奖获得者斯坦伯格(Jack Steinberger)的电子邮件(E-mail)是中国第一封国际电子邮件。

1989 年 8 月，中国科学院承担了国家计委立项的“中关村教育与科研示范网络”(NCFC)——中国科技网(CSTNET)前身的建设。

1989 年，中国开始建设互联网，并提出五年目标，即建成国家级四大骨干网络联网。

1991 年，在中美高能物理年会上，美方提出把中国纳入互联网络的合作计划。

2) 第二阶段

第二阶段从 1994 年开始，实现了和 Internet 的 TCP/IP 连接，从而开通了 Internet 的全功能服务。

1994 年 4 月 20 日，是一个永载史册的日子。在国务院的明确支持下，经过科研工作者的艰辛努力，当时任中国科学院副院长的胡启恒向美国国家科学基金会重申连入 Internet 的要求得到许可，通过一条 64K 的国际专线，连接着数百台主机的中关村地区教育与科研示范网络工程，成功实现了与国际互联网的全功能链接，中国互联网从此与世界“接轨”，中国互联网时代自此开启。

1994 年，中国第一个全国性 TCP/IP 互联网——CERNET 示范网工程建成，并于同年先后建成中国互联网。中国终于获准加入国际互联网并在同年 5 月完成全部中国联网工作。在随后两年多的时间里，中国科技网(CSTNET)、中国公用计算机互联网(CHINANET)、中国教育和科研计算机网(CERNET)、中国金桥信息网(CHINAGBN)相继开工建设，开始了全面铺设中国信息高速公路的历程，信息时代的大门在国人面前悄然开启。

1995 年，张树新创立中国首家互联网服务供应商——瀛海威。

1998 年，CERNET 研究者在中国首次搭建 IPV6 试验床。

2000 年，中国三大门户网站搜狐、新浪、网易在美国纳斯达克挂牌上市。

2001 年，下一代互联网地区试验网在北京建成验收。

2002 年 11 月 25 日至 27 日，第一届中国互联网大会在上海国际会议中心成功举办。会议主题：互联网应用・呼唤创新。会议内容包括互联网发展政策、电子政务、电子商务、城市信息化、宽带技术与建设、网络与信息安全、互联网经营模式以及下一代互联网等议题。

2003 年，下一代互联网示范工程 CNGI 项目开始实施。

2003 年 12 月 6 日至 7 日，第二届中国互联网大会暨 2003 年中国互联网协会会员大会在北京国际会议中心举行。会议主题：透视互联网，迈向 e 时代。

在互联网正式进入中国十周年并迎来新一轮发展机遇的 2004 年，第三届中国互联网大会于 9 月 1 日至 3 日在北京国际会议中心成功召开。会议主题：构建繁荣诚信的互联网。此次大会与前两届相比在保持领导、国际国内专家和企业代表等各方深度参与及会议权威性的同时，规格、规模、质量有了明显的提升。基础网络、基础服务、应用领域等产业上下游企业和用户广泛参与其中，电信、通信、计算机、互联网服务、各个传统行业企业以及其上下游合作伙伴汇聚在这一专业平台，展开深度交流、务实合作。

在互联网先锋们的不断探索和不懈努力下，自 2003 年起，中国互联网逐渐找到了适合中国国情的盈利发展模式，互联网应用呈现多元化局面，电子商务、网络游戏、视频网站、社交娱乐等全面发展。伴随着中国互联网新一轮的高速增长，中国网民数量也不断攀升，2008 年 6 月达到 2.53 亿，首次大幅度超过美国，并跃居世界首位。

2009 年，以移动互联网的兴起为主要标志，中国互联网步入了一个新的发展时期。2012 年，移动互联网用户首次超过 PC 用户，中国网络购物规模直逼美国，成为全球互联网第二大市场。与此同时，互联网企业变得更加理性开放，传统企业也在与互联网企业的交锋中逐步走向融合共生。

2012 年，党的十八大报告明确把“信息化水平大幅提升”纳入全面建成小康社会的目标之一，并提出了走中国特色新型工业化、信息化、城镇化、农业现代化道路，促进“四化”同步发展。

2014 年 11 月 19 日至 21 日，近 100 个国家和地区的 1000 多名网络精英参加了在浙江嘉兴乌镇举办的以“互联互通・共享共治”为主题的首届世界互联网大会。

2015 年 12 月 16 日至 18 日，第二届世界互联网大会在浙江省乌镇举行。大会主题：互联互通・共享共治——构建网络空间命运共同体。全球 1200 位来自政府、国际组织、企业、科技社群和民间团体的互联网领军人物，围绕全球互联网治理、网络安全、互联网与可持续发展、互联网知识产权保护、技术创新以及互联网哲学等诸多议题进行探讨交流。中共中央总书记、中国国家主席习近平出席大会并发表主旨演讲。

国家级四大骨干网络

在我国网络开始发展的阶段，有权直接与国际 Internet 连接的网络有四个：中国科技网

(CSTNET)、中国教育科研网(CERNET)、中国公用计算机互联网(CHINANET)、中国金桥信息网(CHINAGBN)。前两个网络以科研、教育服务为目的，属于非营利性质；后两个网络以经营为目的，属于为商业性质。

中国科技网(CSTNET): China Science and Technology Network，http://www.cnc.ac.cn 由中国科学院主持建立，包括中国科学院北京地区已经入网的30多个研究所和全国24个城市的各学术机构，并连接了中国科学院以外的一批科研院所和科技单位，是一个面向科技用户、科技管理部门及与科技有关的政府部门的全国性网络，它的主要服务包括网络通信服务、信息资源服务、超级计算服务和域名注册服务等。

中国教育科研网(CERNET): China Education and Research Network，http://www.cernet.edu.cn 是在国家教育部主持下建立的，主要由清华大学、北京大学、上海交通大学、西安交通大学、华中理工大学、成都电子科技大学、华南理工大学等10所大学组成。这是一个全国性的教育科研计算机网络，把全国大部分高等学校和中学连接起来，推动这些学校校园网的建设和信息资源的交流共享，从而极大地改善我国大学教育和科研的基础环境，推动我国教育和科研事业的发展。CERNET网络由三级组成：主干网、地区网、园区网，其网控中心设在清华大学，地区网络中心分别设在北京、上海、南京、西安、广州、武汉、沈阳、成都。

中国公用计算机互联网(CHINANET)：由原邮电部(现为工业和信息化委员会)主持建设的，主要面向个人和商业用户。CHINANET的服务内容主要包括用户接入服务、网络资源分配、常见的Internet信息服务、宽带多媒体服务、商业应用和技术服务培训等。

中国金桥信息网(CHINAGBN): China Golden Bridge Network 由原电子工业部(现为工业和信息化委员会)归口管理，是以卫星综合数字业务网为基础，以光纤、微波、无线移动等方式形成天地一体的网络结构。它是一个连接国务院、各部委专用网络与各大省市自治区、大中型企业以及国家重点工程的国家经济信息网。

二、互联网的特点

Internet之所以发展如此迅速，被称为20世纪末最伟大的发明，是因为Internet从一开始就具有开放、自由、平等、合作和免费的特性。也正是这些特性，使得Internet被称为21世纪的商业聚宝盆。

(1) 开放。Internet是世界上最开放的计算机网络，任何一台计算机只要连接到Internet上，就可以实现信息资源的共享。

(2) 自由。Internet是一个无国界的虚拟自由王国，在里面信息的流动自由、用户的言论自由、用户的使用自由。

(3) 平等。人们在互联网上发布和接受信息是平等的，互联网不分地段，不讲身份，机会平等，任何人都可以在网上发表自己独到的创意。Internet不分等级，不论你是老是少，是学生、商界管理人士还是建筑工人等，都没有关系，如果你说的话听起来像一个聪明而有趣的人，那你就是这样一个人。

(4) 免费。互联网中有极为丰富的信息资源，且多数信息是可免费查阅的，如许多国内外的图书资料、电子公告板信息、商业信息等。正是这种丰富的信息资源，方便了人们

的生活、学习和工作。

(5) 合作。Internet 是一个没有中心的自主式的开放组织，其发展强调的是资源共享和双赢。

(6) 交互。互联网作为平等自由的信息沟通平台，信息的流动和交互是双向的，信息沟通双方可以平等地与另一方进行交互，而不管对方是弱还是强。人们可以随时通过网络和网友、朋友、家人进行及时的互动。

(7) 虚拟。Internet 的一个重要特点是，它通过对信息的数字化处理，通过信息的流动来代替传统实物流动，使得 Internet 通过虚拟技术具有许多传统现实中才具有功能。

(8) 个性。Internet 作为一个新的沟通虚拟社区，引导的是个性化的时代，只有有特色的信息和服务才可能在 Internet 上不被信息的海洋所淹没。

(9) 全球。环球通讯是互联网最基本的特点，互联网是全球信息传播覆盖范围最大的传播方式。Internet 从一开始商业化运作就表现出无国界性，信息流动是自由且无限制的。因此，Internet 从诞生时就是全球性的产物。

(10) 持续。Internet 是一个飞速旋转的涡轮，它的发展是持续的。互联网的发展给用户带来的价值，推动着用户寻求新的需求，新的需求又对推动互联网发展带来更多价值。

(11) 方便快捷。与一般媒体相比，互联网的信息检索更为方便快捷，信息更新更快，传输也更为迅速。

(12) 多媒体。互联网已经把网络通信和多媒体技术融为一体，实现了文本、声音、图像、动画、电影等信息的传输和应用，如网上视频点播、远程教育等，这些技术的应用为互联网的发展提供了强大的动力。

(13) 超越时空。人们在网上聊天、看电影、听音乐、看新闻、玩游戏、查阅消息、利用互联网工作与学习，在互联网进行广告宣传和购物等都不必受时间和空间的限制。

三、TCP/IP 协议与 IP 地址

1. 网络协议

网络上的计算机之间是如何交换信息的呢？就像我们说话用某种语言一样，在网络上的各台计算机之间也有一种语言，这就是网络协议。不同的计算机之间必须使用相同的网络协议才能进行通信。所谓网络协议是指网络上所有设备(网络服务器、计算机及交换机、路由器、防火墙等)之间通信规则的集合，它规定了通信时信息必须采用的格式和这些格式的意义。例如，网络中一个微机用户和一个大型主机的操作员进行通信，由于这两个数据终端所用字符集不同，因此双方所输入的命令彼此不认识，为了能进行通信，规定每个终端都要将各自字符集中的字符先转换为标准字符集的字符后，才进入网络传送，到达目的终端之后，再转换为该终端字符集的字符。常见的网络协议有：TCP/IP 协议、IPX/SPX 协议、NetBEUI 协议等。

(1) TCP/IP(Transmission Control Protocol/Internet Protocol)协议。TCP/IP 协议是传输控制协议(TCP)和互联网协议(IP)，又名网络通讯协议，是 Internet 最基本的协议，也是 Internet 国际互联网络的基础，由网络层的 IP 协议和传输层的 TCP 协议组成。TCP/IP 定义了电子设备如何连入 Internet，以及数据如何在它们之间传输的标准。通俗而言：TCP 负责发现传

输的问题，一有问题就发出信号，要求重新传输，直到所有数据安全正确地传输到目的地，而 IP 是给 Internet 的每一台电脑规定一个地址。

(2) IPX/SPX(Internetwork Packet Exchange/Sequential Packet Exchange)协议。IPX/SPX 是互联网数据包交换/顺序数据包交换协议，由 Novell 提出的用于客户/服务器相连的网络协议，主要用于 NetWare 网络操作系统的连接。

(3) NetBEUI(NetBIOS Enhanced User Interface)协议。NetBEUI 是网络基本输入输出系统扩展用户接口，由 IBM 于 1985 年提出，主要为 20～200 个工作站的小型局域网设计，用于 Windows For Workgroups 及 Windows NT 网及最新的 Windows 系统。NetBEUI 是一个紧凑、快速的协议，但由于其没有路由能力(即不能从一个局域网经路由器到另一个局域网)，所以不能适应较大的网络。

2. HTTP、S-HTTP、Telnet、FTP 协议与 URL

(1) HTTP 协议(HyperText Transfer Protocol，超文本传输协议)，是用于从 WWW 服务器传输超文本到本地浏览器的传送协议。它可以使浏览器更加高效，使网络传输错误减少，不仅能保证计算机正确快速地传输超文本文档，还能确定传输文档中的哪一部分以及该部分哪一块内容首先显示(如文本先于图形)等。

(2) S-HTTP 协议(Secure Hypertext Transfer Protocol，安全超文本传输)，是一种结合 HTTP 而设计的消息的安全通信协议，使用 https://代替 http://。S-HTTP 协议为 HTTP 客户机和服务器提供了多种安全机制，这些安全服务选项适用于 Web 上各类用户，还为客户机和服务器提供了对称能力(及时处理请求和恢复，及两者的参数选择)，同时维持 HTTP 的通信模型和实施特征。S-HTTP 不需要客户方的公用密钥证明，但它支持对称密钥的操作模式，这意味着在没有要求用户个人建立公用密钥的情况下，会自发地发生私人交易。S-HTTP 支持端对端安全传输，客户机可能首先启动安全传输(使用报头的信息)，用来支持加密技术。

(3) FTP 协议(File Transfer Protocol，文件传输协议)，FTP 是 TCP/IP 协议组中的协议之一，该协议是 Internet 文件传送的基础，提供非直接使用远程计算机，使存储介质对用户透明和可靠高效地传送数据。简单来说，FTP 就是完成两台计算机之间的拷贝，从远程计算机拷贝文件至自己的计算机，称之为下载(Download)文件。

(4) Telnet 协议。Telnet 协议是 TCP/IP 协议组中的协议之一，是 Internet 远程登录服务的标准协议和主要方式。Telnet 为用户提供了远程运行程序的能力，便于进行远程管理，即它为用户提供了在本地计算机上完成远程主机(服务器)工作的能力。

(5) URL(Uniform Resource Location)即统一资源定位符，是 Internet 上用来描述信息资源的字符串，用在各种 WWW 客户程序和服务器程序上。URL 采用一种统一的格式来描述各种信息资源，包括文件、服务器的地址和目录等。

URL 的格式为：通信协议(Protocol)：//主机名或 IP 地址/路径/文件名。第一部分是协议(或称服务方式)；第二部分是存有该资源的主机 IP 地址(有时也包括端口号)；第三部分是主机资源的具体地址，如目录和文件名等。第一部分和第二部分之间用“：//”符号隔开，第二部分和第三部分用“/”符号隔开，第一部分和第二部分是不可缺少的，第三部分有时可以省略。

例如：file://ftp.abc.com/，代表主机 ftp.abc.com 的根目录。

file://ftp.abc.com/pub ，代表主机 ftp.abc.com 的目录 pub。

file://ftp.abc.com/pub/files/xyz.txt，代表存放在主机 ftp.abc.com 的 pub/files 目录下的一个文件，文件名是 xyz.txt。

http://www.abc.com/xyz/welcome.htm，其计算机域名为 www.abc.com，超级文本文件(文件类型为 html)存在目录/xyz 的 welcome.htm。

3. IPv4 与 IPv6

在 Internet 上有千百万台主机，为了区分这些主机，所有 Internet 上的计算机都必须有一个唯一的编号作为其在 Internet 的标识，这个编号称为 IP 地址。IP 地址(Internet Protocol Address)是一种在 Internet 上的给主机编址的方式，也称为网际协议地址。IP 地址就像是家庭住址，如果要写信给一个人，就要知道对方的地址，这样邮递员才能把信送到，同样计算机发送信息时也必须知道唯一的“家庭地址”才不至于把信送错。如果把电脑比作一台电话，那么 IP 地址就相当于电话号码，而 Internet 中的路由器，就相当于电信局的程控式交换机。常见的 IP 地址分为 IPv4 与 IPv6 两大类。

1) IP 地址的分类

(1) IPv4 是互联网协议(Internet Protocol，IP)的第四版，也是第一个被广泛使用，构成现今互联网技术基石的协议。IP 地址是一个 32 位的二进制数，为了输入和读取方便，通常采用点分十进制表示法，即以 32 位数中的每 8 位为一组，用十进制表示，并将各组用句点分开。例如：某台计算机的 IP 地址为 11001010 011100010 01000000 10000001，写成点分十进制表示形式就是 202.114.64.33(IP 地址由四部分数字组成，每部分都不大于 256，各部分之间用小数点分开)。整个 Internet 由很多独立的网络互联而成，每个独立的网络就是一个子网，包含若干台计算机。根据这个模式，Internet 的设计人员用两级层次模式构造 IP 地址，即 IP 地址的 32 个二进制数被分为两个部分，网络地址(NetID，又叫网络标识)和主机地址(HostID，又叫主机标识)，网络地址就像电话的区号，标明主机所在的子网，主机地址则在子网内部区分具体的主机。每个数据包中都包含有发送方的 IP 地址和接收方的 IP 地址。

(2) IPv6(Internet Protocol Version 6)是 IETF(Internet Engineering Task Force，互联网工程任务组)设计的用于替代现行版本 IP 协议(IPv4)的下一代 IP 协议。

IPv4 网络地址资源有限。从理论上讲，IPv4 能编址 1600 万个网络，40 亿台主机，但采用 A、B、C 三类编址方式后，可用的网络地址和主机地址的数目大打折扣，以至 IP 地址已于 2011 年 2 月 3 日分配完毕，其中北美占有 3/4，约 30 亿个，而人口最多的亚洲只有不到 4 亿个。地址不足严重地制约了互联网的应用和发展，而单从数量级来说，IPv6 所拥有的地址容量大约是 IPv4 的 8×1028 倍，这不但解决了网络地址资源数量的问题，同时也为除电脑外的设备连入互联网在数量限制上扫清了障碍。

与 IPV4 相比，IPV6 具有以下优势。

① IPv6 具有更大的地址空间。IPv4 中规定 IP 地址长度为 32，最大地址个数为 232；而 IPv6 中 IP 地址的长度为 128，即最大地址个数为 2128。IPv6 采用 128 位地址长度，几乎可以不受限制地提供 IP 地址，从而确保了任意端到端连接的可能性。

② 提高了网络的整体吞吐量。由于 IPv6 的数据包可以远远超过 64k 字节，应用程序可以利用最大传输单元(MTU)获得更快、更可靠的数据传输，同时在设计上改进了选路结构，采用简化的报头定长结构和更合理的分段方法，使路由器加快数据包处理速度，提高了转发效率，从而提高网络的整体吞吐量。

③ IPv6 使得整个服务质量得到很大改善。报头中的业务级别和流标记通过路由器的配置可以实现优先级控制和 QoS 保障，从而极大改善了 IPv6 的服务质量。

④ IPv6 具有更高的安全性。在使用 IPv6 的网络中，用户可以对网络层的数据进行加密并对 IP 报文进行校验。IPV6 中的加密与鉴别选项提供了分组的保密性与完整性，极大地增强了网络的安全性。

⑤ 支持即插即用和移动性。设备接入网络时通过自动配置可自动获取 IP 地址和必要的参数，实现即插即用，简化了网络管理，易于支持移动节点。而且 IPv6 不仅从 IPv4 中借鉴了许多概念和术语，还定义了许多移动 IPv6 所需的新功能。

⑥ 更好地实现了多播功能。IPv6 的多播功能中增加了“范围”和“标志”，可以限定路由范围，同时可以区分永久性与临时性地址，更有利于多播功能的实现。

2) IP 地址的设置

IP 就像电脑的身份证，DNS 通过名字解析出电脑的身份证，不设置 IP 地址则进入不了互联网。一般情况下互联网服务商 ICP(Internet Content Provider，网络内容服务商，即向广大用户综合提供互联网信息业务和增值业务的电信运营商)和 ISP(Internet Service Provider，互联网服务提供商，即向广大用户综合提供互联网接入业务、信息业务、增值业务的电信运营商)的路由器都会自动分配 IP 地址，用户的电脑可以自动获取。IP 地址的设置步骤如下：

第一步：在桌面上找到网上邻居图标，单击鼠标右键选择属性，打开属性对话框，如图 5.1 所示，在出现的窗口中双击本地连接图标，打开本地连接状态对话框，如图 5.2 所示。也可以通过如下步骤查找，即左键单击窗口桌面“开始”按钮，将鼠标移动到菜单栏“设置”处，选择菜单栏“网络连接”按钮，显示如图 5.3 所示界面，左键单击“网络连接”就会进入如图 5.2 所示的页面。如果在 Win7 系统下，通过左键单击控制面板里“网络和Internet”后，再左键单击“网络和共享中心”，便进入如图 5.4 所示的页面。

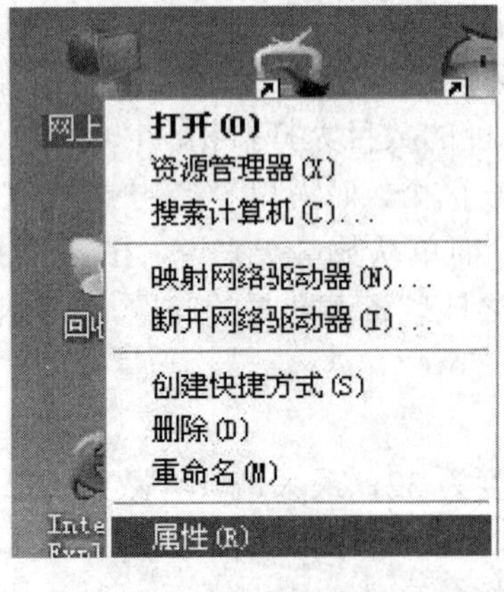

图 5.1　点网上邻居选择“属性”

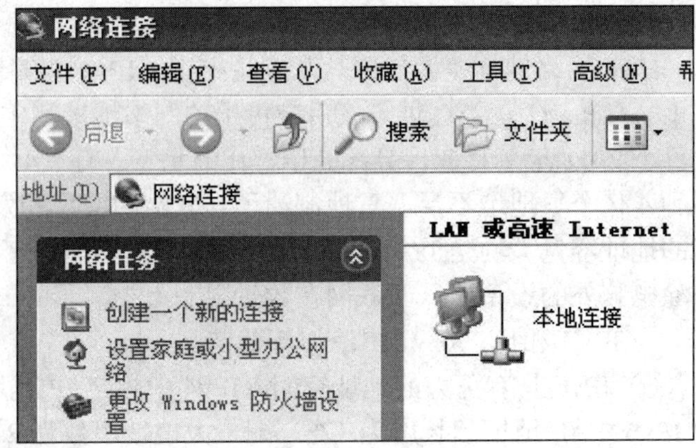

图 5.2　“本地连接”

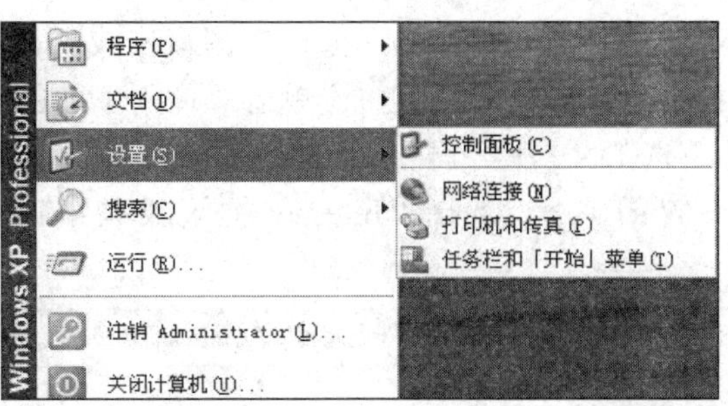

图 5.3　“网络连接”

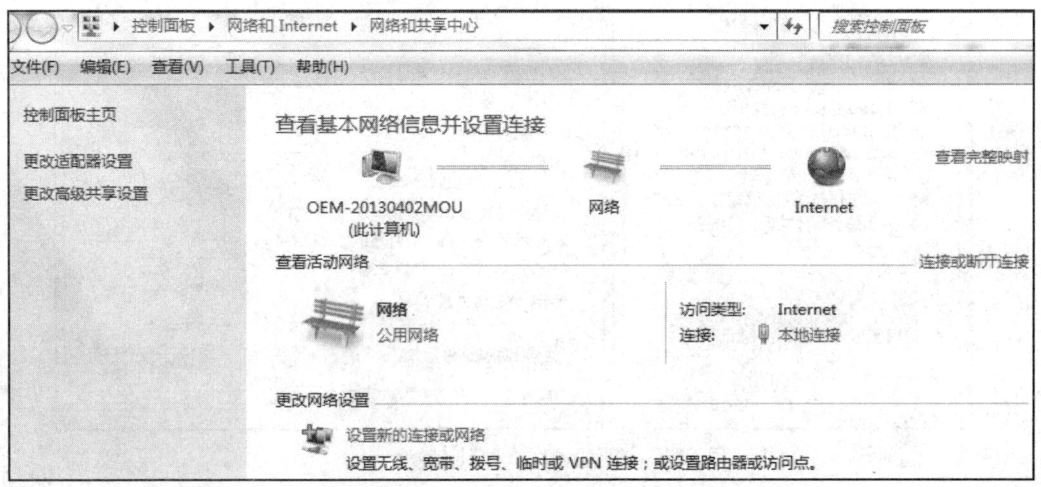

图 5.4　Win7 下的“网络和共享中心”

第二步：在如图 5.2 所示的页面中，双击“本地连接”，就会进入如图 5.5 所示的页面。在 Win7～Win10 下，在如图 5.4 所示页面里点击“本地连接”，也会进入如图 5.5 所示的页面。

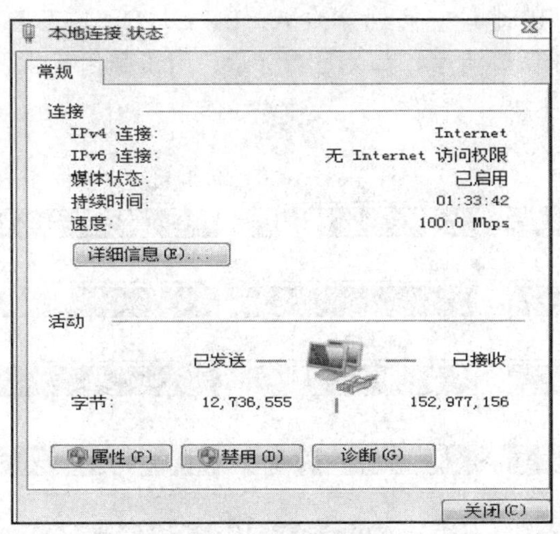

图 5.5　“本地连接”

第三步：在本地连接状态对话框中，点击“属性”按钮，打开本地连接属性对话框，移动鼠标到菜单栏“Internet 协议(TCP/IP)”处，左键双击或者点属性按钮，打开 Internet 协议(TCP/IP)属性对话框，如图 5.6 所示。左键单击“使用下面的 IP 地址”，填写 IP 地址、子网掩码、默认网关、首选 DNS 服务器和备用 DNS 服务器，设置完成之后点确定退出所有窗口即可。在 Win7～Win10 下，选择“Internet 协议版本 4(TCP/IPv4)”，可进行相同的操作。

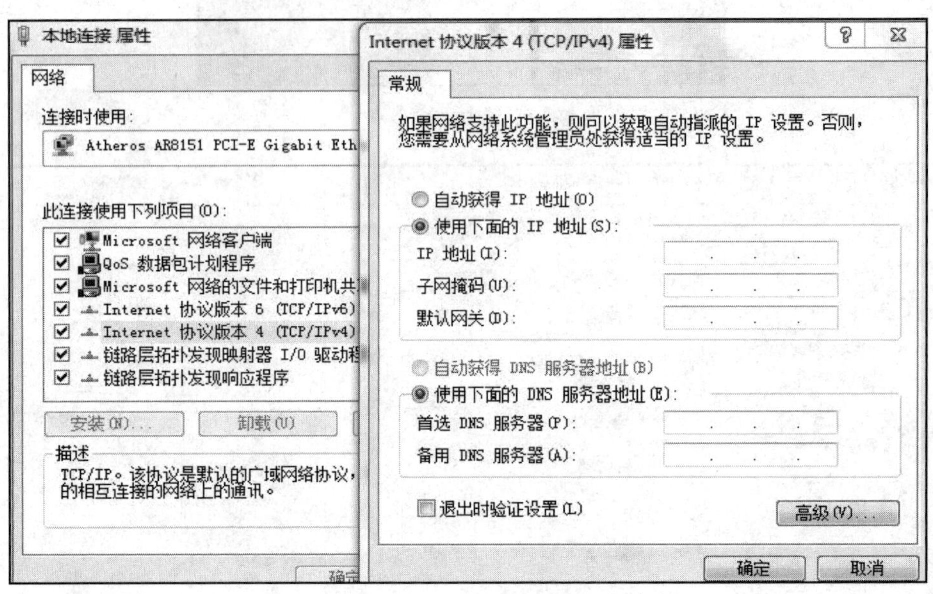

图 5.6 IP 地址配置

IPv4 地址分类

IP 地址编址方案将 IP 地址空间划分为 A、B、C、D、E 五类，其中 A、B、C 是基本类，D、E 类作为多播和保留使用，如图 5.7 所示。网络号用于识别主机所在的网络；主机号用于识别该网络中的主机。

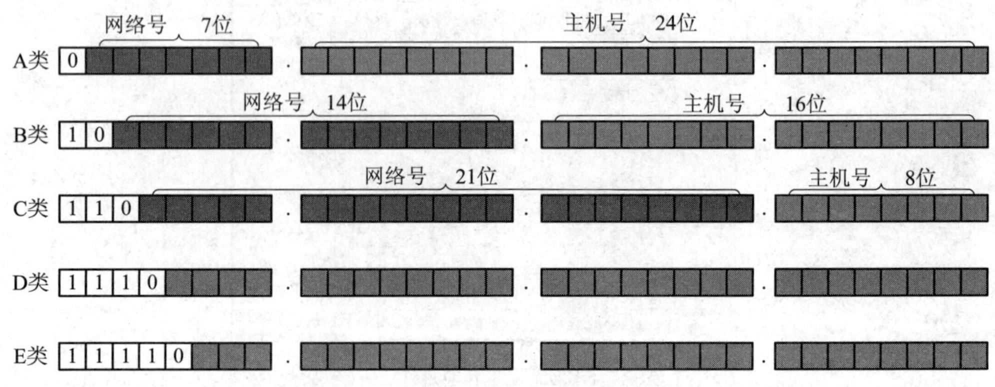

图 5.7 IP 地址

IP 地址分为五类，A 类保留给政府机构，B 类分配给中等规模的公司，C 类分配给任何需要的人，D 类用于组播，E 类用于实验，各类可容纳的地址数目不同。

A、B、C 三类 IP 地址的特征：将 IP 地址写成二进制形式时，A 类地址的第一位总是 0，B 类地址的前两位总是 10，C 类地址的前三位总是 110。

1. A 类地址

(1) A 类地址的第一个字节为网络地址，其他三个字节为主机地址，它的第一个字节的第一位固定为 0。

(2) A 类地址范围：1.0.0.1～126.255.255.254。

(3) A 类地址中的私有地址和保留地址。10.X.X.X 是私有地址(所谓的私有地址就是在互联网上不使用，而被用在局域网中的地址)，其范围为 10.0.0.1～10.255.255.254; 127.X.X.X 是保留地址，用做循环测试。

2. B 类地址

(1) B 类地址的第一个字节和第二个字节为网络地址，其他两个字节为主机地址。它的第一个字节的前两位固定为 10。

(2) B 类地址范围：128.0.0.1～191.255.255.254。

(3) 191.255.255.255 是广播地址，不能被分配。

(4) B 类地址的私有地址和保留地址。172.16.0.0～172.31.255.254 是私有地址；169.254.X.X 是保留地址，如果用户是自动获取 IP 地址，而在网络上又没有找到可用的 DHCP 服务器，就会得到一个 B 类保留 IP。

3. C 类地址

(1) C 类地址的第一个字节、第二个字节和第三个字节为网络地址，第四个字节为主机地址，第一个字节的前三位固定为 110。

(2) C 类地址范围：192.0.0.1～223.255.255.254。

(3) C 类地址中的私有地址为：192.168.X.X(192.168.0.1～192.168.255.255)。

4. D 类地址

(1) D 类地址不分网络地址和主机地址，它的第一个字节的前四位固定为 1110。

(2) D 类地址范围：224.0.0.1～239.255.255.254。

5. E 类地址

(1) E 类地址不分网络地址和主机地址，它的第一个字节的前四位固定为 1111。

(2) E 类地址范围：240.0.0.1～255.255.255.254。

IP 地址如果只使用 ABCDE 类来划分，会造成大量的浪费。例如一个有 500 台主机的网络，无法使用 C 类地址，但如果使用一个 B 类地址，6 万多个主机地址只有 500 个被使用，造成 IP 地址的大量浪费。因此，IP 地址还支持 VLSM 技术，可以在 ABC 类网络的基础上进一步划分子网。

6. 特殊 IP 地址

有些 IP 地址具有特定含义，因而不能分配给主机，主要包括以下几种，如表 5.1 所示。

表 5.1　特殊 IP 地址

名称	定　义	功 能、特 点	举　例
回送地址	前八位为 01111111 (十进制的 127)的 IP 地址	用于网络软件测试和本机进程间通信。无论什么程序，如果它向回送地址发送数据，TCP/IP 协议软件立即将数据返回，不做任何网络传输	127.0.0.0
子网地址	主机地址全为 0 的 IP 地址为子网地址	代表当前所在的子网	160.23.0.0
广播地址	主机地址为全 1 的 IP 地址为广播地址	向广播地址发送信息就是向子网中的每个成员发送信息	17.255.255.255

4. 子网与子网掩码

1) 子网

一个 A 类或 B 类网络可以容纳很多主机，而实际上，任何企业几乎不可能拥有如此多的主机，因此造成很多 A 类和 B 类地址空闲，而 C 类地址又不够用的局面。为了解决这个问题，人们提出了子网(Subnet)的概念，即把一个 A 类或 B 类网络进一步细分成多个小型网络，进行 IP 地址分类和子网划分，目的是为了减小路由表，从而提高路由器的效率。进行子网划分时，同一子网中各主机的 IP 地址必须有共同的网络地址。譬如某单位有 200 台计算机，其中的 150 台属于一个部门子网，另外 50 台属于另一部门子网，而该单位只申请到了一个 C 类地址，这时该单位的网络管理员就需要对 C 类地址进行子网划分后分配给两个子网。对 C 类地址进行划分的规则如表 5.2 所示，其中地址的前三段用 x.y.z 表示，代表了所有可能的 C 类地址。

表 5.2　C 类 IP 地址的子网

子网数	子网掩码	网络地址	广播地址	剩余 IP 数
1	255.255.255.0	x.y.z.0	x.y.z.255	254
2	255.255.255.128	x.y.z.0	x.y.z.127	126
	255.255.255.128	x.y.z.128	x.y.z.255	126
4	255.255.255.192	x.y.z.0	x.y.z.63	62
	255.255.255.192	x.y.z.64	x.y.z.127	62
	255.255.255.192	x.y.z.128	x.y.z.191	62
	255.255.255.192	x.y.z.192	x.y.z.255	62
8	255.255.255.224	x.y.z.0	x.y.z.31	30
	255.255.255.224	x.y.z.32	x.y.z.63	30
	255.255.255.224	x.y.z.64	x.y.z.95	30
	255.255.255.224	x.y.z.96	x.y.z.127	30
	255.255.255.224	x.y.z.128	x.y.z.159	30
	255.255.255.224	x.y.z.160	x.y.z.191	30
	255.255.255.224	x.y.z.192	x.y.z.223	30
	255.255.255.224	x.y.z.224	x.y.z.255	30

2) 子网掩码

子网掩码(Subnet Mask)又叫网络掩码、地址掩码、子网络遮罩，它是一种用来指明一个IP地址的哪些位标识的是主机所在的子网以及哪些位标识的是主机的位掩码。子网掩码不能单独存在，必须结合IP地址一起使用。其作用一是用于屏蔽IP地址的一部分以区别网络标识和主机标识，并说明该IP地址是在局域网，还是在远程网；二是用于将一个大的IP网络划分为若干小的子网络。通俗来说就是将某个IP地址划分成网络地址和主机地址两部分。

按照目前使用的IPv4的规定，对IP地址强行定义了一些保留地址，即网络地址和广播地址。所谓网络地址是指主机号全为0的IP地址，如125.0.0.0(A类地址)；而广播地址是指主机号全为255的IP地址，如125.255.255.255(A类地址)。而子网掩码则是用来标识两个IP地址是否同属于一个子网，它也是一组32位长的二进制数值，每一位上的数值代表不同含义，为1则代表该位是网络位；若为0则代表该位是主机位。和IP地址一样，人们同样使用点式十进制来表示子网掩码，如255.255.0.0。如果两个IP地址分别与同一个子网掩码进行按位计算和“与”逻辑计算后得到相同的结果，即表明这两个IP地址处于同一个子网中。也就是说，使用这两个IP地址的两台计算机就像同一单位中的不同部门，虽然它们的作用、功能、乃至地理位置都可能不尽相同，但是它们都处于同一个子网络中。

子网掩码的主要功能是，告知网络设备一个特定的IP地址的哪一部分是网络地址与子网地址，哪一部分是主机地址。网络的路由设备只要识别出目的地址的网络号与子网号即可作出路由寻址决策，IP地址的主机部分不参与路由器的路由寻址操作，只用于在网段中唯一标识一个网络设备的接口。

子网掩码共分为两类，一类是缺省(自动生成)子网掩码，一类是自定义子网掩码。缺省子网掩码即未划分子网，对应的网络号位都置1，主机号都置0。

A类网络缺省子网掩码为：255.0.0.0；

B类网络缺省子网掩码为：255.255.0.0；

C类网络缺省子网掩码为：255.255.255.0。

5. 域名与域名解析、根服务器

1) 域名

Internet中的地址方案有两套，即IP地址系统和域名地址系统，这两套地址系统是一一对应关系。由于IP地址记忆起来不方便，所以人们就研究出了一种字符型标识，即域名(Domain Name)，它是由一串用点分隔的名字组成的Internet上某一台计算机或计算机组的名称，用于在数据传输时标识计算机的电子方位(有时也指地理位置或地理上的域名，指代有行政自主权的一个地理区域)。域名不仅便于记忆，而且即使在IP地址发生变化的情况下，也可以通过改变解析对应关系来保持域名不变。1985年，Symbolics公司注册了第一个.com域名。

一个完整的域名地址通常由若干部分组成，每部分由至少两个字母或数字组成，各部分之间用圆点隔开，最右边的是一级域名，再往左是二级域名、三级域名，如图5.8所示。域名右边的第一部分通常是国别代码，如见表5.3所示。

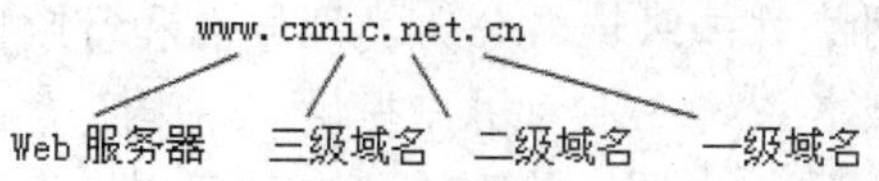

图5.8　域名的组成

域名可分为不同级别，包括顶级域名、二级域名等。顶级域名又分为两类：一是国家顶级域名(National Top-level Domainnames，简称nTLDs)，二百多个国家都按照ISO3166国家代码分配了顶级域名，如表5.3所示；二是国际顶级域名(International Top-level Domain names，简称iTDs)，如表5.4所示。

二级域名是指顶级域名之下的域名，在国际顶级域名下，它指域名注册人的网上名称，例如ibm，yahoo，microsoft等；在国家顶级域名下，它表示注册企业类别的符号，例如com，edu，gov等。

三级域名用字母(A～Z，a～z，大小写等)、数字(0～9)和连接符(－)组成，各级域名之间用实点(.)连接，长度不能超过20个字符。如无特殊原因，建议采用申请人的英文名(或者缩写)或者汉语拼音名(或者缩写)作为三级域名，以保持域名的清晰性和简洁性。

表5.3　一级域名按国家或行政区分类(部分)

域名	国家或行政区	域名	国家或行政区	域名	国家或行政区	域名	国家或行政区
.us	美国	.uk	英国	.in	印度	.ws	西萨摩亚
.cn	中国	.sg	新加坡	.fr	法国	.bz	伯利兹
.de	德国	.ca	加拿大	.jp	日本	.ch	瑞士
.it	意大利	.au	澳大利亚	.ru	俄罗斯	.cc	Cocos群岛
.mx	墨西哥	.tv	图瓦卢				

表5.4　一级域名按机构类别分类

域名	类别	域名	类别	域名	类别
.com	工、商、金融等企业	.gov	政府组织	.edu	教育机构
.org	非盈利性的组织	.int	国际组织	.museum	博物馆
.net	网络相关机构	.biz	工商企业	.name	个人网站
.info	信息相关机构	.mil	军事部门	.coop	合作组织
.pro	医生、律师、会计专用	.aero	航空运输		

CNNIC与我国二级域名

成立于1997年6月3日的中国互联网络信息中心(CNNIC)是中国的域名管理机构，行使国家互联网络信息中心的职责，而中国科学院计算机网络信息中心承担CNNIC的运行和管理工作，CNNIC在业务上接受信息产业部领导，行政上接受中国科学院领导。中国互联网络的二级域名分为类别域名和行政区域名两类，如表5.5和表5.6所示。在CNNIC中文域名系统中，为用户提供“.中国”“.公司”和“.网络”结尾的纯中文域名注册服务，其中注册“.中国”的用户将自动获得“.CN”的中文域名，如注册“清华大学.中国”，将自动获得“清华大学.CN”。这里需要注意的是，在域名中不区分大小写。

表 5.5　我国二级域名按类别分类

域名	类　别	域名	类　别
.ac	科研机构	.gov	政府部门
.edu	教育机构	.org	各种非盈利性的组织
.com	工、商、金融等企业	.net	互联网络、接入网络的信息中心(NIC)和运行中心(NOC)

表 5.6　我国二级域名按行政区分类

域名	行政区	域名	行政区	域名	行政区	域名	行政区
.bj	北京市	.ah	安徽省	.sc	四川省	.hl	黑龙江省
.sh	上海市	.fj	福建省	.gz	贵州省	.xz	西藏自治区
.tj	天津市	.jx	江西省	.yn	云南省	.hi	海南省
.cq	重庆市	.sd	山东省	.sn	陕西省	.xj	新疆自治区
.he	河北省	.ha	河南省	.gs	甘肃省	.nx	宁夏自治区
.sx	山西省	.hb	湖北省	.qh	青海省	.nm	内蒙古自治区
.jl	吉林省	.hn	湖南省	.hk	香港	.gx	广西自治区
.ln	辽宁省	.gd	广东省	.tw	台湾		
.zj	浙江省	.js	江苏省	.mo	澳门		

2) 域名解析

域名解析(Domain Name System，DNS)就是域名到 IP 地址的转换过程，如图 5.9 所示。域名解析也叫域名指向、服务器设置、域名配置以及反向 IP 登记等。简单地说，域名解析就是将好记的域名解析成一个 IP 地址，解析服务由 DNS 服务器完成，然后在此 IP 地址的主机上将一个子目录与域名绑定。

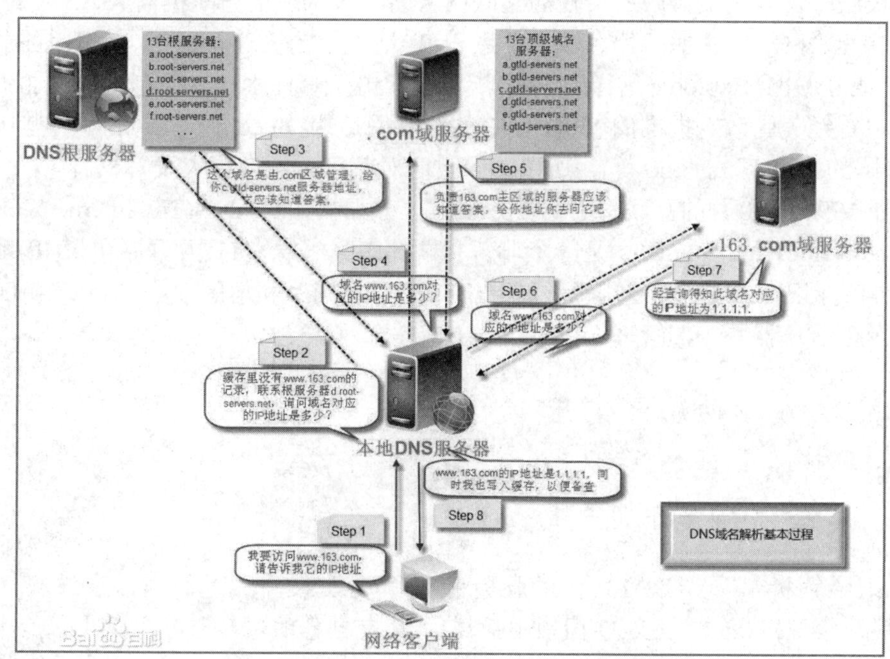

图 5.9　域名解析示意图

3) 根服务器

根服务器主要用来管理互联网的主目录，全球有 13 台根域名服务器(Root Name Server)。在 13 台根域名服务器中，名字分别为“A”至“M”，1 台为主根服务器，放置在美国，其余 12 台均为辅根服务器，其中 9 台设置在美国、欧洲 2 台(英国和瑞典各 1 台)、亚洲 1 台(日本)，如表 5.7 所示。

表 5.7 全球 13 台根域名服务器的管理单位、设置地点及最新的 IP 地址

名称	管理单位及设置地点	IP 地址
A	INTERNIC.NET (美国，弗吉尼亚州)	198.41.0.4
B	美国信息科学研究所(美国，加利福尼亚州)	128.9.0.107
C	PSINet 公司(美国，弗吉尼亚州)	192.32.26.12
D	马里兰大学(美国马里兰州)	128.8.10.90
E	美国航空航天管理局(美国加利弗尼亚州)	192.203.230.10
F	Internet 软件联盟(美国加利弗尼亚州)	192.5.5.241
G	美国国防部网络信息中心(美国弗吉尼亚州)	192.112.36.4
H	美国陆军研究所 (美国马里兰州)	128.63.2.53
I	Autonomica 公司(瑞典，斯德哥尔摩)	192.36.148.17
J	VeriSign 公司(美国，弗吉尼亚州)	192.58.128.30
K	RIPE NCC(英国，伦敦)	193.0.14.129
L	IANA (美国，弗吉尼亚州)	198.32.64.12
M	WIDE Project(日本，东京)	202.12.27.33

所有根服务器均由美国政府授权的互联网域名与数字地址分配机构 ICANN 统一管理，并负责全球互联网域名根服务器、域名体系和 IP 地址等的管理。这 13 台根服务器可以指挥 Firefox 或互联网 Explorer 这样的 Web 浏览器和电子邮件程序来控制互联网通信。由于根服务器中有经美国政府批准的260个左右的互联网后缀(如.com和.net等)和一些国家的指定符(如法国的.fr 和挪威的.no 等)，所以美国政府对其管理拥有很大发言权。

成立于1998年10月的互联网名称与数字地址分配机构ICANN(The Internet Corporation for Assigned Names and Numbers)是一个非营利性的国际组织，负责互联网协议(IP)地址的空间分配、协议标识符的指派、通用顶级域名(gTLD)以及国家和地区顶级域名(ccTLD)系统的管理，以及根服务器系统的管理。

全球 13 台根服务器

任何域名解析都要经过 13 台根服务器获得顶级索引，而每一个顶级域，不管是 gTLD(通用顶级域)，还是 ccTLD(国别顶级域)，都有自己的域名服务器(即该顶级域的 NS 记录)。举例如下：

.com & .net 的域名服务器：[a-m].gtld-servers.net，共 13 台；

.org 的域名服务器：tld1.ultradns.net、tld2.ultradns.net 等 6 台；

.biz 的域名服务器：[a-h].gtld.biz，共 8 台；

.info 的域名服务器：tld1.ultradns.net、tld2.ultradns.net 等 6 台；

.cn 的域名服务器：ns.cnc.ac.cn 等 6 台；

.jp 的域名服务器：[a-f].dns.jp，共 6 台。

顶级域名.com 和.net 在全球也有 13 台服务器，分别被放置在美国(8 台)、英国(1 台)、瑞典(1 台)、荷兰(1 台)、日本(1 台)和香港(1 台)，由美国 Verisign 公司管理，与国内的.CN 服务器同属一个级别。中国已于 2003 年和 2004 年引进了域名根服务器的 F 镜像服务器和 J 镜像服务器及顶级域名.COM 和.NET 的镜像服务器。其管理者是：F 镜像服务器在中国电信，J 镜像服务器和.COM 和.NET 镜像服务器在中国网通。有了域名根服务器的镜像服务器后，国内解析.CN 域名和.COM 域名就不用到国外的域名根服务器获得顶级索引了，这将从根本上提高国内网络访问速度。2005 年 9 月，I 根的管理机构——瑞典国家互联网交换中心在 CNNIC 设立了中国根镜像。

中央党校经济学部课题组于 2008 年 1 月 23 日公布的一份报告认为，由于目前美国掌握着互联网十六进制技术，是全球互联网使用的规则制定者和运行控制者，我国用户上网必须向美国交付各种费用。据该报告推算，我国每年向美国支付的使用现有国际互联网的费用，包括域名注册费、解析费和信道资源费及其设备和软件的费用等高达 5000 亿元以上。为降低这笔高额成本，保障国内信息安全，中国十几年来一直在钻研打破美国互联网的技术垄断。信息产业部新一代安全可控信息网络技术平台总体设计专家工作组和信息产业部科学技术司十进制网络标准工作组的总工程师谢建平，于 2008 年 1 月在中央党校举行的新闻发布会上宣布我国政府现已拥有并掌握了十进制网络安全地址。十进制技术是将域名、IP 地址和 MAC 地址统一成十进制文本表示方法的技术，可以代替并更新目前美国的十六进制体系，并使信息解析在中国国内完成。

四、电子邮件的使用

1. 电子邮件

电子邮件(Electronic Mail，简称 E-mail，标志即@，也被大家昵称为“伊妹儿”)，又称电子信箱、电子邮政，是一种通过网络实现相互传送和接收信息的现代化通信方式，是 Internet 应用最广的服务。通过网络的电子邮件系统，用户可以用非常低廉的价格(不管发送到哪里，都只需负担网费即可)，以非常快速的方式(一秒甚至万分之一秒内)与世界上任何一个角落的网络用户联系(用户所指定的世界上任何 IP 地址)。这些电子邮件可以是文字、图像、声音等，同时，用户还可以得到大量免费的新闻、专题邮件，并轻松实现信息搜索。

2. 电子邮件优点

电子邮件是整个网络间以至所有其他网络系统中直接面向人与人之间信息交流的系统，它的数据发送方和接收方都是人，所以极大地满足了人与人之间大量的通信需求。电子邮件综合了电话通信和邮政信件的特点，它传送信息的速度和电话一样快，又能像信件一样使收信者在接收端收到文字等记录。电子邮件有如下优点：传播速度快、非常便捷、成本低廉、有广泛的交流对象、信息多样化、安全性高。电子邮件寄出后，收件人能在短时间内收到，而且不需要使用信封和信纸，也不需邮资。除了文本之外，电子邮件还可传送图片、声音、影像和其他类型的数据。

3. 邮件收发协议

邮件收发协议有 SMTP 协议、POP 协议、IMAP 协议。

(1) POP(Post Office Protocol)，即邮局协议，用于电子邮件的接收。它规定如何将个人计算机连接到 Internet 的邮件服务器和下载电子邮件。POP3 是邮局协议的第 3 个版本。

(2) SMTP(Simple Mail Transfer Protocol)，即简单邮件传输协议，是一种提供可靠且有效电子邮件传输的协议。SMTP 是建立在 FTP 文件传输服务上的一种邮件服务，主要用于传输系统之间的邮件信息并提供与来信有关的通知。

(3) IMAP (Internet Mail Access Protocol)是一种邮件获取协议。它的主要作用是邮件客户端可以通过这种协议从邮件服务器上获取邮件信息，下载邮件等。它与 POP3 协议的主要区别是用户只下载邮件的主题，可以不用下载邮件的全部内容，即用户邮箱当中还保留着邮件的副本，没有把用户原邮箱中的邮件删除，可以通过客户端直接对服务器上的邮件进行操作。

4. 申请电子邮箱

登陆一个提供免费邮箱的网站，如网易(163)、搜狐(Sohu)、新浪(Sina)、腾讯。这里以网易为例：单击网易首页上方的“注册免费邮箱”链接，即可进入网易免费邮箱注册页面，如图 5.10 所示。

图 5.10 邮箱登录页面

填写用户名，在“密码”文本框中输入登录密码，在“确认密码”文本框中再次输入登录密码，然后输入验证码，点击“立即注册”，即可进入刚刚申请成功的邮箱，如图 5.11 所示。

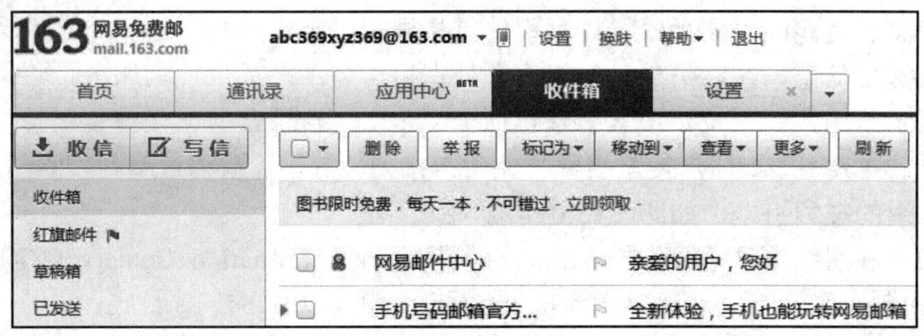

图 5.11　信箱页面

5. 收发邮件

单击如图 5.11 所示页面中左上角的“收信”按钮，即可进入收件箱，在某邮件标题上方单击即可查看该邮件。

单击邮箱左上角“写信”按钮，进入发送邮件页面，填写收信人邮件地址、主题和内容。例如，在收信人邮件地址里填写“jsj369369@163.com”，主题填写“国庆节快乐”，内容里填写“小汪，祝你国庆节快乐！”。还可以选择给邮件接收者发送图片、文档、MP3、视频等(注意：不能发送文件夹)，在主题下方找到“添加附件”按钮，单击并从选择窗口里选择要发送的图片、视频即可，单击“发送”按钮即可发送该邮件，如图 5.12 所示。

图 5.12　写信发送邮件

6. 设置信箱

单击邮箱页面上面的“设置”按钮，可以对信箱进行设置，如定时发信、自动签名、自动回复、多个信箱关联、操作习惯设置、发件人设置、来信分类、自动转发、邮件撤回等。这里以修改密码为例：单击“账户与安全”选项组中的“修改密码”按钮，在弹出的“修改密码”页面输入现在的密码，再设置新的密码并填写验证码，确认即可。

五、搜索引擎的使用

1. 搜索引擎

搜索是除了电子邮件以外被使用最多的网络行为。通过搜索引擎查找信息是当今网民检索网络信息和资源的主要手段。搜索引擎是指根据一定的策略，运用特定的计算机程序从互联网上搜集信息，在对信息进行组织和处理后，为用户提供检索服务，将用户检索相关的信息展示给用户的系统。搜索引擎包括全文索引、目录索引、元搜索引擎、垂直搜索引擎、集合式搜索引擎、门户搜索引擎与免费链接列表等。谷歌和百度是搜索引擎的代表，还有很多常用的搜索引擎，如图5.13所示。

据中国互联网络信息中心(China Internet Network Information Center，CNNIC)发布的《第37次中国互联网络发展状况统计报告》显示：截至2015年12月底，我国搜索引擎用户规模达5.66亿，使用率为82.3%；手机搜索用户数达4.78亿，使用率为77.1%。

目前，搜索引擎正朝着多元化发展。首先是搜索网站的多元化，除了传统综合搜索外，还有微博搜索、社交网站搜索、电商网站搜索以及其他垂直搜索，这些搜索分流了部分原本在传统综合搜索网站上的搜索行为；其次，搜索引擎的流量来源也呈现多元化的态势，除了直接键入网址进入搜索引擎外，还有网站和浏览器默认进入某个搜索引擎，以及即时通信工具、输入法等应用的引流；再次，搜索引擎由信息服务向生态化平台的转型持续推进，搜索关键字输入不仅能通过键盘，还能通过语音、拍照、扫描等方式，搜索结果不仅以传统图文展示，还以地图、短信、语音等方式呈现。各大搜索平台融合语音识别、图像识别、人工智能、机器学习等多种先进技术，依托基础搜索业务，打通地图、购物、本地生活服务、新闻、社交等多种内容的搜索服务，通过对用户行为大数据的深入挖掘，实现搜索产品创新与用户体验完善，为网民和企业提供更好的服务，并因此在流量、营收、电商化交易规模等不同方面实现新增长、新突破。搜索引擎多元化发展满足了不同用户在不同场景的搜索需求，使得搜索更方便，寻找信息的成本更低。

最后，大数据与智能技术相辅相成推动搜索技术发展，以应对互联网数据规模与复杂程度的快速提高。一方面，基于网站合作计划与搜索开放平台，深网、暗网(注：深网(Deep Web)、暗网(Dark Web)指互联网上不能被传统搜索引擎索引的部分)内的海量优质内容正逐步纳入搜索引擎的抓取收录范围，搜索质量在潜移默化中得到提升；另一方面，在线下经济向线上转移、物联网与互联网相互融合的趋势下，搜索场景碎片化、信息结构复杂化，且用户的搜索需求也更加多元化，不仅搜索互联网内容、服务、地理位置，还会搜索联网设备，这对未来搜索引擎模型算法的智能水平和搜索结果的展示方式提出了更大的挑战。

图5.13　搜索引擎

2. 搜索引擎的使用

(1) 确定信息搜集方向和内容。网络信息是指通过计算机网络发布、传递和存储的各种信息。网络信息搜索是基于网络信息收集系统自动完成的，这是利用互联网进行商务信息检索最重要的一步，只有方向明确，才能很快找到所需要的信息。目前国内外许多企业越来越重视借助互联网进行的网络营销，以开辟更广阔的市场。因此对于企业来说，一般在网上主要是寻找供应商、采购商或者原料、半成品、产成品或者零部件等价格信息以及国际贸易政策等。譬如，通过百度查找三星 GALAXY S4 手机，如图 5.14 所示，可以通过搜索引擎检索到三星 GALAXY S4 手机有关的信息。

Baidu百度　新闻　网页　贴吧　知道　音乐　图片　视频　地图　文库　更多»

GALAXY S4

三星 GALAXY S4 报价 参数 图片 评论 ZOL中关村在线

参考价格：￥3550-4550

模式：GSM,WCDMA国际双模版支持FDD-L　系统：Android OS 4.2

主屏：5英寸 1920x1080像素　摄像：1300万像素

可选颜色：

参数　商家　图片　点评　论坛　二手

热门型号	系统	参考价格
GALAXY S4 I9500/16GB/单卡版	Android OS 4.2	￥4100
GALAXY S4 I9502/联通/双卡版	Android OS 4.2	￥4500
GALAXY S4 I9508/移动/单卡版	Android OS 4.2	￥4100

查看GALAXY SIV全部8款产品

detail.zol.com.cn

galaxy s4 百度百科

三星GALAXY S4采用了5英寸Full HD Super AMOLED屏幕，分辨率为1920x1080，像素密度达到了441PPI，屏幕尺寸继续扩大。处理器采用了1.9 GHz四核 / 1...

简介 - 重要参数 - 原生版 - 评测 - 特色功能 - 最新消息

baike.baidu.com/ 2013-08-23

GALAXY S4的最新相关信息

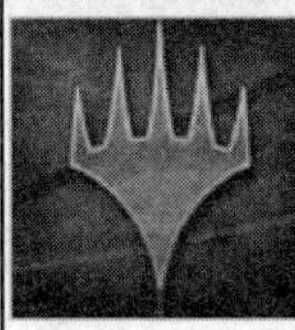

三星Galaxy S4万智牌2014装备强化 九游网 5小时前

三星 Galaxy S4 万智牌2014 游戏装备强化攻略是针对装备类游戏使用装备的方法的相关策略。研究装备强化攻略能够帮助玩家更快找到...

光学变焦的手机 三星S4 Zoom仅售2699 中关村在线 10小时前

机皇周末清仓价 三星S4 I9500仅售3300 中关村在线 10小时前

机皇报冰点价 三星GALAXY S4延安促销 凤凰网科技 1天前

温州三星GALAXY S4功能演示 高清 酷6网 14小时前

galaxys4吧 百度贴吧

图片(5014) | 精品贴(37)

讨论个问题，这回ios7有真后台了，还敢和安卓比...　点击：3413　回复：126

图 5.14　通过百度搜索三星 GALAXY S4 手机信息的页面

(2) 有选择地收集信息并充分利用。例如通过相关网站了解三星 GALAXY S4 手机的简介、参数、硬件、产品特性、功能、外观、属性、价格、销量、用户点评以及该产品的最新消息等。通过百度百科来了解三星 GALAXY S4 手机相关的信息，如图 5.15 所示。

重要参数

基本参数

型号： I9500

手机类型： 智能手机，3G手机，4G手机

上市时间： 2013年

网络制式：GSM，WCDMA(联通3G)，LTE(4G)

手机频段： WCDMA(联通3G)，GSM 850/900/1800/1900

手机外形： 直板

触摸屏： 电容屏，多点触摸

外壳颜色： 黑色，白色，红色，蓝色，灰色，棕色

尺寸： 136.6×69.8×7.9mm

重量： 130g

三星Galaxy S4(20张)

硬件参数

处理器：四核1.6GHz+1.2GHz （注）根据任务负载程度，分时启用1.6GHz或1.2GHz，两个处理器不会同时运行。

扩展存储：支持micro SD存储扩展 （注）系统文件占用部分ROM存储空间，实际用户存储空间可能较小。

系统： Android 4.2主屏尺寸： 5.0英寸

屏幕分辨率： 1920×1080像素(FHD)，441 PPI

屏幕材质： Full HD Super AMOLED

主屏色彩： 1600万色

电池容量： 可更换，2600mAH

CPU ：三星Exynos 5410 1.6GHz(4核)+1.2GHz(4核)

GPU： SGX 544MP

运行内存： 2GB RAM

内置容量 ：16GB,32GB,64GB

扩展卡： 支持TF卡(microSD卡)，最大支持64GB扩展

三星 Galaxy S Ⅳ [8]

产品特性

重力感应 距离感应 光线感应 无线充电 电子罗盘

图 5.15　百度百科中关于三星 GALAXY S4 手机信息的页面

学习任务 2　计算机系统组成

一个完整的计算机系统由硬件系统和软件系统两部分组成，如图 5.16 所示。硬件系统是构成计算机系统的各种物理设备的总称，软件系统是运行、管理和维护计算机的各类程序和文档的总称。通常把不装备任何软件的计算机称为“裸机”。计算机之所以能够渗透到各个领域，是由于丰富多彩的软件能够出色地按照人们的意志完成各种不同的任务。计算机的功能不仅仅取决于硬件系统，而更大程度上是由所安装的软件系统所决定，因此说硬件是计算机系统的物质基础，而软件则是它的灵魂。

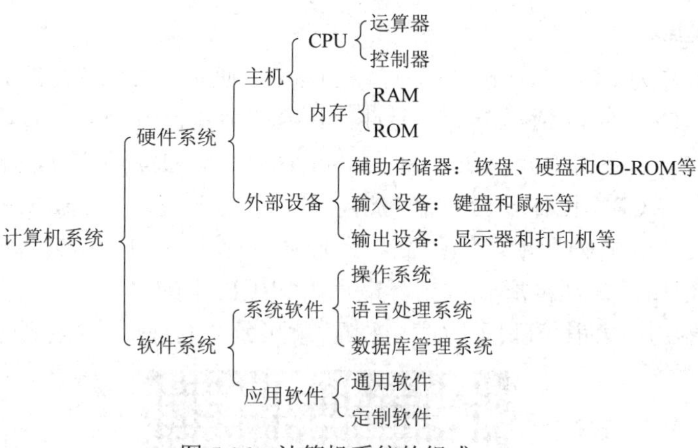

图 5.16　计算机系统的组成

一、计算机硬件组成

计算机硬件是指组成计算机的任何机械的、磁性的、电子的装置或部件，计算机硬件系统主要由 CPU(运算器和控制器)、存储器、输入输出设备和其他外围设备组成，如图 5.17 所示。其中，存储器又可分为内存储器和外存储器，CPU 和内存储器合起来被称为计算的主机，外存储器和输入输出设备统称为外部设备。

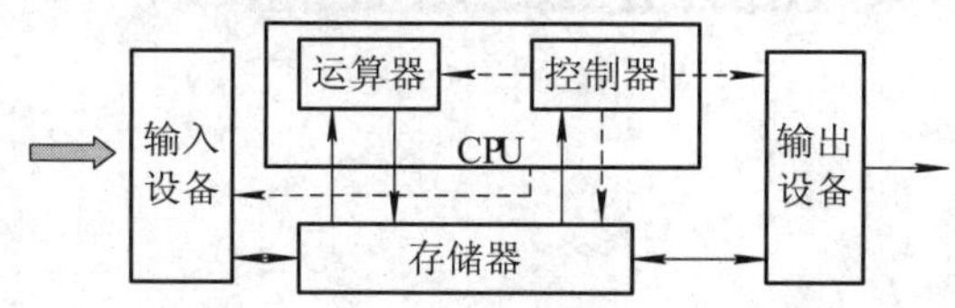

图 5.17　计算机硬件基本组成示意图

1. 主板

主板(Mainboard)是计算机中最大的一块电路板(见图 5.18)，是计算机系统中的核心部件。主板的表面布满了各种插槽(可连接声卡/显卡/MODEM 等)、接口(可连接鼠标/键盘等)、电子元件，它们都有自己的职责，并把各种周边设备紧紧连接在一起。主板性能的好坏对计算机的总体指标将产生举足轻重的影响，如果将 CPU 比作计算机的大脑或心脏，那么主板就可称为计算机的神经系统。

图 5.18　计算机主板

2. 中央处理器

中央处理器称为CPU(Control Processing Unit)，通常简称为“处理器”或“微处理器”，如图5.19所示。CPU实际是一个电子元件，其内部由几百万个晶体管组成，分为控制单元(Control Unit，CU)、逻辑单元(Arithmetic Logic Unit，ALU)、存储单元(Memory Unit，MU)三大部分。如果将CPU比作一台机器的话，其工作原理是：首先，CPU将“原料”(程序发出的指令)经过“物质分配单位”(控制单元)进行初步调节分配，然后送到“加工车床”(逻辑运算单元)进行加工处理再形成数据，最后将加工出来的“产品”(处理后的数据)存储到“仓库”(存储器)中，“销售部门”(应用程序)就可到“仓库”中按需提货了。

图5.19 计算机CPU

CPU

1. CPU由控制器和运算器组成

(1) 控制器(Control Unit)是计算机中指令的解释和执行结构，其主要功能是控制运算器、存储器、输入输出设备等部件的协调动作。控制器工作时，先从存储器取出一条指令，并指出下一条指令所在的存放地址，然后对所取指令进行分析，同时产生相应的控制信号，并由控制信号启动有关部件，使这些部件完成指令所规定的操作，这样逐一执行一系列指令组成的程序，就能使计算机按照程序的要求自动完成预定的任务。

(2) 运算器(Arithmetical Unit)的功能是完成对数据的算术运算、逻辑运算和逻辑判断。在控制器的控制下，运算器对取自存储器或其内部寄存器的数据按指令码的规定进行相应的运算，并将结果暂存在内部寄存器或送到存储器中。

2. CPU性能指标——主频、外频、倍频和缓存

(1) 主频(Central Processing Unit)是CPU的主要技术指标，表示CPU运算时的内部工作频率或时钟频率(即1秒内发生的同步脉冲数)，主频越高，一个时钟周期内完成的指令数也越多，CPU的运算速度也就越快，就代表计算机的速度越快。

(2) 外频通常为系统总线的工作频率(系统时钟频率)，即CPU与周边设备传输数据的频率，具体是指CPU到芯片组之间的总线速度。外频是CPU与主板之间同步运行的速度，

目前的绝大部分计算机系统中的外频也是内存与主板之间同步运行的速度。在这种情况下，可以理解为 CPU 的外频直接与内存相连通，实现两者间的同步运行状态。

(3) 倍频是指外频与主频相差的倍数。当外频不变时，提高倍频，CPU 主频也会随之提高。可以把外频看做 CPU 这台“机器”内部的一条生产线，而倍频则是生产线的条数，一台机器生产速度的快慢(主频)自然就是生产线的速度(外频)乘以生产线的条数(倍频)。

(4) 缓存(Cache)是 CPU 的内部高速周转仓库。随着主频的不断提高，CPU 的处理速度也越来越快，其他设备根本赶不上 CPU 的速度，没办法及时将需要处理的数据交给 CPU，于是，高速缓存便出现了。当 CPU 处理数据时，高速缓存就用来存储一些常用或即将用到的数据或指令，当 CPU 需要这些数据或指令时，直接从高速缓存中读取而不用再到内存甚至硬盘中去读取，以此大幅度提升 CPU 的处理速度。

3. 存储器

存储器(Memory)是计算机系统中的记忆设备，用来存放程序和数据，计算机中的全部信息，包括输入的原始数据、计算机程序、中间运行结果和最终运行结果都保存在存储器中。存储器的主要功能是存储程序和各种数据，并能在计算机运行过程中高速、自动地完成程序或数据的存取。

在实际应用中，用户先通过输入设备将程序和数据放在存储器中，运行程序时，由控制器从存储器中逐一取出指令并加以分析，发出控制命令以完成指令的操作。

存储器按用途可分为主存储器(又称内存、内部存储器)和辅助存储器(又称外存、外部存储器)，如表 5.8 所示。外存通常是磁性介质或光盘等，能长期保存信息，内存指主板上的存储部件，用来暂时存放当前正在执行的数据和程序，一旦关闭电源，数据就会丢失。

表 5.8 几种存储器对比

存储器种类	功能	寻址方式	掉电后	说 明
随机存取存储器(RAM)	读、写	随机寻址	数据丢失	
只读存储器(ROM)	读	随机寻址	数据不丢失	工作前写入数据
闪存(Flash Memory)	读、写	随机寻址	数据不丢失	
先进先出存储器(FIFO)	读、写	顺序寻址	数据丢失	
先进后出存储器(FILO)	读、写	顺序寻址	数据丢失	

在计算机中，存储器容量以字节(Byte，简写为 B)为基本单位，一个字节由 8 个二进制位(bit)组成。其他单位有：bit、Byte、KB、MB、GB、TB、PB、EB、ZB、YB、BB、NB、DB(可分别简称为 K、M、G、T、P、E、Z、Y、B、N、D，例如 512 MB 可简称为 512 M、32 GB 可简称为 32 G)，它们按照进率 1024(2 的十次方)来计算。

其中：8 bit = 1 Byte；1 KB = 1024 Bytes

1 MB = 1024 KB = 1 048 576 Bytes；　　1 GB = 1024 MB = 1 048 576 KB

1 TB = 1024 GB = 1 048 576 MB；　　1 PB = 1024 TB = 1 048 576 GB

1 EB = 1024 PB = 1 048 576 TB；　　1 ZB = 1024 EB = 1 048 576 PB

1 YB = 1024 ZB = 1 048 576 EB；　　1 BB = 1024 YB = 1 048 576 ZB

1 NB = 1024 BB = 1 048 576 YB；　　1 DB = 1024 NB = 1 048 576 BB

主存储器和辅助存储器

主存储器也称内存储器，简称内存(见图 5.20)，是计算机的信息交流中心，内存要与计算机的各部件进行数据交换，其存取速度直接影响计算机的运算速度。内存由高速的半导体存储器芯片组成，是计算机运行过程中临时存放程序和数据的地方。主存储器与 CPU 直接相连，存放当前正在运行的程序和有关数据，存取速度快，容量不太大，目前内存配置一般为 4G。主存储器的工作原理是：计算机工作时，先把要处理的数据从外存调入内存，再从内存调入 CPU；CPU 处理完毕后，将数据送到内存，最后保存到外存。计算机的内存根据其工作方式的不同，可分为 RAM 和 ROM，人们通常所说的内存实际上指的是 RAM。RAM(Random Access Memory)是随机存取存储器，其中的数据可随机地读出或写入，用来存放从外存调入的程序和有关数据以及从 CPU 送出的数据。值得注意的是，计算机断电后 RAM 中的数据将完全丢失，因此在结束计算机操作时，应该将新建或做过修改的程序及相应的文件保存到外存。ROM(Read Only Memory)是只读存储器，占内存的很小一部分，通常情况下 CPU 对其只取不存，因此 ROM 一般用来存放一些固定的、专用程序或数据。目前常用的内存有 SDRAM(同步突发内存，Synchronous Dynamic Random Access Memory)和 DDR(双数据传输模式，Double Data Rate)两种。

图 5.20　内存

辅助存储器也称外存储器、外存。由于主存储器的容量有限，所以计算机的外部设备中都配有辅助存储器，用来长期存放计算机暂时不用的程序和数据(需要时才调入内存)，存取速度较慢，但价格便宜且容量很大。目前，常用的外存有软盘、硬盘、移动硬盘、闪(U)盘和光盘等，存储容量为 160 GB、320 GB 和 1 TB 等。

4. 声卡

声卡(Sound Card)也叫音频卡，是实现声波、数字信号相互转换的一种硬件(见图 5.21)。声卡可以把来自话筒、收录音机、激光唱机、磁带、光盘等设备的语音、音乐等声音变成数字信号交给计算机处理，并以文件形式存储，还可以把数字信号还原成为真实的声音输出到耳机、扬声器、扩音机、录音机等声响设备，或通过音乐设备数字接口(MIDI)使乐器发出美妙的声音。声卡有三个基本功能：一是音乐合成发音功能；二是混

图 5.21　声卡

音器(Mixer)功能和数字声音效果处理器(DSP)功能；三是模拟声音信号的输入和输出功能。声卡主要分为板卡式、集成式和外置式三种接口类型，目前大多数的声卡已经集成到主板上了。常见的声卡有 ISA 接口的，也有 PCI 接口的。

5. 显卡

显卡又称显示器适配卡(见图 5.22)，是连接主机与显示器的接口卡，其作用是将主机的输出信息转换成字符、图形和颜色等信息，传送到显示器上显示。显卡的工作原理是：由 CPU 送来的数据会通过 AGP 或 PCI-E 总线，进入显卡的图形芯片(即我们常说的 GPU 或 VPU)里进行处理；当芯片处理完后，相关数据会被运送到显存里暂时储存；然后数字图像数据会被送入 RAMDAC(Random Access Memory Digital Analog Converter)，即随机存储数字模拟转换器，转换成计算机显示需要的模拟数据；最后 RAMDAC 再将转换完的类比数据送到显示器成为我们所看到的图像。在该过程中，图形芯片对数据处理的快慢以及显存的数据传输带宽都会对显卡性能有明显影响。显示卡主要是由显示主芯片、显示缓存(简称显存)、BIOS、数字模拟转换器(RAMDAC)、显卡的接口以及卡上的电容、电阻等组成，一般插在主板的 ISA、PCI、AGP 扩展槽中。显示主芯片的主要任务就是处理系统输入的视频信息并将其进行构建、渲染等工作，其性能直接决定显卡性能的高低，显卡性能的高低和显示器的质量最终决定计算机显示的清晰与否。

图 5.22　显卡

6. 网络适配器

网络适配器(见图 5.23)，俗称网卡或网络接口卡(Network Interface Card，NIC)，是连接计算机和网线之间的物理接口，是 LAN 的接入设备，处在 OSI 模型中的物理层。其工作原理是通过网络传输介质将其他网络设备传输来的数据包转换为计算机能够识别的数据传送给计算机，同时将计算机需要发送的数据进行打包后传送给网络上的其他设备。

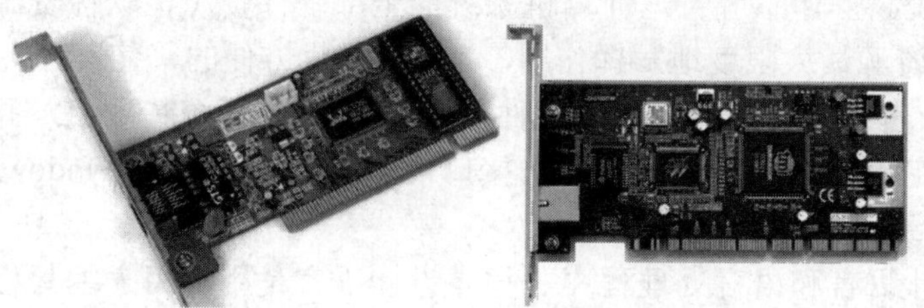

图 5.23　网卡

每块网卡都有唯一的 ID 编号，它是网卡生产厂家在生产时烧入 ROM(只读存储芯片)中的，也称 MAC 地址(物理地址)。MAC 是介质访问控制的简称，每块网卡的 MAC 地址都不相同。网卡的 MAC 地址有 48 位，分为两部分，前 24 位是制造商标识，由 IEEE 分配，后 24 位由制造商分配。网卡一般插在计算机主机的扩展槽内，目前大多数的网卡已经集成到主板上了。传输速率是指网卡每秒钟接收或发送数据的能力，单位是 Mbps(兆位/秒)，目前网卡速度为 10 Mbps、100 Mbps、1000 Mbps 和 10000 Mbps。

网卡按所支持的带宽分为 10 Mbit/s 网卡、10/100 Mbit/s 自适应网卡、1000 Mbit/s 网卡和万兆 bit/s 网卡；按总线类型分为 ISA 网卡、PCI 网卡和应用于笔记本电脑的 PCMCIA 网卡；按与传输介质的接口类型分为 RJ-45 端口(双绞线)网卡、BNC 端口(细缆)网卡、AUI 端口(粗缆)网卡和光纤网卡；按传输介质分为有线网卡和无线网卡(数据传输依靠无线电波)。

7. 调制解调器

调制解调器(Modem)，俗称“猫”，是计算机通过电话线上网所必需的设备，调制解调器分为外置式和内置式两种。

8. 输入输出设备及其他外围设备

输入(Input)设备用来接收用户输入的原始数据和程序(包括文本、图形、图像、声音等)，常用的输入设备有键盘、鼠标、扫描仪、麦克风、数字化仪、磁卡读入机和条形码阅读器等。输出(Output)设备用于输出计算机的运行或数据处理结果，即将存放在计算机中的信息(包括程序和数据)传送到外部媒介，常用的输出设备有显示器、打印机、绘图仪、音响等。

二、计算机软件组成

一般来说，软件是程序和程序运行时所需要的数据，以及关于程序的设计、功能和使用等说明文档的全体。软件分为系统软件和应用软件两大类，系统软件的任务是控制和维护计算机的正常运行，管理计算机的各种资源，以满足应用软件的需要。可以说，系统软件是计算机硬件和当前正在运行的应用程序之间的接口。应用软件完成一个特定的任务，在系统软件的支持下，用户才能运行各种应用软件。

1. 系统软件

系统软件泛指为整个计算机所配置的、不依赖于特定应用的通用软件，是使用和管理计算机的基本软件，是支持应用软件运行的平台。系统软件的功能是对整个计算机的硬件和软件系统进行调度、管理、监视及提供服务，使系统资源得到有效的利用。系统软件包括操作系统、语言处理系统、数据库管理系统和常用服务程序等。

(1) 操作系统。操作系统管理计算机系统的全部硬件资源、软件资源及数据资源，使计算机系统所有资源最大限度地发挥作用，为用户提供方便的、有效的、友善的服务界面。所有的其他软件(包括系统软件与应用软件)都建立在操作系统基础上，并得到它的支持和取得它的服务，它是用户与计算机之间的接口，如 WindowsXP、Windows8、Windows10、UNIX、NOVELL NETWARE 等。

(2) 程序设计语言和语言处理程序。程序设计语言是用户用来编写程序的语言，它是人与计算机之间交换信息的工具，是软件系统重要的组成部分，一般可分为机器语言、汇编语言和高级语言三类。语言处理就是将编写的源程序转换成机器语言，以便计算机能够运行。常用的程序设计语言有 C、PASCAL、Visual Basic、JAVA、FORTRAN、COBOL 等。

(3) 实用程序。实用程序可以完成一些与管理计算机系统资源及文件有关的任务。通常情况下，计算机能够正常地运行，但有时也会发生各种问题，如硬盘损坏、病毒感染、运行速度下降等，此时就需要各种实用程序介入。常用的实用程序有：系统设置软件、诊断程序、反病毒程序、卸载程序、备份程序、文件压缩程序等。

2. 应用软件

应用软件是指计算机用户利用计算机及其提供的系统软件，为解决某一专门的问题而

编制的计算机程序(见图 5.24)。应用软件一般可以分为两大类：通用应用软件和专用应用软件。通用应用软件支持最基本的应用，广泛地应用于几乎所有的专业领域，如办公软件、数据库管理系统软件(该软件也可归入系统软件的范畴)、游戏软件、各种图形图像软件、财务处理软件、计算机辅助设计软件等。专用应用软件是专门为某一个专业领域、行业、单位特定需求而专门开发的软件，如某企业的信息管理系统等。

<table>
<tr><td colspan="3">应用程序</td></tr>
<tr><td>语言处理系统</td><td>数据库管理系统</td><td>服务程序</td></tr>
<tr><td colspan="3">操作系统</td></tr>
<tr><td colspan="3">计算机硬件系统</td></tr>
</table>

图 5.24　计算机的软件层次

学习任务 3　局　域　网

计算机网络是现代计算机技术与通信技术相结合的产物，网络技术已经成为当代社会成员在网络化、数字化世界生存的基本条件。

一、网络基础知识

1. 计算机网络的概念

计算机网络是通过电缆、电话或无线通讯，将分布在不同地理位置上的具有独立功能的若干台计算机、终端及其附属设备用通信手段连接起来，以功能完善的网络软件(网络通信协议及网络操作系统等)实现网络中资源共享和信息传递的系统。

2. 计算机网络的功能

建立计算机网络的主要目的是实现在计算机通信基础上的资源共享和远程访问。

(1) 资源共享。资源共享是指所有网内的用户均能享受网上计算机系统中的全部或部分资源(如硬件、软件、数据和信息资源等)，例如进行复杂运算的巨型计算机、海量存储器、高速激光打印机、大型绘图仪、一些特殊的外设等，另外还有大型数据库和大型软件。资源共享既可以使用户减少投资，又可以提高这些计算机资源的利用率。

(2) 通过信息交换或数据传送，完成计算机网络中各个节点间的系统通信。用户可以在网上传送电子邮件、发布新闻消息、进行电子购物、电子贸易、远程电子教育等。譬如集团企业可以将地理上分散的生产单位或业务部门通过计算机网络实现联网，把分散在各地的计算机系统中的数据资料适时集中，综合处理。再如：电子邮件(E-mail)可以使相隔万里的异地用户快速、准确地相互通信；电子数据交换(EDI)可以实现在商业部门(如海关、银行等)或公司之间的订单、发票、单据等商业文件安全、准确地交换；文件传输服务(FTP)可以实现文件的实时传递。

(3) 分布式处理，即提高计算机的可靠性及可用性。一项复杂的任务可以被划分成许多部分，由网络内各计算机分别协作并行完成有关部分，使整个系统的性能大为增强。例如空中交通管理、工业自动化生产线、军事防御系统、电力供应系统等都可以通过计算机网络设置备用或替换的计算机系统，以保证实时性管理和不间断运行系统的安全性和可靠性。

(4) 综合信息服务。网络的一大发展趋势是多维化，即在一套系统上提供集成的信息服务，包括来自政治、经济、生活等各方面的资源，同时还提供多媒体信息、如图像、语音、动画等。

二、网络类型

1. 按地理分布范围分

(1) 局域网(Local Area Network，LAN)。局域网的地理分布范围一般限定在较小的区域(几千米)内，通常采用有线的方式连接起来，覆盖范围一般是一个部门、一栋建筑物、一个校园或一个公司。局域网组网方便、灵活，传输速度较高。

(2) 城域网(Metropolis Area Network，MAN)。MAN 是在一个城市范围内所建立的计算机通信网，传输媒介主要采用光缆。城域网主要用作骨干网，通过它将位于同一城市内不同地点的主机、数据库，以及 LAN 等互相连接起来，以满足一个城市范围内大量的企业、公司、机关、学校、住宅区等多个局域网互联的需求。MAN 不仅用于计算机通信，同时也用于传输语音、图像等信息，成为一种综合通信网。

(3) 广域网(Wide Area Network，WAN)。WAN 是在一个广泛地理范围内所建立的计算机通信网，其范围可以超越城市、国家以至全球，形成国际性的远程网，Internet(因特网，也称互联网)是典型的 WAN。广域网互联的形式主要有两种：一是局域网到局域网的连接，主要适合企业与企业之间或企业各分支机构之间的连接；二是单机到局域网的连接，适合分散用户访问企业的网络。常说的互联网是所有这些网络连接在一起的产物。广域网由通信子网与资源子网两个部分组成：通信子网实际上是一个数据网，可以是一个专用网(交换网或非交换网)或一个公用网(交换网)；资源子网是联在网上的各种计算机、终端、数据库等。实际应用中，LAN 可与 WAN 互联，或通过 WAN 与位于其他地点的 WAN 互联，这时 LAN 就成为 WAN 上的一个端系统。广域网用于通信的传输装置一般由电信部门提供。

2. 按传输介质分

(1) 有线网。有线网通过同轴电缆、双绞线、光纤来传输数据。

(2) 无线网。无线网以空气作为传输介质，以电磁波作为载体来传输数据。

局域网通常采用单一的传输介质，而城域网和广域网采用多种传输介质。

三、网络拓扑结构

拓扑(Topology)是将各种物体的位置表示成抽象位置，计算机网络拓扑主要是指通信子网的拓扑结构。拓扑设计是建设计算机网络的第一步，也是实现各种网络协议的基础，它对网络性能、系统可靠性与通信费用都有重大影响。在网络中，拓扑形象地描述了网络的安排和配置，包括各种节点和节点的相互关系，拓扑不关心事物的细节也不在乎相互的比例关系，只将讨论范围内的事物之间的相互关系通过图表示出来。网络中的计算机等设备

要实现互联，就需要以一定的结构方式进行连接，这种连接方式就叫做拓扑结构。网络拓扑结构是指用传输介质互连各种设备的物理布局或者网络中通信线路和站点(计算机或设备)的几何排列形式，通俗地讲网络拓扑是指这些网络设备是如何连接在一起的。常见的网络拓扑结构主要有以下五类。

1. 星型结构

星型结构网络是指各工作站以星型方式连接成网，网络有中央节点，其他节点(工作站、服务器)都与中央节点直接相连，这种结构以中央节点为中心，因此又称为集中式网络。星型结构的网络系统中，中心节点是控制中心，任意两个节点间的通信最多只需两步，很容易在网络中增加新的站点，所以传输速度快，而且网络构形简单，建网容易，数据的安全性和优先级容易控制，易实现网络监控，便于管理。但这种网络系统的可靠性低，共享能力差，并且一旦中心节点出现故障则会导致全网瘫痪。星型网络是目前最为常用的一种结构，其传输介质一般是双绞线，如图 5.25 所示。

2. 总线型结构

总线型结构网络是将各个节点设备和一根总线相连，网络中所有的节点工作站都是通过总线进行信息传输的，即网络中所有的站点共享一条数据通道。总线型结构的通信连线可以是同轴电缆、双绞线，也可以是扁平电缆。总线型结构在一根传输线上连接着所有工作站，如图 5.26 所示，当一个节点要向网络中另一个节点发送数据时，发送数据的节点就会在整个网络上广播相应的数据，其他节点都进行收听。其优点是结构简单，非常便于扩充，价格相对较低且安装使用方便；缺点是一旦总线的某一点出现接触不良或断开，整个网络将陷于瘫痪。

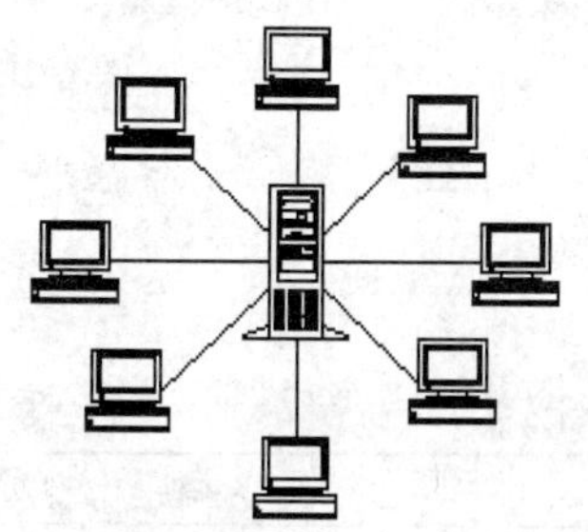

图 5.25　星型拓扑结构示意图

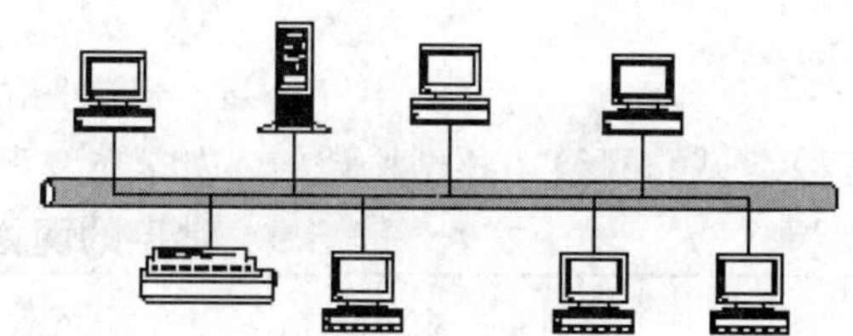

图 5.26　总线型拓扑结构示意图

3. 环型结构

环型结构网络是将网络中各节点通过一条首尾相连的通信链路连接起来的一个闭合环形结构网，即各站点通过通信介质连成一个封闭的环形，每台设备都直接连到环上，或通过一个接口设备和分支电缆连到环上，整个网络发送的信息会在这个环中传递，通常把这类网络称之为“令牌环网”。在环型结构的网络中，信息按固定方向流动，如图 5.27 所示，若计算机 A 欲将数据传输给计算机 D，必须先传送给计算机 B，计算机 B 收到信号后发现不是给自己的，于是再传给计算机 C，这样直到传送到计算机 D。其优点是两个节点间有唯一的通路，可靠性高；缺点是扩充不方便，节点出现故障整个网络将瘫痪。

4. 树型结构

树型结构实际上是星型结构的一种变形，又称为分级的集中式网络，其结构图类似一棵倒挂的树，如图 5.28 所示。树型结构顶端的结点叫根结点，一个结点发送信息时，根结点接收该信息并向全树广播，即将原来用单独链路直接连接的节点通过多级处理主机进行分级连接。其优点是成本低；缺点是结构复杂。

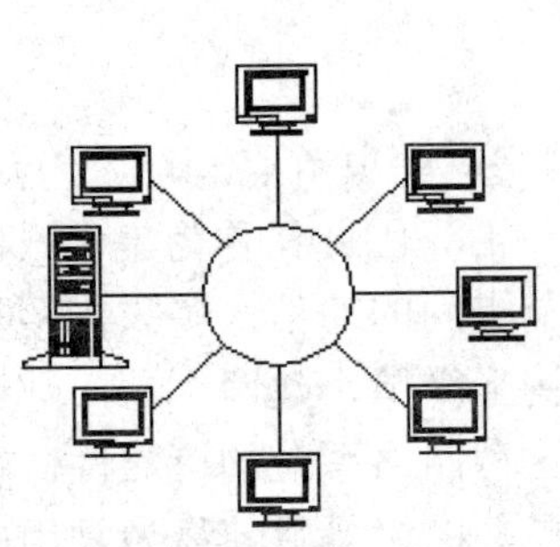

图 5.27　环型拓扑结构示意图

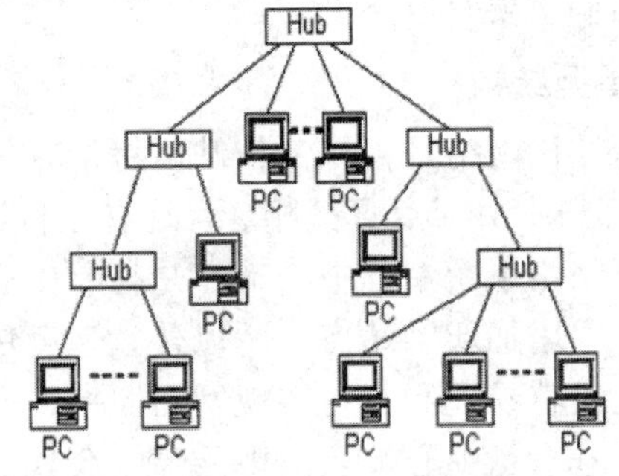

图 5.28　树型拓扑结构示意图

5. 混合型拓扑结构

用一条或多条总线把多组设备连接起来，相连的每组设备呈星型分布，总线采用同轴电缆，星型配置可采用双绞线。采用这种拓扑结构，用户很容易配置和重新配置网络设备，也更能满足较大网络的拓展，解决星型网络在传输距离上的局限，而同时又解决了总线型网络在连接用户数量的限制。这种网络拓扑结构同时兼备了星型网与总线型网络的优点，并在缺点方面得到了一定的弥补。混合型拓扑结构如图 5.29 所示。

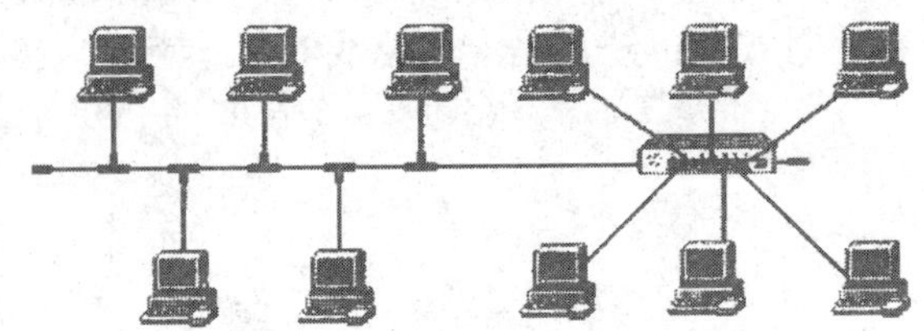

图 5.29　混合型拓扑结构示意图

五种常见的网络拓扑结构比较，如表 5.9 所示。

表 5.9　常见的网络拓扑结构比较

	基本结构	优　点	缺　点
星型结构	星型结构是以一个节点为中心的处理系统，各种类型的入网设备均与该中心处理机有物理链路直接相连，节点间不能直接通信，如通信时需要通过该中心处理机转发	星型结构的控制介质访问的方法简单，从而访问协议也十分简单；同时，单个站点的故障只影响一个站点，不会影响全网，因此容易检测和隔离故障，重新配置网络也十分方便	星型拓扑需要大量电缆，因此费用较高；星型拓扑结构广泛应用于智能集中于中心站点的网络，由于目前计算机系统已从集中的主机系统发展到分布式系统，所以星型拓扑的使用会有所减少
总线结构	总线结构是将所有的入网计算机均接入到一条通信传输线上，为防止信号反射，一般在总线两端连有匹配线路阻抗的终结器	总线结构的信道利用率较高，结构简单，价格相对便宜；总线结构是目前在局域网中采用较多的结构	总线结构同一时刻只能有两个网络节点可以相互通信，网络延伸距离有限，网络容纳节点数有限；在总线上只要有一个节点连接出现问题，会影响整个网络的正常运行

续表

	基本结构	优　点	缺　点
环线结构	环型结构是将连网的计算机由通信线路连接成一个闭合的环；在环型结构的网络中，信息按固定方向流动，通常通过令牌控制由谁发送信息	环型结构传输控制机制较为简单，实时性强	环型结构可靠性较差，网络扩充使操作步骤比较复杂
树型结构	树型结构是星型结构的一种变形，它将单独链路直接连接的节点通过多级处理主机进行分级连接	树型结构与星型结构相比降低了通信线路的成本	树型结构增加了网络复杂性，网络中除最底层节点及其连线外，任一节点或连线的故障均影响其所在支路网络的正常工作
网状结构	在网状结构中，网络的每台设备之间均有点到点的链路连接	网状结构中的节点间路径多，碰撞和阻塞可以减少，局部的故障不会影响整个网络的正常工作，因此可靠性高；网络扩充和主机入网比较灵活；在广域网中一般用网状结构	网状结构网络关系复杂，建网困难，网络控制机制比较复杂

四、OSI 参考模型

1977 年，国际标准化组织(ISO)成立了一个专门机构，提出了各种计算机能够在世界范围内互连成网络的标准框架，即著名的开放系统互联基本参考模型，简称 OSI 模型。

OSI 参考模型是开放系统互联(Open System Interconnection，OSI)参考模型，它将整个计算机网络分成了七层，较低层通过层间接口向较高层提供服务，在层间接口中定义了服务请求的方式以及完成服务后返回的确认事项和动作，如图 5.30 所示。

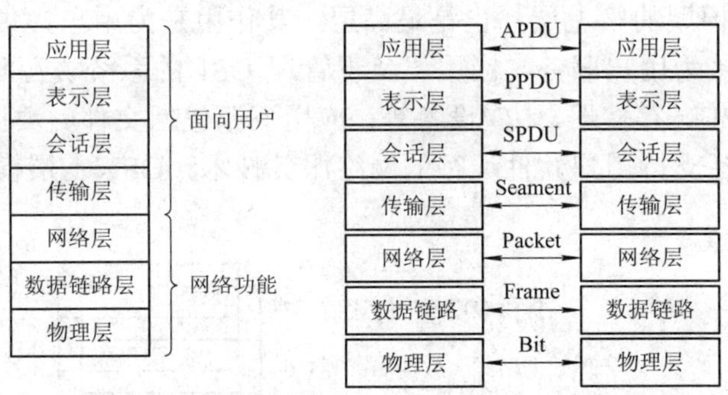

图 5.30　OSI 参考模型

OSI 参考模型中定义的七层具体如下：

1. 物理层(Physical Layer)

物理层是参考模型中的底层。该层将电话线、同轴电缆等物理介质用做线路进行电气的、机械的以及物理的管理，以保证数据流传送，例如通信介质的标准、调制解调器信号的管理。

2．数据链路层(Data Link Layer)

数据链路层通过检查能够发现在邻接通信系统间传送线路上的数据错误并进行恢复，确保比特序列组成的数据流(数据块)准确无误地传送给对方的系统。

3．网络层(Network Layer)

网络层是使用数据网(分组网和线路交换网)、电话网等各种通信网，与通信对方系统之间建立通信路径，为此而进行的中继、路由选择，以保证终端系统间的数据传送。网络层要设定最佳的通信路径，以实现上面的传输层所必需的吞吐量、传送延迟等传送功能。

4．传输层(Transport Layer)

传输层保证通信两端的终端系统在通信进程间进行实际数据传送的正确性。因此，本层要保证连接系统的通信网的质量，当传送出错概率高时，要通过检错、恢复等手段提高数据传送的可靠性。为了用低廉的通信费用传送数据，传输层常采用在一条网络连接中组合多条传送连接的多路复用手法。

5．对话层(Session Layer)

在进程间进行通信时，一般通过相互同步传送有一定含义的信息，例如在传送较长的文件时，采用以页为单位进行确认，确认后再传送下一页。因此，对话层要对进程中必要的信息传送方式(如半双工、全双工的管理，发送权的管理)、进程间的同步以及重新同步进行管理，这些功能总称为对话管理。

6．表示层(Presentation Layer)

一般来说每个进程的数据结构都是不同的，在进程间进行通信时，有必要使用双方都能处理的通用数据结构进行传送。具体地说，表示层需确定所使用的字符集、数据编码以及数据在屏幕和打印机上的显示方法，此外还完成信息的压缩、加密和解密等功能。

7．应用层(Application Layer)

应用层是 OSI 模型的第七层，也是最高层，其作用是为用户提供一个 OSI 的工作环境，通过显示器直接为用户服务。应用层负责管理 OSI 的系统资源和应用资源。系统资源包括计算机的 CPU、存储器、I/O 设备等；应用资源包括文件、数据库等。应用层不包括用户软件，仅包括支持用户软件运行的网络服务技术。OSI 七层模型功能，如图 5.31 所示。

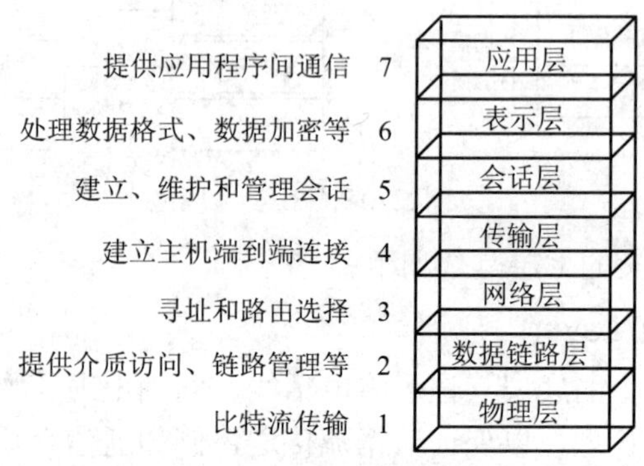

图 5.31　OSI 七层模型功能图

五、计算机网络组成

计算机网络由网络硬件系统和网络软件系统组成。网络软件是一种在网络环境下使用、运行或者控制和管理网络工作的计算机软件，它包括供服务器使用的网络软件和供工作站使用的网络软件。根据作用和功能，网络软件分为网络系统软件和网络应用软件。常见的操作系统有 Microsoft 公司的 Windows、Novell 公司的 Netware、Banyan 公司的 VINES 以及 UNIX、LINUX 等。目前个人和企业一般使用 Windows，而金融等方面使用较广的是 Unix 操作系统，主要有 SUN、AT&T、SCO 等不同版本。组成局域网的网络硬件系统可分为五类：服务器、工作站、网络交换互联设备、防火墙及外部设备。

1. 服务器(Server)

服务器是可被网络用户访问的计算机系统，它为网络用户提供各种资源，并负责管理这些资源，协调网络用户对这些资源的访问。服务器是局域网的核心，它既是网络服务的提供者，又是保存数据的基地。服务器分为 WWW 服务器、域名解析服务器、邮件服务器、文件服务器、数据库服务器、视频服务器等。

2. 工作站(Workstation)

工作站是指连接到网络上的计算机，即客户机。

3. 网络交换互联设备

网络交换互联设备有：网络传输介质、中继器、集线器、交换机、路由器、网桥、网关。

(1) 网络传输介质。网络传输介质是网络连接设备间的中间介质，也是信号传输的媒体，主要用于网络接口之间的连接，进而作为不同计算机之间通信的数据传输通道。常用的网络传输介质有双绞线、同轴电缆、光纤等。

(2) 中继器(Repeater)。中继器能对传送后变弱的信号进行放大和转发，起到延长介质长度的作用。

(3) 集线器(Hub)。集线器是一种连接多个用户节点的设备，其作用可以简单地理解为将一些机器连接起来组成一个局域网，每个经集线器连接的节点都需要一条专用电缆。作为网络传输间的中央节点，它克服了传输道路单一的缺陷。以集线器为中心的网络系统的优点是：当网络系统中某条线路或某节点出现故障时，不会影响网上其他节点的正常工作。集线器端口数量有 8 口、16 口、24 口、48 口等。

(4) 交换机(Switch)。交换机又称交换式集线器，在外观上和集线器相似，作用与集线器大体相同，但其原理和集线器不一样，它对信息进行重新生成，并经过内部处理后转发至指定端口，具备自动寻址能力和交换作用。集线器采用的是共享带宽的工作方式，而交换机是独享带宽，在机器很多或数据量很大时，区别将会比较明显。

(5) 路由器(Router)。路由器是一种多端口的网络设备，它能够连接多个不同的网络或网段，具有判断网络地址和选择路径的功能，即将不同网络或网段之间的数据信息进行“翻译”，以使它们能够相互“读”懂对方的数据，从而构成一个更大的网络，并为通过它的数据包选择合适的路径以到达目的地。路由器有两大功能：数据信道功能包括转发决定、背板转发以及输出链路调度等，一般由特定的硬件来完成；控制功能一般用软件来实现，包括与相邻路由器之间的信息交换、系统配置、系统管理等。在互联网中，网络与网络的连接，都是通过路由器实现的。其作用在于连接不同的网段并且找到网络中数据传输最合适的路径，一般情况下对个人用户作用不大。路由器主要克服了交换机不能路由转发数据包的不足。

集线器和路由器的共同点是，都可以把一条宽带上的数据进行分流，分到若干个独立的子宽带上。其不同点是：集线器理论上是独享带宽的，虽然同时有很多人在用，但是理论上由于采用了交换机的技术，每个人享用的带宽等于总带宽(实际上有很多衰减或损耗)，而路由器则是典型的分流，分的人越多，每个人享用的带宽就越窄。

(6) 网桥(Bridge)。网桥是连接网络段的两端口(或多埠)设备，它用于两个或多个网段或子网间提供通信路径的互联设备。网桥对不同类型的局域网实行桥接，实现互相通信，有效阻止各自网内的通信传输到别的网络，同时过滤网络广播信息，只允许必要的通信信息通过网桥到达其他网络。网桥还可以将业务忙的网络分为两段，减少每段上的通信量以提高性能。

(7) 网关(Gateway)。网关是位于互联网和计算机之间的信息转换系统。网关比路由器有更大的灵活性，它能互联各种完全不同体系结构的网络，支付网关就是电子商务系统和银行之间的接口。

4. 防火墙(Firewall)

防火墙是在内联网和互联网之间构筑的一道屏障，用以保护内联网中的信息、资源等不受来自互联网中非法用户的侵犯。防火墙有硬件防火墙和软件防火墙两种。

5. 外部设备

外部设备通常指大型激光打印机、绘图设备、大容量存储系统等可被网络用户共享的硬件资源。

水晶头网线的制作

网线由一定长度的双绞线与 RJ45(俗称水晶头)组成，做好的网线(按一定的线序排列)要将 RJ45 水晶头接入网卡或 HUB 等网络设备的 RJ45 插座内。双绞线的最大传输距离 100 米，用来连接电话线的是 RJ-11 接口，即电话接口。

1. 双绞线有 EIA/TIA 568B 标准和 EIA/TIA 568A 标准两种线序

(1) T568A 线序：1－绿白，2－绿，3－橙白，4－蓝，5－蓝白，6－橙，7－棕白，8－棕。

(2) T568B 线序：1－橙白，2－橙，3－绿白，4－蓝，5－蓝白，6－绿，7－棕白，8－棕。

2. 双绞线的连接方式

(1) 直连线(直通线、平行线)，两头都按 T568B 线序标准连接，如图 5.32 所示。直连

线的作用是将不同设备连接在一起，如计算机至交换机。

(2) 交叉线(反接线)，一头按 T568A 线序连接，一头按 T568B 线序连接，如图 5.33 所示。交叉线的作用是将同种设备连接在一起，如计算机至计算机，交换机至交换机。

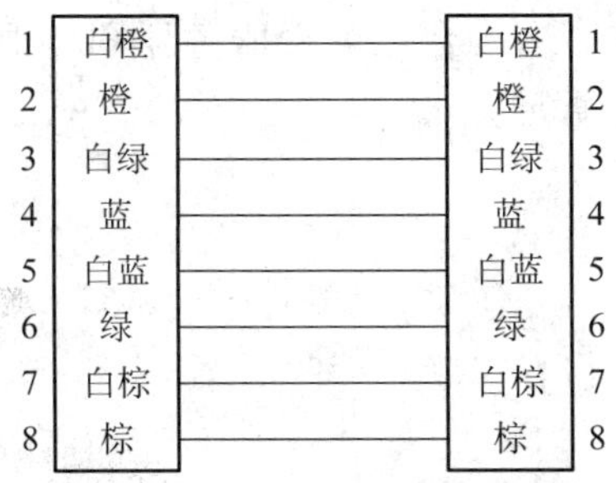

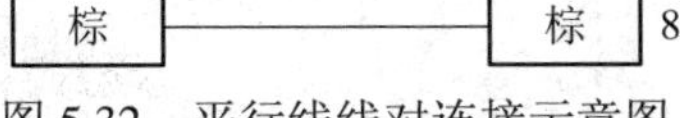

图 5.32　平行线线对连接示意图

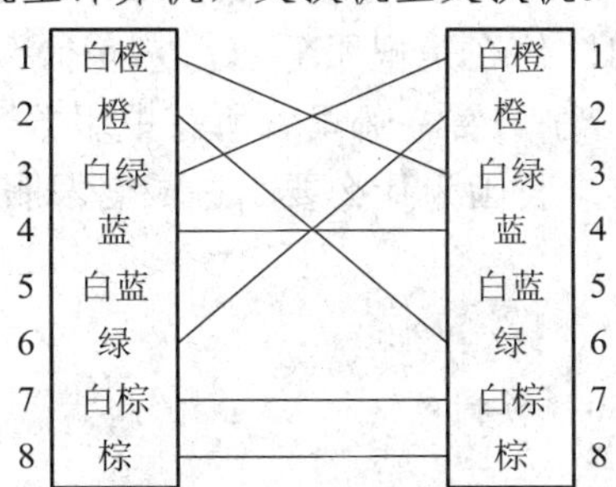

图 5.33　交叉线线对连接示意图

双绞线的顺序与 RJ45 的引脚序号一一对应，10 M 以太网的网线使用 1、2、3、6 编号的芯线传递数据，100 M 以太网的网线使用 4、5、7、8 编号的芯线传递数据。

100BASE-T4 RJ45 对双绞线的规定如下：水晶头中引脚 1 和引脚 2 用于发送数据；引脚 3 和引脚 6 用于接收数据；引脚 4、5、7、8 是双向线，保留为电话使用；1、2 线必须双绞，3、6 线必须双绞，4、5 线必须双绞，7、8 线必须双绞。不同连接设备的双绞线连接方式如表 5.10 所示。

表 5.10　不同连接设备的双绞线连接方式

互连网络设备		双绞线连接方式
PC	PC	交叉线方式
PC	Hub	直连线方式
Hub 普通口	Hub 普通口	交叉线方式
Hub 极联口	Hub 极联口	交叉线方式
Hub 普通口	Hub 极联口	直连线方式
Hub	Switch	交叉线方式
Hub 极联口	Switch	直连线方式
Switch	Switch	交叉线方式
Switch	Router	直连线方式
Router	Router	交叉线方式

注：表中 PC 指计算机(网卡)；Hub 指集线器；Switch 指交换机；Router 指路由器。

为了让交换机与交换机之间也能用平行线连接，很多交换机上有一个 UP-LINK 的专用口，用于接到另一个交换机的普通端口上，现在有很多高档交换机的端口对线序都是自适应的，很少用到交叉线。

1. 什么是 TCP/IP 协议，它是如何工作的？简要回答 TCP/IP 协议模型的各层功能，叙

述 TCP/IP 协议和 OSI 协议的区别和联系，并说明为什么 TCP/IP 协议能够流行。

2．请解释下面概念：Internet、域名、WWW、Intranet、移动通信网。

3．Internet 有何特点？Internet 提供哪些服务？

4．什么是根服务器，它有什么作用？目前全球共有多少台域名根服务器和辅根服务器，分别放置在哪里？所有根服务器均由哪个组织统一管理？

5．我国为什么要引进域名根服务器的镜像服务器？

1．了解域名注册流程。

2．设置 Internet 的选项。

3．利用 FlashGet、CuteFTP 上传和下载资料。

4．认识与设置 IP 地址。

5．结合.edu.cn、.com、.org、.net 等网址认识 URL。

6．动手配置一台适合自己需求的计算机(即要考虑价格又要考虑实用性)，并填写电脑配置清单。

电脑配置清单

配置	品牌型号	参考价格
CPU		
主板		
内存		
硬盘		
显示卡		
显示器		
光驱		
机箱		
电源		
键鼠		
音箱		
摄像头		
耳机		
合计		
配置说明：		

项目六

云物移大智技术应用

★导读★

连上互联网，我就是世界的中心；

给我一个 IP 地址，我就能漫游世界！

接入物联网，我就是世界的眼睛；

给我一个 RFID(射频识别)，我就能掌握世界！

本章将带你了解当今影响 IT 技术和信息产业发展的五个要素——云物移大智，即云计算、物联网、移动互联网、大数据和智慧城市。

课堂速记 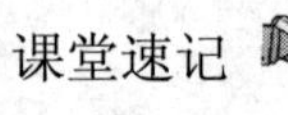

学习任务1 云 计 算

互联网迎来第三阶段：万物互联时代到来

想象一下，当你拿着手机扫描矿泉水瓶上的二维码，就能知道这瓶水的水源产地、生产时间甚至产地当天的天气等信息；与此同时，矿泉水厂商则能收集到消费者的数据，以便调整销售策略。这样，终端消费者和厂商就形成了无缝对接。

在互联网领域，云计算、大数据已应用于医疗、交通、金融、教育、体育、零售等各行各业。

"谁掌握了信息，控制了网络，谁就将拥有整个世界。"这是美国人阿尔文·托夫勒作出的判断。现在看来，确实没有任何人能够否定互联网的影响与价值。

移动2.0时代创造了一个全新的移动互联网消费市场，用户越来越懒惰，也越来越挑剔，信息流通加快逐渐打破技术壁垒，一个手持设备就能为用户构建一个更短的信息渠道，满足购物、消费、娱乐、休闲、社交等需求。

随着信息技术的交互和发展，互联网发生了翻天覆地的变化，所有的信息传播均不再以桌面终端为运行依据。用户接入移动互联网的入口和方式越来越多，除了电脑、电视外，手机、手表、手环、项链、眼镜等越来越多的可移动硬件终端也可以接入互联网。互联网已经变成了一个无处不在，以各种形式体现的网络。

互联网经历了PC互联网、移动互联网和万物互联三个阶段，其中PC互联网时代以入口为王，移动互联网时代以连接为王，物联网时代则以"连接+大数据"为王。例如，谷歌通过Android操作系统来控制连接，即把人未来所能接触到的终端全部智能化，把所有的终端通过Android系统连接到移动互联网；而苹果则是通过控制硬件、操作系统和用户系统三位一体的方式来控制连接。

万物互联的未来是用户系统，用户系统通过对用户需求的实时响应与分析，采用大数据并结合人工智能和深度学习的能力，最终实现万物互联。

随着万物互联时代的到来，未来的智慧生活将以移动互联网为依托进一步发展，并且形成三大数据中心——公共数据中心、家庭数据中心和个人数据中心。其中，Facebook、Google等通过对海量用户进行画像，向他们推荐精确的信息和内容，进而满足用户方方面面的需求，形成了公共数据中心。而家庭数据中心则是由路由器、私有云等构成的数据共享中心，比如户外拍照可自动同步到家庭数据中心，获得授

权的家庭成员可及时查看；或者在办公室和户外进行的工作、进度和数据等，可以实时同步到私有云。手机逐渐成为每个人随身的数据中心和计算中心，可穿戴设备将通过手机接入互联网。换言之，手机将成为三大数据中心的核心。

【思考】云计算、大数据如何改变人们未来的生活？

云计算(Cloud Computing)被认为是继个人电脑、互联网之后信息技术的又一次重大变革，将带来工作方式和商业模式的根本性改变。

一、云计算

云计算是分布式计算(Distributed Computing)、并行计算(Parallel Computing)、效用计算(Utility Computing)、网络存储技术(Network Storage Technologies)、虚拟化(Virtualization)、负载均衡(Load Balance)等传统计算机和网络技术发展融合的产物，是基于互联网等网络，通过虚拟化方式共享 IT 资源的新型计算模式，通常涉及通过互联网来提供动态易扩展且经常是虚拟化的资源。提供资源的网络被称为“云”，这里的“云”是网络、互联网的一种比喻说法。用户可以通过 PC、手机等方式接入数据中心，按自己的需求进行运算。

狭义的云计算是指 IT 基础设施的交付和使用模式，指通过网络以按需、易扩展的方式获得所需资源；广义的云计算指服务的交付和使用模式，指通过网络以按需、易扩展的方式获得所需服务。云计算意味着计算能力也可作为一种商品通过互联网进行流通和交易。云计算的核心是通过网络统一管理和调度、计算、存储网络软件等资源，实现资源整合与配置优化，以服务方式满足不同用户随时获取并扩展、按需使用并付费，最大限度地降低成本等各类需求。

云计算广泛应用在医疗医药、制造、金融、能源、电子政务、教育科研、电信等领域。

二、云计算特征

根据美国国家标准和技术研究院的定义，云计算服务应该具备随需自助服务、随时随地用任何网络设备访问、多人共享资源池、快速重新部署灵活度、可被监控与量测的服务、基于虚拟化技术快速部署资源或获得服务、减少用户终端的处理负担、降低用户对于 IT 专业知识的依赖等特征。

云计算是使计算分布在大量的分布式计算机上，而非本地计算机或远程服务器中。企业数据中心的运行将与互联网更相似，这使得企业能够将资源切换到需要的应用上，根据需求访问计算机和存储系统。从使用功能的角度看，云计算服务有以下特征。

1. 资源配置动态化

云计算会根据消费者的需求动态划分或释放不同的物理和虚拟资源，当增加一个需求时，可通过增加可用的资源进行匹配，实现资源的快速弹性供应；如果用户不再使用这部分资源，云计算可释放这些资源。云计算为客户提供的这种能力是无限的，实现了 IT 资源利用的可扩展性。

2. 需求服务自助化

云计算为客户提供自助化的资源服务，用户无需同提供商交互就可自动得到所需的计算能力和资源。同时云系统为客户提供一定的应用服务目录，客户可采用自助方式选择满足自身需求的服务项目和内容。

3. 超大规模

“云”具有相当的规模，如Google云计算已经拥有一百多万台服务器，Amazon、IBM、微软和Yahoo等公司的“云”均拥有几十万台服务器。因此，“云”能赋予用户前所未有的计算能力。

4. 虚拟化

云计算支持用户在任意位置使用各种终端获取服务，所请求的资源来自“云”，而不是固定的有形实体。应用在“云”中某处运行，但实际上用户无需了解应用运行的具体位置，只需要一台笔记本或一个PDA，就可以通过网络来获取各种服务。

5. 高可靠性

“云”使用了数据多副本容错、计算节点同构可互换等措施来保障服务的高可靠性，使用云计算比使用本地计算机更加可靠。

6. 通用性

云计算不针对特定的应用，在“云”的支撑下可以构造出千变万化的应用，同一片“云”可以同时支持不同的应用运行。

7. 高可伸缩性

“云”的规模可以动态伸缩，能满足应用和用户规模增长的需要。

8. 以网络为中心

云计算的组件和整体构架由网络连接在一起并存在于网络中，同时通过网络向用户提供服务。而用户可借助不同的终端设备，通过标准的应用实现对网络的访问，从而使得云计算的服务无处不在。

9. 服务可计量化，按需购买且极其廉价

在提供云服务过程中，针对用户不同的服务类型，通过计量的方法来自动控制和优化资源配置，即资源的使用可被监测和控制，是一种即付即用的服务模式。“云”是一个庞大的资源池，用户按需购买，像自来水、电和煤气那样计费。

“云”的特殊容错措施使得可以采用极其廉价的节点来构成云；“云”的自动化管理使数据中心管理成本大幅降低；“云”的公用性和通用性使资源的利用率大幅提升；“云”设施可以建在电力资源丰富的地区，从而大幅降低能源成本。因此“云”具有前所未有的性能价格比，用户可以充分享受“云”的低成本优势，需要时，花费几百美元、一天时间就能完成以前需要数万美元、数月时间才能完成的数据处理任务。

10. 资源的池化和透明化

对云服务的提供者而言，各种底层资源(计算、存储、网络、资源逻辑等)的异构性(如果存在某种异构性)被屏蔽，边界被打破，所有的资源可以被统一管理和调度，成为所谓的“资源池”，从而为用户提供按需服务；对用户而言，这些资源是透明的、无限大的，用户无需了解内部结构，只关心自己的需求是否得到满足即可。

三、云计算服务模式

云计算有 SaaS、PaaS 和 IaaS 三大服务模式，如图 6.1 所示。PaaS 和 IaaS 可以直接通过 SOA/Web Services 向平台用户提供服务，也可以作为 SaaS 模式的支撑平台间接向最终用户服务。

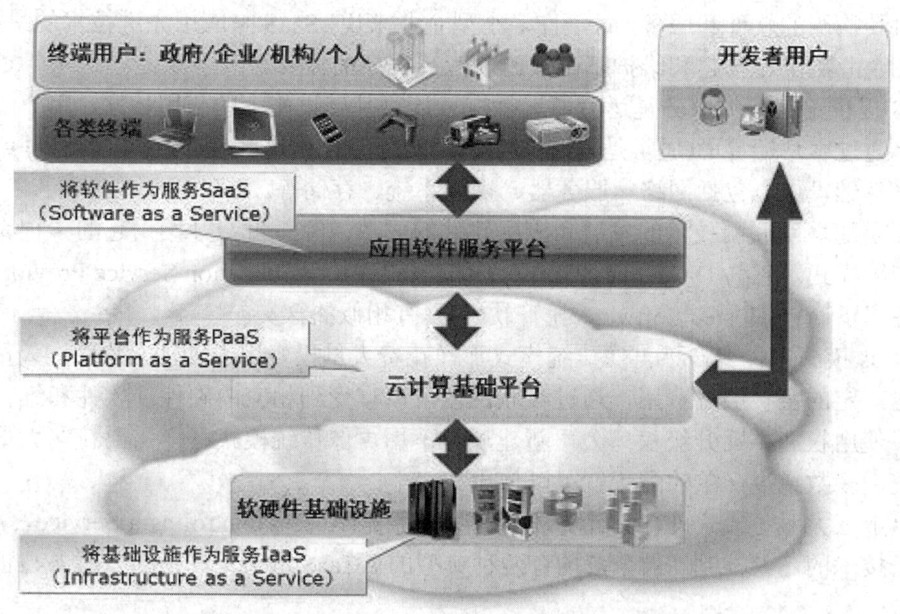

图 6.1　云计算解决方案示意图

1. IaaS

基础设施即服务(Infrastructure-as-a-Service，IaaS)指消费者通过 Internet 可以从完善的计算机基础设施获得服务。IaaS 提供给消费者的服务是对所有设施的利用，包括计算机(物理机和虚拟机)、存储空间、网络连接、负载均衡和防火墙等基本计算资源，用户在此基础上部署和运行各种软件，包括操作系统和应用程序。IaaS 平台有 OpenStack 和 Eucalyptus；IaaS 厂商(云计算基础设施软件厂商)有 VMware、微软、IBM、HP、华胜天成、阿里巴巴、世纪互联、华云数据和万网等。

2. PaaS

平台即服务(Platform-as-a-Service，PaaS)实际上是指将软件研发的平台(又叫业务基础平台)作为一种服务，以 SaaS 的模式提交给用户。因此，PaaS 也是 SaaS 模式的一种应用。

平台通常包括操作系统、编程语言的运行环境、数据库和 Web 服务器。PaaS 提供给消费者的服务是把客户所采用的开发语言和工具(例如 Java、Python、.Net 等)开发的或收购的应用程序部署到供应商的云计算基础设施上。客户不需要管理或控制底层的云基础设施，包括网络、服务器、操作系统、存储等，但客户能控制自己部署的应用程序，也能配置运行应用程序的托管环境。

3. SaaS

软件即服务(Software-as-a-Service，SaaS)是一种通过 Internet 提供软件的模式。厂商将应用软件统一部署在自己的服务器上，客户可以根据实际需求，通过互联网向厂商购买所需的应用软件服务，按购买的服务多少和时间长短向厂商支付费用，并通过互联网获得厂商提供的服务。用户不用再购买软件，而改用向提供商租用基于 Web 的软件来管理企业经营活动，且无需对软件进行维护，服务提供商会全权管理和维护软件。有些软件厂商在向客户提供互联网应用的同时，也提供软件的离线操作和本地数据存储，让用户随时随地都可以使用其购买的软件和服务。对于许多小型企业来说，SaaS 是应用先进技术的最好途径，它消除了企业购买、构建和维护基础设施和应用程序的需要。

SaaS 提供给客户的服务是运营商运行在云计算基础设施上的应用程序，用户可以在各种设备上通过客户端界面(通常是 Web 浏览器)访问并使用这些程序，不需要管理或控制任何云计算基础设施，包括网络、服务器、操作系统、存储等。

Saas 是随着互联网技术的发展和应用软件的成熟，在 21 世纪开始兴起的一种完全创新的软件应用模式。它与 On-demand Software(按需软件)、Application Service Provider(ASP，应用服务提供商)、Hosted Software(托管软件)具有相似的含义。

在 Saas 模式下，客户不再像传统模式那样花费大量投资用于硬件、软件、人员，而只需要支出一定的租赁服务费用，通过互联网便可以享受到相应的硬件、软件和维护服务，享有软件使用权和不断升级权；公司新建项目不用再像传统模式一样需要花费大量的时间布置系统，多数经过简单的配置就可以使用。

除以上三大服务模式外，云计算还有门禁即服务(Access control-as-a-Service，ACaaS)，即基于云技术的门禁控制。当今市场有两种典型的 ACaaS 服务：真正的云服务与机架服务器托管。

四、云计算数据中心

数据中心是一整套复杂的设施，不仅包括计算机系统和其他与之配套的设备(例如通信和存储系统)，还包含冗余的数据通信连接、环境控制设备、监控设备以及各种安全装置。

云计算数据中心是支持云服务要求的数据中心，包括场地、供配电、空调暖通、服务器、存储、网络、管理系统、安全等相关设施，具有高安全性、资源池化、弹性、规模化、模块化、可管理性、高能效、高可用等特征。国家标准中所列的云计算数据中心参考架构如图 6.2 所示。

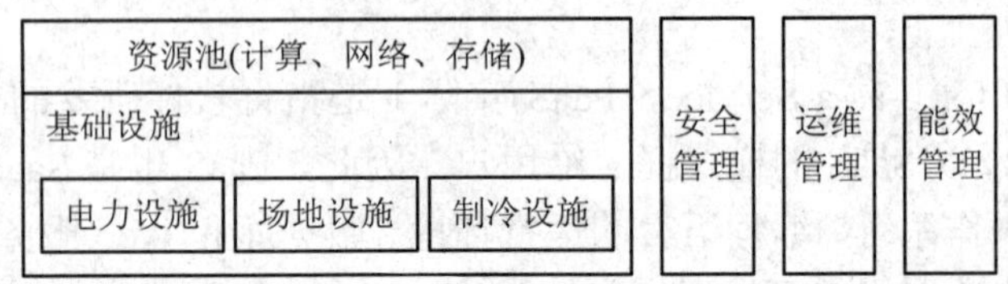

图 6.2　云计算数据中心参考架构

1. 基础设施

基础设施是指云计算服务商为保证 IT 环境和服务正常运行而必须建设的各类设施，如建筑、电气、空调、网络等。其中，场地设施主要包括数据中心建设和运行所依赖的环境，如地理位置、房屋结构等；电力设施包括供配电系统、UPS 不间断电源系统；制冷设施包

括冷源系统、传输系统和精密空调系统。基础设施应满足模块化、弹性扩展、按需提供和智能化调度的要求。

2. 资源池

资源池是指云计算数据中心所涉及的各种硬件和软件的集合，按其类型可分为计算资源池、存储资源池和网络资源池。其中，计算资源池由执行和管理计算任务的软硬件资源组成，包括云计算数据中心内的物理主机、管理物理主机硬件资源的系统软件以及协调多物理主机计算行为的中间件等，以池化方式实现虚拟主机的调度与分配。存储资源池包括各类以存储数据为目的提供的资源，提供的形式包括但不限于块存储、文件存储、对象存储等，提供一种实用性的存储服务，为众多用户提供一个通过网络访问的共享存储池；网络资源池由网络软硬件、网络协议和网络接入资源构成，主要实现云计算数据中心各个组件的互联、用户业务的按需部署和服务。

3. 能效管理

能效管理包括能耗计量、能耗评定、能效管理机制。其中能效计量实现对云计算数据中心各种组件(包括基础设施、资源池等)的能源和效率进行计量数据采集、监测；能耗评定是指根据一定的规则对能耗给予评分，包括评定的原则、指标、基本要求与方法；能效管理机制是在云计算数据中心运行过程中，为能有效进行能效管理而建立的对应的组织架构、流程和制度。

4. 安全管理

安全管理包括技术措施和管理措施两部分，主要用于防范云计算数据中心各种来自外部和内部的攻击、破坏和意外情况等安全威胁，保障云计算不受影响，信息系统可以稳定运行。其中技术措施保障云计算数据中心基础设施和资源池的安全；管理措施是对数据中心各种角色的活动控制和规定，包括安全方针、安全组织、人力资源安全等。

5. 运维管理

运维管理包括运维管理组织、运维管理机制和运维管理工具。运维管理主要功能包括云计算数据中心在运维管理过程中准确识别相关功能组件，了解该组件的设计能力，定义与该组件技术特点相匹配的监控指标，并通过主动与被动的管理，最大限度地保证数据中心各功能组件的可用性，最终实现数据中心所涉及的各种数据服务与经济目标。

五、云计算的核心技术

云计算系统核心技术是并行计算(Parallel Computing)。并行计算是指同时使用多种计算资源解决计算问题的过程，是提高计算机系统计算速度和处理能力的一种有效手段。它的基本思想是用多个处理器来协同求解同一问题，即将被求解的问题分解成若干个部分，各部分均由一个独立的处理机来并行计算。并行计算系统既可以是专门设计的、含有多个处理器的超级计算机，也可以是以某种方式互连的若干台独立计算机构成的集群，通过并行计算集群完成数据的处理，再将处理的结果返回给用户。云计算还包括编程模式、海量数据分布存储技术、海量数据管理技术、虚拟化技术、云计算平台管理技术和信息安全管理技术等。

六、云计算应用

1．云物联

云计算和物联网之间的关系可以用一个形象的比喻来说明：云计算是互联网的神经系统的雏形，物联网是互联网正在出现的末梢神经系统的萌芽。

物联网基于云计算平台和智能网络，利用传感器获取的数据进行决策，改变对象的行为进行控制和反馈。例如，根据光线的强弱调整路灯的亮度，根据车流量自动调整红绿灯的配时等。

2．云存储

云存储是在云计算概念上延伸和发展出来的一个新概念，是指通过集群应用、网格技术或分布式文件系统等功能，将网络中大量不同类型的存储设备通过应用软件集合起来协同工作，共同对外提供数据存储和业务访问功能的一个系统。当云计算系统运算和处理的核心是大量数据的存储和管理时，云计算系统中就需要配置大量的存储设备，那么云计算系统就转变成为一个云存储系统，所以云存储是一个以数据存储和管理为核心的云计算系统。

3．云游戏

云游戏是以云计算为基础的游戏方式。在云游戏的运行模式下，所有游戏都在服务器端运行，并将渲染过的游戏画面压缩后通过网络传送给用户，在客户端，用户的游戏设备不需要任何高端处理器和显卡，只需要基本的视频解压能力即可。

4．云呼叫

云呼叫中心是基于云计算技术而搭建的呼叫中心系统，企业无需购买任何软、硬件系统，只需具备人员、场地等基本条件，就可以快速拥有属于自己的呼叫中心，软硬件平台、通信资源、日常维护等服务由服务器商提供。无论是电话营销中心、客户服务中心，企业都只需按需租用服务，便可建立一套功能全面、稳定、可靠、坐席可分布全国各地、可全国呼叫接入的呼叫中心系统。

5．私有云

私有云(Private Cloud)将云基础设施与软硬件资源创建在防火墙内，以供机构或企业内各部门共享数据中心内的资源。

6．云教育

云教育是视频云计算应用在教育行业的实例。流媒体平台采用分布式架构部署，分为WEB服务器、数据库服务器、直播服务器和流服务器，如有必要可在信息中心架设采集工作站搭建网络电视或实况直播应用，在各个学校已经部署录播系统或直播系统的教室配置流媒体功能组件，这样录播实况可以实时传送到流媒体平台管理中心的全局直播服务器上，同时录播的学校也可以上传存储到信息中心的流存储服务器上，方便今后的检索、点播、评估等各种应用。

7．云会议

云会议是基于云计算技术的一种高效、便捷、低成本的会议形式，使用者只需要通过

互联网界面进行简单的操作，便可快速高效地与全球各地团队及客户同步分享语音、数据文件及视频，而会议中数据的传输、处理等复杂技术由云会议服务商帮助使用者进行操作。

8．云社交

云社交(Cloud Social)是一种物联网、云计算和移动互联网交互应用的虚拟社交应用模式。云社交的主要特征是，对大量的社会资源统一整合和评测，构成一个有效资源池，向用户按需提供服务。

9．大数据

从技术上看，大数据与云计算的关系就像一枚硬币的正反面一样密不可分，大数据必然无法用单台计算机进行处理，而必须采用分布式计算架构。它的特色在于对海量数据的挖掘，但必须依托云计算的分布式处理、分布式数据库、云存储和虚拟化技术。

学习任务2　物　联　网

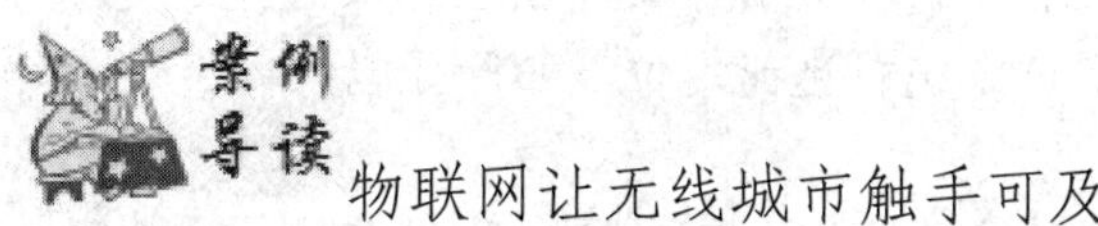

物联网让无线城市触手可及

执法人员足不出户，可全天候24小时监测全市各大工地噪音指标；市民打开手机，即可了解自家小区内噪音分贝；过年回家无需担心“一票难求”，掏出手机，按几个键，长途车票轻松购得；只需一部手机，全市各大线路公交车内实况视频尽收眼底……这不是科幻电影中的虚拟场景，而是在中国移动建设运营的全球首个TD“无线城市”——厦门的实实在在的应用场景。

掌上110、无线噪音远程监控系统、市民健康信息系统、掌上图书馆、电梯卫士、手机视频直播……如今，一项项无处不在的具体应用借助一部手机就能由理想变为现实，一个具象化的、具有中国特色的“无线城市”真实地走进了手机用户的生活。

通过掌上公交查询系统，厦门市民再也不用在公交车站经历“望眼欲穿”的漫长等待与煎熬，上班前、下班后只需手机登录无线城市门户网站或下载无线城市用户端，进入“无线生活”版块即可随时随地查询所等待公交线路的实时位置信息，以及距离其所在车站的公里数。

借助动物产品溯源系统，厦门市民通过手机终端读取超市生鲜肉类上的条码标签即可查询猪肉从生产、养殖、批发到零售的一系列信息，轻松吃上“放心肉”。

一、城市，从互联到移动互联

“无线城市”的最重要内容即实现移动互联网与城市生活的深度相融。互联网已经深刻改变了我们的生活：通过政府网站实现了网上办事和网上投诉，通过银行网站实现网上查询与转账、网上充值与办理业务……可以说，互联网已经触及了生活的方方面面。而无线城市已不再是描绘中的美景，移动电子商务、数字公交、移动预约医疗、移动助老等已经是享受得到的服务。

移动支付——移动电子商务与无线城市的结合，可实现信息流、资金流的融合，在便利市民生活的同时，提供更多的支付方式和更便捷的商务手段。如在杭州，中国移动推出了移动手机市民卡(城市通卡)业务，市民拿着手机不仅可以乘公交、租公共自行车、乘坐水上巴士，还可以去杭州大厦等处刷手机购物。而在宁波，中国移动与银行合作推出的“手机银行卡”还兼具了银行卡、信用卡的金融支付功能，在宁波的商场、超市、餐饮、宾馆等都能“刷手机”进行消费。

智慧医疗——看病不用排队是很多人的心愿，随着无线网络在各大医院的覆盖，无线查房、电子病历、手机导诊等智慧医疗手段正在实现。通过手机预约挂号的市民只要进入医院，就能及时收到去几楼就诊、前面还有多少人排队等就医信息的短信提醒，还可以直接通过手机来查看自己的体检报告。更有利于患者的是，智慧医疗平台还能够提供社区医疗服务，市民可在社区通过无线网络进行远程门诊。

智能养老——无线技术也正在为城市解决养老问题，通过社区信息平台与城市医疗、警务等平台相连接，为老年人的养老提供安全保证和生活便利。该项目为社区中的老人配备专用手机，可以绑定子女的手机和社区信息平台。当老人在家发生意外时，只需按下手机上的SOS键，求助信息就能被同时发送到社区信息平台和子女手机上，从而获得及时的救助；当老人不慎走失时，通过老人手机的定位系统能迅速定位，扫除了老人外出迷路时难以描述路况和所处位置的麻烦。

数字社保——可以用手机查询养老、医保的交费情况。市民通过手机注册开通数字社保服务，并发送指令到相关的短信接入号，即可实现社保数据的查询。

二、物联网连接的人和物

无线城市被誉为继水、电、气、交通外的城市第五项公共基础设施，它已成为构建基本公共服务体系的有力支撑，物联网将在这方面大展拳脚。物联网使无线城市延伸到人与人、人与物、物与物的信息交互，而无线城市让物联网的信息获取随手可得，如中国移动在浙江多个城市开展了如数字城管、远程电子车位显示屏、电力无线抄表、远程家庭监控等应用的建设。

数字城管——为提高城市管理水平与效率而开发的一项新应用。通过这套数字城管系统，城市管理者能对城市运转中的各种问题做到“第一时间发现，第一时间处置，第一时间解决”。当城管人员发现公共设施受损，会用有定位功能的智能手机拍下图片传递到市城管信息中心受理平台，再由协同平台安排处理，大大缩短了查找和修复的时间。

智慧社区——用手机遥控门窗、空调、电饭煲，用手机查看住宅有无漏水、漏气情况，用手机监控家里是否有小偷闯入……无论是在上班还是在外旅游，智能家居都能为用户做到这一切。

动物溯源系统一由物联网技术开发的应用，用以保障食品安全。在宁波饲养的一百多头母猪的猪耳加载了RFID耳标，畜牧站巡检人员、养猪场经营者配备的RFID GPRS终端能通过射频识读设备读取并写入母猪的出生信息、产地、品种及用药等，并通过无线模块上传。在这些母猪一生当中，无论是生产、繁衍、更换养殖地，都能够通过这个模块对相关信息进行自动识别和全程追踪，方便管理部门掌控并做好防疫、保险、统计规划等工作，

也为食品安全工作提供有效信息。

数字公交——公交站牌上都有一个二维码，只要用手机扫一下，屏幕上便出现一张地图，它把所在公交站点周围的交通状况标注得一清二楚；还可以浏览和查询经过该站点的所有线路信息、如何换乘公交车、下一班公交车几点到站等；还能查询公共自行车租赁点的分布信息，包括详细地址、联系电话、目前有多少辆公共自行车可租等。

移动抄表——为彻底解决电表安装点分散，人员抄表误差大给电力部门带来的管理难和高成本，通过 GPRS 网络系统，电力部门可将工业和民用电表采集的电力系统数据实时传递到地、市、省级的集中监控中心，以实现对电力监测设备的统一监控和分布式管理。

【思考】“无线城市”中如何应用到物联网技术？

2013 年 9 月 9 日于伦敦举行的第五届中英互联网圆桌会议上，来自英国第二大电信企业，全球最大的移动通信运营商之一——沃达丰集团股份有限公司的理查德·科尼什讲述了一个自己亲身经历的故事。两个月前的一天，他发现自己停在屋外的汽车不见了，不过他并没有慌张，而是拿起手机，通过与汽车联网的应用程序查到了车被盗的确切时间、行驶路线及当前位置，并迅速报警，警察仅用两个小时就抓到了正跟朋友炫耀“战利品”的偷车贼。这个例子很好地说明了物联网让“物物相联”，实现“智能生活”的特点。

一、物联网

物联网(Internet of Things)突破了机器到机器的连接，是感知、传输、处理等技术高速发展的产物，是新一代信息技术的重要组成部分，被称为继计算机、互联网之后世界信息产业发展的第三次浪潮，是“物物相连的互联网”。这有两层意思：一是物联网的核心和基础仍然是互联网，它是在互联网基础上延伸和扩展的网络；二是其用户端延伸和扩展到了任何物体与物体之间进行信息交换和通信。

因此物联网的定义是：通过射频识别(RFID)、红外感应器、全球定位系统、激光扫描器等信息传感设备，按约定的协议把任何物体与互联网相连接，进行信息交换和通信以实现对物体的智能化识别、定位、跟踪、监控和管理的一种网络。

和传统的互联网相比，物联网有其鲜明的特征。首先，它是各种感知技术的广泛应用，物联网上部署了海量的多类型传感器，每个传感器都是一个信息源，不同类别的传感器所捕获的信息内容和信息格式不同，其获得的数据具有实时性，按一定的频率周期性地采集环境信息，不断更新数据。其次，它是一种建立在互联网上的泛在网络，物联网技术的重要基础和核心仍旧是互联网，通过各种有线和无线网络与互联网融合，将物体的信息实时准确地传递出去。

在物联网应用中有三项关键技术：传感器技术、RFID(无线射频识别)标签和嵌入式系统技术。

二、物联网的发展历史

1991 年美国麻省理工学院(MIT)的 Kevin Ash-ton 教授首次提出物联网的概念。

1995 年比尔盖茨在《未来之路》一书中也曾提及物联网，但未引起广泛重视。

1999年美国麻省理工学院建立了自动识别中心(Auto-ID)，提出“万物皆可通过网络互联”，阐明了物联网的基本含义。早期的物联网是依托射频识别(RFID)技术的物流网络。

2004年日本总务省(MIC)提出u-Japan计划。该战略力求实现人与人、物与物、人与物之间的连接，希望将日本建设成一个随时、随地、任何物体、任何人均可连接的泛在网络社会。

2005年11月17日，在突尼斯举行的信息社会世界峰会(WSIS)上，国际电信联盟(ITU)发布《ITU 互联网报告 2005：物联网》，引用了“物联网”的概念。此时物联网的定义和范围已经发生了变化，覆盖范围有了较大的拓展，不再只是指基于RFID技术的物联网。

2006年韩国确立了u-Korea计划。该计划旨在建立无所不在的泛在社会(Ubiquitous Society)，在民众的生活环境里建设智能型网络(如IPv6、BcN、USN)和各种新型应用(如DMB、Telematics、RFID)，让民众可以随时随地享有科技智慧服务。2009年韩国通信委员会出台了《物联网基础设施构建基本规划》，将物联网确定为经济新增长动力，规划于2012年实现“通过构建世界最先进的物联网基础设施，打造未来广播通信融合领域超一流信息通信技术强国”。

2009年欧盟执委会发表了欧洲物联网行动计划，描绘了物联网技术的应用前景，提出欧盟政府要加强对物联网的管理，促进物联网的发展。

2009年1月28日，IBM首次提出“智慧地球”概念，建议新政府投资新一代的智慧型基础设施。同年，美国将新能源和物联网列为振兴经济的两大重点。

2009年8月，温家宝总理在无锡视察时提出“感知中国”，无锡市率先建立了“感知中国”研究中心。作为“感知中国”的中心，无锡市于2009年9月与北京邮电大学就传感网技术研究和产业发展签署合作协议，标志中国“物联网”进入实际建设阶段。随后，中国科学院、运营商、多所大学在无锡建立了物联网研究院，2009年9月10日，全国高校首家物联网研究院在南京邮电大学正式成立。物联网被正式列为国家五大新兴战略性产业之一，写入了十一届全国人大三次会议政府工作报告，在中国受到了全社会极大的关注。

2010年全球物联网产业规模超过1000亿美元，2013年超过1700亿美元，年增长率接近30%。其中，微加速度计、压力传感器、微镜、气体传感器、微陀螺等器件也已在汽车、手机、电子游戏、生物医疗、传感网络等消费领域得到广泛应用，大量成熟技术和产品的诞生为物联网大规模应用奠定了基础。

2012年由重庆邮电大学研发的全球首款支持三大国际工业无线标准的物联网核心芯片——渝“芯”一号(uz/cy2420)在渝正式发布，标志着我国在工业物联网技术领域达到了世界领先水平，为我国掌握物联网核心技术的国际竞争话语权奠定了坚实基础，对加快推进工业化与信息化的深度融合具有重要意义。

2015年3月5日，在十二届全国人大三次会议上，国务院总理李克强在政府工作报告中首次提出，“制定‘互联网+’行动计划，推动移动互联网、云计算、大数据、物联网等与现代制造业结合，促进电子商务、工业互联网和互联网金融健康发展，引导互联网企业拓展国际市场”。

目前，我国已经形成涵盖感知制造、网络制造、软件与信息处理、网络与应用服务等门类相对齐全的物联网产业体系，已经形成环渤海、长三角、珠三角，以及中西部地区四大区域集聚发展的空间布局，呈现出高端要素集聚发展的态势。

三、物联网架构

物联网本身的结构复杂，系统多样，一般将物联网的结构分为三个层次，即感知层、网络层、应用层，如图 6.3 所示。

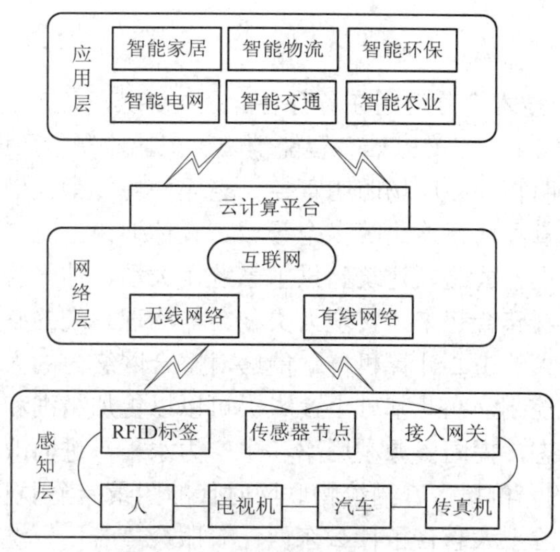

图 6.3　物联网架构

1. 感知层

感知层由各种传感器构成，包括温湿度传感器、二维码标签、RFID 标签和读写器、摄像头、红外线、GPS 等感知终端。

感知层是物联网识别物体、采集信息的来源，是实现物联网全面感知的基础。它以 RFID、传感器、二维码等为主，利用传感器采集设备信息，利用射频识别技术在一定范围内实现发射和识别，其主要功能是通过传感设备识别物体，采集信息。例如在感知层中，信息化管理系统利用智能卡技术作为识别身份、重要信息的系统密匙；建筑中用传感器节点采集室内温湿度等，以便及时进行调整。

2. 网络层

网络层由各种网络，包括互联网、广电网、网络管理系统和云计算平台等组成，是整个物联网的中枢，负责传递和处理感知层获取的信息。

网络层是服务于物联网信息汇聚、传输和初步处理的网络设备和平台。网络层通过现有的三网(互联网、广电网、通信网)或者下一代网络(NGN)，对传感器采集的信息进行安全无误的传输，并对收集到的信息进行分析处理，且将结果提供给应用层。同时，网络层云计算技术的应用确保建立实用、适用、可靠和高效的信息化系统和智能化信息共享平台，实现对各类信息资源的共享和优化管理。

3. 应用层

应用层是物联网和用户的接口，它与行业需求结合，实现物联网的智能应用。

应用层主要解决信息处理和人机界面问题，即输入输出控制终端，如手机、智能家电的控制器等，主要通过数据处理及解决方案来提供用户所需要的信息服务。应用层直接接触用户，为用户提供丰富的服务功能，用户通过智能终端在应用层上定制需要的服务信息，如查询信息、监控信息、控制信息等。例如回家前用手机发条信息，空调就会自动开启；家里漏气或漏水，手机短信会自动报警。随着物联网的发展，应用层会大大拓展到各行业，改变人们生活的方方面面。

四、物联网的应用

物联网把新一代 IT 技术充分运用在各行各业之中，其用途广泛，遍及智能交通、环境保护、政府工作、公共安全、平安家居、智能消防、工业监测、环境监测、路灯照明管控、景观照明管控、楼宇照明管控、广场照明管控、老人护理、个人健康、花卉栽培、水系监测、食品溯源、敌情侦查和情报搜集等多个领域。具体地说，就是把感应器嵌入和装备到电网、铁路、桥梁、隧道、公路、建筑、供水系统、大坝、油气管道等各种物体中，然后将物联网与现有的互联网整合起来，实现人类社会与物理系统的整合。在这个整合的网络当中，存在能力超级强大的中心计算机群，能够对整合网络内的人员、机器、设备和基础设施实施实时的管理和控制，在此基础上，人类可以以更加精细和动态的方式管理生产和生活，达到“智慧”状态，提高资源利用率和生产力水平，进而改善人与自然间的关系。国际电信联盟 2005 年的一份报告曾描绘物联网时代的图景：当司机出现操作失误时汽车会自动报警；公文包会提醒主人忘带了什么东西；衣服会“告诉”洗衣机对颜色和水温的要求等。可以说，物联拥有业界最完整的专业物联产品系列，覆盖从传感器、控制器到云计算的各种应用，产品服务于智能家居、交通物流、环境保护、公共安全、智能消防、工业监测、个人健康等各种领域。

1. 物联网推动工业转型升级

物联网在钢铁冶金、石油石化、机械装备制造和物流等领域的应用比较突出，其中传感控制系统在工业生产中成为标准配置。例如，工程机械行业通过采用 M2M、GPS 和传感技术，实现了百万台重工设备在线状态监控、故障诊断、软件升级和后台大数据分析，使传统的机械制造智能化；采用基于无线传感器技术的温度、压力、温控系统，在油田单井野外输送原油过程中彻底改变了人工监控的传统方式，大量降低能耗。物联网技术还被广泛用于全方位监控企业的污染排放状况和水、气质量监测，我国已经建立工业污染源监控网络。

2. 物联网应用在农业领域激发出更高效的生产力

物联网可以应用在农业资源和生态环境监测、农业生产精细化管理、农产品储运等环节。例如国家粮食储运物联网示范工程采用先进的联网传感节点技术，每年可以节省几个亿的清仓查库费用，并减少数百万吨的粮食损耗。

3. 在交通运输方面利用物联网可以优化资源、提升效率

物联网在智能公交、电子车牌、交通疏导、交通信息发布等典型应用方面已经开展了积极实践。如智能公交系统可以实时预告公交到站信息；ETC(不停车电子收费系统)是解决公路收费站拥堵的有效手段。2015 年底，交通部完成 ETC 全国联网，主线公路收费站 ETC 覆盖率达到 100%，ETC 用户数量达到 2000 万。我国已有五个示范机场依托 RFID 等技术，实现了航空运输行李全生命周期的可视化跟踪与精确化定位，使工人劳动强度降低了 20%，分拣效率提高 15%以上。

4. 物联网在智能电网领域的应用

国家电网已在总部和 16 家省网公司建立了“两级部署、三级应用”的输变电设备状态监测系统，实现对各类输变电设备运行状态的实时感知、监视预警、分析诊断和评估预测。在用户层面，智能电表安装量已达到 1.96 亿只，用电信息自动采集突破 2 亿户。

5. 物联网在民生服务领域大显身手

在食品安全方面，我国大力开展食品安全溯源体系建设，采用二维码和 RFID 标识技术，建成了重点食品质量安全追溯系统平台(注：安全追溯系统采用自动化技术、自动识别技术、信息加密技术为每件产品建立唯一的身份证条码，通过对生产过程中产品赋码及流通销售信息的监管，对每件产品的物流、信息流进行监督管理和控制。如物流过程中的防伪认证，串货管理控制，以及对产品从生产到入库、仓库管理、销售发货、在途、经销商、客户使用全过程的管理和控制。国家食品(产品)安全追溯平台网站：http://www.chinatrace.org/)。

在智能家居方面，结合移动互联网技术，以家庭网关为核心，集安防、智能电源控制、家庭娱乐、亲情关怀、远程信息服务等于一体的物联网应用，提升了家庭的舒适程度和安全节能水平。

6. 智慧城市成为物联网发展的重要载体

遍布城市各处的物联网感知终端构成城市的神经末梢，对城市运行状态进行实时监测，从地下管网监测到路灯、井盖等市政设施的管理，从高清视频监控系统到不停车收费，从水质、空气污染监测到建筑节能，从工业生产环境监控到制造业服务化转型，智慧城市建设的重点领域和工程为物联网集成应用提供了平台。

物联网天生就不是孤立的技术，它从信息采集、传输、处理到反馈的过程构成一个闭合回路，其中涉及 RFID、传感器等构成的物联网络，WIFI、3G、互联网等构成的信息传输体系，云计算、大数据等信息处理技术，以及执行反馈信息的终端等多个环节。从智能安防到智能电网，从二维码普及到智慧城市落地，物联网正影响着人们的生活，以我国正在大力建设的智慧城市为例，由数字城市、互联城市发展到今天的感知智慧城市，已经进入了 3.0 时代。传统物联网技术已经成为整个回路中的一个环节，而整个回路则构成了更大范畴的物联网。物联网发展同样对传统的管理方式提出了挑战，比如车联网，现在很多车主都购买导航，这些导航如果能真正做到信息共享，将极大地方便车流量监控，产生很高的社会效益和经济效益。

五、车联网

车联网(Internet of Vehicle，IOV)是指车与车、车与路、车与人、车与传感设备等交互，实现车辆与公众网络通信的动态移动通信系统。它可以通过车与车、车与人、车与路互联互通实现信息共享，收集车辆、道路和环境的信息，并在信息网络平台上对多源采集的信息进行加工、计算、共享和安全发布，根据不同的功能需求对车辆进行有效的引导与监管，以及提供专业的多媒体与移动互联网应用服务。

传统的车联网定义是指装载在车辆上的电子标签通过无线射频等识别技术，实现在信息网络平台上对所有车辆的属性信息和静、动态信息进行提取和有效利用，并根据不同的功能需求对所有车辆的运行状态进行有效的监管和提供综合服务的系统。随着车联网技术与产业的发展，上述定义已经不能涵盖车联网的全部内容。

根据中国物联网校企联盟的定义，车联网是由车辆位置、速度和路线等信息构成的巨大交互网络。通过GPS、RFID、传感器、摄像头图像处理等装置，车辆可以完成自身环境和状态信息的采集；通过互联网技术，所有的车辆可以将自身的各种信息传输汇聚到中央处理器；通过计算机技术，大量车辆信息可以被分析和处理，从而计算出不同车辆的最佳路线，及时汇报路况和安排信号灯周期。

根据车联网产业技术创新战略联盟的定义，车联网是以车内网、车际网和车载移动互联网为基础，按照约定的通信协议和数据交互标准，在车—X(X：车、路、行人及互联网等)之间，进行无线通信和信息交换的大系统网络，是能够实现智能化交通管理、智能动态信息服务和车辆智能化控制的一体化网络，是物联网技术在交通系统领域的典型应用。

车联网系统是利用先进的传感技术、网络技术、计算技术、控制技术、智能技术，对道路和交通进行全面感知，实现多个系统间大范围、大容量数据的交互，对每一辆汽车进行交通全程控制，对每一条道路进行交通全时空控制，以提高交通效率和交通安全为主的网络与应用。从网络上看，车联网系统是一个“端管云”三层体系。

第一层：端系统。端系统是汽车的智能传感器，负责采集与获取车辆的智能信息，感知行车状态与环境；是具有车内通信、车间通信、车网通信的泛在通信终端；同时还是让汽车具备IOV寻址和网络可信标识等能力的设备。

第二层：管系统。管系统解决车与车(V2V)、车与路(V2R)、车与网(V2I)、车与人(V2H)等的互联互通，实现车辆自组网及多种异构网络之间的通信与漫游，在功能和性能上保障实时性、可服务性与网络泛在性。同时，它是公网与专网的统一体。

第三层：云系统。车联网是一个云架构的车辆运行信息平台，它的生态链包含了ITS、物流、客货运、危特车辆、汽修汽配、汽车租赁、企事业车辆管理、汽车制造商、4S店、车管、保险、紧急救援、移动互联网等，是多源海量信息的汇聚，因此需要虚拟化、安全认证、实时交互、海量存储等云计算功能，其应用系统也是围绕车辆的数据汇聚、计算、调度、监控、管理与应用的复合体系。

车联网的具体应用主要包括：通过碰撞预警、电子路牌、红绿灯警告、网上车辆诊断、道路湿滑检测为司机提供即时警告，提高驾驶的安全性，为民众的人身安全多添一重保障；通过城市交通管理、交通拥塞检测、路径规划、公路收费、公共交通管理，改善人们的出行效率，为缓解交通拥堵出一份力；提供餐厅、拼车、社交网络等娱乐与生活信息，以提高民众生活的便捷性和娱乐性。

可穿戴式智能设备

一、可穿戴式智能设备

可穿戴式智能设备是应用可穿戴式技术对日常穿戴进行智能化设计，开发出可以穿戴

的设备的总称，如眼镜、手套、手表、服饰及鞋等。

智能穿戴是下一轮工业革命浪潮的核心，链接着 3D 打印、云计算、移动互联、大数据、智慧智能等技术。

可穿戴式智能设备时代的来临意味着人的智能化延伸，通过这些设备，人可以更好地感知外部与自身的信息，能够在计算机、网络甚至其他人的辅助下更为高效率地处理信息，能够实现更为无缝的交流。伴随着智能穿戴的应用，产业链的延伸和商业模式的升级将成为必然。

可穿戴式智能设备的应用领域可以分为两大类，即自我量化与体外进化。

在自我量化领域，可穿戴式智能设备最为常见的有两大应用细分领域，一是运动健身户外领域，另一个是医疗保健领域。前者主要的参与厂商是专业运动户外厂商及一些新创公司，以轻量化的手表、手环、配饰为主要形式，实现运动或户外数据如心率、步频、气压、潜水深度、海拔等指标的监测、分析与服务。代表厂商如 Suunto、Nike、Adidas、Fitbit、Jawbone 以及咕咚等。而后者主要的参与厂商是医疗便携设备厂商，以专业化方案提供血压、心率等医疗体征的检测与处理，形式较为多样，包括医疗背心、腰带、植入式芯片等，代表厂商如 BodyTel、First Warning、Nuubo、Philips 等。

在体外进化领域，可穿戴式智能设备能够协助用户实现信息感知与处理能力的提升，其应用领域极为广泛，从休闲娱乐、信息交流到行业应用，用户均能通过拥有多样化的传感、处理、连接、显示功能的可穿戴式设备来实现自身技能的增强或创新。主要的参与者为高科技厂商中的创新者以及学术机构，产品形态以全功能的智能手表、眼镜等形态为主，不用依赖于智能手机或其他外部设备即可实现与用户的交互，代表者如 Google、Apple 以及麻省理工学院等。

佩戴谷歌眼镜，人们可利用语音指令拍摄照片、摄制视频、与他人在网上互动，但不会在手机屏幕上提供搜索或导航结果，而是将结果叠加到用户的视野中。2012 年 4 月，Google 正式发布名为“Project Glass”的未来眼镜概念设计。这款眼镜将集智能手机、GPS、相机于一身，在用户眼前展现实时信息，只要通过眼部动作就能拍照上传、收发短信、查询天气和路况等操作。谷歌眼镜本质上属于微型投影仪+摄像头+传感器+存储传输+操控设备的结合体，它将眼镜、智能手机、摄像机集于一身，通过电脑化的镜片将信息以智能手机的格式实时展现在用户眼前。另外它还是生活助手，可以提供 GPS 导航、收发短信、摄影拍照、网页浏览等功能。谷歌眼镜的工作原理其实很简单，通过眼镜中的微型投影仪先将光投到一块反射屏上，而后通过一块凸透镜折射到人体眼球，实现所谓的“一级放大”，在人眼前形成一个足够大的虚拟屏幕，可以显示简单的文本信息和各种数据。所以，谷歌眼镜看起来就像是一个可穿戴式的智能手机，可以帮助人们拍照、录像、打电话，省去了从口袋中掏出手机的麻烦。

二、虚拟现实

虚拟现实(Virtual Reality，VR)是多种技术的综合，包括实时三维计算机图形技术，广角(宽视野)立体显示技术，对观察者头、眼和手的跟踪技术，以及触觉/力觉反馈、立体声、网络传输、语音输入输出技术等。其具体内涵是：综合利用计算机图形系统和各种现实及控制等接口设备，在计算机上生成的、可交互的三维环境中提供沉浸感觉的技术。其中，计算机生成的、可交互的三维环境称为虚拟环境(Virtual Environment，VE)。

1. 虚拟现实技术

虚拟现实技术是仿真技术与计算机图形学、人机接口技术、多媒体技术、传感技术、网络技术等多种技术的集合。其主要包括模拟环境、感知、自然技能和传感设备等方面。

➢ 模拟环境是由计算机生成的、实时动态的三维立体逼真图像。

➢ 感知是指理想的 VR 应该具有一切人所具有的感知，除计算机图形技术所生成的视觉感知外，还有听觉、触觉、力觉、运动等感知，甚至还包括嗅觉和味觉等，也称为多感知。

➢ 自然技能是指人的头部转动、眼睛眨动、手势或其他人体行为动作，由计算机来处理与参与者的动作相适应的数据，并对用户的输入作出实时响应，分别反馈到用户的五官。

➢ 传感设备是指三维交互设备。

2. 虚拟现实技术特征

➢ 多感知性指除一般计算机所具有的视觉感知外，还有听觉感知、触觉感知、运动感知，甚至还包括味觉、嗅觉感知等。理想的虚拟现实应该具有一切人所具有的感知功能。

➢ 存在感指用户感到作为主角存在于模拟环境中的真实程度。理想的模拟环境应该达到使用户难辨真假的程度。

➢ 交互性指用户对模拟环境内物体的可操作程度和从环境得到反馈的自然程度。

➢ 自主性指虚拟环境中的物体符合现实世界物理运动定律的程度。

三、增强现实

增强现实(Augmented Reality，AR)是一种实时计算摄影机影像的位置及角度并加上相应图像的技术，这种技术的目标是在屏幕上把虚拟世界套在现实世界中并进行互动。

1. 增强现实技术

增强现实技术是一种将真实世界信息和虚拟世界信息“无缝”集成的新技术，是把原本在现实世界的一定时间空间范围内很难体验到的实体信息(视觉信息、声音、味道、触觉等)，通过计算机技术等模拟仿真后再叠加，将虚拟的信息应用到真实世界，被人类感官所感知，从而达到超越现实的感官体验。该技术可使真实的环境和虚拟的物体实时地叠加到同一个画面或空间。

AR 系统具有三个突出的特点：真实世界和虚拟世界的信息集成；具有实时交互性；是在三维尺度空间中增添定位虚拟物体。

2. 应用领域

AR 技术不仅在与 VR 技术相类似的应用领域，诸如尖端武器、飞行器的研制与开发、数据模型的可视化、虚拟训练、娱乐与艺术等领域具有广泛的应用，而且由于其具有能够对真实环境进行增强显示输出的特性，在医疗研究与解剖训练、精密仪器制造和维修、军用飞机导航、工程设计和远程机器人控制等领域具有比 VR 技术更加明显的优势。因此，AR 技术可广泛应用到军事、医疗、建筑、教育、工程、影视、娱乐等领域。

➢ 医疗领域：医生可以利用增强现实技术，轻易地进行手术部位的精确定位。

➢ 军事领域：部队可以利用增强现实技术，进行方位的识别，获得实时所在地点的地理数据等重要军事数据。

➢ 古迹复原和数字化文化遗产保护：文化古迹的信息以增强现实的方式提供给参观者，用户不仅可以通过 HMD 看到古迹的文字解说，还能看到遗址上残缺部分的虚拟重构。

➢ 工业维修领域：通过头盔式显示器将多种辅助信息显示给用户，包括虚拟仪表的面板、被维修设备的内部结构、被维修设备零件图等。

➢ 网络视频通信领域：利用增强现实和人脸跟踪技术，在通话的同时在通话者的面部实时叠加一些如帽子、眼镜等虚拟物体，在很大程度上提高了视频对话的趣味性。

➢ 电视转播领域：通过增强现实技术可以在转播体育比赛的时候实时地将辅助信息叠加到画面中，使得观众可以得到更多的信息。

➢ 娱乐和游戏领域：增强现实游戏可以让位于全球不同地点的玩家，共同进入一个真实的自然场景，以虚拟替身的形式进行网络对战。

➢ 旅游和展览领域：人们在浏览、参观的同时，将通过增强现实技术接收到途经建筑的相关资料，观看展品的相关数据资料等。

➢ 市政建设规划：采用增强现实技术将规划效果叠加真实场景中以直接获得规划的效果。

四、3D 打印

3D 打印(3D Printing，3DP)即快速成型技术的一种，它是一种以数字模型文件为基础，运用粉末状金属或塑料等可黏合材料，通过逐层打印的方式来构造物体的技术。

3D 打印通常采用数字技术材料打印机来实现，常在模具制造、工业设计等领域被用于制造模型后逐渐用于一些产品的直接制造。该技术在珠宝、鞋类、工业设计、建筑、工程和施工(AEC)、汽车、航空航天、牙科和医疗产业、教育、地理信息系统、土木工程、枪支以及其他领域都有所应用。

日常生活中使用的普通打印机可以打印电脑设计的平面物品，而所谓的 3D 打印机与普通打印机的工作原理基本相同，只是打印材料不同，普通打印机的打印材料是墨水和纸张，而 3D 打印机内装有金属、陶瓷、塑料、砂等不同的打印材料，是实实在在的原材料，打印机与电脑连接后，通过电脑控制可以把打印材料一层层叠加起来，最终把计算机中的蓝图变成实物。通俗地说，3D 打印机是可以“打印”出真实 3D 物体的一种设备，比如打印一个机器人或一辆玩具车。

3D 打印常用材料有尼龙玻纤、耐用性尼龙材料、石膏材料、铝材料、钛合金、不锈钢、镀银、镀金、橡胶类材料。

学习任务 3　移动互联网

被誉为 20 世纪最伟大发明的互联网与最先进的移动通信技术激情碰撞，一个创新无限、活力无限的移动互联网新世界就此诞生。

移动互联网第一次把互联网放到人们的手中，实现 24 小时随身在线的生活，信息社会许给人类最大的承诺——随时随地随身查找资讯、处理工作、保持沟通、进行娱乐，从梦想变成活生生的现实。正如中国移动广告语所说的那样——“移动改变生活”，移动互联网给人们的生活方式带来翻天覆地的变化。越来越多的人在购物、用餐、出行、工作时，都习惯性地掏出手机，查看信息、查找位置、分享感受、协同工作；数以亿计的用户登陆移动互联网，在上面停留数十分钟乃至十多个小时，他们在上面生活、工作、交易、交友……

这些崭新的人类行为，如同魔术师的手杖，变幻出数不清的商业机会，使得移动互联网成为当前推动产业乃至经济社会发展最强有力的技术力量。

一、移动互联网

随着宽带无线接入技术和移动终端技术的飞速发展，人们迫切希望能够随时随地乃至在移动过程中都方便地从互联网获取信息和服务，因此移动互联网应运而生并迅猛发展。

移动互联网(Mobile Internet，MI)是一种通过智能移动终端，采用移动无线通信方式获取业务和服务的新兴业务，包含终端、软件和应用三个层面。终端层包括智能手机、平板电脑、电子书、MID 等；软件包括操作系统、中间件、数据库和安全软件等；应用层包括休闲娱乐类、工具媒体类、商务财经类等不同应用与服务。随着技术和产业的发展，未来 LTE(长期演进，4G 通信技术标准之一)和 NFC(近场通信，移动支付的支撑技术)等网络传输层关键技术也将被纳入移动互联网的范畴之内。

移动互联网是移动通信技术和互联网技术融合的产物，是整合二者优势的升级版本，即运营商提供无线接入，互联网企业提供各种成熟的应用，具有随时、随地、随身和互联网分享、开放、互动的优势。移动互联网被称为下一代互联网，即 Web 3.0。移动互联网业务和应用包括移动环境下的网页浏览、文件下载、位置服务、在线游戏、视频浏览、电子商务、移动支付和下载等。

随着宽带无线移动通信技术的进一步发展，移动互联网业务的发展将成为继宽带技术后互联网发展的又一个推动力，为互联网的发展提供了一个新的平台，使得互联网更加普及，并以移动应用固有的随身性、可鉴权、可身份识别等独特优势，为传统的互联网类业务提供了新的发展空间和可持续发展的新商业模式。同时，移动互联网业务的发展为移动网络带来了无尽的应用空间，促进了移动网络宽带化的深入发展，移动互联网业务正在成长为移动运营商业务发展的战略重点。

二、移动互联网的发展历史

在我国互联网的发展过程中，PC 互联网已日趋饱和，移动互联网却呈现井喷式发展。中国互联网协会于 2016 年 1 月 6 日发布的《2015 中国互联网产业综述与 2016 发展趋势报告》指出，截至 2015 年 11 月，中国手机上网用户数已超过 9.05 亿，月户均移动互联网接入流量突破 366.5 兆。2015 年天猫“双 11”全球狂欢节全天交易额达到 912.17 亿元人民币，其中移动端交易额占比 68%。“双 11”期间，各家主流电商移动端的支付比例为 60%～80%，移动端首超 PC 端，表明移动端正式成为与 PC 端并驾齐驱的电商主流渠道。据中国互联网络信息中心(CNNIC)2016 年 1 月 22 日发布的《第 37 次中国互联网络发展状况统计报告》显示：截至 2015 年 12 月，手机网络购物用户达到 3.40 亿，手机网络购物的使用比例为 54.8%，手机预订机票、酒店、火车票或旅游度假产品的网民规模达到 2.10 亿。

1．第一阶段(2000—2002 年)

这一阶段是中国移动互联网的初级阶段。2000 年 11 月 10 日，中国移动推出“移动梦网计划”，打造开放、合作、共赢的产业价值链；2002 年 5 月 17 日，中国电信在广州启动“互联星空”计划，标志着 ISP(Internet Service Provider，互联网服务供应商)和 ICP(Internet

Content Provider，互联网内容服务商)开始联合打造宽带互联网产业；2002 年 5 月 17 日，中国移动率先在全国范围内正式推出 GPRS 业务。这个阶段移动互联网的主要产品有文字信息、图案及铃声。

2．第二阶段(2003—2005 年)

这一阶段是 WAP(Wireless Application Protocol，无线应用协议)时期，用户主要在移动互联网上看新闻、读小说、听音乐。这是一个内容为王的移动互联网时代，这个阶段开始出现移动互联网产品经理，如 SP(Service Provider，服务提供商)产品经理或 WAP 产品经理等。

3．第三阶段(2006—2008 年)

这时的中国移动互联网除了内容之外，开始有了一些功能性的应用，比如手机 QQ、手机搜索、手机流媒体等。手机单机游戏和手机网游起步，移动互联网开始作为传统互联网的补充，占据了用户大量的碎片时间。这是一个互动娱乐的移动互联网时代。

4．第四个阶段(2009 年以后)

随着 3G、4G 的应用，微信和微博等社交网络、基于 LBS(Location Based Service)的应用、iPhone 的移动 APP、互联网电子商务在手机上广泛应用，互联网上的应用移植开始出现了一个新的名词，即 SoLoMoCo——Social(社交的)、Local(本地的)、Mobile(移动的)、Commerce(商务化)。这个阶段移动互联网得到进一步发展，并开启了移动电子商务时代。

三、移动互联网的特点

小巧轻便及通信便捷、随时、随地、随心决定了移动互联网与 PC 互联网的不同之处和关联之处，以及其发展趋势。与传统的桌面互联网相比，移动互联网具有几个鲜明的特性。

1．便捷性、便携性与强制性

移动互联网的基础网络是一张立体的网络，GPRS、3G、4G 和 WLAN 或 WIFI 构成的无缝覆盖，使得移动终端具有通过上述任何形式方便联通网络的特性。移动互联网的基本载体是移动终端，顾名思义，这些移动终端不仅仅是智能手机、平板电脑，还可能是智能眼镜、手表、服装、饰品等各类随身物品。它们属于人体穿戴的一部分，随时随地都可被使用。

除了睡眠时间，移动设备一般都以远高于 PC 的使用时间伴随在使用者身边。这个特点决定了使用移动设备上网可以带来 PC 上网无可比拟的优越性，即沟通与资讯的获取远比 PC 设备方便。人们被强制携带手机，同时被强制接收信息，今天的手机远不只是一个通信工具，它已经转变为人们社会关系的全部，成为人们身体的组成部分。

2．即时性和精确性

由于移动互联网具有上述便捷性和强制性，人们可以充分利用生活、工作中的碎片时间，接收和处理互联网的各类信息，不再担心有任何重要信息、时效信息被错过。无论什么样的移动终端，其个性化程度都相当高，尤其是智能手机，每一个电话号码都精确地指向一个明确的个体。因此，移动互联网能针对不同的个体，提供更为精准的个性化服务。

3．感触性和定向性

移动互联网的感触性不仅仅体现在移动终端屏幕的感触层面，更重要的是体现在照相、摄像、二维码扫描，以及重力感应、磁场感应、移动感应、温度和湿度感应等无所不及的感触功能。而 LBS(基于位置的服务)不仅能够定位移动终端所在的地理位置，甚至可以根据移动终端的趋向性，确定下一步可能去往的地理位置。无论是微博、微信这样的应用，还是手机拍摄的照片，都携带了位置信息，这些位置信息使传播信息更加精准，同时也产生了众多基于位置信息的服务，使得相关服务具有可靠的定位性和定向性。

4. 业务与终端、网络的强关联性和业务使用的私密性

由于移动互联网业务受到网络及终端能力的限制，因此其业务内容和形式也需要适合特定的网络技术规格和终端类型。和 PC 相比，手机更有私密性。智能手机的电话号码就是一种身份识别依据，已成为一个信用体系的一部分，在很多银行和支付系统中，手机的识别已成为一种重要的身份识别方式。这意味智能手机时代的信息传播可以更精准，更有指向性，同时也更容易受到骚扰。

5. 广域的泛在网与网络的局限性

在社会生活的任何一个地方，都有一个双向交流的网络存在，这让即时业务和通信成为可能。今天几乎每一个新闻事件都可能被马上发到微博或者微信上，并且可以在第一时间传播，这就是广域泛在网的作用。

移动互联网业务具有便携性的同时，也受到了来自网络能力和终端能力的限制。在网络能力方面，受到无线网络传输环境、技术能力等因素的限制；在终端能力方面，受到终端大小、处理能力、电池容量等的限制。

6. 庞大的自下而上的用户群

互联网时代的用户群是自上而下的，最早的用户群有知识、有钱、年龄相对较大，而移动互联网的用户群则不同。移动互联网最早的用户群是有非常高的传染性和黏着度的三低人群，即低学历、低年龄、低收入。

7. 永远在线及占用用户碎片时间

智能手机已经做到了可以 24 小时在线。传统的信息传播是一点对多点的传播，电视时代使用的时间非常集中，黄金时间、普通时间、垃圾时间，用户时间成为收视率竞争的最核心的资源。移动互联网时代的用户随时随地携带着智能手机，也可以随时随地使用，早晨第一件事就是看手机，甚至如厕、吃饭、坐公交、等地铁等，随时随处都可以利用智能手机发微博、用微信交流、玩游戏、看电子书等，甚至学生在课堂上、家庭主妇在洗碗时都会用手机看视频。所以，移动互联网的使用时间呈现出碎片化的倾向。

8. 病毒性信息传播

过去信息的传播是一点到多点，二次传播非常困难，所以很容易进行舆论控制。而互联网时代信息已经是病毒性的传播，即从一点传播，很快进行多点发散。移动互联网时代，手机被强制携带，信息被强制提醒，网络属泛在的网络，手机永远在线，信息更容易像病毒一样高速、广泛地传播。

9. 安全性更加复杂

智能手机已经成为人生活的一个组成部分，同时又被随时随地携带着，且永远在线，因此更容易暴露人们的隐私，也更容易产生安全隐患。如智能手机可能会泄露用户的电话号码和朋友的电话号码、短信信息和存在手机中的资料，甚至会泄露支付密码。更为可怕

的是，智能手机的GPS定位功能，可以很方便地对用户进行实时跟踪。

10．智能感应的平台

移动互联网的基本终端是智能手机。智能手机不仅具有计算、存储、通信能力，同时还具有越来越强大的智能感应能力，这些智能感应让移动互联网不仅联网，而且可以感知世界，形成新的业务。

以上特性构成了移动互联网与桌面互联网完全不同的用户体验生态，移动互联网已经完全渗入到人们生活、工作、娱乐的方方面面。

四、移动互联网的应用

3G、4G从根本上实现了移动通信和互联网的融合，也催生出了很多新的产业机会，让原有的移动应用和互联网应用有了新的市场空间，如移动电子商务、手机游戏、手机音乐、位置服务、手机动漫、移动流媒体、手机电子书、无线广告、无线社区、手机安全等。

(1) 移动社交将成客户数字化生存的平台。在移动网络虚拟世界里面，服务社区化将成为焦点，社区可以延伸出不同的用户体验，提高用户对企业的黏性。

(2) 移动广告将是移动互联网的主要盈利来源。手机广告是一项具有前瞻性的业务形态，可能成为下一代移动互联网繁荣发展的动力。

(3) 手机游戏将成为娱乐化先锋。随着产业技术的进步，移动设备终端上会发生一些革命性的质变，带来用户体验的跳跃式提升，例如加强游戏触觉反馈技术。可以预见，手机游戏作为移动互联网的杀手级盈利模式，无疑将掀起移动互联网商业模式的全新变革。

(4) 手机电视将成为时尚人士新宠。手机电视用户主要集中在积极尝试新事物、个性化需求较高的年轻群体，这样的群体在未来将逐渐扩大。

(5) 移动电子阅读填补碎片时间。因为手机功能扩展、屏幕更大更清晰、容量提升、用户身份易于确认、付款方便等诸多优势，移动电子阅读正在成为一股潮流并迅速传播开来。

(6) 移动定位服务提供个性化信息。随着随身电子产品的日益普及，人们的移动性在日益增强，对位置信息的需求也日益高涨，市场对移动定位服务的需求将快速增加。

(7) 手机搜索将成为移动互联网发展的助推器。手机搜索引擎整合搜索概念、智能搜索、语义互联网等概念，综合了多种搜索方法，可以提供范围更宽广的垂直和水平搜索体验，更加注重用户体验的提升。

(8) 手机内容共享服务将成为客户的黏合剂。手机图片、音频、视频共享被认为是未来手机业务的重要应用。

(9) 移动支付蕴藏巨大商机。支付手段的电子化和移动化是必然趋势，移动支付业务的发展预示着移动行业与金融行业的深度融合。移动支付平台不仅支持各种银行卡通过网上进行支付，而且还支持手机、电话等多种终端操作，符合网上消费者个性化、多样化的需求。

(10) 移动电子商务可以为用户随时随地提供所需的服务、应用、信息和娱乐，利用手机终端便捷地选择及购买商品和服务。

五、移动通信技术

1．第一代移动通信技术

1G(First Generation)表示第一代移动通信技术，是以模拟技术为基础的蜂窝无线电话系统，如现在已被淘汰的模拟移动网。1G无线系统在设计上只能传输语音流量，并受到网络容量的限制。1G网络的典型代表有：Nordic移动电话(NMT，应用于Nordic国家、东欧以及俄罗斯)、美国的高级移动电话系统(AMPS)、英国的总访问通信系统(TACS)、日本的JTAGS、西德的C-Netz、法国的Radiocom 2000和意大利的RTMI。

2. 第二代移动通信技术

2G即第二代移动通信技术规格(2-Generation Wireless Telephone Technology)，以数字语音传输技术为核心，一般无法直接传送电子邮件、软件等信息，只具有通话以及时间和日期等传送的手机通信技术规格。不过手机短信在其某些规格中能够被执行。它在美国通常称为“个人通信服务”(PCS)。

2G技术可分为两种：一种是基于TDMA发展出来的GSM规格；另一种则是CDMA规格，是复用(Multiplexing)形式的一种。

主要的第二代移动通信技术规格标准有：

➢ GSM：基于TDMA，源于欧洲，目前已全球化。

➢ IDEN：基于TDMA，是美国独有的系统，被美国电信系统商Nextell使用。

➢ IS-136(也叫做D-AMPS)：基于TDMA，是美国最简单的TDMA系统，被用于美洲。

➢ IS-95(也叫做CdmaOne)：基于CDMA，是美国最简单的CDMA系统，被用于美洲和亚洲一些国家。

➢ PDC(Personal Digital Cellular)：基于TDMA，仅在日本普及。

3. 第三代移动通信技术

3G(3rd-Generation)是第三代移动通信技术，是指支持高速数据传输的蜂窝移动通信技术。3G服务能够同时传送声音及数据信息，速率一般在几百千比特每秒以上。3G是将无线通信与国际互联网等多媒体通信结合的新一代移动通信系统。目前3G存在三种标准，即CDMA2000、WCDMA、TD-SCDMA。

CDMA(Code Division Multiple Access，码分多址)是第三代移动通信系统的技术基础。第一代移动通信系统采用频分多址(FDMA)的模拟调制方式，这种系统的主要缺点是频谱利用率低，信令干扰话音业务。第二代移动通信系统主要采用时分多址(TDMA)的数字调制方式，提高了系统容量，并采用独立信道传送信令，使系统性能大大改善，但TDMA的系统容量仍然有限，越区切换性能仍不完善。CDMA系统以其频率规划简单、系统容量大、频率复用系数高、抗多径能力强、通信质量好、软容量、软切换等特点显示出巨大的发展潜力。国际电信联盟(ITU)在2000年5月确定WCDMA、CDMA2000、TD-SCDMA三大主流无线接口标准，写入3G技术指导性文件《2000年国际移动通讯计划》(简称IMT—2000)；2007年，WiMAX亦被接受为3G标准之一。

WCDMA全称为Wideband CDMA，也称为CDMA Direct Spread，意为宽频分码多重存取，这是基于GSM网发展出来的3G技术规范，是欧洲提出的宽带CDMA技术，与日本提出的宽带CDMA技术基本相同，目前正在进一步融合。WCDMA的支持者主要是以GSM系统为主的欧洲厂商，日本公司也或多或少参与其中，包括欧美的爱立信、阿尔卡特、诺基亚、朗讯、北电，以及日本的NTT、富士通、夏普等厂商。该标准提出了GSM(2G)

—GPRS—EDGE—WCDMA(3G)的演进策略。这套系统能够架设在现有的 GSM 网络上，对于系统提供商而言可以较轻易地过渡。在 GSM 系统相当普及的亚洲，对这套新技术的接受度相当高，因此 WCDMA 具有先天的市场优势。WCDMA 已是当前世界上采用的国家及地区最广泛、终端种类最丰富的 3G 标准，占据全球 80%以上市场份额。

CDMA2000 是由窄带 CDMA(CDMA IS95)技术发展而来的宽带 CDMA 技术，也称为 CDMA Multi-Carrier。它由美国高通北美公司为主导提出，摩托罗拉、Lucent 和后来加入的韩国三星都有参与，韩国成为该标准的主导者。这套系统是从窄频 CDMAOne 数字标准衍生出来的，可以从原有的 CDMAOne 结构直接升级到 3G，建设成本低廉，但使用 CDMA 的地区只有日、韩和北美，所以 CDMA2000 的支持者不如 WCDMA 多。该标准提出了 CDMAIS95(2G)—CDMA20001x—CDMA20003x(3G)的演进策略。CDMA20001x 被称为 2.5 代移动通信技术，其与 CDMA20003x 的主要区别在于应用了多路载波技术，通过采用三载波使带宽提高。

TD-SCDMA 全称 Time Division-Synchronous CDMA(时分同步 CDMA)，是由中国大陆独自制定的 3G 标准。1999 年 6 月 29 日，中国原邮电部电信科学技术研究院(大唐电信)向 ITU 提出，但该技术发明始于西门子公司。因为 TD-SCDMA 具有辐射低的特点，所以被誉为绿色 3G。该标准将智能无线、同步 CDMA 和软件无线电等当今国际领先技术融于其中，在频谱利用率、业务支持灵活性、频率灵活性及成本等方面具有独特优势，但相对于另外两个主要的 3G 标准 CDMA2000 和 WCDMA，TD-SCDMA 的起步较晚，技术不够成熟。另外，由于中国内地庞大的市场，该标准受到各大主要电信设备厂商的重视，全球一半以上的设备厂商都宣布支持 TD-SCDMA 标准。该标准提出不经过 2.5 代的中间环节，直接向 3G 过渡，非常适用于 GSM 系统向 3G 升级。军用通信网也是 TD-SCDMA 的核心任务。

4．第四代移动通信技术

4G 即第四代移动电话行动通信标准(The 4th Generation Mobile Communication Technology)，是指第四代移动通信技术。该标准包括 TD-LTE 和 FDD-LTE 两种制式(严格意义上来讲，LTE 只是 3.9G，尽管被宣传为 4G 无线标准，但它其实并未被 3GPP 认可为国际电信联盟所描述的下一代无线通信标准 IMT-Advanced，因此在严格意义上其还未达到 4G 的标准；只有升级版的 LTE Advanced 才满足国际电信联盟对 4G 的要求)。4G 是集 3G 与 WLAN 于一体，并能够快速传输数据和高质量音频、视频、图像等。4G 能够以 100 Mb/s 以上的速度下载，比目前的家用宽带 ADSL(4 兆)快 25 倍，并能够满足几乎所有用户对于无线服务的要求。此外，4G 可以在 DSL 和有线电视调制解调器没有覆盖的地方部署，然后再扩展到整个地区。

2012 年 1 月 18 日下午 5 时，国际电信联盟在 2012 年无线电通信全体会议上，正式审议通过将 LTE-Advanced 和 WirelessMAN-Advanced(802.16m)技术规范确立为 IMT-Advanced (俗称“4G”)国际标准，中国主导制定的 TD-LTE-Advanced 和 FDD-LTE-Advance 同时被列入 4G 国际标准。

5．第五代移动通信技术

5G 即第五代移动电话行动通信标准(5-Generation)，也称第五代移动通信技术，是 4G 之后的延伸。中国(华为)、韩国(三星电子)、日本、欧盟都在投入相当的资源研发 5G 网络。

移动互联网发展过程中的几个关键应用

1. 移动梦网

2001 年 11 月 10 日，中国移动通信的“移动梦网”正式开通，当时官方宣传称手机用户可通过移动梦网享受到移动游戏、信息点播、掌上理财、旅行服务、移动办公等服务。移动梦网英文是 Monternet，意思是“Mobile+Internet”，简单地说，就是由运营商构筑的手机上网平台。移动梦网无疑是新世纪之初伟大的商业创新模式之一，其发展速度屡屡使最大胆的预测都显得保守。

2. 3G 门户

所谓 3G 门户，大多是指手机所浏览的网页，多以免费为主，用户可以通过手机的 GPRS 或者 WAP 功能登陆。3G 门户网创立于 2004 年，由广州市久邦数码科技有限公司开发创建，美国著名风险投资公司 IDG 注资。旗下 3G 门户网于 2004 年 3 月上线，有书城、体育、新闻、娱乐、财经等超过 70 个内容频道，是当时国内最大的移动互联网门户网站。

3. GO 桌面

GO 桌面软件是广州市久邦数码科技有限公司于 2010 年推出的 Android 桌面替换软件，为用户提供 Android 手机的界面美化和效能提升服务，以 33 个语言版本面向全球 150 多个国家和地区的用户发行，是全球最受欢迎的 Android 第三方桌面。AppAnnie 报告显示，2013 年 4 月 GO 桌面团队的 Google Play 月度下载量居全球第三，仅次于 Facebook 和 Google。2013 年 5 月在旧金山召开的发布会上，3G 门户称 GO 桌面在全球用户数突破 2 亿，在 22 个国家和地区的 Google Play 个性化类别应用中排名第一，是全球最受欢迎的 Android 第三方桌面。

4. 3G 时代的应用

2009 年 1 月 7 日，工业和信息化部在内部举办小型牌照发放仪式，为中国移动、中国电信和中国联通发放三张第三代移动通信(3G)牌照。因此，2009 年成为我国的 3G 元年，我国正式进入第三代移动通信时代。

5. APP 与超级 APP

APP(Application)指安装在手机上的软件，用以完善原始系统的不足与个性化。由于 iPhone 智能手机的流行，现在的 APP 多指智能手机的第三方应用程序。

在移动互联网初期，开发者认为移动应用就要简单直接，专注于解决用户的某一个问题，而用户也觉得产品若太复杂则不合时宜，但随着整体发展进入高峰，纯做 App 的方式已经问题凸显，比如留存率和使用率。

事实上，用户需要的是服务而不是一个 APP，他们并不在乎具体的实现形式是什么。随着移动互联网的进一步发展，超级 APP 引人瞩目。所谓超级 APP，是指那些拥有庞大用户数，成为用户手机上的必备的基础应用。

超级 APP 势必成为移动互联网的强势入口，移动互联网未来的格局必然朝着少量的超级 APP 和大量基于超级 APP 的插件或轻应用发展。

6. 手游

数年前，人们为了玩一款网络游戏而守在电脑前排队时，怎么都想不到在未来的某天，

为了玩一款手机游戏居然也需要排队，排队的时间甚至比网络游戏还要久！2013 年手机游戏行业呈现爆发式增长态势，截至 2013 年 8 月 25 日，我国手机网民中使用手机游戏的用户规模达 2.08 亿，占比为 45%，手游成为手机网民最广泛使用的娱乐应用之一。手机娱乐已成为用户一种常态化的生活方式，并逐渐从碎片化向习惯化方向发展。于是，2013 年被手游业内人士称为“手游元年”。接下来的 2014 年，随着 4G 全面到来，解决了重度手游一直以来饱受诟病的网络问题，那些有着精美 3D 画面、丰满故事情节以及融入了 RPG 游戏概念的重度手游，在游戏巨头强大的营销策略下，更加受到网民的推崇。

7. 移动支付

2014 年移动支付的看点就是 NFC(Near Field Communication，近距离无线通信)支付。NFC 是近场支付的主流技术，它是一种短距离的高频无线通信技术，允许电子设备之间进行非接触式点对点数据传输。凭借高度的便利性，以超市购物、公交刷卡等生活应用场景为突破口，NFC 支付取得快速增长，进而渗透至其他消费领域。

NFC 支付是指消费者在购买商品或服务时，即时采用 NFC 技术，通过手机等手持设备完成支付，是一种新兴的移动支付方式。支付的过程在线下完成，不需要使用移动网络，而是使用 NFC 射频通道实现与 POS 机或自动售货机等设备的本地通信。

毫无疑问，NFC 支付将迎来春天，移动支付也仍将是移动互联网最值得关注的领域之一。

8. 4G

2013 年 12 月 4 日，工信部正式向中国移动、中国电信和中国联通颁发了 TD-LTE 的 4G 牌照。毋庸置疑，4G 在上网速度、传输稳定性等方面都大大超越 3G。4G 到来之后，随着带宽和网速的大幅提升，将使得视频类 APP 加速迈入高清阶段，催生出更多高清视频类 APP，在移动设备上，用户将不必再下载等候，只需实时点击就可观看最优质的高清视频。在社交视频类 APP 中，用户之间将可以清晰地见到对方面容的肌肤细节。整个视频类 APP 的高清化、高质化和长时化将成为必然。还可以断定的是，视频通话也必定会在将来取代语音对话成为主流通话方式。

学习任务 4　大　数　据

大数据正在改变世界

近两年，“大数据”这个名词越来越为大众所熟悉，面对一直以高冷的形象出现在大众面前的大数据，相信许多人都一头雾水。“互联网还没搞清楚的时候，移动互联就来了，移动互联还没搞清楚的时候，大数据就来了”。2015 年 12 月 17 日，在第二届世界互联网大会“互联网创新与初创企业成长”分论坛上，雅虎创始人、联想集团独立非执行董事杨致远表示，流动性大数据和云计算的发展正在改变这个世界。

一个较早的版本就是美国沃尔玛啤酒和尿布的数据关系。原来，美国的妇女在家照顾孩子，所以她们会嘱咐丈夫在下班回家的路上为孩子买尿布，而丈夫在买尿布的同时又会顺手购买自己爱喝的啤酒。当分析师了解到啤酒和尿布销量存在正相关关系并进一步分析的时候，发现了这样的购买情境，于是将这两种属于不同门类的商品摆在一起，没想到这个举措居然使尿布和啤酒的销量都大幅增加。如今，“啤酒 + 尿布”的数据分析成果早已成了大数据技术应用的经典案例，被人津津乐道。

另一个关于大数据的故事发生在美国第二大的超市塔吉特百货(Target)。孕妇对于零售商来说是个含金量很高的顾客群体，但是他们一般会去专门的孕妇商店而不是在 Target 购买孕期用品。人们一提起 Target，往往想到的都是清洁用品，或袜子和手纸之类的日常生活用品，却忽视了 Target 有孕妇需要的一切。为此，Target 的市场营销人员求助于 Target 的顾客数据分析部，要求建立一个模型以便在孕妇第 2 个妊娠期就被确认出来。在美国，出生记录是公开的，孩子出生后，新生儿母亲就会被铺天盖地的产品优惠广告包围，因此必须赶在孕妇第 2 个妊娠期行动起来。如果 Target 能够赶在所有零售商之前知道哪位顾客怀孕了，市场营销部门就可以早早地给她们发出量身定制的孕妇优惠广告，早早圈定宝贵的顾客资源。如何能够准确地判断哪位顾客怀孕？Target 数据分析人员想到公司有一个迎婴聚会(Baby Shower)的登记表，于是开始对这些登记表里的顾客的消费数据进行建模分析，不久就发现了许多非常有用的数据模式。比如，许多孕妇在第 2 个妊娠期的开始会买许多大包装的无香味护手霜；在怀孕的最初 20 周大量购买补充钙、镁、锌之类的保健品。最后 Target 选出了 25 种典型商品的消费数据构建了“怀孕预测指数”，通过这个指数，Target 能够在很小的误差范围内预测到顾客的怀孕情况，因此 Target 就能早早地把孕妇优惠广告寄发给顾客。为了不让顾客觉得商家侵犯了自己的隐私，Target 把孕妇用品的优惠广告夹杂在其他一大堆与怀孕不相关的商品优惠广告当中。根据这个大数据模型，Target 制订了全新的广告营销方案，结果其孕期用品销售呈现了爆炸性的增长。

大数据最大的作用就是给人的内在性格和行为习惯“画像”。京东为什么能上市？百度为什么这么强？当数据量足够充分时，它什么都知道，消费者的偏好需求、购买力，甚至隐私都可以用来做分析和信息应用。大数据时代真的来临时，在某个空间里，人们都在“裸奔”，精明的商家更是顶着目标“开枪”，发发命中。明尼苏达州一家塔吉特门店被客户投诉，一位中年男子指控塔吉特将婴儿产品优惠券和孕婴童试用品寄给他的女儿——一个高中生。但没多久他却来电道歉，因为女儿经他逼问后坦承自己真的怀孕了。塔吉特百货就是通过采集顾客的购物数据(包括购物清单、浏览物品、咨询信息、视频监控信息，如超市内徘徊区域等)，然后通过相关关系分析得出事情的真实状况。对于企业而言，大数据有时候就像是一个侦探家，拨开重重迷雾，找到问题的本质以及解决方案。

大数据的应用已广泛深入我们生活的方方面面，涵盖医疗、交通、金融、教育、体育、零售等各行各业。如美国的交通部门长期收集某一地区交通事故的详细数据(比如驾驶员的性别、事故发生时间、事故发生原因等)，数据达到一定规模之后，通过不同的数据分析模型导出各种信息。这些信息不仅指导这一地区交通立法的修订、公路桥梁的建设、交通警示系统的建设，还决定了交通警察在不同时间和不同地点的配置。收集数据只是第一步，利用数据分析结果来影响决策和指导行为，才是大数据的价值所在。

下面是 World Internet Stats 在 2015 年 11 月发布的数据：短短一分钟，互联网到底会发生些什么事？

➢ 根据支付宝官方大事记显示，去年双十一期间共完成 7.1 亿笔支付，平均一分钟完成 493 055 笔交易。

➢ 根据淘宝数据显示，在双十一当天淘宝活跃用户超过一个亿，平均一分钟的活跃用户超过 69 444 个。

➢ 一分钟之内会有 4310 人访问亚马逊网站。

➢ Uber 每分钟能获得 694 个订单。

➢ 苹果用户每分钟会下载 51 000 个应用。

➢ YouTube 用户每分钟会上传 300 个小时的新视频。

➢ Netflix 用户一分钟之内会观看 77 160 个小时的视频。

➢ 在去年的互联网大会上，腾讯副总裁赖智明表示，微信红包一天的收发量是 22 亿个，平均一分钟红包收发量是 1 527 777 个。

➢ 一分钟里，平均收发邮件达到 2.4 亿封。

➢ Google 每分钟的搜索量可达 278 万次。

➢ Facebook 用户每分钟点赞 4 166 667 次。

➢ Twitter 用户每分钟可以发布 347 222 条推文。

➢ Snapchat 用户每分钟会发布 284 722 张照片。

➢ Instagram 用户每分钟发布 123 060 张照片。

【思考】大数据真能改变这个世界吗？

大数据是资源，是科学研究的第四大支柱，是电子商务赖以生存的基石和命脉。社交网络兴起，大量的 UGC(User Generated Content，用户生成内容)，如音频、文本信息、视频、图片等非结构化数据出现，使得人们的行为和情绪的细节化测量成为可能。而移动互联网能更准确、更快地收集用户信息，挖掘用户的行为习惯和喜好，在凌乱纷繁的数据背后找到更符合用户兴趣和习惯的产品和服务，并对产品和服务进行针对性的调整和优化，这就是大数据的价值。

一、大数据

大数据(Big Data)，或称巨量数据、海量数据，是由数量巨大、结构复杂、类型众多的数据构成的数据集合，是无法在可承受的时间范围内用常规软件工具进行捕捉、管理和处理的数据集合，是基于云计算的数据处理与应用模式，通过数据的集成共享，交叉复用形成的智力资源和知识服务能力。

大数据通常是指通过收集、整理生活中方方面面的数据，并对其进行分析挖掘，进而从中获得有价值的信息，最终衍化出一种新的商业模式。物联网、云计算、移动互联网、车联网、手机、平板电脑、PC 以及遍布地球各个角落的各种各样的传感器，无一不是数据来源或者承载的方式。

二、大数据的特点

大数据的 5 V 特点(由 IBM 提出)：Volume(大量)、Velocity(高速)、Variety(多样)、Value(价值)、Veracity(真实性)。

第一，数据的大小决定所考虑的数据的价值和潜在的信息。数据体量巨大、类型繁多，包括文字、视频、图片，甚至人们的行为、位置和生理数据都可作为被记录和分析的数据，从 TB 级别跃升到 PB 级别。

第二，数据类型繁多，数据来源于各种各样的渠道。

第三，大数据在预测时接收所有市场数据，正是因为统计数据的全面性、整体性才能获取传统数据时代不可能获取的知识，得到过去无法企及的商机。同时，大数据也存在价值密度低、商业价值高的问题。以视频为例，连续不间断监控过程中，可能有用的数据仅仅有一两秒。

第四，数据处理速度快且具及时性，一般要在秒级时间范围内给出分析结果。例如，当用户在当当网上选购一本经济类书时，网站会立即显示用户可能喜欢的书籍。这个速度要求是大数据处理技术和传统的数据挖掘技术最大的区别。

三、大数据的实践与应用

1. 互联网的大数据

大数据在互联网的典型应用包括：

(1) 用户行为数据(精准广告投放、内容推荐、行为习惯和喜好分析、产品优化等)。

(2) 用户消费数据(精准营销、信用记录分析、活动促销、理财等)。

(3) 用户地理位置数据(O2O 推广、商家推荐、交友推荐等)。

(4) 互联网金融数据(P2P、小额贷款、支付、信用、供应链金融等)。

(5) 用户社交等 UGC 数据(趋势分析、流行元素分析、受欢迎程度分析、舆论监控分析、社会问题分析等)。

2. 政府的大数据

奥巴马政府将数据定义为“未来的新石油”，并表示一个国家拥有数据的规模、活性及解释运用的能力将成为综合国力的重要组成部分。未来对数据的占有和控制甚至将成为陆权、海权、空权之外的另一种国家核心资产。

政府各个部门都握有构成社会基础的原始数据，比如气象数据、金融数据、信用数据、电力数据、煤气数据、自来水数据、道路交通数据、客运数据、安全刑事案件数据、住房数据、海关数据、出入境数据、旅游数据、医疗数据、教育数据、环保数据等。这些数据在每个政府部门里面看起来是单一的、静态的，但如果政府将这些数据关联起来，并对这些数据进行有效的关联分析和统一管理，其价值将无法估量。比如智能电网、智慧交通、智慧医疗、智慧环保、智慧城市，这些都依托于大数据，可以说大数据是智慧的核心能源。在城市规划方面，通过对城市地理、气象等自然信息和经济、社会、文化、人口等人文社会信息的挖掘，可以为城市规划提供决策，强化城市管理服务的科学性和前瞻性；在交通管理方面，通过对道路交通信息的实时挖掘，能有效缓解交通拥堵，并快速响应突发状况，为城市交通的良性运转提供科学的决策依据；在舆情监控方面，通过网络关键词搜索及语义智能分析，能提高舆情分析的及时性、全面性，全面掌握社情民意，提高公共服务能力，应对网络突发的公共事件，打击违法犯罪；在安防与防灾领域，通过大数据的挖掘，可以及时发现人为或自然灾害、恐怖事件，提高应急处理能力和安全防范能力。

3．企业的大数据

企业老板们最关注的还是报表曲线的背后能有怎样的信息，企业该做怎样的决策，其实这一切都需要通过数据来传递和支撑。在理想的世界中，大数据是巨大的杠杆，可以改变公司的影响力，带来竞争差异、节省金钱、增加利润、愉悦买家、奖赏忠诚用户、将潜在客户转化为客户、增加吸引力、打败竞争对手、开拓用户群并创造市场。

4．个人的大数据

未来，每个用户可以在互联网上注册个人的数据中心，以存储个人的大数据信息。用户可确定哪些个人数据可被采集，并通过可穿戴设备或植入芯片等感知技术来采集捕获个人的大数据，比如牙齿监控数据、心率数据、体温数据、视力数据、记忆能力、地理位置信息、社会关系数据、运动数据、饮食数据、购物数据等。用户可以将其中的牙齿监测数据授权给某牙科诊所监控和使用，进而为用户制定有效的牙齿防治和维护计划；也可以将个人的运动数据授权提供给某运动健身机构，由他们监测自己的身体运动机能，并有针对性地制定和调整个人的运动计划；还可以将个人的消费数据授权给金融理财机构，由他们制定合理的理财计划并对收益进行预测。当然，其中有一部分个人数据是无需个人授权即可提供给国家相关部门进行实时监控的，比如罪案预防监控中心可以实时监控本地区每个人的情绪和心理状态，以预防自杀和犯罪的发生。

四、大数据的商业价值

1．对顾客群体细分

大数据可以对顾客群体细分，然后对每个群体量体裁衣般地采取独特的行动。瞄准特定的顾客群体来进行营销和服务是商家一直以来的追求。云存储的海量数据和大数据的分析技术使得对消费者的实时和极端的细分有了成本低且效率极高的可能。

2．模拟实境

运用大数据模拟实境，可发掘新的需求和提高投入的回报率，现在越来越多的产品中都装有传感器，汽车和智能手机的普及使得可收集数据呈现爆炸性增长。Blog、Twitter、Facebook 和微博等社交网络也在产生着海量的数据。

交易过程、产品使用和人类行为都可以数据化，云计算和大数据分析技术使得商家可以在成本效率较高的情况下，实时地对这些数据进行存储和分析，从而在某些情况下通过模型模拟来判断不同变量(比如不同地区不同促销方案)的情况下何种方案投入回报率最高。

3．提高投入回报率

通过将大数据成果在各相关部门进行分享，可提高整个管理链条和产业链条的投入回报率。大数据能力强的部门可以通过云计算、互联网和内部搜索引擎把大数据成果与大数据能力比较薄弱的部门分享，帮助他们利用大数据创造商业价值。

4．数据存储空间出租

企业和个人有着海量信息存储的需求，只有将数据妥善存储，才有可能进一步挖掘其潜在价值。具体而言，是通过易于使用的 API，用户方便地将各种数据对象放在云端，然后再像使用水、电一样按用量收费。目前已有多个公司推出相应服务，如亚马逊、网易、诺基亚等，运营商也推出了相应的服务，如中国移动的彩云业务。

5．管理客户关系

客户管理应用的目的是根据客户的属性(包括自然属性和行为属性)，从不同角度深层次分析客户、了解客户，以此增加新的客户、提高客户的忠诚度、降低客户流失率、提高客户消费等。对中小企业来说，专门的CRM(Customer Relationship Management，客户关系管理)显然大而贵，因此不少中小商家将微信作为初级CRM来使用，比如把老客户加到微信群里，在群朋友圈里发布新产品预告、特价销售通知，完成售前售后服务等。

6．个性化精准推荐

在运营商内部，根据用户喜好推荐各类业务或应用是常见的，比如应用商店软件推荐、IPTV视频节目推荐等，而通过关联算法、文本摘要抽取、情感分析等智能分析算法后，可以将之延伸到商用化服务，利用数据挖掘技术帮助企业进行精准营销。

以日常的“垃圾短信”为例，信息并不都是“垃圾”，只是因为收到的人并不需要而被视为垃圾，通过分析用户行为数据，可以给需要的人发送需要的信息，这样，“垃圾短信”就成了有价值的信息。在日本的麦当劳，用户在手机上下载优惠券，再去餐厅用运营商DoCoMo的手机钱包优惠支付，与此同时，运营商和麦当劳搜集相关消费信息，例如经常买什么汉堡，去哪个店消费，消费频次多少，然后精准推送优惠券给用户。

7．数据搜索

数据搜索是一个并不新鲜的应用，随着大数据时代的到来，实时性、全范围搜索的需求已变得越来越强烈。其商业应用价值是将实时的数据处理与分析和广告联系起来，即实现实时广告业务和应用内移动广告的社交服务。

运营商掌握的用户网上行为信息，使得所获取的数据具备更全面维度、更具商业价值，典型应用如中国移动的“盘古搜索”。

大数据的战略意义

大数据的战略意义主要表现在：

(1) 大数据帮助政府实现市场经济调控、公共卫生安全防范、灾难预警、社会舆论监督等。

(2) 大数据帮助城市预防犯罪，实现智慧交通，提升应急能力。

(3) 大数据帮助医疗机构建立患者的疾病风险跟踪机制；帮助医药企业提升药品的临床使用效果；帮助艾滋病研究机构为患者提供定制的药物。

(4) 大数据帮助航空公司节省运营成本；帮助电信企业实现售后服务质量提升；帮助保险企业识别欺诈骗保行为；帮助快递公司监测分析运输车辆的故障险情以提前预警维修；帮助电力公司有效识别并预警即将发生故障的设备。

(5) 大数据帮助电商公司向用户推荐商品和服务；帮助旅游网站为旅游者提供心仪的

旅游路线；帮助二手市场的买卖双方找到最合适的交易目标；帮助用户找到最合适的商品购买时期、商家和最优惠价格。

(6) 大数据帮助企业提升营销的针对性，降低物流和库存的成本，减少投资的风险，并帮助企业提升广告投放的精准度。

(7) 大数据帮助娱乐行业预测歌手、歌曲、电影、电视剧的受欢迎程度，并为投资者分析评估拍一部电影需要投入多少钱才能得到最高的利润。

(8) 大数据帮助社交网站提供更准确的好友推荐；为用户提供更精准的企业招聘信息；向用户推荐可能喜欢的游戏以及适合购买的商品。

其实，这些还远远不够，未来的大数据除了将更好地解决社会问题、商业营销问题、科学技术问题外，还有一个可预见的趋势是通过大数据解决人的问题。比如，建立个人的数据中心，记录每个人的日常生活习惯、身体体征、社会网络、知识能力、爱好性情、疾病嗜好、情绪波动……换言之就是记录人从出生那一刻起的每一分每一秒，将除了思维外的一切都存储下来。这些数据可以被充分用于以下方面：

➢ 医疗机构将实时地监测用户的身体健康状况。

➢ 教育机构更有针对性地制定用户喜欢的教育培训计划。

➢ 服务行业为用户提供即时健康的、符合用户生活习惯的食物和其他服务。

➢ 社交网络提供合适的交友对象，并为志同道合的人群组织各种聚会活动。

➢ 政府能在用户的心理健康出现问题时予以有效的干预，防范自杀及刑事案件的发生。

➢ 金融机构能帮助用户进行有效的理财管理，为用户的资金提供更有效的使用建议和规划。

➢ 道路交通、汽车租赁及运输行业可以为用户提供更合适的出行线路和路途服务安排。

电子商务公司可以通过分析消费者在网站的搜索记录和购买行为，向用户推荐合适的产品，达到精确营销的目的。如淘宝发布的年度对账单，账单中对不同年龄、性别、地域、甚至星座的用户使用支付宝的数据做了罗列，而这正是对庞大的数据进行分析得出的结果。当用户在视频网站看一部电影时，视频网站会给用户推荐可能喜欢的影片，这就是通过大数据对用户的偏好进行分析得出的结果。可以说，大数据无处不在。正如维克托·迈尔·舍恩伯格在《大数据时代》一书中所说：“大数据的科学价值和社会价值体现在：一方面，对大数据的掌握程度可以转化为经济价值的来源。另一方面，大数据已经撼动了世界的方方面面，从商业科技到医疗、政府、教育、经济、人文以及社会的其他各领域。”

学习任务5　智 慧 城 市

智慧城市咸阳样本：“互联网+”让生活更美好

咸阳，因为“互联网＋政务服务”“互联网+公共服务”“互联网＋社会治理”等，成为智慧城市建设的一个全国样本。

2013 年年初，咸阳被国家住建部确定为首批创建国家智慧城市试点市。2014 年 4 月，咸阳又成为国家信息惠民示范城市。

中国的信息化建设其实起步很早，一些大部门都建立了完善的信息库，但现在都成了垂直方向的信息孤岛，信息化应用几乎只向上级部门服务，和老百姓关系不大，以部门为主，不能横向打通，不能互联互通，这是建设智慧城市和信息惠民城市最大的障碍。

咸阳的试点正是从打破这种信息孤岛的尴尬局面着手，打通所有政务信息系统，借助科技手段，突出惠民应用，将信息服务融入到群众生活的方方面面。

一、“六个一”对接百姓服务

如何打破信息壁垒？咸阳的办法之一，就是给每一个垂直的信息应用系统都分配一个接口，这个接口的名字就叫“六个一”。站在老百姓的视角，让它成为为老百姓服务的六个惠民应用。

(1) “一网通”，就是一网覆盖。

(2) “一卡通”，就是整合有关财政惠民资金支付系统，让群众只通过一张银行卡就可以领取各种惠民资金、看病、建立个人健康档案、坐公交、缴纳水电费、购买天然气等。

(3) “一点通”，也就是智慧咸阳的微信平台和 APP，拿出手机就可以获得各种应用服务。

(4) “一格通”，即搭建包括社区服务、城市管理、平安创建等 12 个部门为一体的“一格通”市级平台，将过去每一个部门每一个系统统一为全市一个系统，只留一个入口给老百姓，方便群众办事。

(5) “一号通”，即整合全市各类公共服务热线，统一为“12345”，身处咸阳市，有事只需拨打这一个号码即可。

(6) “一站通”，就是市县两级所有政府部门要办理的事项，通过一个网站来提交和办理。

整合后的基础平台，通过“六个一”实现了所有信息系统的链接和对群众的服务。

二、“互联网+”让生活更美好

智慧咸阳“六个一”的基础平台里有公交调度系统、公安天网系统、应急救援系统等。咸阳市 1600 户电梯有 1400 户安装了信息办和联通公司合作的 3D 芯片，每个电梯的实时开门、关门都尽在掌握，发生故障后会第一时间向安监局和基础平台报警。

过去老人办理老龄证，可能需要跑好几个地方，还要等领导审批，而在智慧咸阳的系统里，老人只需要找一个有网络的社区代办点提交就行，民政局的领导会通过移动手持终端签批。

咸阳推出了一种特殊手机，手机增加了一个芯片和一个特殊按键，老人使用这种手机，如果感到不舒服，只要按键 3 秒，系统就会自动定位老人位置，老人在哪里，老人的儿子是谁、电话号码是多少，老人有什么病史，都会显示在平台上，也会呼叫最近的社区干部去救助。

咸阳市还统一了各级部门的无纸化办公 OA(办公自动化)系统，领导审阅与签批文件都在移动端实现。

央视网 2015 年 05 月 25 日

【思考】智慧城市能够给人们带来哪些便利？

伴随网络帝国的崛起、移动技术的融合发展以及创新的民主化进程，知识社会环境下的智慧城市是继数字城市之后信息化城市发展的高级形态。2012年住房和城乡建设部公布了北京东城区、河南省郑州市等首批90个国家智慧城市试点；2013年8月5日又确定了河南省许昌市等103个城市(区、县、镇)国家智慧城市试点，同时科技部、国家标准化管理委员会把南京、济南等20个城市确定为国家智慧城市技术和标准试点城市。

一、智慧城市的含义

1. 智慧城市

智慧城市(Smart Citys)经常与数字城市、感知城市、无线城市、智能城市、生态城市、低碳城市等区域发展概念相交叉，甚至与电子政务、智能交通、智能电网等行业信息化概念发生混杂。

对智慧城市概念的解读也经常各有侧重，有的观点认为关键在于技术应用，有的观点认为关键在于网络建设，有的观点认为关键在人的参与，有的观点认为关键在于智慧效果，一些城市信息化建设的先行城市则强调以人为本和可持续创新。总之，智慧城市绝不仅仅是智能城市的另外一个说法，或者说是信息技术的智能化应用，还包括人的智慧参与、以人为本、可持续发展等内涵。

什么是智慧城市？简而言之，就是运用互联网、云计算、大数据、空间地理信息集成等新一代信息技术，促进城市规划、建设、管理和服务智慧化的新理念和新模式。

从技术发展的视角来看，智慧城市通过以移动技术为代表的物联网、云计算、地理空间等新一代信息技术应用，实现全面透彻的感知、宽带泛在的互联、智能融合的应用。从社会发展的视角来看，智慧城市通过维基、社交网络、Fab Lab(即微观装配实验室)、Living Lab、综合集成法、网动全媒体融合通信终端等工具和方法的应用，实现以用户创新、开放创新、大众创新、协同创新为特征的知识社会环境下的可持续创新，强调通过价值创造，以人为本地实现经济、社会、环境的全面可持续发展。

从政府角度，促使城市“不得病”“少得病”和“快治病”，保障城市健康和谐发展；从企业角度，利用智慧城市技术手段，提升企业自身运营效力、降低运营成本、提升竞争力；从百姓角度，让百姓感受到智慧城市带来的“便民”“利民”和“惠民”，给百姓生活方式带来更好的变化。

智慧城市不但广泛采用物联网、云计算、人工智能、数据挖掘、知识管理、社交网络等技术工具，也注重用户参与、以人为本的创新2.0理念及其方法的应用，构建有利于创新涌现的制度环境，以实现智慧技术高度集成、智慧产业高端发展、智慧服务高效便民、以人为本持续创新，完成从数字城市向智慧城市的跃升。

智慧城市理念归纳起来主要集中于以下三点：

(1) 智慧城市建设必然以信息技术应用为主线。智慧城市可以被认为是城市信息化的高级阶段，必然涉及信息技术的创新应用，而信息技术是以物联网、云计算、移动互联和大数据等新兴热点技术为核心和代表的。

(2) 智慧城市是一个复杂的、相互作用的系统。在这个系统中，信息技术与其他资源要素优化配置并共同发生作用，促使城市更加智慧地运行。

(3) 智慧城市是城市发展的新兴模式。智慧城市的服务对象面向城市主体——政府、企业和个人，它的结果是城市生产和生活方式的变革、提升和完善，终极表现为人类拥有更美好的城市生活。智慧城市的本质在于信息化与城市化的高度融合，是城市信息化向更高阶段发展的表现。

2. 创新2.0

创新1.0(Innovation 1.0)是传统的以技术发展为导向、科研人员为主体、实验室为载体的科技创新活动。创新2.0(Innovation 2.0)，即面向知识社会的下一代创新，它不仅是以复杂性科学视角对ICT(即通信技术)融合背景下科技创新的重新审视，而且是一种适应知识社会的，以用户为中心，以社会实践为舞台，以大众创新、共同创新、开放创新为特点的用户参与的创新形态，强化用户参与、以人为本的创新民主化。

如果说创新1.0是以生产为导向、以技术为出发点的创新，那么创新2.0则是以人为本、以服务为导向、以应用和价值实现为核心的创新。创新1.0是以企业、政府为核心，为用户生产市场产品以及公共产品，创新2.0视野下的企业2.0、政府2.0则强调以用户为中心，用户参与共同创造独特价值、塑造公共价值。

二、智慧城市的应用

智慧城市包含着智慧技术、智慧产业、智慧(应用)项目、智慧服务、智慧治理、智慧人文、智慧生活等内容。对智慧城市建设而言，智慧技术的创新和应用是手段和驱动力，智慧产业和智慧(应用)项目是载体，智慧服务、智慧治理、智慧人文和智慧生活是目标。具体来说，智慧(应用)项目体现在：智慧交通、智慧电网、智慧物流、智慧医疗、智慧食品系统、智慧药品系统、智慧环保、智慧水资源管理、智慧气象、智慧企业、智慧银行、智慧政府、智慧家庭、智慧社区、智慧学校、智慧建筑、智能楼宇、智慧油田、智慧农业等诸多方面。

1. 智慧公共服务和城市管理系统

通过对就业、医疗、文化、安居等专业性应用系统的建设，提升城市建设和管理的规范化、精准化和智能化水平，有效促进城市公共资源在全市范围共享，积极推动城市人流、物流、信息流、资金流的协调高效运行，提升城市运行效率和公共服务水平，并推动城市发展转型升级。

2. 智慧城市综合体

采用视觉采集和识别、各类传感器、无线定位系统、RFID、条码识别、视觉标签等顶尖技术，构建智能视觉物联网，对城市综合体的要素进行智能感知、自动数据采集，涵盖城市综合体当中的商业、办公、居住、旅店、展览、餐饮、会议、文娱和交通、灯光照明、信息通信和显示等方方面面，将采集的数据可视化和规范化，让管理者能进行可视化城市综合体管理。

3. 智慧政务城市综合管理运营平台

以天津市和平区的“智慧和平城市综合管理运营平台”为例，该平台包括指挥中心、

计算机网络机房、智能监控系统、和平区街道图书馆和数字化公共服务网络系统四个部分。其中指挥中心系统囊括政府智慧大脑六大中枢系统，分别为公安应急系统、公共服务系统、社会管理系统、城市管理系统、经济分析系统、舆情分析系统。该项目为满足政府应急指挥和决策办公的需要，对区内现有监控系统进行升级换代，增加智能视觉分析设备，提升快速反应速度，做到事前预警，事中处理及时迅速，并统一数据和统一网络，建设数据中心和共享平台，从根本上有效地将政府各个部门的数据信息互联互通，并对整个和平区的车流、人流、物流实现全面感知。

4．智慧安居服务

充分考虑公共区、商务区、居住区的不同需求，融合应用物联网、互联网、移动通信等各种信息技术，发展社区政务、智慧家居系统、智慧楼宇管理、智慧社区服务、社区远程监控、安全管理、智慧商务办公等智慧应用系统，使居民生活智能化发展。

5．智慧教育文化服务

通过对教育城域网和校园网工程的建设完善，建设教育综合信息网、网络学校、数字化课件、教学资源库、虚拟图书馆、教学综合管理系统、远程教育系统等资源共享数据库及共享应用平台系统，推动智慧教育事业发展。通过再教育工程的建设，提供多渠道的教育培训就业服务，建设学习型社会。通过“文化共享”工程建设，积极推进先进网络文化的发展，加快新闻出版、广播影视、电子娱乐等行业信息化步伐，加强信息资源整合，完善公共文化信息服务体系。同时，通过构建旅游公共信息服务平台，提供更加便捷的旅游服务，提升城市旅游文化品牌。

6．智慧服务应用

(1) 智慧物流。配合综合物流园区信息化建设，推广射频识别(RFID)、多维条码、卫星定位、货物跟踪、电子商务等信息技术在物流行业中的应用，加快基于物联网的物流信息平台及第四方物流信息平台建设，整合物流资源，实现物流政务服务和物流商务服务的一体化，推动信息化、标准化、智能化的物流企业和物流产业发展。

(2) 智慧贸易。支持企业通过自建网站或第三方电子商务平台，开展网上询价、网上采购、网上营销、网上支付等电子商务活动。积极推动商贸服务业、旅游会展业、中介服务业等现代服务业领域运用电子商务手段，创新服务方式，提高服务层次。结合实体市场的建立，积极推进网上电子商务平台建设，鼓励发展以电子商务平台为聚合点的行业性公共信息服务平台，培育发展电子商务企业，重点发展集产品展示、信息发布、交易、支付于一体的综合电子商务企业或行业电子商务网站。

(3) 建设智慧服务业示范基地。积极通过信息化深入应用，改造传统服务业经营、管理和服务模式，加快向智能化现代服务业转型。结合城市服务业发展现状，加快推进现代金融、服务外包、高端商务、现代商贸等现代发展。

7．智慧健康保障体系建设

通过“数字卫生”系统建设，建立卫生服务网络和城市社区卫生服务体系，构建全市区域化卫生信息管理为核心的信息平台，促进各医疗卫生单位信息系统之间的沟通和交互。以医院管理和电子病历为重点，建立城市居民电子健康档案；以实现医院服务网络化为重点，推进远程挂号、电子收费、数字远程医疗服务、图文体检诊断系统等智慧医疗系统建设，提升医疗和健康服务水平。

8．智慧交通

建设“数字交通”工程，通过监控、监测、交通流量分布优化等技术，完善公安、城管、公路等监控体系和信息网络系统，建立以交通诱导、应急指挥、智能出行、出租车和公交车管理等系统为重点的、统一的智能化城市交通综合管理和服务系统建设，实现交通信息的充分共享和公路交通状况的实时监控及动态管理，全面提升监控力度和智能化管理水平，确保交通运输安全、畅通。

1．你对移动互联网、云计算、大数据和物联网了解多少？

2．移动互联网、物联网、大数据有哪些应用？

1．走访一家或几家企业，和企业高管或者技术人员座谈，了解一下这些企业对移动互联网、云计算、大数据和物联网的应用情况。要求：事先拟定好访谈提纲，通过访谈全面理解移动互联网、云计算、大数据和物联网技术。

2．到当地政府部门了解一下你所在的城市是不是国家智慧城市试点市，如果是，了解一下该市智慧城市建设情况。

项目七

电子商务支付技术应用

★导读★

电子支付环节一直被认为是限制电子商务进一步发展的瓶颈，电子支付和结算是实现电子商务的基础。

本章将围绕电子商务支付技术，带你了解常用的网上银行、手机银行、第三方支付平台等电子支付工具以及SET、SSL支付协议的应用。

想一想

1. 你能说出多少种电子商务支付工具？

2. 你通过网上或手机支付买过火车票吗？

3. 你觉得第三方支付平台（如支付宝、财付通、快钱）安全吗？

课堂速记 

学习任务 1 电子支付技术

手机银行进农家 田间地头拿贷款

[CCTV13]新闻直播间继续关注指尖上的消费，在昨天的报道中我们了解到电子商务给物流、快递行业带来了巨大影响，今天我们来关注一下迅猛发展的电子商务对传统金融产业的冲击。下面我们跟随记者的镜头到农村的田间地头去看看，看看农民朋友是如何在菜地里直接下单，点点手机要贷款的。

湖北省麻城市彭店村农民肖明兆是当地有名的蔬菜种植户，一心想种有机蔬菜的他买了两个太阳能幼虫灯，装好之后他掏出手机开始用手机银行付钱，一共 1600 块钱，点击手机上的手机银行支付客户端，输入账户、金额，不到一分钟就完成了整个交易，同时对方手机上也很快收到了一条货款到账的短信通知。

肖明兆说："我们现在地里缺什么农资啊，打个电话就送过来了，又可以手机转账，不用跑银行，比以前方便多了。"

肖明兆所说的手机银行转账，用的并不是他银行卡里的钱，而是湖北省农村信用社给他发放的贷款。今年，湖北省农村信用社根据肖明兆的农业生产规模给他开出了 8 万元的授信额度，在这一年里只要他需要，就可以通过手机方便地进行贷款和转账。

湖北省农村信用社电子银行中心客户经理穆霞："我们的客户分布在湖北 23000 多个村子里，一个客户经理平均要为几百个客户服务，办理贷款、转账、支付等业务都得来回跑，路远、手续繁琐，现在有了手机银行，很多业务农民都不用到银行办手续了"。

现在肖明兆的村子里有 80 多位农户已经用上了手机贷款这个新鲜玩意儿，农民们只要去银行一次性办理手机银行业务，下载手机银行客户端就可以随时随地地使用。

湖北省麻城市夏记农资经营部袁幼名："我们现在进货卖货不需要带现金，用手机转账非常方便，既不收手续费，而且又安全，又快捷"。

不仅是农信社，现在农业银行、光大银行等都开办了各自的手机银行贷款业务，根据湖北省银监局的统计，湖北省涉农银行机构开通手机银行业务以来，到 2013 年 4 月底签约农户 166.4 万户，实现交易 92.5 万笔，金额达到 45.5 亿元。农业银行全国掌上银行客户数已经达到了 6507 万户，截止到 2013 年 1 季度末，掌上银行累计

交易笔数 8726 万笔，交易金额 2100 亿元。

【思考】互联网银行能否颠覆传统银行？

支付是指以某种资产(包括现金和实物)的所有权、债权或劳务的价值在发生经济行为关系的双方之间进行转移来最终了结债权、债务关系的行为。而支付系统是资金转移的规则、管理货币转移的法规、资金转移的相关机构和资金转移的技术手段、支付工具等诸多要素的集合。在电子商务活动中，电子支付是涉及资金流动的关键性环节。

一笔支付交易，既可以纸基方式发起，也可以电子方式发起。如贷记转账，既可在银行柜面填写单据，以签名、签章方式对支付进行授权，也可利用网上银行功能以电子化方式授权发起。如银行卡，既可以纸基通过签名方式进行授权，也可在终端(POS/ATM)通过刷卡与密码发起。

支付交易可通过纸基与电子化步骤结合的方式进行，如支票可被截留并以电子化方式进行处理，截留地点与时间的不同(如在 POS 或在交换中心)反映了电子化程度的差异。支付交易也可包含现金与非现金步骤，如付款人以银行存款发起汇款，而接收人以现金支取。

一、传统支付方式

1. 现金货币

现金货币是由一国中央银行发行的，它有两种形式，即纸币和硬币，其有效性和价值是由中央银行保证的。一般小额交易是由现金货币完成的，其交易流程是“一手交钱，一手交货”。现金货币是一种开放的支付方式，任何人只要持有现金货币，就可以进行款项支付，而无需中央银行收回重新分配。但是在现金货币支付过程中也存在一定的缺陷：

(1) 受时间和空间限制。对于交易双方不在同一时间、同一地的交易，无法采用这种方式支付。

(2) 受不同发行主体的限制。不同国家的现金代表的购买力不同，这给跨国交易带来不便。

(3) 不利于大宗交易。大宗交易涉及金额巨大，倘若使用现金作为支付手段，不仅不方便，而且不安全。

2. 票据

票据是具有流通性的书面债权债务凭证，它是以书面形式载明债务人按照规定条件(期限、方式等)向债权人(或债权人指定人或持票人)支付一定金额货币的义务。票据主要有汇票、本票和支票三种形式。

(1) 汇票。汇票是由债权人对债务人开具，命令债务人支付一定款项给第三者或持票人的支付命令书，包括商业汇票和银行汇票。

(2) 本票。本票是以出票人本人为付款人的票据，一般由银行签发。本票可以用作流通手段和支付手段，也可向出票人兑取现金。票面载明受款人姓名的为记名本票，否则为不记名本票；票面上规定有票据期限的为定期本票，否则为即期本票。

(3) 支票。支票是存款户向银行签发，要求从其活期存款账户上按一定金额付款的凭证。支票可以按照其期限、形式、用途等划分为记名支票、不记名支票、现金支票、转账支票、保付支票及旅行支票等。

票据本身的特性使得交易可以异时异地进行，突破了现金交易同时同地的限制，大大提高了交易实现的可能性，由此而促进了交易的繁荣。但票据也存在一些缺陷，比如易于伪造、容易丢失，商业承兑汇票甚至存在拒绝付款和到期无力支付的风险。

3. 信用卡

信用卡(Credit Card)是银行或其他财务机构签发给那些资信状况良好的人士，用于在指定的商家购物和消费，或在指定银行机构存取现金的特制卡片，是一种特殊的信用凭证。如长城卡、龙卡、牡丹卡。信用卡可采用刷卡记账、POS 结账、ATM 提取现金等多种支付方式。信用卡按结算方式分为：

(1) 借记卡(Debit Card)。借记卡是指先存款后消费(或取现)，没有透支功能的信用卡。

(2) 准贷记卡(Semi Credit Card)。准贷记卡是指持卡人须先按发卡银行要求交存一定金额的备用金，当备用金账户余额不足支付时，可在发卡银行规定的信用额度内透支的信用卡，即存款有息、小额信贷、透支计息。

(3) 贷记卡。贷记卡是指发卡银行给予持卡人一定的信用额度，持卡人可在信用额度内先消费，后还款的信用卡。它与借记卡的区别在于：借记卡不能透支，所对应的账户内有多少钱只能用多少钱，而贷记卡可以透支消费且具有免息期。

从不同的方面，可以把信用卡分为不同的类型，如表 7.1 所示。

表 7.1 信用卡的分类

分类	类型	使用特点
结算方式	贷记卡	发卡行允许持卡人先消费，后付款，提供给持卡人短期消费信贷，到期依据有关规定完成清偿
	借记卡	持卡人在开立信用卡账户时按规定向发卡行交一定的备用金，持卡人完成消费后，银行会自动从其账户上扣除相应的消费款项，急需时能为持卡人提供小额的善意透支
使用权限	金卡	允许透支限额相对较大(我国为 1 万元)
	普通卡	透支限额低(我国为 5 千元)
持卡对象	个人卡	持有者是有稳定收入来源的社会各界人士，其信用卡账户上的资金属持卡人个人存款
	公司卡	又称单位卡，是各企事业单位、部门中指定人员使用的卡，其信用卡账户资金属公款
使用范围	国际卡	可以在全球许多国家和地区通行使用，如著名的 VISA 卡和 MASTER 卡等
	地方卡	只局限在某地区内使用，如我国各大商业银行发行的人民币长城卡、牡丹卡、太平洋卡等都属地方卡
载体材料	磁卡	在信用卡背后贴有的磁条内存储有关信用卡业务所必需的数据，使用时必须有专门的读卡设备读出其中所存储的数据信息
	IC 卡	IC 卡是集成电路卡(Integrated Circuits Card)的缩写，为法国人 Roland Moreno 于 1970 年所研制，并由法国 BULL 公司于 1979 年推出第一张可工作的 IC 卡；IC 卡的卡片中嵌有芯片，信用卡业务中的有关数据存储在 IC 芯片中，既可以脱机使用也可以联机使用

二、电子支付

1. 电子支付的含义

2005 年 10 月，中国人民银行公布《电子支付指引(第一号)》规定：电子支付(Electronic Payment)是指单位、个人直接或授权他人通过电子终端发出支付指令，实现货币支付与资金转移的行为。电子支付的类型按照电子支付指令发起方式分为网上支付、电话支付、移动支付、销售点终端交易、自动柜员机交易和其他电子支付。简单来说，电子支付是指电子交易的当事人，包括消费者、厂商和金融机构，使用安全电子支付手段，通过网络进行的货币支付或资金流转。电子支付是电子商务系统的重要组成部分。

电子支付的发展经历了以下几个阶段，如图 7.1 所示。

➢ 第一阶段：银行利用计算机处理银行之间的业务，办理结算。

➢ 第二阶段：银行计算机与其他机构计算机之间进行资金结算，如代发工资、代收电话费等业务。

➢ 第三阶段：银行利用网络终端(如 ATM 机)向客户提供各项银行业务。

➢ 第四阶段：利用银行销售终端(如 POS 机)向客户提供自动扣款服务。

➢ 第五阶段：基于 Internet 的电子支付。它将第四阶段的电子支付系统与 Internet 整合，实现随时随地通过 Internet 进行直接转账结算，形成电子商务交易支付平台。

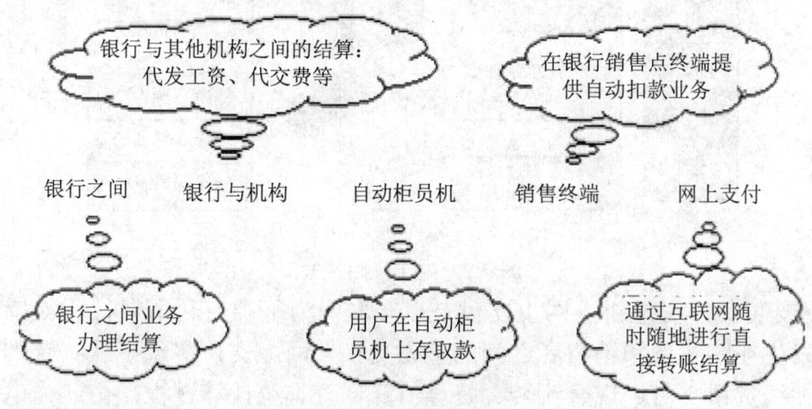

图 7.1　电子支付的发展历程

2. 电子支付的特征

与传统商贸交易结算相比，电子支付具有以下特征。

(1) 数字化。电子支付采用的是计算机技术和通信技术，通过数字流转来完成资金流转，其各种支付方式都是采用数字化的方式进行款项支付。而传统商贸普遍使用“三票一证”(支票、本票、汇票、信用证)，即传统的支付方式是通过现金、票据及银行的汇兑等物理实体的流转来完成款项支付。

(2) 互联网平台。电子支付的工作环境是基于一个开放的系统平台(即 Internet)之中，而传统支付则是在较为封闭的系统中运作。

(3) 通信手段。电子支付使用的是最先进的通信手段，如因特网、Extranet，而传统支付使用的则是传统的通信媒介。电子支付对软、硬件设施的要求很高，一般要求有联网的计算机、相关的软件及其他配套设施，而传统支付则没有这么高的要求。

(4) 经济优势。电子支付具有方便、快捷、高效、经济的优势。用户只要拥有一台联网的 PC 机或智能终端，便可足不出户，在很短的时间内完成整个支付过程，支付费用仅相当于传统支付的几十分之一，甚至几百分之一。网络支付可以完全突破时间和空间的限制，可以满足 24/7(每周 7 天，每天 24 小时)的工作模式，其效率之高是传统支付望尘莫及的。

3. 电子支付的类型

电子支付的业务类型按电子支付指令发起方式分为网上支付、电话支付、移动支付、销售点终端交易(POS)、自动柜员机交易(ATM)和其他电子支付，如图 7.2 所示。

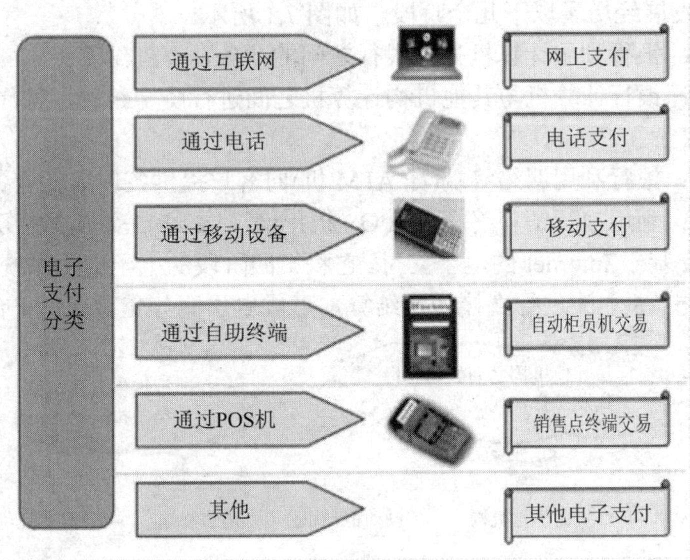

图 7.2　电子支付类型

(1) 网上支付。广义地讲，网上支付是以互联网为基础，利用银行所支持的某种数字金融工具，发生在购买者和销售者之间的金融交换。网上支付实现了从买者到金融机构、商家之间的在线货币支付、现金流转、资金清算、查询统计等过程，由此为电子商务服务和其他服务提供金融支持。

(2) 电话支付是电子支付的一种线下实现形式，是指消费者使用电话(固定电话、手机)或其他类似电话的终端设备，通过银行系统就能从个人银行账户里直接完成付款的方式。

(3) 移动支付是使用移动设备通过无线方式完成支付行为的一种新型支付方式。移动支付所使用的移动终端可以是手机、PDA、移动 PC 等。

4. 电子支付的支付流程

电子支付的支付流程包括：支付的发起—支付指令的交换与清算—支付的结算。

(1) 清算(Clearing)：指结算之前对支付指令进行发送、对账、确认的处理，还可能包括指令的轧差。

(2) 轧差(Netting)：指交易伙伴或参与方之间各种余额或债务的对冲，以产生结算的最终余额。

(3) 结算(Settlement)：指双方或多方对支付交易相关债务的清偿。

严格意义上讲，清算与结算是不同的过程，清算的目的是结算，但在一些金融系统中清算与结算并未被严格区分，或者清算与结算同时发生。

三、在线支付

在线支付又称网上支付、网络支付，属电子支付范畴，是卖方与买方通过因特网的电子商务网站进行交易时，银行为其提供网上资金结算服务的一种业务，是电子交易的当事人，包括消费者、厂商、金融机构，使用安全电子支付手段通过网络进行的货币支付或资金流转。它为企业和个人提供了一个安全、快捷、方便的电子商务应用环境和网上资金结算工具。在线支付的安全性由银行方面保障，当用户选择了在线支付后，填写银行卡资料时，实际上已经离开此站服务器，到达了银行的支付网关。在线支付不仅帮助企业实现了销售款项的快速归集，缩短收款周期，同时也为个人网上银行客户提供了网上消费支付结算方式，使客户真正做到足不出户，网上购物。

基于 Internet 平台的网络支付一般流程如下：

第一步：客户接入因特网(Internet)，通过浏览器在网上浏览商品，选择货物，填写网络订单，选择应用的网络支付结算工具，并且得到银行的授权使用，如银行卡、电子钱包、电子现金、电子支票或网络银行账号等。

第二步：客户机对相关订单信息(如支付信息)进行加密，并在网上提交订单。

第三步：商家服务器对客户的订购信息进行检查、确认，并把相关且经过加密的客户支付信息转发给支付网关，直到使用银行专用网络的银行后台业务服务器确认，以期从银行等电子货币发行机构验证得到支付资金的授权。

第四步：银行验证确认后，通过经由支付网关的加密通信通道，给商家服务器回送确认及支付结算信息，为进一步的安全，给客户回送支付授权请求(也可没有)。

第五步：银行得到客户传来的进一步授权结算信息后，把资金从客户账号上转拨至开展电子商务的商家银行账号上，借助金融专用网进行结算，并分别给商家、客户发送支付结算成功信息。

第六步：商家服务器收到银行发来的结算成功信息后，给客户发送网络付款成功信息和发货通知，至此，一次典型的网络支付结算流程结束。商家和客户可以分别借助网络查询自己的资金余额信息，以进一步核对。

1. 银联在线支付

银联在线支付是中国银联(China Union Pay)为满足各方网上支付需求而联合各商业银行共同打造的银行卡网上交易转接清算平台。持卡人不仅可以在 ATM 自动取款机、商户 POS 刷卡终端等使用银行卡，还可以通过互联网、手机、固定电话、自助终端、智能电视终端等各类新兴渠道实现公共事业缴费、机票和酒店预订、信用卡还款、自助转账等多种支付。

银联在线支付作为银联互联网支付的集成化、综合性工具，涵盖认证支付、快捷支付、小额支付、储值卡支付、网银支付等多种支付方式，可为用户境内外网上购物、水电气缴费、商旅预订、转账还款、基金申购、慈善捐款以及企业代收付等提供安全、快捷、多选择、全球化的支付服务。银联在线支付具有方便快捷、安全可靠、全球通用、金融级担保交易、综合性商户服务、无门槛网上支付等六大特点。

1) 认证支付流程

银联收集用户银行卡信息，将短信验证码发送至持卡人输入的手机号，待银联短信验证码验证成功后，通过现有跨行交换网络发送个人银行卡信息与手机号码至发卡银行进行验证和授权处理。

2) 快捷支付流程

仅支持银联注册用户使用，通过预先收集持卡人的注册账户信息和银行卡关联信息，规避网上泄露持卡人银行卡敏感信息的风险。在支付时，持卡人输入账户信息和手机号码，待银联验证短信验证码和账户信息成功后，通过现有跨行交换网络发送银行卡信息和手机号码至发卡银行进行验证和授权处理。

3) 储值卡支付流程

储值卡支付是指持卡人使用储值卡进行互联网支付的一种支付方式。“银联在线支付”的非注册用户也可以使用储值卡支付，支付时无需手机验证。储值卡支付的流程如下：

(1) 用户在商户网站选择“银联在线支付”。

(2) 选择“储值卡支付”方式，输入储值卡卡号、密码和校验码，点击“下一步”。

(3) 支付成功。

4) 网银支付流程

网银支付是用户通过银联跳转，最终在银行网银页面完成支付的一种支付方式。网银支付的流程如下：

(1) 用户在商户网站选择“银联在线支付”。

(2) 选择“网银支付”，并输入用于支付的银行卡号，点击“下一步”。

(3) 在网银页面上，按银行网银的要求输入相关的支付信息，即可支付成功。

使用网银支付时，首先需要在相应的银行柜台开通此功能，并下载相关控件后使用U盾，这样才可进行安全支付。而银联在线支付无需在柜台开通即可支付，银行卡取款密码即交易密码，不需要网银的U盾，非常简洁。

2. 移动支付

移动支付(Mobile Payment)也称为手机支付，是指允许手机用户使用其移动终端(通常是指手机)对所消费的商品或服务进行账务支付的一种服务方式。单位或个人通过移动设备、互联网或者近距离传感设备直接或间接向银行金融机构发送支付指令，产生货币支付与资金转移行为，从而实现移动支付功能。移动支付将终端设备、互联网、应用提供商以及金融机构相融合，为用户提供货币支付、缴费等金融业务，如用手机刷卡的方式坐车、订票、购物等。移动支付是继银行卡类支付、网络支付后的电子支付新宠。

移动支付业务是由移动运营商、移动应用服务提供商(MASP)和金融机构共同推出的，构建在移动运营支撑系统上的一个移动数据增值业务应用。移动支付系统将为每个移动用户建立一个与其手机号码关联的支付账户，其功能相当于电子钱包，为移动用户提供了一个通过手机进行交易支付和身份认证的途径。用户通过拨打电话、发送短信或者使用WAP功能接入移动支付系统，移动支付系统将交易的要求传送给MASP，由MASP确定此次交易的金额，并通过移动支付系统通知用户，在用户确认后付费，付费方式可通过多种途径

实现，如直接转入银行、用户电话账单或者实时在专用预付账户上借记，这些都将由移动支付系统(或与用户和 MASP 开户银行的主机系统协作)来完成。

3．第三方支付

第三方支付(Third Party Payment)实际上是由非金融机构的第三方独立机构(或支付公司)提供的一个在消费者与银行之间的交易平台，如 eBay 的 PayPal、阿里巴巴的支付宝、腾讯的财付通、百度的百付宝等。常见的第三方支付平台如图 7.3 所示。作为信用中介的第三方支付公司，必须具备很好的实力和信用保障，并且和国内外各大银行签约，同时要在银行的监管下保证交易双方利益。

图 7.3　常见的第三方支付平台

通过第三方支付平台交易的过程中，买方选购商品后，使用第三方平台提供的账户进行货款支付，由第三方通知卖家货款到达、进行发货；买方检验物品后，通知第三方支付平台付款给卖家，第三方再将款项转至卖家账户。第三方是买卖双方在缺乏信用保障或法律支持的情况下的资金支付中间平台，买方将货款付给买卖双方之外的第三方，第三方提供安全交易服务，其运作实质是在收付款人之间设立中间过渡账户，使汇转款项实现可控性停顿，只有双方意见达成一致才能决定资金去向。

第三方支付平台使用安全、方便，因为信用卡和账户信息只需告诉支付中介，而不需告诉每一个收款人，大大减少了信用卡信息和账户信息的失密风险。支付成本低，目前第三方支付平台的交易大部分都是免手续费的，对于商家而言，节省了运营成本；对于银行而言，节省了网关开发成本，还增加了交易收入。第三方支付平台提供了多种支付方式，不仅支持各种银行卡通过网上进行支付，而且还支持手机、电话等多种终端操作，符合网上消费者个性化、多样化的需求。

四、电子支付工具

随着计算机技术的发展，电子支付的工具越来越多。这些支付工具可以分为三大类：电子货币类，如电子现金、电子钱包等；电子信用卡类，包括智能卡、借记卡、电话卡等；电子支票类，如电子支票、电子汇款(EFT)、电子划款等。这些方式各有自己的特点和运作模式，适用于不同的交易过程。

1. 电子现金

电子现金(Electronic Cash，E-Cash)，又称为电子货币(E-Money)或数字货币(Digital Cash)，可以被看作是现实货币的电子或数字模拟，以数字信息形式存在，通过互联网流通。

2. 电子钱包

电子钱包是电子商务购物活动中常用的支付工具。在电子钱包内存放的是电子货币，如电子现金、电子零钱、电子信用卡、在线货币、数字货币等。常用的电子钱包有手机钱包。

电子钱包有两种概念：一种是纯粹的软件，主要用于网上消费、账户管理，这类软件通常与银行账户或银行卡账户连接在一起；另一种是小额支付的智能储值卡，持卡人预先在卡中存入一定的金额，交易时直接从储值账户中扣除交易金额。

3. 电子支票

电子支票(Electronic Check，E-Check 或 E-Cheque)是客户向收款人签发的，无条件的数字化支付指令。其运作方式与传统支票相同，但需要通过因特网或无线接入设备来完成传统支票的所有功能，非常适用于 B2B 等大额电子商务交易。

电子支票借鉴了纸张支票转移支付的优点，是利用数字传递将资金从一个账户转移到另一个账户的电子付款形式。其交易步骤为：

(1) 消费者和商家达成购销协议并选择用电子支票支付。

(2) 消费者通过网络向商家发出电子支票，同时向银行发出付款通知单。

(3) 商家通过验证中心对消费者提供的电子支票进行验证，验证无误后将电子支票送交银行索付。

(4) 银行在商家索付时通过验证中心对消费者提供的电子支票进行验证，验证无误后即向商家兑付或转账。

4. 智能卡

智能卡(Smart Card)是内嵌有微芯片的塑料卡(大小通常如一张信用卡)的通称，可分为金融卡和非金融卡两种。

(1) 金融卡，也称为银行卡，又可以分为信用卡和现金卡两种。前者用于消费支付时，可按预先设定额度透支资金；后者可作为电子钱包或者电子存折，但不能透支。

(2) 非金融卡，也称为非银行卡，涉及范围十分广泛，实际包含金融卡之外的所有领域，诸如电信、旅游、教育和公交等。

从功能上来说，智能卡的用途可归为四点，即身份识别、支付工具、加密/解密、信息存储。目前使用最为广泛的智能卡是 IC 卡。IC 卡是集成电路卡(Integrated Circuit Card)的英文简称，在有些国家也被称之为智能卡、智慧卡、微芯片卡等。IC 卡是将一个专用的集成电路芯片镶嵌于符合 ISO7816 标准(该标准规定了规格、电气特性、通讯协议、部件等要求)的 PVC(或 ABS 等)塑料基片中，封装成外形与磁卡类似的卡片形式。IC 卡具有如下特点：

(1) 可靠性高。IC 卡具有防磁、防静电、防机械损坏和防化学破坏等能力，信息可保存 100 年以上，读写次数在 10 万次以上，至少可用 10 年。

(2) 安全性好。

(3) 存储容量大。

(4) 类型多。

从全球范围看，现在IC卡的应用范围已不再局限于早期的通信领域，而广泛地应用于金融财务、社会保险、交通旅游、医疗卫生、政府行政、商品零售、休闲娱乐、学校管理及其他领域。

常见的智能一卡通就是以IC卡技术为核心，以计算机和通信技术为手段，将智能建筑内部的各项设施连接成为一个有机的整体，用户通过一张IC卡便可完成通常的开锁、资金结算、考勤和某些控制操作。如用IC卡开启房门、就餐、购物、娱乐、会议、停车、巡更、办公、收费服务等各项活动。整个系统可根据需要对各部门进行监控管理和决策，各局部系统和终端可自动将收集到的信息整理归纳，供系统查询、汇总、统计、管理和决策，通过IC卡可互相沟通，既满足各个职能管理的独立性，又保证整体管理的一致性。智能一卡通按不同的使用场合又可以分为：校园智能一卡通、小区智能一卡通、办公大楼智能一卡通、企业智能一卡通、酒店智能一卡通、智能大厦智能一卡通等。

微众银行能否站在互联网金融风口之上

根据《华尔街日报》2016年1月27日的报道，微众银行(http://www.webank.com/)将要完成一笔4.5亿美元的融资交易，估值将达到55亿美元。这是继近期京东金融、蚂蚁金服、陆金所之后，又一起关乎互联网金融的大事件。

一、微众银行简介

2014年12月12日，中国银行业监督管理委员会(简称：中国银监会或银监会；英文：China Banking Regulatory Commission；英文缩写：CBRC)正式批准中国首家互联网银行——深圳前海微众银行(下称微众银行)开业。2015年1月4日，李克强总理在深圳前海微众银行敲下电脑回车键，卡车司机徐军就拿到了3.5万元贷款。这是微众银行作为国内首家开业的互联网民营银行完成的第一笔放贷业务。该银行既无营业网点，也无营业柜台，更无需财产担保，而是通过人脸识别技术和大数据信用评级发放贷款。

微众银行注册资本达30亿元人民币，由腾讯、百业源、立业为主发起人，其中腾讯认购该行总股本30%的股份，为最大股东。

微众银行以普惠金融为目标，致力于服务工薪阶层、自由职业者、进城务工人员等普通民众，以及符合国家政策导向的小微企业和创业企业。其经营范围包括吸收公众存款，主要是个人及小微企业存款；主要针对个人及小微企业发放短期、中期和长期贷款；办理国内外结算以及票据、债券、外汇、银行卡等业务。

微众银行完全依靠大数据技术来进行信贷业务，即利用腾讯大数据平台TDBANK，对不同数据源进行采集，包括即时通信、SNS、电商交易、虚拟消费、关系链、游戏行为、媒体行为和基础画像等数据。在社交数据之外，腾讯也与多家O2O生活服务平台合作，将银行金融产品嵌入至服务场景中。

二、微众银行优势

得用户者得天下，银行的一切业务源自客户，纵观各大传统金融业务乃至当前互联网金融平台激烈的流量争夺战，归根到底争夺的是客户的账户资源。依托强大的微信和 QQ 入口，微众银行在推广和获取用户上已经有了足够的底气。

微众银行之所以能够获得资本市场认可，很大程度在于互联网金融平台具备的风控能力和技术整合能力，而这正是互联网金融的独特优势所在。此外微众银行和腾讯海量的用户及丰富的社交数据结合也让这家公司拥有巨大的想象空间。微众银行可以借助腾讯平台收集到数据，开发出更有效的方法来评估用户的信用水平，并同时提供更吸引人的产品。

随着互联网的普及，特别是移动互联网的普及，金融业正发生着重大转变，用户的行为也正在发生改变，银行业势必要对 IT 架构进行重整以便能够与未来的发展方向相匹配。这种匹配包括扩展能力、高度的标准化、低成本、处理海量数据，然而传统银行沉重的历史包袱使得他们技术转型的难度和成本都会极高，具体来说就是如何应对移动、云以及大数据的趋势，而这无疑给微众银行等一系列互联网银行带来了新的机遇。

事实上，借助互联网技术优势，微众银行在过去一年中迎来了爆发式增长。2015 年 9 月，微信对部分用户增加了微粒贷服务功能，这是微众银行于 2015 年 5 月发布的首款产品。据报道称，截至 2015 年 12 月末，微粒贷贷款余额 74.95 亿元，共开通白名单客户 2034 万人，授信客户 352 万人，授信金额 757 亿元，累计 66 万人在线贷款 128.17 亿元。

三、金融与互联网深度融合

作为大股东的腾讯将自己的影子和基因深刻地嵌入了微众银行。坐拥强大社交数据、依托未来新兴支付技术的微众银行，可以说已经从远程开户、存贷汇、信贷产业链等多方面重构了传统金融业。

1. 微众银行的切入方向——补充者

微众银行背后有互联网巨头腾讯，这家公司在网上的海量客户群对 QQ、微信等产品拥有极大的用户黏性，这些人很可能转化成微众银行的金融客户。但从资本规模看，目前微众银行注册资本仅有 30 亿元，按商业银行杠杆率 4%计算，只有几百亿元的贷款规模，相比全国 60 万亿元的贷款规模，还是很微小。这种资金规模上的差距，让微众银行从一开始就瞄准了大银行不做的市场缝隙，服务定位于个人消费者和小微企业主，这些小额存款客户群往往是银行机构所忽视的。互联网基因则让微众银行最终展现出一种与传统银行截然不同的模式，既没有物理网点，也很少发卡，甚至没有太多存款和贷款。

2. 微众银行的定位——连接者

连接者即一端对接互联网企业，一端对接金融机构，共同服务小微企业和普通大众。在这个连接者的角色中，微众将向合作的银行提供客户，以及科技和数据分析的支持，并负责产品设计和推广创新，同时还提供以较低成本来持续服务这些客户的渠道。而为了扮演好这一角色，微众将尽量和合作银行共享客户，由合作银行为双方的产品提供资金，甚至在远程开户还未放开的背景下，微众会将用户账户开在合作银行。

3. 微众银行产品的主要特色——移动化

不久前 BBVA(Banco Bilbao Vizcaya Argentaria，西班牙毕尔巴鄂比斯开银行，亦称西班牙对外银行)创投执行董事 Jay Reinemann 认为，新数字金融服务应以智能手机为出发点。在他看来，高达 87％的千禧世代族群，日夜都不会让手机离开身边，若要持续掌握机会，任何一个新的数字金融服务商业模式，都应该要以智能手机作为出发点。据统计，中国移

动银行的用户数从2011年的3200万到2015年已突破3个亿，而预计这个发展的趋势只会越来越迅猛。到了2017年，移动银行的用户数将会接近5个亿，渗透到1/3的中国人口，而这对微众银行未来的发展将起到至关重要的作用。其实从微众银行的官网(http://www.webank.com/)也可以看出一些端倪，这家银行绝不同于传统的银行机构，其PC端仅留下一枚二维码，而且并没有PC端入口，只提供移动端的服务入口，PC端仅仅起到对移动端的导流作用。

对微众银行来说，其实更想做的是帮助银行更好地服务客户，并且尽可能地覆盖到更多早前银行业没有覆盖到的中小微人群。从这个角度来看，微众银行并不是想要颠覆银行，而是成为金融业的连接者，以及传统银行的补充者。

学习任务2　电子商务支付安全协议

90后利用网银漏洞盗取信用卡套得300万元

1. 谋划

90后的朱凯华是江西上饶市人，初中毕业后，他迷上互联网。渐渐地，朱对网上银行发生了兴趣，他发现信用卡的使用渠道拓宽了，从传统的只能在自动柜员机上使用信用卡，演变为网上支付、电话支付等渠道也可使用他人信用卡或者信用卡信息。这种方式的交易不需要提供信用卡卡片，只要提供身份证号、银行卡号、密码，就可通过网银汇款或缴纳各类公共事业费。网银的漏洞导致一个赚钱念头在他脑中蹦出：何不从别人银行卡中提些钱来花？

2. 交易

计划第一步，如何去找银行卡里存款多的人。朱凯华想到了自己曾在网上看到过的机动车车主信息，其中似乎还附有部分车主的身份证号。他心想：能开名车的人，银行卡内一定存款不菲。2010年起，朱凯华首先在网上从他人手里购买了大批上海市机动车车主信息，然后依照车的档次高低整理出作案的初选目标。

计划第二步，如何获取这些人的银行卡信息。朱凯华熟练地搜索百度贴吧，那里活跃着一批声称可以查到客户银行卡卡号、余额等信息的“卡贩子”。很快地，朱凯华通过QQ联系到了几个“卡贩子”，并把自己手头挑选好的一批车主名单提供给了他们。据了解，这些“卡贩子”有的是银行内部员工，有的是游荡在网上专门从事银行卡信息买卖的“二道贩子”。

胡斌原系招商银行信用卡中心工作人员，从2010年11月起，在互联网上以“战无敌”“夜光杯”等网名，发布可以提供银行信息查询的广告。胡斌在收到朱凯华通过手机短信、QQ 等方式发来的银行客户身份证号码和姓名后，利用银行内部网络系统违规查询，并将查询所获的银行客户个人征信报告、银行账户相关情况等信息，以每条几十元至百余元不等的价格出售给朱，共出售三百余条信息，非法获利两万余元。

此案涉及在网上专门从事银行卡信息买卖的“二道贩子”共有六人，他们相互之间并不认识，平时靠 QQ 联系，甚至连对方是男是女都不知道。

3. 侵入

朱凯华得到车主在各家银行的银行卡卡号和账户余额，而个人征信报告中包含了更为详尽的个人信息，包括银行客户的收入、详细住址、手机号、家庭电话号码，甚至配偶和子女的职业、生日等。

买到车主银行卡卡号及信息的朱凯华还要想办法“破译”持卡人的银行卡密码，他通过 QQ 网聊的方式，招募了一个同伙薛永斌。两人分头以持卡人生日、电话号码、住址门牌号或者简单的数字组合等猜取被害人的银行卡密码，并利用拨打电话银行的方式验证密码是否正确。

朱凯华拿到薛提供的密码后，再逐个登录网银，用猜出的密码尝试进入受害人账户。朱凯华惊喜地发现，这样猜中银行卡密码的概率居然能达到 20%。比如，被害人王小姐的银行卡密码跟家里的电话号码有关系，而彭小姐的银行卡密码跟她的身份证信息有关系。

4. 缴费

有了持卡人的银行卡号及密码，朱凯华本可以直接在网上进行银行卡消费、盗刷，然而行事小心的他，还是决定兜个圈子，用一种自认为更为“安全”的方式，一步步实施“赚钱计划”。

朱凯华知道，通过网上银行可以缴纳水电煤或电话费等公共事业费，而银行对公共事业费并不提供短信通知，这样就可以神不知鬼不觉盗走他人账户里的钱款。朱凯华随即在网上发布信息称，可以九折优惠的价格代为支付各种公共事业费用以及电话费等，之后在淘宝网上找到专门从事充值缴费业务的网名叫“小徐”“小周”的两个人。“小周”将一批需交纳电话费的号码交给朱凯华，由其进行缴费。

2010 年 12 月 12 日至 14 日，朱凯华通过电话银行，使用了被害人俞先生的银行卡缴纳上述电话费账单共计人民币 67900 元。12 月 15 日，朱凯华使用方小姐的银行卡，缴纳电话费账单共计 59600 元。“小周”将赃款汇入朱凯华指定的支付宝账户，朱凯华再通过支付宝转入其控制的工商银行账户。

2010 年 12 月至 2011 年 2 月期间，随着“小周”“小徐”接到的买家账单越来越多，朱凯华先后获取 8 人银行卡内资金共计 31 万余元用于支付淘宝买家的电话费、光纤月租费、企业通信费等公共事业费。

2011 年 3 月初，朱凯华掌握了一辆宾利车的车主彭小姐的中国农业银行卡卡号及密码后，发现其卡内余额竟达数百万元之多，随即用其银行卡，通过“小徐”和“小周”，用同样的方法缴纳了 24 万余元的电话账单费用。

朱凯华还把宾利车主彭小姐的银行卡卡号和密码都告诉了重庆的辛续海，让其缴纳公共事业费，并与其约定事成之后，朱凯华拿七份，辛续海拿三份。辛在重庆以同样的方式盗划彭小姐银行卡资金，先后将大量款项通过多个支付宝账户及银行账户，分别转入朱控制的数十个银行账户。

经查证，2011 年 3 月 1 日至 3 月 8 日期间，宾利车主彭小姐银行卡内金额以支付电话

费、公共事业费等方式被转出近250万元。辛续海因合伙与朱凯华一起通过电话银行，将受害者银行卡中的存款缴纳公共事业后转账套现，而被重庆渝中区法院一审宣判犯信用卡诈骗罪获刑十年零六个月。

5. 洗钱

另外，2010年12月至2011年3月期间，为转移、套现其信用卡诈骗所得赃款，达到对赃款洗钱的目的，朱凯华还在网上找到了专门从事持虚假身份证向各家银行骗领银行卡并进行销售活动的网名为“兔年好运卡”的史小欣。朱凯华向史购买了40多张不同银行的各类银行卡，其中二十余张银行卡用于自己赃款最后的转移和取现，另外的近20张为非法持有的他人信用卡。

被告人朱凯华犯信用卡诈骗罪、妨害信用卡管理罪，数罪并罚被判有期徒刑十三年零六个月，并处罚金人民币35万元。在明知朱凯华的钱来路不正的情况下，仍帮助其大量提款的被告人汤涛涛犯掩饰、隐瞒犯罪所得罪，被判处有期徒刑四年并处罚金4万元，而向朱凯华出售个人银行信息的四名银行员工胡斌、曹晓军、董婕、陈荣哲，犯出售公民个人信息罪，被分别判处一年零三个月至拘役六个月缓刑六个月不等的有期徒刑，并分别处罚金3万元至1万元，其余六名被告人因在互联网上倒卖他人的银行账户资料、个人征信报告等信息，犯非法获取公民个人信息罪，被判处一年零三个月至拘役三个月缓刑三个月不等的有期徒刑，并分别处罚金3万元至5000元。因持虚假的身份证明，多次向各家银行骗领信用卡的被告人史小欣，犯妨害信用卡管理罪，被判有期徒刑一年。

【思考】如何保护好个人信息?

目前国内外使用的保障电子商务支付系统安全的协议有：SSL(Secure Socket Layer，安全套接层)和SET(Secure Electronic Transaction)。电子商务支付系统体系结构有SET结构和非SET结构两种，其中非SET结构的电子商务支付系统指使用除SET协议外的其他协议的电子支付系统。

一、SSL协议

SSL(Secure Sockets Layer，安全套接层)为Netscape所研发，用以保障在Internet上数据传输之安全，利用数据加密(Encryption)技术，可确保数据在网络传输过程中不会被截取及窃听。它已被广泛地用于WEB浏览器与服务器之间的身份认证和加密数据传输。

SSL及其继任者TLS(Transport Layer Security，传输层安全)是为网络通信提供安全及数据完整性的一种安全协议。TLS与SSL在传输层对网络连接进行加密。SSL协议位于TCP/IP协议与各种应用层协议之间，为数据通讯提供安全支持。

1．SSL协议提供的服务

(1) 认证用户和服务器，确保数据发送到正确的客户机和服务器。

(2) 加密数据以防止数据中途被窃取。

(3) 维护数据的完整性，确保数据在传输过程中不被篡改。

2．SSL协议可分为记录协议和握手协议两层

(1) SSL记录协议(SSL Record Protocol)。它建立在可靠的传输协议(如TCP)之上，为高

层协议提供数据封装、压缩、加密等基本功能的支持。SSL 记录协议基本特点：连接是专用的和可靠的。

(2) SSL 握手协议(SSL Handshake Protocol)。它建立在 SSL 记录协议之上，用于在实际的数据传输开始前，通信双方进行身份认证、协商加密算法、交换加密密钥等。SSL 握手协议基本特点是能对通信双方的身份的认证；以保证进行协商的双方的秘密是安全的、协商是可靠的。

3. SSL 的工作流程

1) 发送方的工作过程

(1) 从上层接受要发送的数据(包括各种消息和数据)。

(2) 对信息进行分段，分成若干纪录。

(3) 使用指定的压缩算法进行数据压缩(可选)。

(4) 使用指定的 MAC 算法生成 MAC。

(5) 使用指定的加密算法进行数据加密。

(6) 添加 SSL 纪录协议的头，发送数据。

2) 接收方的工作过程

(1) 接收数据，从 SSL 纪录协议的头中获取相关信息。

(2) 使用指定的解密算法解密数据。

(3) 使用指定的 MAC 算法校验 MAC。

(4) 使用压缩算法对数据解压缩(在需要进行)。

(5) 将纪录进行数据重组。

(6) 将数据发送给高层。

3) SSL 安全协议的运行步骤

(1) 接通阶段。客户通过网络向服务商打招呼，服务商回应。

(2) 密码交换阶段。客户与服务商之间交换双方认可的密码。

(3) 会谈密码阶段。客户与服务商间产生彼此交谈的会谈密码。

(4) 检验阶段。检验服务商取得的密码。

(5) 客户认证阶段。验证客户的可信度。

(6) 结束阶段。客户与服务商之间相互交换结束的信息。

SSL 纪录协议处理的最后一个步骤是附加一个 SSL 纪录协议的头，以便构成一个 SSL 纪录。SSL 纪录协议头中包含了 SSL 纪录协议的若干控制信息。

4. 购物卡电子支付系统

购物卡电子支付系统使用 SSL 协议、RSA 加密和防火墙来保证信息的安全，用户使用商家或商家授权的机构发行的购物卡或购物券进行支付。购物卡电子支付系统风险较小，对安全性要求不高，操作简单，其主体有持卡者、商家和购物卡发行机构。

1) 购物卡电子支付系统的支付流程

(1) 持卡者向购物卡发行机构或代理处购买购物卡。

(2) 持卡者到商家站点购物，向商家发出购买请求。

(3) 持卡者验证购物卡发行机构身份后，通过 SSL 传送经过 RSA 加密的支付信息(包

括购物卡的账号、密码等)和购物信息给商家，支付信息对商家是不可见的。

(4) 商家把支付信息传给购物卡发行机构。

(5) 购物卡发行机构解密支付信息并进行处理，扣帐后再把信息返回给商家。

(6) 商家通知持卡者结果，交货。

(7) 商家定期与购物卡发行机构结算。

2) 购物卡电子支付系统的特点

(1) 无银行参与，购物卡发行机构不必与用户签约，只须对其发出的购物卡负责。

(2) 持卡者支付时使用的微型电子钱包是一个 APPLET 应用程序，放在支付网关的服务器上，并经过支付网关签名认证。

(3) 商家与持卡者通信用 SSL 协议，商家与支付网关通信使用 RSA 加密。

5. 银行卡电子支付系统

银行卡电子支付系统使用 SSL 协议，RSA 加密算法、数字签名和防火墙等保证交易的安全，支付时使用的是银行发行的储值卡、信用卡。银行卡电子支付系统风险较高，其主体有持卡人、商家、支付网关和发卡银行。

1) 银行卡电子支付系统的支付流程

(1) 持卡人登录商品发布站点，验证商家身份。

(2) 持卡人决定购买，向商家发出购买请求。

(3) 商家返回同意支付等信息。

(4) 持卡人验证支付网关的身份，填写支付信息，将购物信息和支付信息通过 SSL 传给商家，但支付信息被支付网关的公开密钥加密过，对商家来说是不可读的。

(5) 商家用支付网关的公开密钥加密支付信息等，传给支付网关，要求支付。

(6) 支付网关解密商家传来的信息，通过传统的银行网络到发卡行验证持卡人的支付信息是否有效，并即时划账。

(7) 支付网关用其私有密钥加密结果，把结果返回商家。

(8) 商家用支付网关的公开密钥解密后返回信息给持卡人，交货，交易结束。

2) 银行卡电子支付系统的特点

(1) 有银行的参与，支付网关必须得到银行的授权。

(2) 商家及支付网关使用证书，支付网关为自签名的 Root CA。

(3) 持卡者支付时使用的微型电子钱包是一个 APPLET 应用程序，放在支付网关的服务器上，并经过支付网关的签名认证。

(4) 商家与持卡者通信用 SSL 协议，商家与支付网关通信使用 RSA 加密。

(5) 持卡者必须与支付网关签约，成为其会员。

(6) 支付网关与发卡行的通信可通过 POS 机拨号上银行的前置机或走专线，用 ISO8583 等协议上银行的前置机。

6. 银行直接参与的电子支付系统

银行直接参与的电子支付系统支付信息不经商家，直接到银行站点支付，即银行直接接收并处理用户的支付信息。该系统风险较小，其主体有持卡者、商家和发卡银行。

1) 银行直接参与的电子支付系统的支付流程

(1) 持卡者登录商品发布站点。

(2) 持卡者决定购买，向商家发出购买请求，并跳转到发卡行支付站点。

(3) 持卡者验证发卡行支付站点身份，通过 SSL 向发卡行传送支付信息。

(4) 银行处理用户的支付信息，划账。

(5) 商家定期到发卡行站点查询成交商品，交货，交易完成。

2) 银行直接参与的电子支付系统的特点

(1) 银行亲自建立支付站点，成为支付系统的主体。

(2) 支付信息不经商家。

(3) 使用 SSL 协议保证交易的安全。

二、SET 协议

SET 协议(Secure Electronic Transaction)，被称之为安全电子交易协议，是由 Master Card 和 Visa 联合 Netscape、Microsoft 等公司，于 1997 年 6 月 1 日推出的一种电子支付模型。SET 协议是针对 B2C 基于信用卡支付模式而设计的，它保证了开放网络上使用信用卡进行在线购物的安全。SET 协议为电子交易提供了许多保证安全的措施，能保证客户交易信息的保密性和完整性，确保商家和客户交易行为的不可否认性，以及使用数字证书对交易各方的合法性进行验证。因此，SET 协议是目前公认的信用卡网上交易的国际标准。SET 协议所涉及的对象有消费者、在线商店、收单银行、电子货币发行机构以及认证中心(CA)。SET 协议涉及的证书包括：银行证书及发卡机构证书、支付网关证书和商家证书。

1. SET 协议运行的目标

(1) 保证信息在互联网上安全传输，防止数据被非法用户窃取。

(2) 保证电子商务参与者信息的相互隔离。SET 协议采用了双重签名技术对 SET 交易过程中消费者的支付信息和订单信息分别签名，使得商家看不到支付信息，只能接收用户的订单信息；而金融机构看不到交易内容，只能接收到用户支付信息和账户信息，从而充分保证了消费者账户和订购信息的安全。

(3) 解决网上多方认证问题。SET 协议不仅要对客户的信用卡认证，而且要对在线商家认证，实现客户、商家和银行间的相互认证。

(4) 保证网上交易的实时性，使所有的支付过程都是在线的。

(5) 提供一个开放式的标准，规范协议和消息格式，促使不同厂家开发的软件具有兼容性和互操作功能，可在不同的软硬件平台上执行并被全球广泛接受。

2. SET 协议提供的交易流程

SET 交易过程中要对商家、客户、支付网关等交易各方进行身份认证，如图 7.4 所示，因此其交易过程相对复杂。

第一步，客户在网上商店看中商品后，和商家进行磋商，然后发出请求购买信息。

第二步，商家要求客户用电子钱包付款。

第三步，电子钱包提示客户输入口令后与商家交换握手信息，确认商家和客户两端均合法。

第四步，客户的电子钱包形成一个包含订购信息与支付指令的报文发送给商家。

第五步，商家将含有客户支付指令的信息发送给支付网关。

第六步，支付网关在确认客户信用卡信息之后，向商家发送一个授权响应的报文。

第七步，商家向客户的电子钱包发送一个确认信息。

第八步，将款项从客户账号转到商家账号，然后商家向顾客送货，交易结束。

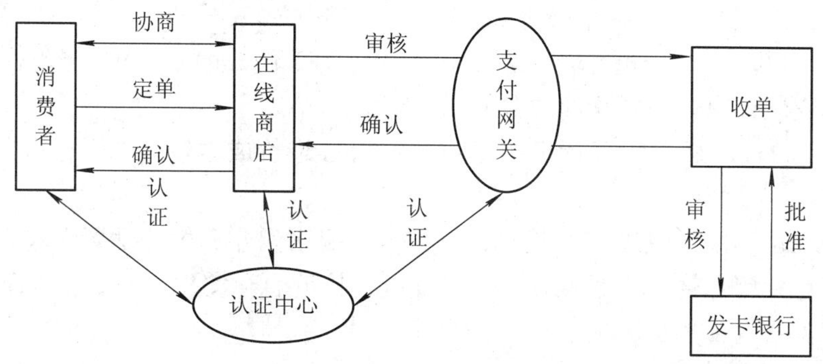

图 7.4　SET 安全协议的支付流程图

从上面的交易流程可以看出，SET 交易过程十分复杂。完成一次 SET 协议交易过程，需验证电子证书 9 次，验证数字签名 6 次，传递证书 7 次，进行签名 5 次，4 次对称加密和非对称加密。通常完成一个 SET 协议交易过程大约要花费 1.5～2 分钟甚至更长时间。

三、SSL 与 SET 的比较

SSL 协议是国际上最早应用于电子商务的一种网络安全协议，其运行的基点是商家对客户的认证。缺乏客户对商家的认证。SSL 位于传输层与应用层之间，能很好地封装应用层数据，不用改变位于应用层的应用程序，对用户是透明的，只需要通过一次“握手”过程即可建立一条客户与服务器之间安全通信的通道，保证传输数据的安全，因此它被广泛地应用于电子商务领域中。事实上，SET 和 SSL 除了都采用 RSA 公钥算法以外，二者在其他技术方面没有任何相似之处，SET 是一种基于信息流的协议，它主要用来保证公共网络上银行卡支付交易的安全性。二者的区别如表 7.2 所示。

表 7.2　SSL 协议与 SET 协议比较

项目	SSL 协议	SET 协议
工作层次	传输层与应用层之间	应用层
是否透明	透明	不透明
过程	简单	复杂
效率	高	低
安全性	商家掌握消费者 PI	消费者 PI 对商家保密
认证机制	双方认证	多方认证
是否专为 EC 设计	否	是

(1) SET 是一个多方的消息报文协议。它定义了银行、商家、持卡人之间必须遵循的标准的报文规范，并且能在银行内部网络或者其他网络上传输，安全性很高。SSL 比较简单地在客户端与服务器之间建立了一条安全连接，是面向连接的，在 SSL 之上的支付系统只能与 Web 浏览器捆绑在一起。

(2) 在认证机制方面，SET 安全需求较高，参与交易各方必须申请持有数字证书来识别各自的身份；而在 SSL 中只要求商家或银行端的服务器安装证书，而客户端的认证是选择性安装的。所以，从这一角度看，SSL 交易协议有其不安全的方面。当然，在 SSL 中最好可以各方都安装证书，取得更可靠的身份认证。

(3) SET 造价成本较高，运行机制复杂；而 SSL 造价成本较低，运行机制简单灵活，易普及推广。

(4) 性能对比。由于 SET 安全机制接近完美，网络和计算机处理要求较高，致使 SET 性能下降，用户使用不便，不易操作，不易安装，接近名存实亡；而 SSL 配置简单，传输性能较高，得到普遍应用。

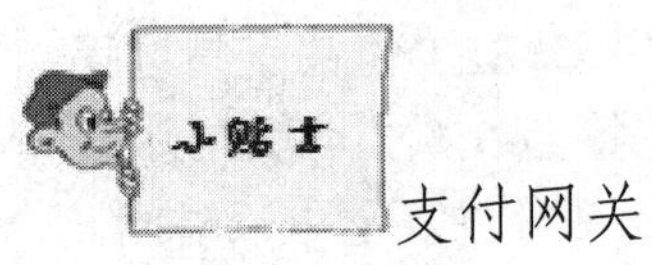

支付网关

1. 支付网关的概念

支付网关(Payment Gateway)是银行金融网络系统和 Internet 网络之间的接口，是由银行操作的将 Internet 上传输的数据转换为金融机构内部数据的一组服务器设备，或由指派的第三方处理商家支付信息和顾客的支付指令。支付网关的主要组成部分包括：主控模块、通信模块、数据处理模块、数据库模块、统计清算模块、查询打印模块、系统管理功能设计模块、异常处理模块、安全模块。

支付网关可确保交易在 Internet 用户和交易处理商之间安全、无缝传递，并且无需对原有主机系统进行修改。它可以处理所有 Internet 支付协议，Internet 安全协议，交易交换，信息及协议的转换以及本地授权和结算处理。另外，它还可以通过设置来满足特定交易处理系统的要求。离开了支付网关，网络银行的电子支付功能也就无法实现。

2. 支付网关的功能

支付网关的功能有：将 Internet 传来的数据包解密，并按照银行系统内部的通信协议将数据重新打包；接收银行系统内部传回来的响应消息，将数据转换为 Internet 传送的数据格式，并对其进行加密。即支付网关主要完成通信、协议转换和数据加解密功能，以保护银行内部网络安全。

具体地说，银行使用支付网关可以实现以下功能：

(1) 配置和安装 Internet 支付能力。

(2) 避免对现有主机系统的修改。

(3) 采用直观的用户图形接口进行系统管理。

(4) 适应诸如扣账卡、电子支票、电子现金以及微电子支付等电子支付手段。

(5) 提供完整的商户支付处理功能，包括授权、数据捕获和结算及对帐等。

(6) 通过对 Internet 上交易的报告和跟踪，对网上活动进行监视。

(7) 通过采用 RSA 公共密钥加密和 SET 协议，可以确保网络交易的安全性。

(8) 使 Internet 的支付处理过程与当前支付处理商的业务模式相符，确保商户信息管理上的一致性，并为支付处理商进入 Internet 交易处理提供机会。

随着网络市场的不断增长，Internet 网络交易的处理将成为每一个支付系统的必备功能。今天的商户在数据传输方面常常是低效率的，或者使用传真，或者将数据键入到 Internet 网络以外的系统中。有了支付网关，这个问题便可得到有效的解决，它使银行或交易处理商在面对网络市场高速增长和网络交易量不断膨胀的情况下仍可保持其应有的效率。1998 年 5 月 13 日，中银信用卡有限公司与 IBM 香港有限公司宣布设立使用香港第一个安全支付网关。该支付网关采用 SET 标准，提供了一个安全可靠的环境，使香港的商户可以安心在网上进行电子商务。

3. 支付网关的工作流程

(1) 商业客户向销售商订货，首先要发出“用户订单”。该订单应包括产品名称、数量等一系列有关产品信息。

(2) 销售商收到“用户订单”后，根据“用户订单”的要求向供货商查询产品情况，发出“订单查询”。

(3) 供货商在收到并审核完“订单查询”后，给销售商返回“订单查询”的回答，基本上是有无货物等情况。

(4) 销售商在确认供货商能够满足商业客户“用户订单”要求的情况下，向运输商发出有关货物运输情况的“运输查询”。

(5) 运输商在收到“运输查询”后，给销售商返回运输查询的回答，如有无能力完成运输，及有关运输的日期、线路、方式等要求。

(6) 在确认运输无问题后，销售商即刻给商业客户的“用户订单”一个满意的回答，同时要给供货商发出“发货通知”，并通知运输商运输。

(7) 运输商接到“运输通知”后开始发货，接着商业客户向支付网关发出“付款通知”，其中包括支付网关和银行结算票据等。

(8) 支付网关向销售商发出交易成功的“转账通知”。

1. 你对电子商务支付技术了解多少？

2. 你用过手机银行、网上银行、第三方支付平台吗？

能力训练

1．利用网上银行或者手机银行等电子支付技术为自己的手机缴费。

2．登陆 Pay Pal、支付宝、安付通、财付通和百付宝等第三方支付平台，通过网上购物和电子支付，掌握第三方支付平台的工作流程。

项目八

电子商务安全技术应用

★导读★

网络安全一直是困扰企业应用电子商务最关键的问题，因为在电子商务活动中，商家、消费者及银行等各方面都是通过开放的Internet连接在一起的，这对网络传输过程中数据的安全性和保密性提出了更高的要求。

本章将带你了解密码技术、数字证书、数字签名技术等电子商务安全技术及相关的协议，以及计算机病毒防范措施等内容。

课堂速记

学习任务 1　电子商务安全

案例导读

维护网络安全，建设网络强国

网络攻击、网络诈骗、网络侵权，互联网时代的中国正面临严峻的安全挑战！

“《新闻 1 + 1》今日关注”本期节目主要内容：20 年前，中国全功能接入互联网，20 年中，互联网已融入我们生活的方方面面。然而，网络攻击、网络诈骗、网络侵权……一系列网络安全问题，正威胁着 6 亿中国网民。如何维护网络安全，共享网络文明？主持人董倩邀您关注：维护网络安全，建设网络强国！

记者：您担心网络安全问题吗？

市民 A：这个挺担心的，因为个人数据、个人信息泄露出来了，对生活影响还是蛮大的。我经常会接到骚扰电话，就是不知道数据是从哪泄漏的。

市民 B：个人电脑容易被黑客攻击，或者 QQ 号经常丢，或者是网银密码被盗，或者是钱丢了，这些都有可能性，这都涉及网络安全方面的问题。

主持人董倩：看完刚才的短片，回顾一下自己的生活，就知道我们现在生活在一个不可一日无网的环境里，但是到底有几个人知道我们这个环境究竟有多不安全呢。那么，不妨看接下来的几个问题：

➢ 使用公共 Wi-Fi 会被盗用资料吗？

➢ 电脑提示硬盘空间不够，有可能是因为计算机中毒吗？

➢ 手机没有信号仍能收到推销短信，是被伪基站覆盖了吗？

解说：这是一个很难离开互联网的时代，但是，互联网安全却始终像一个幽灵，困扰着每一个人的生活。

市民 C：好多手机上的重要信息，有时不知不觉就被人窃取了。

市民 D：支付的时候，如果你不小心点了钓鱼网站，你的资金就会被窃取。

解说：截止到今年六月，我国网民已达 6.32 亿；成为全球网民人数最多的国家，和这个庞大的数据相伴相生的网络安全问题也更为严峻。“首届国家网络安全宣传周”分为生活中的网络安全、商务中的网络安全、通信金融网络安全等几个方面来向观众宣传。

解说：我们越多越多得碰到免费充电器，免费 Wi-Fi，这些背后就可能存在陷阱。

360 无线电供方实验室高级无线安全研究员李乐：使用这种公共 Wi-Fi 需尽可能地避免浏览涉及自己个人隐私的东西。

解说：生活中，一个小小的动作，就可能造成手机感染病毒；一个看似方便快捷的二维码、一个好用的手机客户端软件 APP，都有可能触雷。而如今，有近三分之一的人都曾接触过钓鱼和木马网站。

国家互联网信息办公室主任鲁炜：关键要普及，要让大家知道网络安全存在什么问题、怎么防范，要让大家都知道网络安全要靠全民去构筑。

解说：提高网络安全意识、弥补网络知识、提高应对技能，这是目前每一个网民需要做的功课；而从更大的角度去看，网络安全无疑也关系着整个国家的安全。

中国网络空间安全协会专家杜跃进：网络的不安全叫做"陌生的危机"。其实在网络空间里这个威胁已经大到超过老百姓想象的范围了，它可以用来破坏我们的工厂、城市的供电供水系统，甚至是轨道交通等。为什么我加"陌生"两个字呢？是因为我们对它们非常不熟悉，我们只是感觉到会有这样的危险出现，什么时候会出现，会以一种什么样的方式出现，我们该怎么样很好地应对它，其实是不熟悉的。

解说：网络安全隐患虽然看不到，却无处不在。恶意网址、钓鱼网站、伪基站诈骗等威胁时时刻刻在我们身边，而最终深受其害的都是公民个人的信息和财产安全。在刚刚过去的双十一购物节，24 小时创造了 571 亿的销售奇迹，但火热之中却埋藏着更多的网络安全威胁。四川泸州的马先生是一名 80 后，在双十一当天，他网购了不少商品。当他等着收快递的时候，却接到了自称是购物网站的客服电话。

泸州市民马先生：(他)自称是天猫的客服，说我买了台电视机，当时付的是全款，而送快递的时候把快递单贴错了，贴成了分期付款的单子。

解说：客服人员提示马先生，尽快与银行联系退款事宜。紧接着，一名自称是银行的客服人员主动打来电话，要求马先生尽快到自动取款机前退款。

泸州市民马先生：(他让我)选择英文界面，按照他的要求操作。

解说：当操作完成后，对方立即挂了电话。随后的一条短信显示，马先生银行卡里的两万八千元已经全部被骗走。像马先生这样的受害者，全国范围内不在少数，但是能够最终被破获的案件却并不多。

主持人：互联网的安全关乎着个人利益，但是有多少人知道我们使用的互联网到底有多安全呢？可能每一个有网购经验的人都遇到过这样的事情，就是你在买过一类商品之后不久，很快就有类似商品推荐到你的面前，那问题就来了，到底谁在掌握着我们的数据信息？谁在分析着它们？谁又在控制着它们？

因为有了互联网的存在，所以也就产生了所谓的大数据，那么这个大数据对于现在很多产业甚至我们的思维都会产生一些进步的推动作用。但是与此同时，大数据和个人隐私之间存不存在矛盾？

杜跃进：事实上，在一定程度上是存在矛盾的，没有大数据，很多很多事情是发展不下去的，我们很多的便利条件也不会形成。但是什么事情都会有人从另外一个角度去想，好像我们发明了火药，有人来做炸弹，有人发明了原子能，有人用来做杀人武器。大数据的形成也会给一些心怀不轨的攻击者提供便利，如果他们能够非法地从各种渠道获得大数据的话，将使原来的一些攻击变得更加危险。

主持人：互联网是一个人人参与、人人受益的空间，同时更需要的是人人担责。其实作为公民这个层面，要提高自己的网络安全意识，而作为国家层面，要从技术、人才和法律等各个方面进行网络安全的保障。

【思考】网络安全连着你我他，面对网络威胁，你该怎么办？

电子商务的一个重要技术特征是利用IT技术来传输和处理商业信息，因此电子商务安全从整体上可分为两大部分，即计算机网络安全和商务交易安全。其中计算机网络安全的内容包括：计算机网络设备安全、计算机网络系统安全、数据库安全等。其特征是针对计算机网络本身可能存在的安全问题，实施网络安全增强方案，以保证计算机网络自身的安全性为目标。商务交易安全则紧紧围绕传统商务在Internet上应用时产生的各种安全问题，在计算机网络安全的基础上，保障电子商务过程的顺利进行，即实现电子商务的保密性、完整性、可鉴别性、不可伪造性和不可抵赖性。

计算机网络安全与商务交易安全实际上是密不可分的，两者相辅相成，缺一不可。没有计算机网络安全作为基础，商务交易安全就犹如空中楼阁，无从谈起；没有商务交易安全保障，即使计算机网络本身再安全，仍然无法达到电子商务所特有的安全要求。

一、电子商务安全隐患

当许多传统的商务方式应用在Internet上时，便会带来许多源于安全方面的问题，如传统的贷款和借款卡支付/保证方案及数据保护方法、电子数据交换系统、对日常信息安全的管理等。由于电子商务的形式多种多样，涉及的安全问题各不相同，但在Internet上的电子商务交易过程中，最核心和最关键的问题就是交易的安全性。

一般来说商务安全中普遍存在着以下几种安全隐患：

(1) 窃取信息。在电子商务中，信息流和资金流是以数据的形式在计算机网络中传输，在传输过程中，由于未采用加密措施，数据信息在网络上以明文形式传送，可能被别有用心者截获、窃听，从而造成商业机密和个人隐私的泄密。另外，入侵者在数据包经过的网关或路由器上可以截获传送的信息。

(2) 篡改信息。入侵者可以通过各种技术手段和方法，将网络上传送的信息数据在中途修改，然后再发向目的地。更为可怕的是，别有用心者可能会篡改截获的数据，如篡改资金的数量、货物的数量、交货方式等。

(3) 假冒。在电子商务中，由于交易非面对面进行，无法对信息发送者或者接收者的身份进行验证，攻击者有可能冒充合法用户发送假冒的信息或者主动获取信息。

(4) 恶意破坏。由于攻击者可以接入网络，则可能对网络中的信息进行修改，掌握网上的机要信息，甚至可以潜入网络内部，其后果是非常严重的。

(5) 系统中断，破坏系统的有效性。网络故障、操作错误、应用程序错误、硬件故障、系统软件错误及计算机病毒导致系统运行的中断。

(6) “黑客”入侵。由于企业的内部网(Intranet)通常与Internet互连在一起，一般情况下如果不经过企业的许可，外网的用户是不能够进入企业网进行访问。但是，在安全措施不得力的情况下，有的未经授权的非法用户会想办法进入企业内部网，这就是所谓的“黑客”侵扰。有的“黑客”甚至会登录企业内部的核心服务器，给企业信息系统安全造成极大的危害。

(7) 计算机病毒。电子商务是一种依赖于计算机和计算机网络的商务模式，危害计算

机和计算机网络的计算机病毒自然会对电子商务造成很大危害。

二、电子商务安全要素

电子商务安全是一个复杂的系统问题，在使用电子商务的过程中会涉及以下几个有关安全方面的要素。

(1) 可靠性。可靠性即电子商务系统的可靠程度，是指为防止由于计算机失效、程序错误、传输错误、硬件故障、系统软件错误、计算机病毒和自然灾害等所产生的潜在威胁，采取一系列的控制和预防措施来防止数据信息资源不受到破坏的可靠程度。

(2) 真实性。真实性是指商务活动中交易者身份的真实性，确保交易双方确实是存在的，不是假冒的。网上交易的双方相隔很远，互不了解，要使交易成功，必须互相信任，确认对方是真实的，能否方便可靠地确认交易双方身份的真实性，是顺利进行电子商务交易的前提。

(3) 机密性。机密性是指交易过程中必须保证信息不会泄露给非授权的人或实体。

(4) 完整性。完整性是指数据在输入、输出和传输过程中，保证数据的一致性，防止数据被非授权建立、修改和破坏。信息的完整性将影响到贸易各方的交易和经营策略。

(5) 有效性。作为一种新的贸易形式，电子商务以电子形式取代了纸张，其信息的有效性将直接关系到个人、企业或国家的经济利益和声誉。一旦签订交易后，这项交易就应受到保护，以防止被篡改或伪造。交易的有效性在其价格、期限及数量作为协议一部分时尤为重要。

(6) 不可抵赖性。在传统的纸面贸易中，贸易双方通过在交易合同、契约或贸易交易所的书面文件上的手写签名或印章来鉴别贸易伙伴，确定合同、契约、交易的可靠性，并预防抵赖行为的发生，一旦交易开展后便不可撤销，交易中的任何一方都不得否认其在该交易中的作为。在电子商务方式下，通过手写签名和印章进行双方的鉴别已是不可能的了，因此要求在交易信息的传输过程中为参与交易的个人、企业或国家提供可靠的标识，使原发送方在发送数据后不能抵赖；接收方在接收数据后也不能抵赖。

(7) 内部网的严密性。企业的内部网一方面有着大量需要保密的信息，另一方面传递着企业内部的大量指令，控制着企业的业务流程。企业内部网一旦被恶意侵入，可能给企业带来极大的混乱与损失。保证内部网不被非法侵入，也是开展电子商务的企业应重点考虑的一个安全问题。

(8) 身份认证。身份认证指交易双方可以相互确认彼此的真实身份，确认对方就是本次交易中所称的真正交易方(如用户、机器、节点等)是否真实的过程。

三、网络安全的类型

网络安全是指网络系统的硬件、软件及其系统中的数据受到保护，不遭到偶然或者蓄意破坏、更改、泄露，系统连续可靠正常地运行，网络服务不中断。

网络安全包含网络设备安全、网络信息安全、网络软件安全。从广义来说，凡是涉及网络信息的保密性、完整性、可用性、真实性和可控性的相关技术和理论都是网络安全的研究领域。网络安全是一门涉及计算机科学、网络技术、通信技术、密码技术、信息安全技术、应用数学、数论、信息论等多种学科的综合性学科。

网络安全由于不同的环境和应用而产生了不同的类型，主要有以下几种。

(1) 系统安全。运行系统安全即保证信息处理和传输系统的安全。它侧重于保证系统正常运行，避免因为系统崩溃和损坏而对系统存储、处理和传输的消息造成破坏和损失，避免由于电磁泄漏(注：电磁泄漏是指信息系统的设备在工作时能经过地线、电源线、信号线、寄生电磁信号或谐波等辐射出去，产生电磁泄漏)产生信息失密，干扰他人或受他人干扰。

(2) 网络安全。网络安全即网络上系统信息的安全。它包括用户口令鉴别，用户存取权限控制，数据存取权限、方式控制，安全审计，安全问题跟踪，计算机病毒防治，数据加密等。

(3) 信息传播安全。信息传播安全即信息传播结果的安全，包括信息过滤等。它侧重于防止和控制由非法、有害的信息进行传播所产生的后果，避免公用网络上传输信息失控。

(4) 信息内容安全。信息内容的安全侧重于保护信息的保密性、真实性和完整性。避免攻击者利用系统的安全泄漏进行窃听、冒充、诈骗等有损于合法用户的行为，其本质是保护用户的利益和隐私。

四、网络攻击的形式

1. 网络攻击的形式

网络攻击的形式主要有四种：中断、截获、修改和伪造。

(1) 中断是以可用性作为攻击目标，它毁坏系统资源，使网络不可用。

(2) 截获是以保密性作为攻击目标，非授权用户通过某种手段获得对系统资源的访问权。

(3) 修改是以完整性作为攻击目标，非授权用户不仅获得访问权而且对数据进行修改。

(4) 伪造是以完整性作为攻击目标，非授权用户将伪造的数据插入到正常传输的数据中。

2. 网络攻击的表现

网络攻击的具体表现有以下几点：

(1) 电脑病毒(Virus)的散布。电脑病毒可能会自行复制，或更改应用软件或系统的可运行组件，或是删除文件、更改数据、拒绝提供服务。病毒经常会伴随着电子邮件传送，借由文件或可执行文件的宏指令来散布，让用户在不知情的情况下帮它散布。

(2) 阻绝服务(Denial of Service, DoS)。DoS 是指系统或应用程序的访问被中断或是阻止，让用户无法获得服务，或是造成某些实时系统的延误或中止。例如：利用大量邮件炸弹塞爆企业的邮件服务器，或借由许多他人电脑提交 HTTP 的请求而瘫痪 Web Server。

(3) 后门或特洛伊木马程序(Trapdoor/Trojan Horse)。未经授权的程序通过合法程序的掩护，伪装成经过授权的流程来运行程序，造成系统程序或应用程序被更换，例如回传重要机密给犯罪者。

(4) 窃听(Sniffer)。用户的识别数据或其他机密数据，在网络传输过程中被非法的第三者获取。

(5) 伪装(Masquerade)。攻击者假装是某合法用户而获得使用权限，例如伪装成别人传送电子邮件、伪装官方网站来骗取用户的账号与密码。

(6) 数据篡改(Data Manipulation)。数据篡改是指存储或传输中的数据的完整性被毁坏，如网页被恶意窜改。

(7) 否认(Repudiation)。这里的否认是指用户拒绝承认曾使用过某一电脑或网络，或曾寄出(收到)某一文件，例如价格突然大跌，用户否认过去所下的订单。这是电子财务交易(Electronic Financial Transaction)及电子契约协议(Electronic Contractual Agreement)的主要威胁。

(8) 网络钓鱼(Phishing)。网络钓鱼是指创建色情网站或者“虚设”“仿冒”的网络商店，引诱网友在线消费，并输入信用卡卡号与密码，以此来获取用户的机密数据。

(9) 双面恶魔(Evil Twins)。Evil Twins 也是网络钓鱼法的另一种方式，指的是一种常出现在机场、旅馆、咖啡厅等地方，假装可提供正当无线网络链接到 Internet 的应用服务，当用户不知情而使用此网络时，就会被窃取密码或信用卡信息。

(10) 网址转嫁链接(Pharming)。犯罪者常侵入 ISP 的服务器中修改内部 IP 信息并将其转接到犯罪者伪造的网站，所以即使用户输入正确的 IP，也会转接到犯罪者的网站而被截取信息。

(11) 点击诈欺(Click Fraud)。许多网络广告例如谷歌(Google)、百度(Baidu)是靠点击次数来计费(Pay by Click)，但某些不法网站利用软件程序或大量中毒的僵尸网站(Zomhies)频繁地点击广告，造成广告商对这些大量非真正消费者的点击付费，或者故意大量点击竞争对手的广告，让其增加无谓的广告费用。

(12) Rootkits。Rootkits 是指能窃取密码、监听网络流量、留下后门并能抹掉入侵系统的相关纪录以及隐藏自己行踪的程序集，也是木马程序的一种。如果入侵者在系统中成功直入 Rootkits，一般人将很难发现，对于入侵者来说，就能轻易地控制系统，而通行无阻。

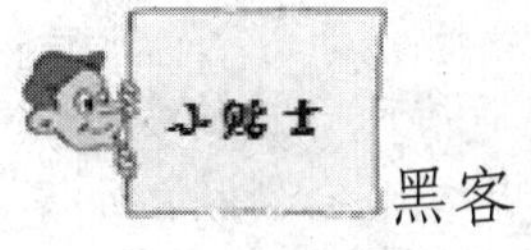

黑客

1. 计算机病毒

1983 年美国科学家佛雷德 · 科恩最先证实计算机病毒的存在。计算机病毒是一种人为制造的寄生于计算机应用程序或操作系统中的可执行、可自行复制、具有传染性和破坏性的恶性程序。从 1987 年发现第一类流行计算机病毒起，病毒数每年正以 40%的比率增加。一个很小的病毒程序可令一台微型计算机、一个大型计算机系统或一个网络系统处于瘫痪。计算机病毒已对计算机系统和网络安全构成了极大的威胁，它不仅成为一种新的恐怖活动手段，而且正演变为一种信息战中的进攻性武器。常见的计算机病毒有蠕虫、逻辑炸弹、特洛伊木马和系统陷阱入口等。

2. 黑客

黑客(Hacker)技术，简单地说，是对计算机系统和网络的缺陷和漏洞的发现，以及针对这些缺陷实施攻击的技术。这里说的缺陷包括软件缺陷、硬件缺陷、网络协议缺陷、管理缺陷和人为的失误。很显然，黑客技术对网络具有破坏能力，但其作用是双面的，和一切科学技术一样，黑客技术的好坏取决于使用它的人。

黑客的一些专用术语如下：

(1) 肉鸡。所谓“肉鸡”是一种很形象的比喻，比喻那些可以随意被黑客控制的电脑，目标主机可以是 Windows 系统，也可以是 Unix/Linux 系统，可以是普通的个人电脑，也可以是大型的服务器，黑客可以像操作自己的电脑那样操作它们而不被目标主机所发觉。

(2) 木马。木马表面上伪装成正常的程序，但当这些程序被运行时，会获取系统的整个控制权限。很多黑客热衷于使用木马程序来控制他人的电脑，比如灰鸽子，黑洞，PcShare 等。

(3) 网页木马。网页木马表面上伪装成普通的网页文件或是将自己的代码直接插入到正常的网页文件中，当有人访问时，网页木马就会利用对方系统或者浏览器的漏洞自动将配置好的木马服务端下载到访问者的电脑中并自动执行。

(4) 挂马。挂马就是在别人的网站文件里面放入网页木马或是将代码潜入到对方正常的网页文件里，以使浏览者中马。

(5) 后门。后门是一种形象的比喻，入侵者利用某些方法成功控制目标主机后，可以在对方的系统中植入特定的程序，或者是修改某些设置。这些改动很难被察觉，但入侵者却可以使用相应的程序或者方法来轻易地与这台电脑建立连接，重新控制这台电脑，就好像是入侵者偷偷配了一把主人房间的钥匙，可以随时进出而不被主人发现。通常大多数的特洛伊木马(Trojan Horse)程序都可以被入侵者用于制作后门(Back Door)。

(6) Rootkit。Rootkit 是攻击者用来隐藏自己的行踪和保留 Root(根权限，可以理解成 Windows 下的 System 或者管理员权限)访问权限的工具。通常，攻击者通过远程攻击的方式获得 Root 访问权限，或者是先使用密码猜解(破解)的方式获得对系统的普通访问权限，进入系统后再通过对方系统内存在的安全漏洞获得系统的 Root 权限。然后，攻击者就会在对方的系统中安装 Rootkit，以达到自己长久控制对方的目的。Rootkit 与前边提到的木马和后门类似，但远比它们要隐蔽，黑客守卫者就是很典型的 Rootkit。

(7) IPC$。IPC$是共享“命名管道”的资源，它是为了让进程间通信而开放的命名管道，可以通过验证用户名和密码获得相应的权限，在远程管理计算机和查看计算机的共享资源时使用。

(8) 弱口令。弱口令指那些强度不够，容易被猜解的，类似“123”“abc”这样的口令(密码)。

(9) 默认共享。默认共享是 Windows 系统开启共享服务时自动开启所有硬盘的共享，因为加了“$”符号，所以看不到共享的托手图表，也称为隐藏共享。

(10) Shell。Shell 指的是一种命令执行环境，比如按下键盘上的“开始键”+“R”时出现“运行”对话框，在里面输入“cmd”会出现一个用于执行命令的黑窗口，这个就是 Windows 的 Shell 执行环境。通常使用远程溢出程序成功溢出远程电脑后得到的那个用于执行系统命令的环境就是对方的 Shell。

(11) WebShell。WebShell 是以 ASP、PHP、JSP 或者 CGI 等网页文件形式存在的一种命令执行环境，也可以将其称做是一种网页后门。黑客成功入侵一个网站后，通常会将这些 ASP 或 PHP 后门文件与网站服务器 Web 目录下正常的网页文件混在一起，然后就可以

使用浏览器来访问这些 ASP 或者 PHP 后门，得到一个命令执行环境，以达到控制网站服务器的目的，可以上传下载文件，查看数据库，执行任意程序命令等。

(12) 溢出。确切来讲，应该是缓冲区溢出，简单的解释就是程序对接受的输入数据没有执行有效地检测而导致错误，后果可能是程序崩溃或者是执行攻击者的命令。

(13) 注入。随着 B/S 模式应用开发的发展，使用这种模式编写程序的程序员越来越来越多，但是由于程序员的水平参差不齐，相当大一部分应用程序存在安全隐患。用户可以提交一段数据库查询代码，根据程序返回的结果，获得某些他想要知道的数据，这个就是所谓的 SQLinjection，即 SQL 注入。

(14) 注入点。注入点是可以实行注入的地方，通常是一个访问数据库的连接。根据注入点数据库的运行账号的权限不同，所得到的权限也不同。

(15) 内网。内网通俗地讲就是局域网，比如网吧，校园网，公司内部网等都属于此类。查看 IP 地址，如果是在以下三个范围之内，就说明该 IP 地址处于内网之中，即 10.0.0.0～10.255.255.255，172.16.0.0～172.31.255.255，192.168.0.0～192.168.255.255。

(16) 外网。直接连入 Internet(互联网)，可以与互联网上的任意一台电脑互相访问，IP 地址不是保留 IP(内网)地址。

(17) 端口。端口(Port)相当于一种数据的传输通道，用于接收某些数据，然后传输给相应的服务，而电脑对这些数据处理后，再将相应的回复通过开启的端口传给对方。一般每个端口的开放都对应了相应的服务，要关闭这些端口只需要将对应的服务关闭即可。

(18) 3389、4899 肉鸡。3389 是 Windows 终端服务(Terminal Services)所默认使用的端口号，该服务是微软为了方便网络管理员远程管理及维护服务器而推出的，网络管理员可以使用远程桌面连接到网络上任意一台开启了终端服务的计算机上，成功登录后会像操作自己的电脑一样来操作主机。这和远程控制软件甚至是木马程序实现的功能很相似，终端服务的连接非常稳定，而且任何杀毒软件都不会查杀，所以也深受黑客喜爱。黑客成功入侵一台主机后，通常都会先想办法添加一个属于自己的后门账号，然后再开启对方的终端服务，这样，自己就可以随时使用终端服务来控制对方主机了，这样的主机通常就会被称为 3389 肉鸡。Radmin 是一款非常优秀的远程控制软件，4899 就是 Radmin 默认使用也经常被黑客当作木马来使用(正是这个原因，目前的杀毒软件也对 Radmin 查杀)的服务端口号。因为 Radmin 的控制功能非常强大，传输速度也比大多数木马快，而且又不被杀毒软件所查杀，所用 Radmin 管理远程电脑时使用的是空口令或者是弱口令，黑客就可以使用一些软件扫描网络上存在 Radmin 空口令或者弱口令的主机，然后登录上去远程控制对方主机，这样被控制的主机通常被称做 4899 肉鸡。

(19) 免杀。免杀就是通过加壳、加密、修改特征码、加花指令等技术来修改程序，使其逃过杀毒软件的查杀。

(20) 加壳。加壳就是利用特殊的算法，将 EXE 可执行程序或者 Dll 动态连接库文件的编码进行改变(比如实现压缩、加密)，以达到缩小文件体积或者加密程序编码，甚至是躲过杀毒软件查杀的目的。

(21) 花指令。花指令就是几条汇编指令，让汇编语句进行一些跳转，使得杀毒软件不能正常的判断病毒文件的构造。说通俗点就是杀毒软件是从头到脚按顺序来查找病毒，如果把病毒的头和脚颠倒位置，杀毒软件就查不到病毒了。

3. 黑客攻击

黑客的攻击手段可分为非破坏性攻击和破坏性攻击两类。非破坏性攻击一般是为了扰乱系统的运行，并不盗窃系统资料，通常采用拒绝服务攻击或信息炸弹；破坏性攻击是以侵入他人计算机系统、盗窃系统保密信息、破坏目标系统的数据为目的。密码破解当然也是黑客常用的攻击手段之一。黑客常用的攻击手段包括以下几种：

(1) 后门程序。程序员设计一些功能复杂的程序时，一般采用模块化的程序设计思想，将整个项目分割为多个功能模块，并为每个模块设计一个后门，再分别进行设计、调试，这时的后门就是一个模块的秘密入口。在程序开发阶段，后门便于测试、更改和增强模块功能。正常情况下，完成设计之后需要去掉各个模块的后门，不过有时由于疏忽或者其他原因(如将其留在程序中，便于日后访问、测试或维护)没有去掉后门，一些别有用心的人会利用穷举搜索法发现并利用这些后门，进入系统并发动攻击。

(2) 信息炸弹。信息炸弹是指使用一些特殊工具软件，短时间内向目标服务器发送大量超出系统负荷的信息，造成目标服务器超负荷、网络堵塞、系统崩溃的攻击手段。比如向未打补丁的 Windows 8 系统发送特定组合的 UDP 数据包，会导致目标系统死机或重启；向某型号的路由器发送特定数据包致使路由器死机；向某人的电子邮箱发送大量的垃圾邮件将此邮箱“撑爆”等。目前常见的信息炸弹有邮件炸弹、逻辑炸弹等。

(3) 拒绝服务。拒绝服务又叫分布式 DOS 攻击，它是使用超出被攻击目标处理能力的大量数据包消耗系统可用系统、带宽资源，最后致使网络服务瘫痪的一种攻击手段。作为攻击者，首先需要通过常规的黑客手段侵入并控制某个网站，然后在服务器上安装并启动一个可由攻击者发出的特殊指令来控制服务器的进程，攻击者把攻击对象的 IP 地址作为指令下达给进程时，这些进程就开始对目标主机发起攻击。这种方式可以集中大量的网络服务器带宽，对某个特定目标实施攻击，因而威力巨大，顷刻之间就可以使被攻击目标带宽资源耗尽，导致服务器瘫痪。比如 1999 年美国明尼苏达大学遭到的黑客攻击就属于这种方式。

(4) 网络监听。网络监听是一种监视网络状态、数据流以及网络上传输的信息的管理工具，它可以将网络接口设置为监听模式，并且可以截获网上传输的信息。也就是说，当黑客登录网络主机并取得超级用户权限后，登录其他主机使用网络监听可以有效地截获网上的数据，这是黑客使用最多的方法。但是，网络监听只能应用于物理上连接于同一网段的主机，通常被用来获取用户口令。

4. 木马病毒

特洛伊木马来源于《荷马史诗》的古希腊传说，特洛伊王子帕里斯访问希腊，诱走了王后海伦，希腊人因此远征特洛伊。围攻特洛伊的第 10 年，希腊将领奥德修斯献了一计，假装战败逃跑，留下一具巨大的中空木马，特洛伊守军不知是计，把木马运进城中作为战利品。夜深人静之际，木马腹中躲藏的希腊士兵打开城门，特洛伊沦陷。后人常用“特洛伊木马”这一典故，用来比喻在敌方营垒里埋下伏兵里应外合的活动。有的计算机病毒伪装成一个实用工具或者一个可爱的游戏甚至一个位图文件等，诱使用户将其安装在 PC 或者服务器上，这样的病毒也被称为“特洛伊木马”(Trojan Horse)，简称“木马”。如今黑客程序借用其名，有“一经潜入，后患无穷”之意。

完整的木马程序一般由两部分组成：一个是服务器端，一个是控制器端。“中了木马”

就是指安装了木马的服务器端程序，若用户的电脑被安装了服务器端程序，则拥有相应控制端的人就可以通过网络控制该用户的电脑，这时该用户电脑上的各种文件、程序，以及在电脑上使用的账号、密码就无安全可言了。

五、网络安全措施

1．技术手段

(1) 物理措施。由于存在自然灾害(如雷电、地震、火灾等)、物理损坏(如硬盘损坏、设备使用寿命到期等)、设备故障(如停电、电磁干扰等)、意外事故等问题，所以物理安全措施主要包括保护网络关键设备(如交换机、大型计算机等)，制定严格的网络安全规章制度，采取防辐射、防火以及安装不间断电源(UPS)等措施。

(2) 访问控制。访问控制指对用户访问网络资源的权限进行严格的认证和控制。例如，进行用户身份认证，对口令加密、更新和鉴别，设置用户访问目录和文件的权限，控制网络设备配置的权限等。

(3) 数据加密。加密是保护数据安全的重要手段，其作用是保障信息被人截获后不能被读懂。

(4) 网络隔离。网络隔离有两种方式，一种是采用隔离卡来实现，一种是采用网络安全隔离网闸实现。隔离卡主要用于对单台机器的隔离，网闸主要用对整个网络的隔离。

(5) 安装网络防病毒系统，以防止计算机网络病毒的破坏。

(6) 其他措施。其他措施包括信息过滤、容错、数据镜像、数据备份和审计等。同时要有防范意识，并经常进行安全检查。

2．环境安全

物理环境主要是指服务器托管机房的设施状况，包括通风系统、电源系统、防雷防火系统以及机房的温度和湿度条件等，这些因素会影响服务器的寿命和所有数据的安全。

学习任务 2　电子商务安全技术

加密和解密的示范

以一个简单实例来看看加密和解密的过程。把英文字母按字母表的顺序编号作为明文，将密钥定为 17，加密算法为明文加上密钥 17，就得到一个密码表，见表 8.1。若将英文信息“This is a cup.”加密后得到密文，解密算法则是将密文减去密钥 17，得到明文，再翻译成对应的字母和符号，见表 8.2。

表 8.1　一个简单的密码表

字母	A	B	C	…	Z	空格	,	.	/	:	?
明文	01	02	03	…	26	27	28	29	30	31	32
密文	18	19	20	…	43	44	45	46	47	48	49

表 8.2　一个简单的密码加密过程

信息	T	h	i	s		i	s		a		c	u	p	.
明文	20	08	09	19	27	09	19	27	01	27	03	21	16	29
密文	37	25	26	36	44	26	36	44	18	44	20	38	33	46

【思考】如何理解加密和解密技术?

信息安全技术在电子商务系统中的作用非常重要，它守护着商家和客户的重要机密，维护着商务系统的信誉和财产，同时为服务方和被服务方提供极大的方便，因此只有采取了必要和恰当的技术手段才能充分提高电子商务系统的可用性和可推广性。电子商务系统中使用的安全技术包括网络安全技术、加密技术、数字签名、密钥管理技术、认证技术、防火墙技术以及相关的一些安全协议标准等。

一、加密技术

加密技术是一种主动的信息安全防范措施，是利用加密算法将明文转换成无意义的密文，阻止非法用户理解原始数据，从而确保数据的保密性。明文变为密文的过程称为加密，由密文还原为明文的过程称为解密，加密和解密的规则称为密码算法或体制，由加密者和解密者使用的加解/密可变参数叫做密钥，如图 8.1 所示。

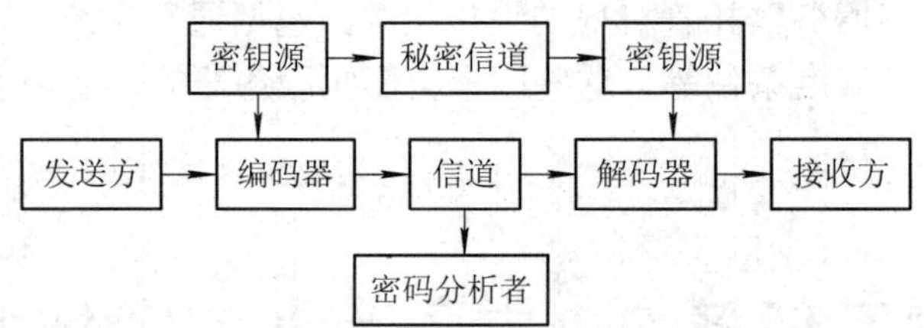

图 8.1　密码系统的模型

该模型描述了：要传输的信息加密、解密的过程；密钥等敏感信息在可信实体间的分发；加密信息在传播中可能遇到的密码攻击或密码分析。

目前，加密技术分为两类，即对称加密和非对称加密。

1. 对称密钥加密

对称密钥加密又称私钥加密、专用密钥加密，指对信息的加密和解密都使用相同的密钥，即信息的发送方和接收方用同一个密钥去加密和解密数据，如图 8.2 所示。它的最大优势是加/解密速度快，适合于对大数据量进行加密，但密钥管理困难。如果进行通信的双方能够确保专用密钥在密钥交换阶段未曾泄露，那么机密性和报文完整性就可以通过这种加密方法加密机密信息，随报文一起发送报文摘要或报文散列值来实现。

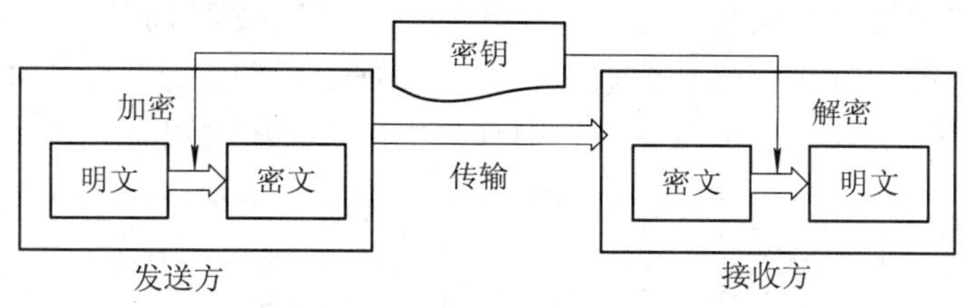

图 8.2　对称加密技术示意图

2．非对称密钥加密

非对称密钥加密也叫公开密钥加密、公钥加密，在该体系中，密钥被分解为一对(即一把公开密钥或加密密钥和一把专用密钥或解密密钥)，使用一对密钥来分别完成加密和解密操作。这对密钥中的任何一把都可作为公开密钥(加密密钥)通过非保密方式向他人公开，而另一把则作为专用密钥(解密密钥)加以保存，公开密钥用于对信息的加密，专用密钥则用于对加密信息的解密。信息交换的过程是：甲方生成一对密钥并将其中的一把作为公钥向其他交易方公开，得到该公钥的乙方使用该密钥对信息进行加密后再发送给甲方，甲方再用自己保存的私钥对加密信息进行解密，如图 8.3 所示。

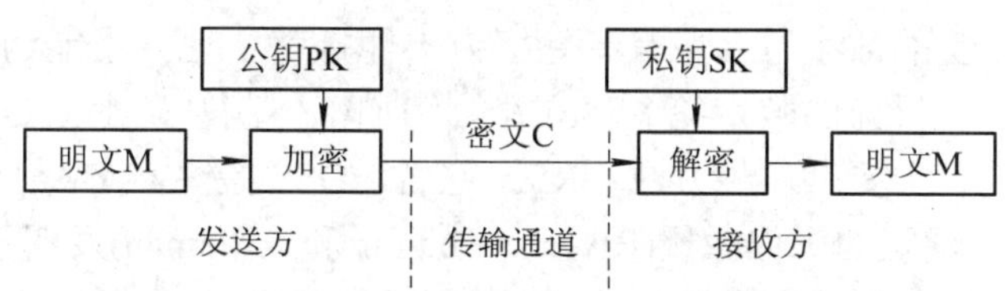

图 8.3　非对称加密技术示意图

二、认证技术

认证技术是用电子手段证明发送者和接收者身份及其文件完整性的技术，即确认双方的身份信息在传送或存储过程中未被篡改。

1．数字签名技术

数字签名(Digital Signature；Digitally Signed)又称公钥数字签名、电子签章，是一种类似写在纸上的普通物理签名，但是使用了公钥加密领域的技术，用于鉴别数字信息的方法。一套数字签名通常定义两种互补的运算，一个用于签名，另一个用于验证，如图 8.4 所示。数字签名以电子形式存在于数据信息之中，或作为其附件或逻辑上与之有联系的数据，可用于辨别数据签署人的身份，并表明签署人对数据信息中包含的信息的认可。数字签名是只有信息的发送者才能产生的别人无法伪造的一段数字串，这段数字串同时也是对发送者发送信息真实性的有效证明，它是非对称密钥加密技术与数字摘要技术的应用。

具有数字签名的文件的完整性很容易被验证(不需要骑缝章、骑缝签名，也不需要笔迹专家)，而且具有不可抵赖性(不需要笔迹专家来验证)，其主要功能是保证信息传输的完整性、发送者的身份认证、防止交易中的抵赖发生。

数字签名技术是将摘要信息用发送者的私钥加密，与原文一起传送给接收者，接收者只有用发送者的公钥才能解密被加密的摘要信息，然后用 HASH 函数对收到的原文产生一个摘要信息，与解密的摘要信息对比，如果相同，则说明收到的信息是完整的，在传输过程中没有被修改，否则说明信息被修改过，由此验证信息的完整性。在电子商务安全服务中的源鉴别、完整性服务、不可否认服务中都要用到数字签名技术。

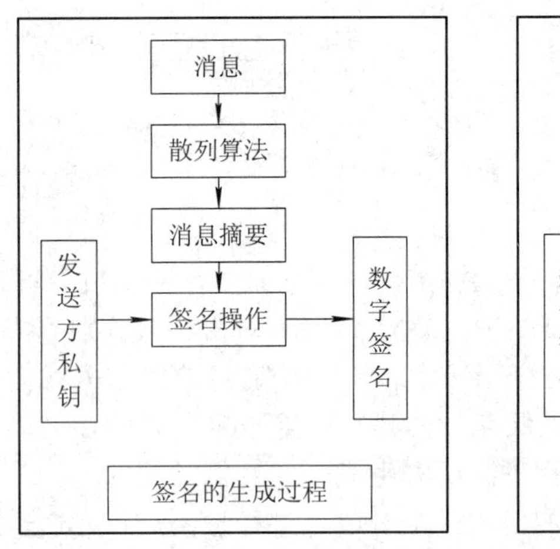

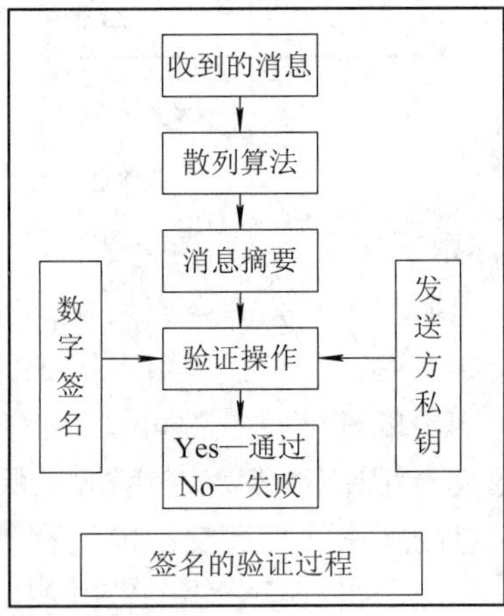

图 8.4　数字签名的创建过程

电子商务中，完善的数字签名应具备签字方不能抵赖、他人不能伪造、在公证人面前能够验证真伪的能力。目前的数字签名建立在公钥加密体制基础上，是非对称加密技术的另一类应用。数字签名主要有三种方法：RSA 签名、DSS 签名和 HASH 签名。

1977 年麻省理工学院的三位教授(Rivest、Shamir 和 Adleman)发明了 RSA 公开密钥密码系统，在此系统中有一对密码，给别人用的叫公钥，给自己用的叫私钥。这两对密钥可以互相并且只能为对方加密或解密，用公钥加密后的密文，只有私钥能解。比如张三想发给李四信息，可以从公开渠道取得李四的公钥，然后用李四的公钥对自己要发送的信息加密，由于密钥对是唯一的，所以信息加密后只有李四才能用其私钥解密信息后阅读。同样，李四也可向张三发一条私人信息，用张三的公钥对信息加密，张三收到李四的信息后再用自己的私钥解密信息后阅读。数字签名的使用方法如图 8.5 所示。

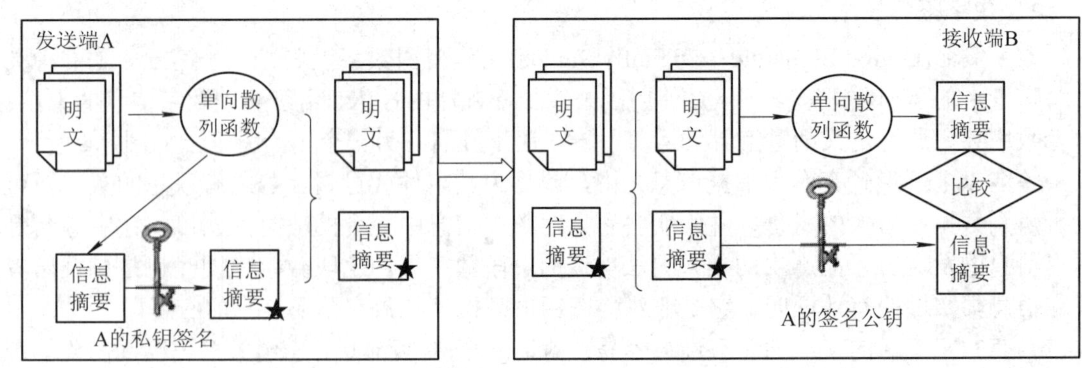

图 8.5　数字签名过程

2. 数字证书

数字证书也叫数字标识(Digital Certificate，Digital ID)，是一种应用广泛的信息安全技

术，是由权威公正的第三方机构即 CA 中心(Certificate Authority，证书授权中心)签发，是各类终端实体和最终用户在网上进行信息交流及商务活动的身份证明。数字证书实质上就是一系列密钥，即一段包含用户身份信息、用户公钥信息以及身份验证机构数字签名的数据，用于签名和加密数字信息，以解决交易各方相互间的信任问题。数字证书采用公钥体制，即利用一对互相匹配的密钥进行加密、解密，每个用户自己设定一把特定的仅为本人所有的私有密钥(私钥)，用它进行解密和签名，同时设定一把公共密钥(公钥)并由本人公开，为一组用户所共享，用于加密和验证签名。

数字证书不但能够实现高强度的加密，保障数据通过 Internet 传输的安全性，同时还支持数据的完整性验证、数字签名、身份认证等安全应用，是电子政务和电子商务实施基础的安全保证。以数字证书为核心的加密技术可以对网络上传输的信息进行加密和解密、数字签名和签名验证，确保网上传递信息的机密性、数据交换(传输前后)的完整性(不可修改性)、发送信息或签名信息的不可抵赖性(不可否认性)和交易实体身份的真实性，从而保障网络应用的安全性。因此，使用数字证书可以有效地保障网络应用的安全性，使得在开放的 Internet 上开展实际的电子业务成为可能。

利用数字证书技术进行网上安全传输数据，首先信息传输的双方互相交换证书，验证彼此的身份，然后发送方利用证书中的公钥和自己的私钥，对要传输的数据进行加密和签名，这样即可保证只有合法的用户才能解密数据，同时也保证了传输数据的真实性和不可否认性。当发送一份保密文件时，发送方使用接收方的公钥对明文加密形成密文进行传送，而接收方接收到密文后，则使用自己的私钥进行解密获得原明文。在传输的过程中，即使密文被第三方所截获，因为没有接收方的私钥，也没有办法解密获得明文的信息。按照现在的计算机技术水平，要破解采用 1024 位 RSA 密钥加密的数据，需要几千年的计算时间。用户也可以采用自己的私钥对信息进行加密，由于密钥仅为用户自己所有，所以就产生了别人无法生成的文件，也就形成数字签名，信息的接收者可以使用公钥对签名者提供的密文进行解密，获得签名者的信息。对于数字签名，签名者不能也难以否认，这样就有效地实现了对签名者的身份认证。信息加密签字过程如图 8.6 所示，信息解密验证过程如图 8.7 所示。

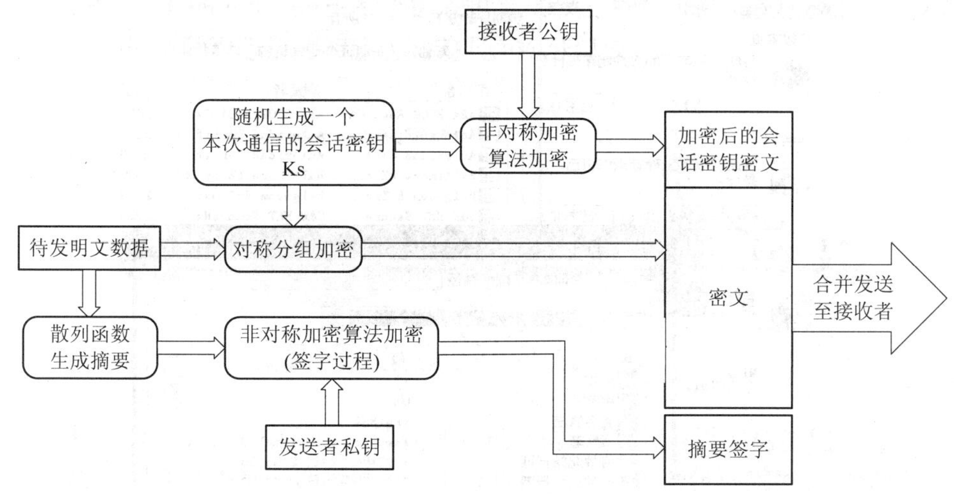

图 8.6　信息加密签字过程

回顾与思考

1. 你对电子商务安全了解多少？电子商务主要面临哪些方面的安全问题？如何防范？

2. 什么是计算机病毒？它有什么特点？介绍你所知道的清除病毒的方法。

能力训练

1. 安装并使用一个杀毒软件或者防火墙软件，如瑞星、金山毒霸、KV3000、卡巴斯基、360 等，了解其杀毒和防范功能，并为自己的手机或者电脑杀毒。

2. 应用所学的简单加密技术，编一份密文，由同学相互解密。

3. 走访一家或几家开展电子商务业务的公司，和高管座谈。要求：事先拟定好访谈提纲，通过访谈全面了解该公司电子商务安全的防范措施。

项目九

电子商务物流管理

★导读★

“成也物流，败也物流”。电子商务是信息传播的保证，而物流是执行的保证，没有物流，电子商务只能是一张空头支票。

本章将带你了解电子商务物流的分类与功能、物流要素、第三方物流和物流的价值以及条码技术、射频技术、GPS、GIS 和 EDI 等物流技术。

想一想

1. 为什么说电子商务“成也物流，败也物流”？
2. 分析物流的价值体现？
3. 你知道多少物流技术？

课堂速记 

学习任务1　认 识 物 流

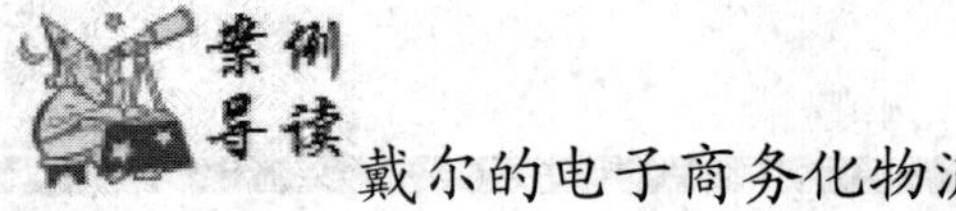

戴尔的电子商务化物流

戴尔是通过互联网和企业内部网进行销售的，一般情况仅保持两个星期的库存(行业标准超过60天)，其存货一年可周转30次以上。戴尔的电子商务化物流运作流程如下：

(1) 订单处理。消费者可拨打800免费电话，也可通过戴尔的网上商店进行订货。戴尔首先检查订单项目是否填写齐全，然后检查订单的付款条件，并按付款条件将订单分类。采用信用卡支付方式的订单将被优先满足，其他付款方式则需更长时间得到付款确认。只有确认款项支付完成的订单才会立即自动发出。零部件的订货将转入生产数据库，订单也随即转到生产部门进行下一步作业。用户订货后，可以对产品的生产过程、发货日期甚至运输公司的发货状况等进行全程跟踪。

(2) 预生产。戴尔在正式开始生产之前，需要等待零部件到货，这就叫做预生产。预生产的时间因消费者所订的机型不同而不同，主要取决于供应商的仓库中是否有现成的零部件。戴尔使用电子商务化物流后，一方面可以先拿到用户的预付款和运费，另一方面在货运公司将货运到后才与其结算运费。也就是说，戴尔既占压着用户的流动资金，又占压着物流公司的流动资金。同时，戴尔的按单生产没有库存风险。

【思考】为什么说电子商务“成也物流，败也物流”？

物流一般由商品的运输、仓储、包装、搬运装卸、流通加工，以及相关的物流信息等环节构成，它是对各个环节进行综合和复合化后所形成的最优系统。对物流的管理就是如何按时、按质、按量，并且以系统最低的成本费用把所需的材料、货物运到生产和流通领域中任何一个所需要的地方，以满足人们对货物在空间和时间上的需求。

一、物流的概念

物流活动具有悠久的历史，从人类社会开始有产品的交换行为时就存在物流活动。1905年，美军上校琼西·贝克尔(Major Chancy B.Baker)在他的著作《军队和军需品运输》中首次提出物流“Logistics”的概念。二战后，物流被美国人用到企业管

理中，称作“企业物流”(Business Logistics)，即对企业的供销、运输、存储等活动进行综合管理。日本于 20 世纪 60 年代引进“物流”概念，并将其解释为“物的流通”。而我国则是在 20 世纪 80 年代改革开放后随大批留日学者的带入而直接延用日文“物流”。

物流在英语中有两个词，一个是 Physical Distribution，简写为 PD；另一个是 Logistics。Physical Distribution 侧重运输、保管、包装、装卸以及信息活动本身，而 Logistics 侧重于对物流的管理，所以有人主张把 Logistics 翻译成“物流管理”。也有物流学者认为，Physical Distribution 应理解为传统物流，Logistics 应理解为现代物流。从各国的情况来看，比较有代表性的物流定义主要有以下几种。

1. 美国的物流定义

美国市场营销协会(American Marketing Association，AMA)1935 的《市场营销用语集》指出：物流是市场营销活动中所伴随的物质资料，从产地到消费地的种种企业活动，包括服务过程。1948 年，该协会对物流定义作了修改：物流是物质资料从生产者到消费者或消费地流动过程中所决定的企业活动费用。后来该协会又一次将物流定义为：物流是物质资料从生产阶段移动到消费或利用者手里，并对该移动过程进行管理。

美国物流管理委员会(National Council of Physical Distribution Management，NCPDM)1960 年给物流的定义为：所谓物流，就是把完成品从生产线的终点有效地移动到消费者手里的广范围的活动，有时也包括从原材料的供给源到生产线的始点的移动，即货物运输、仓库保管、装卸、工业包装、库存管理、工厂和仓库选址、订货处理、市场预测和客户服务。1985 年，美国物流管理委员会英文名称改为 CLM (Council of Logistics Management)，与此同时，其对物流定义作了修改：所谓物流，就是为了满足顾客需要而对原材料、半成品、成品及其相关信息从产地到消费地有效率或有效益地移动和保管，进行计划、实施、统管的过程。这些活动包括但不局限于顾客服务、搬运及运输、仓库保管、工厂和仓库选址、库存管理、接受订货、流通信息、采购、装卸、零件供应并提供服务、废弃物回收处理、包装、退货业务、需求预测等。

1998 年美国物流管理协会又一次修改了物流的定义：物流是供应链流程的一部分，是为了满足客户需求而对商品、服务及相关信息从原产地到消费地的高效率、高效益的正向和反向流动及储存进行的计划、实施与控制过程。2001 年其站在供给角度指出：物流管理活动包括客户服务、需求预测/计划、存货管理、零部件和服务支持、工厂和仓库选址、采购、退货处理、反向物流、订单处理、物流联络、包装、物料搬运、交通和运输、仓储和保管。2004 年其站在需求角度指出：物流管理活动包括原料运入和产品运出的管理，运输工具的管理、仓储、物料搬运、订单执行、物流网络设计、存货管理、供应和需求计划以及第三方后勤服务供应商的管理。根据企业的具体情况，物流管理活动还包括寻找货源和采购、生产计划和排产调度、包装和装配以及客户服务。

2. 欧洲物流协会的物流定义

欧洲物流协会(European Logistics Association，ELA)1994 年公布的物流术语中对物流作了这样的定义：物流是在一个系统内对人员或商品的运输、安排及与此相关的支持活动的计划、执行与控制，以达到特定的目的。欧洲物流协会将物流定义为两维矩阵，第一维是物料流，由采购、物料管理和实物配送三个业务功能组成；第二维是工作顺序，由顾客服务、运输、仓储与物料搬运、物料计划与控制、信息系统与支持以及管理等六个学科构成。

3. 日本的物流定义

日本通产省 1965 年对物流的描述是：所谓物的流通，就是把制品从生产者手里，物理性地移转到最终需要者手里所必要的诸种活动，具体讲，即包装、装卸、运输、通信等诸种活动。日本产业构造审议会对物流作的定义是：所谓物的流通，是有形、无形的物质资料从供给者手里向需要者手里物理性地流动，具体是指包装、装卸、运输、保管以及通信等诸种活动；这种物的流通与商流相比，是为创造物质资料的时间性、空间性价值做出贡献。日本日通综合研究所 1981 年 2 月编写的《物流手册》对物流作了这样的定义：物流是物质资料从供给者向需要者的物理性移动，是创造时间性、场所性价值的经济活动；从物流的范围来看，包括包装、装卸、保管、库存管理、流通加工、运输、配送等诸种活动，如果不经过这些过程，物就不能移动。

4. 中国的物流定义

中华人民共和国国家标准《物流术语》中将物流定义为：物品从供应地向接收地的实体流动过程，根据实际需要，将运输、储存、搬运、包装、流通加工、配送、信息处理等基本功能实施有机结合。

5. 联合国物流委员会的物流定义

联合国物流委员会 1999 年对物流作的新界定为：物流是为了满足消费者需要而进行的从起点到终点的原材料、中间过程库存、最终产品和相关信息有效流动和存储计划、实现和控制管理的过程。

6. 对物流概念的总结

物流(Logistics)是指物品从供应地向接收地的实体流动过程，根据实际需要，将运输、储存、装卸搬运、包装、流通加工、配送、信息处理等基本功能实施有机结合。物流的定义可以从以下四个方面理解：

(1) 物流是物品物质实体的流动，而不是物品社会实体的流动；物流只实现物品物质实体的转移，而不发生物品所有权的转移。

(2) 物流是一种满足社会需要的经济活动，反之则不属于物流范畴。

(3) 物流包括空间位移、时间变动、形状和性质变动，从而创造物品时间和形态效用。

(4) 有物品就有物流，因而物流具有普遍性。

可以说，物流是指为了满足客户的需要，以最低的成本，通过运输、保管、配送等方式，实现原材料、半成品、成品及相关信息由商品的产地到商品的消费地所进行的计划、实施和管理的全过程。物流是商品在生产、流通、服务过程中所发生的时间空间变化，通过物流活动，可以创造物质资料的时间价值和场所价值，最有效地完成资源配置。

二、物流的分类

常见的物流划分方法如表 9.1 所示。

表 9.1　物流的四种划分方法

物流							
第一种划分		第二种划分		第三种划分		第四种划分	
宏观物流	微观物流	社会物流	企业物流	国际物流	国内物流	一般物流	特殊物流
国家物流发展规划、法律、法规及政策制定，物流布局、物流理论研究，知识普及，人材培养，物流基础设施和信息平台构筑，经济手段支持与引导	供应物流、生产物流、销售物流、回收物流、废弃物物流	第三方物流，运输、仓储等专业物流，企业物流以及铁路、公路、港口、码头、物流园区、仓库、配送中心等物流活动	供应物流、生产物流、销售物流、回收物流、废弃物物流	外贸物流、国际联运、远洋运输、国际航空、国际邮件、口岸物流、大陆桥物流	经济圈、经济带物流，城市及城市外围物流以及邻近地区具有互补条件的自然区物流，本地区物流	带有普遍性、通用性和共同性的物流活动，即没有特殊性要求的物流活动	危险品、易燃、易爆、易腐蚀、剧毒、易变质物品物流，对速度、条件有特殊要求的物流，如文件、贵重物品、动植物运输等

1. 按照物流活动覆盖的范围分类

(1) 国际物流(International Logistics)。国际物流是不同国家(地区)之间的物流，是伴随和支撑国际经济交往、贸易活动和其他国际交流所发生的物流活动。

(2) 国内物流或区域物流。这是一个国家范围内的物流、一个城市的物流、一个经济区域的物流。一个城市的发展规划，不但要直接规划物流设施及物流项目，如建公路、桥梁、物流基地、仓库等，而且需要以物流为约束条件来规划整个市区，如工厂、住宅、车站、机场等。另外，城市物流还要研究城市生产、生活所需商品如何流入、流出，如何以更有效的形式供应给每个工厂、机关、学校和家庭，城市巨大的耗费所形成的废物又如何组织物流等。

2. 按照物流在供应链中的作用分类

供应链是指在生产及流通过程中，为将货物或服务提供给最终消费者而创造价值，连接上游与下游而形成的组织网络。在整个供应链中，可以有不同类型的物流。

(1) 供应物流(Supp1y Logistics)。供应物流是指为生产企业提供原材料、零部件或其他物品时，物品在提供者与需求者之间的实体流动，即商品生产者、持有者及使用者之间的物流。对生产企业而言，供应物流需将原材料配送给工厂，它处理的对象主要是生产商品所需的原材料和零部件。由于原材料与零部件的数量之间有固定的比例关系，因此供应物流的功能就是强调原材料的配套储存、分拣、及时配送、加工和预处理等。对于流通领域而言，供应物流是指为商品配置而进行的交易活动。

(2) 生产物流(Production Logistics)。生产物流是指生产过程中，原材料、在制品、半成品、产成品等在企业内部的实体流动，即从工厂的原材料购进入库起，直到工厂产品库的产品发送为止，这一全过程的物流活动称为生产物流。目前制造型企业的物流系统有两种：一种是为制造活动提供支持的物流，它的功能要求与供应物流相同；另一种则是为产品分销提供支持的物流。

(3) 销售物流(Distribution Logistics)。销售物流是指生产企业、流通企业出售商品时，物品在供方与需方之间的实体流动，即企业为保证自身的经营利益，伴随销售活动将产品所有权转给用户的物流活动。其特点就是通过包装、送货和配送等一系列物流实现销售。

(4) 分销物流。专业批发业务的物流作业具有大进大出和快进快出的特点，它强调的是批量采购、大量储存及大量运输的能力，大型分销商需要大型的仓储和运输设施。另外，分销商属于中间商，需要与上游和下游进行频繁的信息交换，需要具有良好的信息接口和高效的信息网络。

(5) 回收物流(Returned Logistics)。回收物流是指不合格物品的返修、退货以及周转使用的包装容器从需方返回到供方所形成的物品实体流动。它是伴随着企业在生产、供应及销售活动中产生各种边角余料和废料而形成的物流，若回收物品处理不当，会影响整个生产环境，同时还会占用很大的空间。

(6) 废弃物物流(Waste Material Logistics)。废弃物物流指将经济活动中失去原有使用价值的物品，根据实际需要进行收集、分类、加工、包装、搬运、储存等，并分送到专门的处理场所时所形成的物品实体流动，即对企业排放的无用物进行运输、装卸和处理的物流活动。

3. 按照物流活动的主体分类

(1) 企业自营物流。企业自营物流指企业自备车队、仓库、场地、人员，自给自足的运作模式。

(2) 专业子公司物流。专业子公司物流一般是指从企业传统物流运作功能中剥离出来，成为一个独立运作的专业化实体。它以专业化的工具、人员、管理流程和服务手段为母公司提供专业化的物流服务。与传统的自营物流相比，专业化子公司更加注重对物流过程一体化的管理和物流资源的合理化配置，使物流效率最大化，并能有效地控制总成本达到最低水平。

(3) 第三方物流。第三方物流(Third-Party Logistics，3PL 或 TPL)是指生产经营企业为集中精力搞好主业，把原来属于自己处理的物流活动，以合同的方式委托给专业物流服务企业，同时通过信息系统与物流企业保持密切联系，以达到对物流全程管理和控制的一种物流运作与管理方式，即由供方与需方以外的物流企业提供物流服务的业务模式。

第三方物流实际上是相对于第一方和第二方物流而言的，第一方物流是由卖方、生产者或供应方组织的物流，核心业务是生产和供应商品，为了自身生产和销售业务需要而进行物流网络及设施设备的投资、经营与管理。第二方物流是由买方、销售者组织的物流，核心业务是采购并销售商品，为了销售业务需要投资建设物流网络、物流设施和设备，并进行具体的物流业务运作组织和管理。第三方物流则是专业物流组织进行的物流，其中的“第三方”是指提供物流交易双方的部分或全部物流功能的服务提供者，即物流企业是独立于第一、第二方之外的组织。第三方物流根据合同条款规定的要求，站在货主的立场上提供从物流计划、系统设计、物流管理到实施的一整套物流服务。除传统的运输、存储等服务外，第三方物流还提供分装、集运、订单分拣、存货控制、分拣包装、货物跟踪、车辆维护、托盘化、包装/重新包装、贴标签、质量控制/产品试验、客户化、售后服务、咨询等物流服务。

(4) 第四方物流。第四方物流(Fourth Party Logistics，4PL)是 1998 年美国埃森哲咨询公司率先提出的，它专门为第一方、第二方和第三方提供物流规划、咨询、物流信息系统、

供应链管理等服务，但并不实际承担具体的物流运作活动。4PL 是一个供应链的集成商，是供需双方及第三方物流的领导力量，它不是物流的利益方，而是通过拥有的信息技术、整合能力以及其他资源提供一套完整的供应链解决方案，以此获取一定的利润。4PL 能够帮助企业实现降低成本和有效整合资源，并且依靠优秀的第三方物流供应商、技术供应商、管理咨询以及其他增值服务商，为客户提供独特和广泛的供应链解决方案。

三、物流与电子商务的关系

电子商务“成也物流，败也物流”。电子商务是信息传播的保证，而物流是执行的保证，没有物流，电子商务只能是一张空头支票。

1. 电子商务可使物流实现网络的实时控制

在电子商务下，物流的运作是以信息为中心的，信息不仅决定了物流的运动方向，而且也决定着物流的运作方式。在实际运作过程中，通过网络上的信息传递，可以有效地实现对物流的实施控制，实现物流的合理化。比如，在电子商务方案中，可以利用电子商务的信息网络，尽可能地通过信息沟通，将实物库存暂时用信息代替；在供应链的不同环节采用 EDI 交换数据，建立基于互联网的 Intranet，为用户提供 Web 服务器，便于数据实时更新和浏览查询；一些生产厂商和各级经销商、物流服务商共用数据库，共享库存信息等，目的都是尽量减少实物库存水平，但并不降低供货服务水平。

2. 物流是电子商务实现的基础

电子商务通过快捷、高效的信息处理手段可以比较容易地解决信息流(信息交换)、商流(所有权转移)和资金流(支付)的问题，而将商品及时地配送到用户手中，即完成商品的空间转移(物流)才标志着电子商务过程的结束。因此，物流系统效率的高低是电子商务成功与否的关键，而物流效率的高低很大一部分取决于物流的现代化水平，如无损检测和抽样检验技术，商品科学养护技术，条码技术，信息处理技术，安全装载技术，运输设备的专用化、大型化，保管设备的多样化、组合化，装卸搬运设备的效率化，信息处理设备的计算机化等。物流信息化能更好地协调生产与销售、运输、储存等环节，对优化供货程序、缩短物流时间及降低库存有着十分重要的意义。

3. 物流是实施电子商务的关键

电子商务的出现，在很大程度上方便了最终消费者，他们不必再走上拥挤的商业衔，一家一家地挑选自己所需的商品，而只需坐在家里，在互联网上搜索、查看、挑选，就可以完成购物过程。但试想，他们所购的商品迟迟不能送达，或商家所送并非自己所购，那消费者还会选择网上购物吗？因此，缺少了现代化的物流技术，电子商务给消费者带来的购物便捷就等于零，消费者必然会转向他们认为更为安全的传统购物方式。如果物流与信息流、商流、资金流严重脱节的问题得不到解决，电子商务将很难快速发展。

4. 物流是实现电子商务中跨区域物流的重点

电子商务的推广加快了世界经济的一体化，其跨时域性和跨区域性使得物流活动必然呈现跨国性，国际物流在整个商务活动中愈来愈占有举足轻重的地位。在电子商务这种交易方式下，物流模式的特点将使国际物流、跨区域物流不断增加，与之相应，第三方物流模式将成为一种必然选择。

5. 电子商务下的物流发展趋势

电子商务时代的来临，给全球物流带来了新的发展，使物流具备了一系列新特点。

1) 信息化

电子商务时代，物流信息化是电子商务的必然要求。物流信息化表现为物流信息的商品化、物流信息收集的数据库化和代码化、物流信息处理的电子化和计算机化、物流信息传递的标准化和实时化以及物流信息存储的数字化等。因此，条形码技术(Bar Code)、数据库技术(Database)、电子订货系统(Electronic Ordering System，EOS)、电子数据交换、快速反应(Quick Response，QR)、有效客户反馈(Effective Customer Response，ECR)及企业资源计划(Enterprise Resource Planning，ERP)等技术与观念将会得到普遍的应用。没有物流的信息化，任何先进的技术设备都不可能应用于物流领域，信息技术及计算机技术在物流中的应用将会彻底改变世界物流的面貌。

2) 自动化

自动化的基础是信息化，自动化的核心是机电一体化，自动化的外在表现是无人化，自动化的效果是省力化。另外，自动化还可以扩大物流作业能力、提高劳动生产率、减少物流作业的差错等。物流自动化的设施非常多，如条形码、语音、射频自动识别系统，自动分拣系统，自动存取系统，自动导向车及货物自动跟踪系统等。

3) 网络化

物流领域网络化包括两层含义：

(1) 物流配送系统的计算机通信网络，包括物流配送中心与供应商或制造商的联系要通过计算机网络，与顾客之间的联系也要通过计算机网络。比如，物流配送中心向供应商提出订单的过程，就可以使用计算机通信方式，借助于增值网(Value-Added Network，VAN)上的电子订货系统和电子数据交换技术来自动实现，物流配送中心通过计算机网络收集客户订货的过程也可以自动完成。

(2) 组织的网络化，即所谓的内联网(Intranet)。比如，台湾的计算机业在 20 世纪 90 年代创造出了“全球运筹式产销模式”，这种模式的特点是按照客户订单组织生产，采取分散式生产，即将全世界的计算机资源都利用起来，采取外包的形式将一台计算机的所有零部件、元器件和芯片外包给世界各地的制造商去生产，然后通过全球的物流网络将这些零部件、元器件和芯片发往同一个物流配送中心进行组装，由该物流配送中心将组装好的计算机迅速配送给客户。这一过程需要有高效的物流网络支持，当然物流网络的基础是信息和计算机网络。物流的网络化是物流信息化的必然，是电子商务物流活动的主要特征之一。目前，全球网络资源的可用性及网络技术的普及为物流的网络化提供了良好的外部环境。

4) 智能化

智能化是物流自动化、信息化的一种高层次应用。物流作业过程中需要大量的运筹和决策，如库存水平的确定、运输(搬运)路径的选择、自动导向车的运行轨迹和作业控制、自动分拣机的运行，以及物流配送中心经营管理的决策支持等问题都需要借助于大量的知识才能解决。在物流自动化的进程中，物流智能化已成为电子商务物流发展的一个新趋势，需要通过专家系统、机器人等相关技术来解决。

5) 柔性化

柔性化本来是为实现“以顾客为中心”的理念在生产领域提出的，但要真正做到柔性化，真正根据消费者需求的变化来灵活调节生产工艺，没有配套的柔性化物流系统是不可能达到的。20 世纪 90 年代以后，国际生产领域纷纷推出弹性制造系统(Flexible Manufacturing System，FMS)、计算机集成制造系统(Computer Integrated Manu-facturing System，CIMS)、制造资源计划(Manufacturing Requirement Planning，MRP)、企业资源计划及供应链管理等技术，其实质就是要将生产和流通进行集成，根据需求端的需求组织生产，安排物流活动。因此，柔性化的物流正是适应生产、流通与消费的需求而发展起来的一种新型物流模式。这就要求物流配送中心要根据消费者需求“多品种、小批量、多批次、短周期”的特色，灵活组织和实施物流作业。另外，物流设施和商品包装的标准化，物流的社会化和共同化也是电子商务物流发展的新特点、新趋势。

四、物流的六大要素

物流的研究对象是物流系统，它包括原材料供应物流系统、生产物流系统、销售物流系统、废弃物物流系统、回收物流系统等。物流学科研究从原材料采购到生产、流通直至消费的全过程中物的时间和空间的转移规律。物在时间和空间上的转移有以下六个要素。

1. 流体

流体指物流中的“物”，即物质实体，它具有自然属性和社会属性。自然属性是指其物理、化学、生物属性。物流管理的任务之一是要保护好流体，使其自然属性不受损坏，因而需要对流体进行检验、养护，在物流过程中需要根据物质实体的自然属性合理安排运输、保管、装卸等物流作业。社会属性是指流体所体现的价值属性，以及生产者、采购者、物流作业者与销售者之间的各种关系。有些关系国计民生的重要商品作为物流的流体还肩负着国家宏观调控的重要使命，因此在物流过程中要保护流体的社会属性不受任何影响。

根据流体的自然属性和社会属性可以计算流体的价值系数：

$$v = p/t \quad \text{或} \quad v = p/c$$

其中：v——每立方米体积或每吨商品的价值，单位是元/立方米或元/吨；

p——商品价值；

t——商品重量，单位是吨；

c——商品体积，单位是立方米。

2. 载体

载体指流体借以流动的设施和设备。载体分成两类：第一类载体指基础设施，如铁路、公路、水路、港口、车站、机场等基础设施，它们大多是固定的；第二类载体指设备，即以第一类载体为基础，直接承载并运送流体的设备，如车辆、船舶、飞机、装卸搬运设备等，它们大多是可以移动的。

3. 流向

流向指流体从起点到终点的流动方向。物流的流向有四种：一是自然流向，指根据产销关系所决定的商品流向，这表明一种客观需要，即商品要从产地流向销地；二是计划流向，指根据流体经营者的经营计划而形成的商品流向，即商品从供应地流向需要地；三是市场流向，指根据市场供求规律确定的商品流向；四是实际流向，指在物流过程中实际发生的流向。对某种商品而言，可能会同时存在以上几种流向，如根据市场供求关系确定的商品流向是市场流向，这种流向反映了产销之间的必然联系，是自然流向，实际发生物流时还需要根据具体情况来确定运输路线和调运方案，这种流向是实际流向。在确定物流流向时，理想的状况是商品的自然流向与商品的实际流向相一致，通过对流向的研究来合理配置物流资源以及合理规划物流流向，可以降低物流成本且加快物流速度。

4. 流量

流量即通过载体的流体在一定流向上的数量表现。流量统计的单位有吨、立方米、元等。根据流量本身的特点，可以将流量具体分为实际流量和理论流量。

(1) 实际流量，即实际发生的物流流量，包括按照流体统计的流量、按照载体统计的流量、按照流向统计的流量、按照发运人统计的流量、按照承运人统计的流量。

(2) 理论流量，即从物流系统合理化角度来看应该发生的物流流量。

5. 流速

流速即通过载体的流体在一定流程上的速度表现。流速与流向、流量、流程共同构成物流的四个向量指标，反映物流的数量特征，是衡量物流效益、效率的重要指标。一般来说，流速快意味着物流的效率高，可以节约时间成本。在相同的载体条件下，流速快意味着物流成本的减少，物流价值的提高。

6. 流程

流程即通过载体的流体在一定流向上行驶路径的数量表现，统计的单位有吨公里等。流程与流向、流量一起构成了物流向量的三个数量特征。流程分为实际流程和理论流程。

(1) 实际流程可按照五种口径来统计，即按照流体统计、按照载体统计、按照流向统计、按照发运人统计、按照承运人统计。

(2) 理论流程往往是可行路径中的最短路径，路径越长，物流运输成本越高，如果要降低运输成本，一般应设法缩短运输里程。

物流的六要素之间有极强的内在联系，如流体的自然属性决定了载体的类型和规模，流体的社会属性决定了流向和流量，载体对流向和流量有制约作用，载体的状况对流体的自然属性和社会属性均会产生影响。因此，进行物流活动要注意处理好六要素之间的关系，否则就会使物流成本提高、服务降低、效益下降、效率低下。

物流的六要素横跨整个供应链，存在于原材料采购、制造、销售、消费、废弃物回收等任何类型的物流环节中，也存在于运输、储存、包装、装卸、流通加工、物流信息等各种物流活动中，存在于公路运输、铁路运输、水路运输、航空运输以及管道运输等各种运输系统中。不管是什么层次、类型、规模、环节、行业中存在的物流系统，都存在以上六个要素，当然也存在一些特殊情况。比如货运汽车空驶、仓库空置、回程的集装箱空载等情况在实践中也不在少数，可以将其视作流体为空，流量、流速为零的物流状况，这是物流中必然存在的一种状况。

物流各环节的基本功能

物流各环节的基本功能包括：运输功能、保管功能、装卸搬运功能、包装功能、流通加工功能、配送功能以及信息功能。

(1) 运输(Transportation)指用设备和工具，将物品从某一地点向另一地点运送的物流活动。其中包括集货、分配、搬运、中转、装入、卸下、分散等一系列操作。

(2) 储存(Storing)是保护、管理、贮藏物品。运输通过改变商品的空间位置增加物品的价值，或充分发挥其商品的使用价值，储存则是通过改变商品的时间状态增加商品的价值，或充分发挥商品的使用价值。

(3) 配送(Distribution)指在经济合理区域范围内，根据用户要求对物品进行拣选、加工、包装、分割、组配等作业，并按时送达指定地点的物流活动。

(4) 包装(Package / Packaging)是指为了在流通过程中保护产品、方便储运、促进销售，按一定技术方法而采用的容器、材料及辅助物等的总体名称，也指为了达到上述目的而采用容器、材料和辅助物的过程中施加一定技术方法等的操作活动。包装可大体划分为两类：一类是工业包装，或叫运输包装、大包装；另一类是商业包装，或叫销售包装、小包装，其目的主要是促进销售。工业包装的对象有水泥、煤炭、钢材、矿石、棉花、粮食等大宗生产资料，例如用火车运煤和矿石时，只要在车皮上盖上苫布，用绳索固定即可；从国外进口大麦、小麦，只以散装的形式倒入船舱，不必进行装袋；水泥运输也强调散装化，以便节约费用，便于装卸和运输。但是无包装也好，简单包装也好，有一个原则不能违背，就是要防水、防湿、防潮、防挤压、防冲撞、防破损、防丢失、防污染，同时还要保证运输途中不变质、不变形、不腐蚀、保鲜、保新等。此外，还有几点也是包装应该遵守的原则，就是产品包装后要便于运输、便于装卸、便于保管、保质保量、有利于销售。

(5) 装卸(Loading and Unloading)是指物品指定地点以人力或机械装入运输设备或卸下。装卸的机械化不仅可以减轻人的作业压力，改善劳动环境，而且可以大大提高装卸效率，降低商品损耗，缩短物流时间。

(6) 流通加工(Distribution Processing)是物品从生产地到使用地的过程中，根据需要施加包装、分割、计量、分拣、组装、价格贴付、标签贴付、商品检验等简单作业的总称，属于一种产品的初加工，是使物品发生物理性变化(如大小、形状、数量等变化)的物流方式。通过流通加工，可以节约材料、提高成品率、保证供货质量和更好地为用户服务。流通加工是物流过程“质”的升华，使流通向更深层次发展。比如，深海捕鱼时，轮船一出海至少一个月才能返回，为了防止海产品腐烂变味，也为了减少占用空间，渔民们在轮船上进行分选、挖膛等加工，这叫鱼的流通加工；钢卷在流通中心进行剪切、套裁、弯曲、压型等工序也是流通加工，这叫钢材流通加工；水泥搅拌站将沙石、水泥和添加剂加以搅拌后再运往工地浇注，也同样是流通加工，这叫水泥流通加工；将砍下来的原木运到木材厂加工成板材、板坯或制成复合材料等也是流通加工，这叫木材流通加工。有些商品的加工要结合当地消费者的实际需求来进行，比如贴有当地语言的标签、按实际需要将大批量的商品进行分割、裁剪、喷漆、染色、洗净、剪切、挑选、分级、称量、包装等。流通加工与生产领域的制造活动的区别是，前者改变加工对象的基本形态和功能，是一种创造新的使用价值的活动，而流通加工不改变商品的基本形态和功能，只是完善商品的使用功能，提高商品的附加价值。

(7) 物流信息(Logistics Information)是反映物流各种活动内容的知识、资料、图像、数据、文件的总和。物品从生产到消费过程中的运输数量和品种、库存数量和品种、装卸质量和速度、包装形态和破损率等信息都是物流活动质量和效率信息，准确掌握这些信息是搞好物流管理的先决条件。企业通过不断地收集、筛选、加工、研究、分析各类物流信息，并以此为依据判断生产和销售方向，决定企业经营战略。

五、物流的价值

1. 物流创造的时间价值

“物”从供给者到需求者之间有一段时间差，改变这一时间差创造的价值称作时间价值。时间价值通过物流获得的形式有：缩短时间差创造价值、弥补时间差创造价值、延长时间差创造价值。

2. 物流创造的场所价值

“物”从供给者到需求者之间有一段空间差，改变这一空间差创造的价值称作场所价值。场所价值有：从集中生产场所流入分散需求场所创造的价值；从分散生产场所流入集中需求场所创造的价值；从甲地生产流入乙地需求创造的价值。

3. 物流创造加工附加值

现代物流的一个重要特点是根据自己的优势从事一定补充性的加工活动，这种加工活动不是创造主要实体形成商品，而是带有完善、补充、增加性质的加工活动。

第三方物流的经济价值

第三方物流之所以在世界范围内受到广大企业的青睐，根本原因就在于其独特的作用与经济价值。第三方物流能够帮助客户获得诸如利润、价格、供应速度、服务、信息的准确性和真实性及新技术的采用等潜在优势。

1. 第三方物流的成本价值

企业将物流业务外包给第三方物流公司，由专业物流管理人员和技术人员充分利用专业化物流设备、设施和先进的信息系统，发挥专业化物流运作的管理经验，以求取得整体最优效果。将物流外包给第三方的企业可以不再保有仓库、车辆等物流设施，对物流信息系统的投资也可转嫁给第三方物流企业来承担，从而可减少投资和运营物流的成本；还可以减少直接从事物流的人员，从而减少工资支出；提高单证处理效率，减少单证处理费用；由于库存管理控制的加强可降低存货水平，削减存货成本；通过第三方物流企业广泛的结点网络实施共同配送，可大大提高运输效率，减少运输费用等。

2. 第三方物流的服务价值

物流服务水平实际上已成为企业实力的一种体现。利用第三方物流企业的信息网络和结点网络，能够加快对客户订货的反应能力，加快订单处理，缩短从订货到交货的时间，进行门对门运输，实现货物的快速交付，提高客户满意度；通过其先进的信息技术可加强对在途货物的监控，及时发现、处理配送过程中的意外事故，保证货物被及时安全地送达目的地，从而提高企业的客户服务水平。

3. 第三方物流的社会价值

第三方物流可将社会上众多的闲散物流资源有效整合，并利用起来。通过第三方物流企业专业的管理控制能力和强大的信息系统，对企业原有的仓库、车队等物流资源进行统一管理、运营、组织共同存储、共同配送，将企业物流系统社会化，实现信息、资源的共享，则可从另一个高度上极大地促进社会物流资源的整合和综合利用。

通过第三方物流的专业技术，加强运输控制，通过制定合理的运输路线，采用合理的运输方式，组织共同配送，可减少城市车辆运行数量，减少车辆空驶、迂回运输等现象，解决由于货车运输的无序化造成的城市交通混乱、堵塞问题，缓解城市交通压力。

六、物流系统

物流系统是由企业供应系统、生产运营系统和物流配送系统这些子系统所构成的有机整体，它包括采购、运输、仓储、装卸搬运、生产、流通加工、配送等具体活动，如图 9.1 所示。

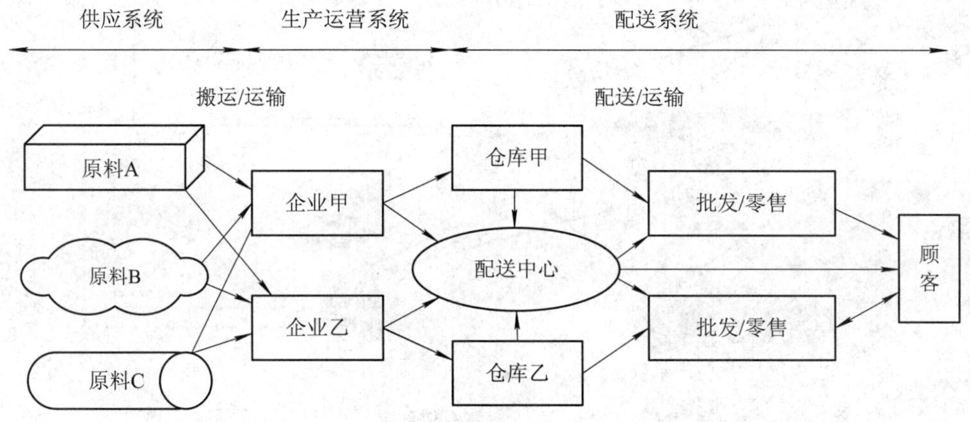

图 9.1　一个完整的物流系统示意图

1. 企业供应系统

供应系统不仅要保证供应的目标，而且还要以最低成本、最少消耗来组织供应物流活动，并满足限定的条件。在现在非短缺商品市场环境下，要降低物流成本，就必须解决有效的供应网络、供应方式和零库存等问题。

2. 生产运营系统

生产物流是制造型企业所特有的，它与生产流程同步。生产物流合理化对工厂的生产秩序和生产成本有很大的影响。制造商自己建立分销网络的情况越来越普遍，其市场覆盖面广且分销能力强，市场信息的收集与传递及时，因此要求在区域市场上运输和配送商品的能力要强，需求预测及订单处理的功能要完善。

3. 物流配送系统

配送是根据用户要求，以最有效的方式在物流基地进行理货工作，并将货物送交用户的一种物流方式。在实际运作过程中，由于产品形态、企业状况及顾客要求存在差异，因而配送过程也会有所不同。一个较为完整的配送工作流程如图 9.2 所示，一个物流企业的内部物流配送业务模式如图 9.3 所示。

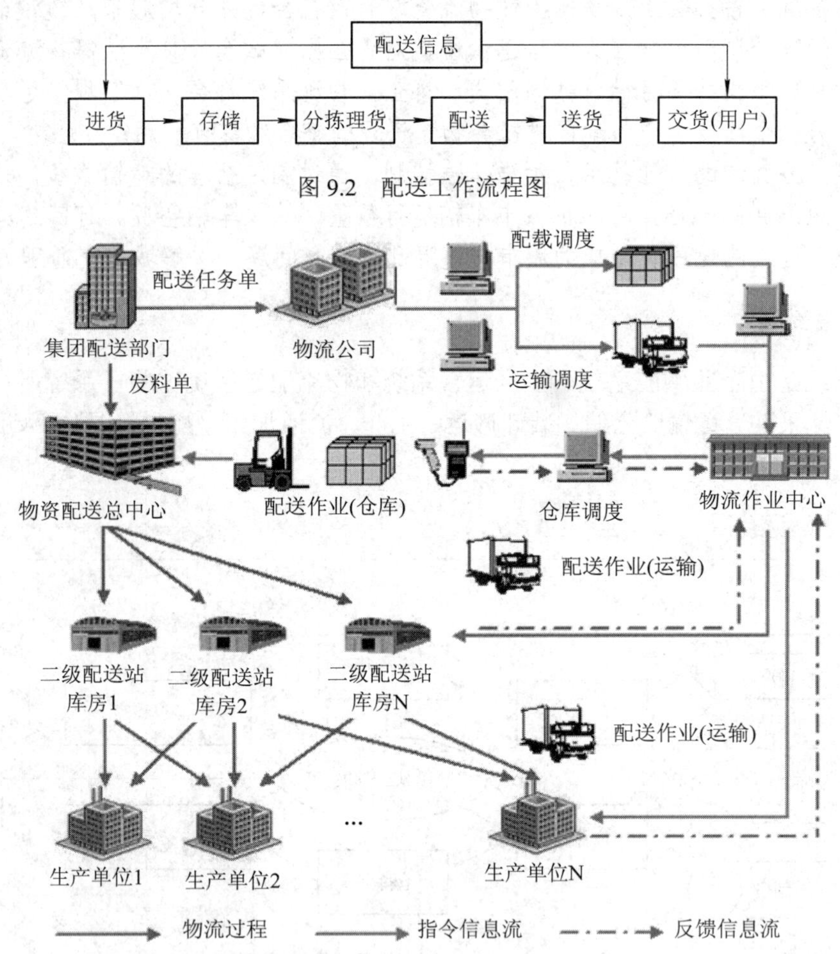

图 9.2　配送工作流程图

图 9.3　内部物流配送业务模式示意图

配送工作的各个环节紧密连接，相互促进，相互制约，形成一个有机的统一体，即配送系统。配送系统主要由环境、输入、输出、处理和反馈等部分构成。

(1) 环境。配送系统环境主要包括系统的外部环境和内部环境。外部环境包括用户需求、观念及价格等因素；内部环境包括系统、人、财、物、规模与结构、管理模式、策略和方法等。外部环境是系统不可控制的，内部环境则是系统可控的。

(2) 输入。输入是指一系列对配送系统所发生的作用，包括原材料、设备和人员等。

(3) 处理。处理是指配送的转化过程或配送业务活动的总称，包括运输、储存、包装、

搬运和送货等，以及信息的处理及管理工作。

(4) 输出。输出是指输入经过处理后的结果，即提供的配送服务，具体包括货物的转移、各种劳务、质量和效益等。

(5) 反馈。反馈即信息的反馈，是物流系统与配送系统之间的反馈，主要存在于输入和输出过程。

配送系统中进货、储存、分拣、理货、配送、配装、送货、交货等具体工作也贯穿于供应系统和生产运营系统中。配送系统作为物流系统的一个子系统，从总体而言，应符合物流系统的整体要求，同时又相对独立存在，能够达到快捷响应、最低库存、整合运输的目标，降低配送成本，提高服务质量和客户满意度，完成自己的职能。

4. 电子商务配送系统的构成

电子商务配送系统主要由管理系统、作业系统和网络系统构成。

(1) 管理系统。管理系统是由配送系统的计划、控制、协调和指挥等组成的系统，它是整个配送系统的支柱。管理系统包括配送系统的战略目标、能力及配送需求预测、创造、配送过程管理及网络管理等。

(2) 作业系统。作业系统是配送实物作业过程构成的系统，它包括货物的接收、装卸、存货、分拣、配装、送货和交货等。配送实物作业通过接收管理系统下达的信息指令来进行。

(3) 网络系统。网络系统是由接收、处理信息以及订货等组成的系统。目前配送应用较多的电子商务网络系统主要有销售时点管理系统(POS)、增值网系统(VAN)、电子订货系统(EOS)、管理信息系统(MIS)、电子数据交换系统(EDI)等。

生产企业物流与商业物流

1. 生产企业物流

生产企业物流是围绕着企业组织商品生产的活动，包括了从原材料和零部件的采购、进行生产的过程直到所生产的商品销售出厂以及售后服务的一切物流活动，如图 9.4 所示。

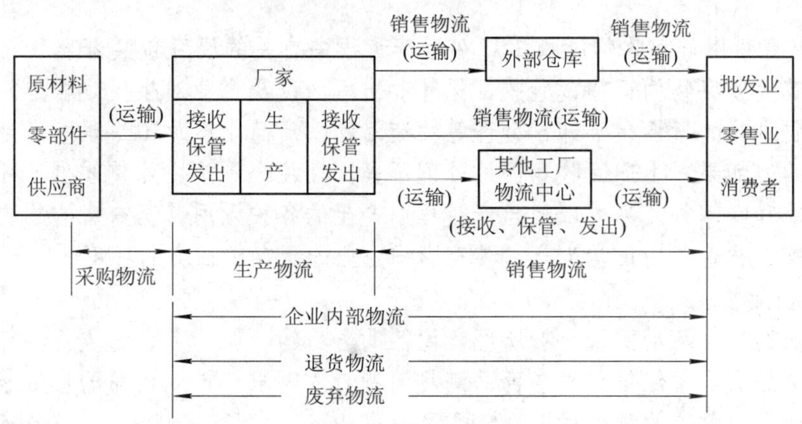

图 9.4　生产企业物流

(1) 采购物流将为生产所需而从供应商处采购的原材料、零部件从供应商处运回厂内，还包括从销售点回收或采购产品包装用的容器，以及可以重复使用的材料的回收物流。采购物流位于生产企业生产活动的开始，其作用的好坏将影响整个生产活动的结果。采购物流要保证本企业生产的连续性和正常节奏，对生产所需要的原材料、零部件、燃料、辅助材料等进行组织和供应。采购物流活动对企业生产的正常、高效运行有着重大作用，其目标不仅仅是保证企业生产的原材料供应，还必须考虑以最低的成本和最少的消耗以及最大的供应保证性来组织企业的供应物流活动。企业采购物流所研究的主要问题包括企业生产的供应网络、供应方式和零库存(Just In Time)问题等。企业竞争的关键在于如何最大限度地降低企业供应物流的成本。

(2) 企业内部物流又叫厂内物流，是指将所采购的原材料和零部件等放入仓库并加以妥善保管，在生产需要时及时出库送到生产现场；将工厂生产的商品运到物流中心、厂内或其他工厂的仓库入库；物流中心和工厂的仓库对商品进行必要的运输包装和流通加工等。企业内部物流或者称为企业生产物流是企业生产活动的中心环节，是贯穿于企业整个生产过程的物流活动，是生产过程的一部分。企业生产物流的过程是从原料、零部件、燃料及其他辅助材料，即从企业的仓库或企业的“门口”开始，被认为进入到生产线的开始端，然后经过各个生产加工环节，同时产生一些废料、余料，直到生产加工的终结，到达产成品仓库，完成企业生产物流的全过程。企业生产物流在很大程度上降低了生产过程中物流活动与实际加工所占用的时间比，缩短了企业产品的生产周期。

(3) 销售物流是将生产的商品从工厂、物流中心或外单位的仓库送到批发商、零售商或消费者手中的运输或配送，包括将生产的商品送到外单位仓库的运输和配送。销售物流是企业为了保证本企业的经营效益所进行的销售活动，即将企业所生产的产品所有权转给用户的物流活动。销售物流的特点是通过产品的包装、送货、配送等一系列活动来实现销售。

(4) 退货物流指与对已采购但验收不合格的原材料和零部件的退货，以及已售出的商品的退货相关的运输、验收和保管的物流活动。企业在采购后因入库验货不合格而向供应商退货，或企业生产的商品销售后因各种原因而被退货都是不可避免的。企业的退货物流活动开展的好坏，一方面将直接影响企业的经济利益，另一方面，将影响客户对企业的信任度。

(5) 企业废弃物与回收物流指工厂在生产过程中有关的废弃包装容器和材料、生产过程中产生的其他废弃物的运输、验收、保管和出库，以及企业对生产过程中排放的无用物包括有害物质进行的运输、装卸、处理等物流活动。产品生产加工过程所产生余料和废料是不可避免的，如果对上述回收物品的处理不当，往往会影响企业整体生产环境，例如占用企业的场地和空间等。另外，对生产过程中产生的各种无用甚至有害的物质处置的妥当与否也将直接影响企业的正常生产，甚至影响企业的生存和社会的环境。

2. 商业企业物流

商业企业的物流活动围绕企业所经营商品的进、销、调、存、退进行，包括从采购所经营的商品，到通过营销策划出售商品满足消费者的需求，再到商品的售后服务等一切物流活动。商业企业物流的结构如图 9.5 所示。

(1) 商业企业的采购物流是将本企业所经营的商品以及销售商品所需的其他物品从生

产厂家或其他商品据点运回公司。商业企业采购的商品有时由商品的生产厂商或配送中心负责运输。商业企业主要完成的是商品从生产者到消费者之间的流通，并在此过程中获取利润和效益。做好商品采购物流可以保证商店正常销售的商品供应不至脱销，又能够使企业的商品库存有一个尽可能低的安全库存量，从而减少企业的库存资金，增加流动资金，使企业能够获得更大的经济效益。

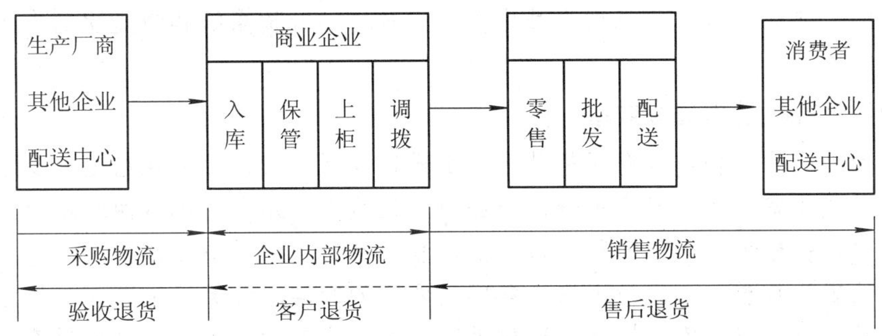

图 9.5　商业企业物流的结构

(2) 商业企业的内部物流包括商品出库运输到本店的销售现场上柜或各分店及连锁店进行销售，以及从本店向其他商业企业的调拨运输。另外，企业的内部物流还包括对库存的商品进行合理的保管，以及对采购来的商品进行必要的拆包、分档和再包装等加工。商业企业内部物流的主要作用是保证商品的正常销售。

(3) 商业企业的销售物流活动包括通过零售、批发以及运输和配送将商品发送到消费者或购货单位手中。

(4) 商业企业的退货物流包括在商品采购的进货验收时发现的商品不合格，以及在商品销售后客户发现所购商品有质量问题所发生的退货。退货的商品由商业企业暂存并运到生产厂家或其他的进货点。做好退货物流一方面可以减少企业的采购成本，另一方面可以提高企业的服务信誉。

学习任务 2　物流技术应用

物流信息技术增强沃尔玛的核心竞争力

沃尔玛之所以成功，很大程度上是因为它至少提前 10 年(较竞争对手)将尖端科技和物流系统进行了巧妙组合。

沃尔玛一直崇尚采用最现代化、最先进的系统进行合理的运输安排，通过电脑系统和配送中心获得最终的成功。早在 20 世纪 70 年代，沃尔玛就开始使用计算机进行管理，建立了物流的管理信息系统(MIS)，负责处理系统报表，加快了运作速度。20 世纪 80 年代初，沃尔玛与休斯公司合作发射物流通讯卫星，实现了全球物流通信卫星联网，使得沃尔玛获

(EOS)、全球卫星定位系统(GPS)、地理信息系统(GIS)、射频技术(RF)等。这些技术使企业能采用先进的管理方法如快速反应(QR)、有效客户反应(ECR)、准时制管理(JIT)；提供客户要求的供应商管理库存计划(VMIP)、提前运送通知(ASNs)、协同计划、预测与补给(CPFR)、上架准备等特定服务；支持工厂和仓库中新增的物流活动如直接换装(Cross-docking)操作、运输调度及回程安排等。

一、条形码技术

1. 条形码概述

条形码是由美国的 N.T.Woodland 在 1949 年首先提出的，它是由一组黑白相间、宽度不同、反射率不同的条和空，按照一定的编码规则(码制)编制而成，用以表达一组数字或字母符号信息的图形标识符，其中隐含着数字信息、标志信息、符号信息等，主要用于表示商品的名称、产地、价格、种类，是国际通用的商品代码表述方法。条形码是一种集编码、印刷、识别、数据采集和处理于一体的自动识别技术。

条形码可以标出商品的生产国、制造厂家、商品名称、生产日期、图书分类号、邮件起止地点、类别、日期等信息，因而在商品流通、图书管理、邮电管理、银行系统等许多领域都得到了广泛的应用。条形码中的条纹是由若干黑色“条”和白色“空”单元的组成，在光电转换设备上转换成不同的电脉冲，形成不同的电子信息，它是为实现对信息的自动扫描而设计的，是实现快速、准确而可靠地采集数据的有效手段。借助自动识别技术、POS 系统、EDI 等，企业可以随时了解有关产品在供应链上的位置。当今在欧美等发达国家兴起的 ECR、QR、自动连续补货(ACEP)等供应链管理策略，都离不开条形码技术的支持。

2. 条形码识别系统的组成

为了阅读出条形码所代表的信息，需要一套条形码识别系统，它由条形码扫描器、放大整形电路、译码接口电路和计算机系统等部分组成。

3. 条形码技术的优点

(1) 准确性高。键盘输入数据出错率为三百分之一，利用光学字符识别技术出错率为万分之一，而采用条形码技术的误码率低于百万分之一。

(2) 数据输入速度快。与键盘输入相比，条形码输入的速度是键盘输入的 5 倍，并且能实现即时数据输入。

(3) 经济便宜。与其他自动化识别技术相比，推广应用条形码技术所需费用较低。

(4) 灵活、实用。条形码符号作为一种识别手段可以单独使用，也可以和有关设备组成识别系统实现自动化识别，还可和其他控制设备联系起来实现整个系统的自动化管理。同时，在没有自动识别设备时，也可实现手工键盘输入。

(5) 采集信息量大。利用传统的一维条形码一次可采集几十位字符的信息，二维条形码更可以携带数千个字符的信息，并有一定的自动纠错能力。

(6) 自由度大。识别装置与条形码标签相对位置的自由度要比 OCR 大得多。条形码通常只在一维方向上表达信息，而同一条形码上所表示的信息完全相同并且连续，这样即使是标签有部分缺欠，仍可以从其正常部分读取正确的信息。

(7) 设备简单。条形码符号识别设备的结构简单，操作容易，无需专门训练。

(8) 易于制作。条形码可印刷，称作为“可印刷的计算机语言”。条形码标签易于制作，对印刷技术设备和材料无特殊要求。

二、射频技术

1. 射频技术概述

射频技术 RF(Radio Frequency)是利用发射接收无线电射频信号，对物体进行近距离无接触式探测和跟踪的一种技术，它是自动设备识别技术中应用领域最广泛的技术之一，具有环境适应性强、免接触、抗干扰能力强，以及可以穿透非金属物体进行识别等特点。

射频识别技术(Radio Frequency Identification，RFID)俗称电子标签，是将微芯片嵌入到产品当中，微芯片会向扫描器自动发出产品的序列号等信息，而这个过程不需要像条形码技术那样进行人工扫描。RFID 射频识别是一种非接触式的自动识别技术，它通过射频信号自动识别目标对象并获取相关数据，识别工作无须人工干预，可工作于各种恶劣环境。RFID 技术可识别高速运动物体并同时识别多个标签，操作快捷方便。

2. 射频识别系统的组成

射频技术识别系统通常由阅读器、天线和电子标签组成。

(1) 天线(Antenna)在标签和读取器间传递射频信号。

(2) 阅读器(Reader)是读取(有时还可以写入)标签信息的设备，用以产生无线电射频信号并接收由电子标签反射回的无线电射频信号，经处理后获得标签的数据信息。阅读器又称为读出装置，可无接触地读取并识别电子标签中所保存的电子数据，从而达到自动识别物体的目的。阅读器可携带大量数据，难以伪造。

(3) 电子标签(Tag)是由耦合元件及芯片组成，每个标签具有唯一的电子编码，附着在物体上以标识目标对象。电子标签中一般保存有约定格式的电子数据，当受到无线电射频信号照射时，能反射回携带有数字字母编码的无线电射频信号，供阅读器处理识别。

3. 射频技术的典型应用

射频技术适用于物料跟踪、运载工具和货架识别等要求非接触数据采集和交换的场合，由于 RF 标签具有可读写能力，对于需要频繁改变数据内容的场合尤为适用。

当前，RFID 技术最广泛的应用领域是库存和物流管理。除此之外，RFID 技术的应用领域还包括生产制造和装配、航空行李处理、邮件/快运包裹处理、文档追踪/图书馆管理、动物身份标识、运动计时、门禁控制/电子门票、道路自动收费等。我国在一些高速公路的收费站口使用 RF，以实现不停车收费。

4. RFID 技术的基本工作原理

RFID 技术的基本工作原理：标签进入磁场后，接收解读器发出的射频信号，凭借感应电流所获得的能量发送出存储在芯片中的产品信息(Passive Tag，无源标签或被动标签)，或者主动发送某一频率的信号(Active Tag，有源标签或主动标签)；解读器读取信息并解码后，送至中央信息系统进行相关处理。

三、GPS 技术

1. GPS 技术

GPS(全球定位系统，Global Positioning System)是 20 世纪 70 年代由美国陆海空三军联合研制的新一代空间卫星导航定位系统。其主要目的是为陆、海、空三大领域提供实时、全天候和全球性的高精度的定位和导航服务，并用于情报收集、核爆监测和应急通讯等一些军事目的。目前主要的全球卫星定位系统包括美国国防部的 GPS 系统、俄罗斯的 GLONASS 系统和国际海事卫星组织的 INMARSA 系统，以及中国的北斗系统。

完整的 GPS 系统包括三部分：空间部分，即 GPS 卫星；地面控制部分，即地面监控系统；用户设备部分，即 GPS 信号接收机。GPS 技术原理如图 9.6 所示。

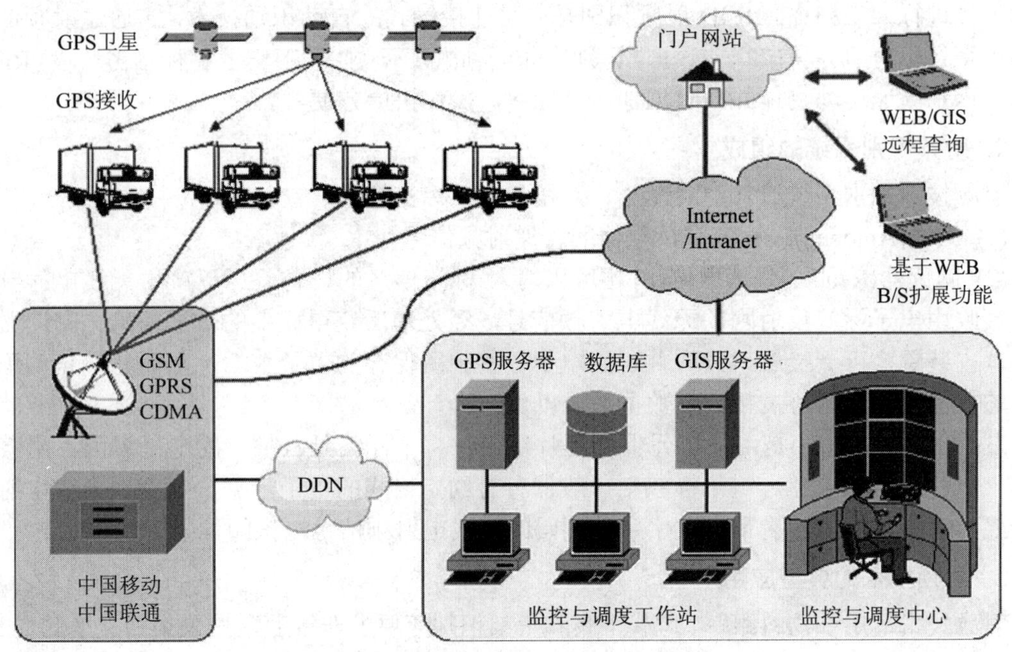

图 9.6　GPS 卫星技术原理

随着科学技术的不断进步，全球卫星定位系统也在商业领域大显身手，商用 GPS 主要用在勘测制图，航空、航海导航，车辆追踪系统，移动计算机和蜂窝电话平台等方面。

2. GPS 系统的用途

(1) 陆地应用。陆地应用主要包括车辆导航、应急反应、大气物理观测、地球物理资源勘探、工程测量、变形监测、地壳运动监测、市政规划控制等。

(2) 海洋应用。海洋应用包括远洋船最佳航程航线测定、船只实时调度与导航、海洋救援、海洋探宝、水文地质测量以及海洋平台定位、海平面升降监测等。

(3) 航空航天应用。航空航天应用包括飞机导航、航空遥感姿态控制、低轨卫星定轨、导弹制导、航空救援和载人航天器防护探测等。

(4) 车辆跟踪。车辆跟踪指利用 GPS 和电子地图实时显示车辆的实际位置，对配送车辆和货物进行有效地跟踪。

(5) 路线的规划和导航，分自动和手动两种。自动路线规划是由驾驶员确定起点和终点，由计算机软件按照要求自动设计最佳行驶路线，包括最快的路线、最简单的路线、通过高速公路路段次数最少的路线等。手工路线规划是驾驶员根据目的地设计起点、终点和途经点等，自己建立路线库，路线规划完毕后，系统能够在电子地图上设计路线，同时显示车辆运行的途径和方向。

(6) 指挥调度。指挥中心可监测区域内车辆的运行状况，对被测车辆进行合理调度，还可随时与被跟踪目标通话，实行远程管理。

(7) 信息查询。在电子地图上根据需要进行查询，被查询目标在电子地图上显示其位置，指挥中心可利用监测控制台对区域内任何目标的所在位置进行查询，车辆信息以数字形式在控制中心的电子地图上显示。

(8) 紧急救援。紧急救援指通过 GPS 定位和监控管理系统对遇有险情或发生事故的配送车辆进行紧急援助，监控台的电子地图可显示求助信息和报警目标，规划出最优援助方案，通过声、光警示值班员实施紧急处理。

四、GIS 技术

1. GIS 概述

地理信息系统(Geographic Information System，GIS)是 20 世纪 60 年代发展起来的地理学研究新技术，是为地理研究和地理决策服务的计算机技术系统，它以地理空间数据为基础，采用地理模型分析方法，适时提供多种空间的和动态的地理信息。

GIS 技术地理信息系统的实质是由计算机程序和地理数据组织而成的地理空间信息模型。一个逻辑缩小的、高度信息化的地理系统，从视觉、计量和逻辑上对地理系统进行模拟，信息的流动及其结果完全由计算机程序的运行和数据的变换来仿真，即对在地球上存在的东西和发生的事件进行成图和分析，然后把地图这种独特的视觉化效果和地理分析功能与一般的数据库操作(例如查询和统计分析等)集成在一起。

2. GIS 的应用

GIS 的基本功能是将表格型数据(无论它来自数据库、电子表格文件或直接在程序中输入)转换为地理图形显示，然后对显示结果浏览、操作和分析。其显示范围可以从洲际地图到非常详细的街区地图，显示对象包括人口、销售情况、运输线路以及其他内容。GIS 主要用于测绘与地图制图、资源管理、城乡规划、灾害监测、环境保护、国防、宏观决策支持等方面。

GIS 物流分析软件

完整的 GIS 物流分析软件集成了车辆路线模型、网络物流模型、分配集合模型和设施定位模型等。其中车辆路线模型是用于解决一个起始点、多个终点的货物运输中，如何降低物流作业费用，并保证服务质量的问题，包括决定使用多少辆车，每辆车的行驶路线等。

网络物流模型主要用于解决寻求最有效的分配货物路径问题，也就是物流网点布局问题。如将货物从N个仓库运往到M个商店，每个商店都有固定的需求量，因此需要确定由哪个仓库提货送给哪个商店，使得运输代价最小。分配集合模型可以根据各个要素的相似点把同一层上的所有或部分要素分为几个组，用以解决确定服务范围和销售市场范围等问题。如某公司要设立X个分销点，要求这些分销点覆盖某一地区，而且要使每个分销点的顾客数目大致相等。在物流系统中，仓库和运输线共同组成了物流网络，仓库处于网络的节点上，节点决定着线路，如何根据供求的实际需要并结合经济效益等原则，在既定区域内设立多少个仓库，每个仓库的位置，每个仓库的规模，以及仓库之间的物流关系等，运用此模型均能很容易地得到解决。

(1) 通过数据库管理系统实现多级管理和远程维护。

系统管理：各级中心的权限、坐席编号、用户名、登录密码及用户基础资料的管理等，以及GPS车载硬件资料的维护。

车辆管理：车辆资料、司机资料、单位资料、油耗率等；车辆状态显示(在线、离线、未定位)、分类统计、监控信息明细。

通讯管理：实现对系统与之间通讯的设置以及总中心与分中心之间的数据传输协议的设置。

(2) 将监控与调度管理作为核心功能，如图9.7所示。

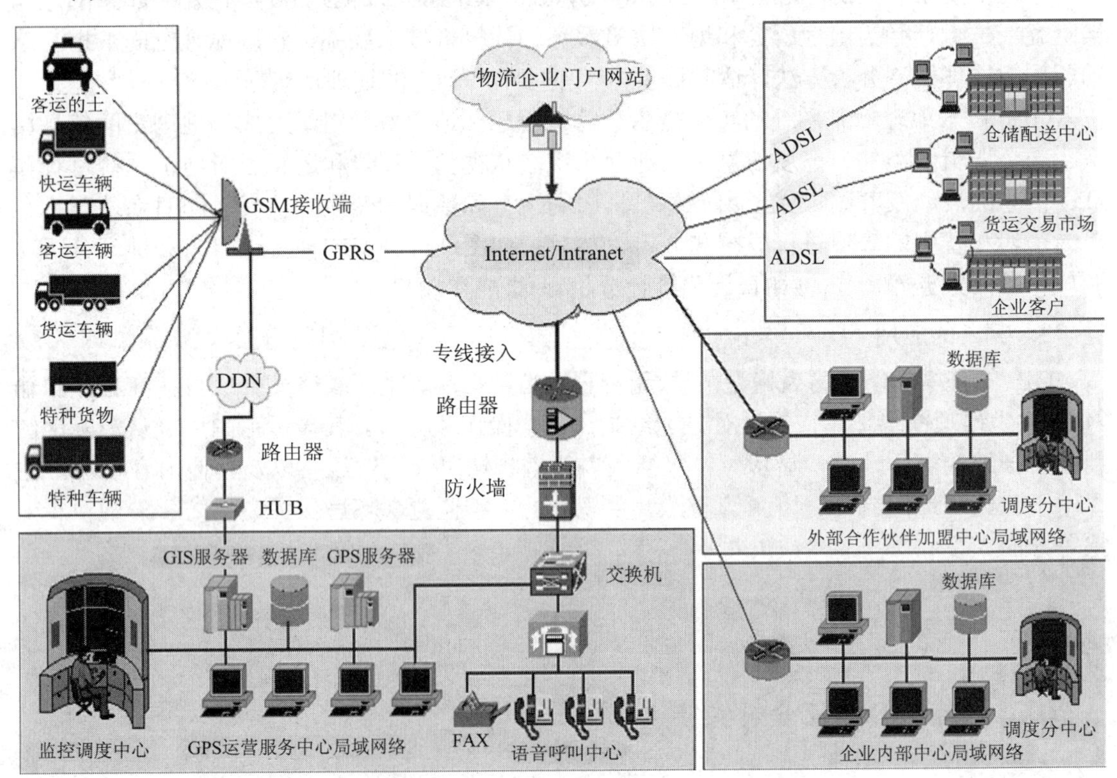

图9.7　总体拓扑结构示意图

车辆监控：车辆信息(位置、属性、状态、定位信息)显示和查询、单车及多车辆实时跟踪、显示状态设置、多窗口跟踪车辆查询搜索、指定行驶线路、行驶区域、自动报警功

能、警情处理。

车辆调度：控制指令管理(通过远程对 GPS 车载终端的设置来实现对车辆状态的设置)、调度指令管理(短消息自定义、常用短消息编辑、单发和群发、频率设置)、车载设备固定消息预制、车辆管理预制等；远程车辆控制(监听、断油、断电、熄火等)、紧急处理。

(3) 以地图管理功能为数据基础。

地图操作：漫游、放大、缩小、居中、复位、鹰眼、地名查询、查看地图信息、测距、测量面积、周长等。

地图编辑：引入关键点编辑、关键点编辑、线路编辑、区域编辑、编辑对象擦除、保存当前视窗、恢复视窗、地图输出、显示行驶线路、显示行驶区域、显示设置。

(4) 与物流业务管理的结合，如图 9.8 所示。

图 9.8　GPS-GIS 监控调度系统企业功能结构示意图

客户管理：客户资料管理、客户服务管理、订单管理及查询权限管理等。

载货管理：发运地信息、交货地信息、交货地资料、载货信息、多条件查询。

路线管理：路线信息、收费站信息、路线费用统计、线路地图的查看和编辑。

统计查询：统计历史记录数、行程及油耗统计及报表导出。

历史回放：播放历史运行轨迹、显示方式设置、播放速度及过程控制。

(5) 基于网络平台功能扩展的考虑，如图 9.9 所示。

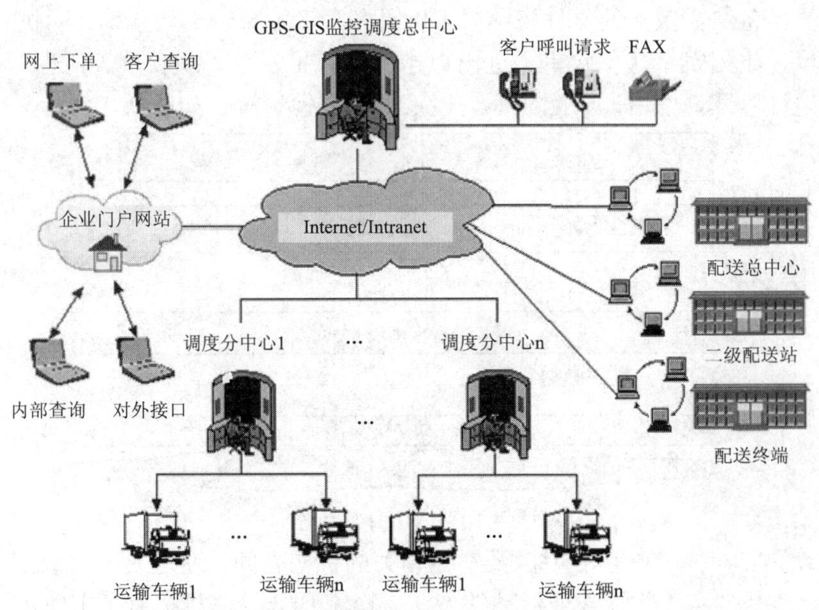

图 9.9　GPS-GIS 监控调度系统企业应用结构示意图

网上下单：网上下单、配送任务(客户及货物相关资料)导入。

网上查询：车辆查询、货物查询、投诉建议处理等。

数据接口：提供基于网络系统的扩展接口。

在美国，GIS/GPS 集成系统已经成为运输业物流管理的重要手段，80%的大型卡车都已经安装了这类系统，实现对运输车辆实时调度。

五、EDI 技术

1. EDI 的定义

EDI(Electronic Data Interchange，电子数据交换)是模拟传统的商务单据流转过程，对整个贸易过程进行了简化的技术手段，是 20 世纪 80 年代发展起来的融合现代计算机技术和远程通信技术为一体的高科技产物。EDI 通常指将组织内部及贸易伙伴之间的商业信息或文档，以直接可以读取的、结构化的信息形式在计算机之间通过专用网络进行传输。

美国国家标准局 EDI 标准委员会对 EDI 的解释是：EDI 指的是在相互独立的组织机构之间所进行的标准格式且非模糊的具有商业或战略意义的信息的传输。

联合国 EDIFACT 培训指南认为：EDI 指的是在最少的人工干预下，在贸易伙伴的计算机应用系统之间的标准格式数据的交换。

国际数据交换协会的 EDI 手册上，对 EDI 的解释是：EDI 是使用认可的标准化的和结构化的电脑处理的数据，从一个计算机到另一个计算机之间进行的电子传输。

国际标准化组织(ISO)将 EDI 定义为：将商业或行政事务按照一个公认的标准，形成结构化的事务处理或信息数据结构，从计算机到计算机的电子数据传输。

从以上定义中可以发现，EDI 具有信息标准化、电子传输化、计算机处理等特点。

EDI 就是供应商、零售商、制造商和客户等在其各自的应用系统之间利用 EDI 技术，通过公共 EDI 网络，自动交换和处理商业单证的过程。这里所说的数据或信息是指交易双方互相传递的具备法律效力的文件资料，可以是各种商业单证，如订单、回执、发货通知、运单、装箱单，收据发票、保险单、进出口申报单、报税单、缴款单等；也可以是各种凭证，如进出口许可证、信用证、配额证、检疫证、商检证等，如图 9.10 所示。

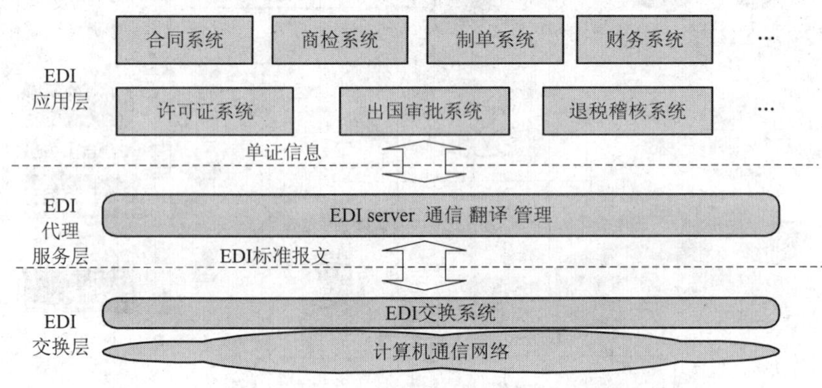

图 9.10　EDI 商务系统

物流 EDI 是指货主、承运业主以及其他相关的机构之间，通过 EDI 系统进行物流数据交换，并以此为基础实施物流作业活动的方法。物流 EDI 参与机构有货主(如生产厂家、贸易商、批发商、零售商等)、承运业主(如独立的物流承运企业等)、实际运送货物的交通运

输企业(铁路企业、水运企业、航空企业、公路运输企业等)、协助单位(政府有关部门、金融企业等)和其他的物流相关机构(如仓库业者、专业报送业者等)。

2. EDI 的组成

数据标准化、EDI 软件及硬件和通信网络是构成 EDI 系统的三要素。

(1) EDI 软件。EDI 软件具有将用户数据库系统中的信息译成 EDI 的标准格式以供传输交换的能力。EDI 相关软件包括：转换软件、翻译软件和通信软件。

① 转换软件(Mapper)。转换软件帮助用户将原有计算机系统的文件转换成翻译软件能够理解的平面文件(Flat File)，或将从翻译软件接收来的平面文件转换成原计算机系统中的文件，如图 9.11 所示。

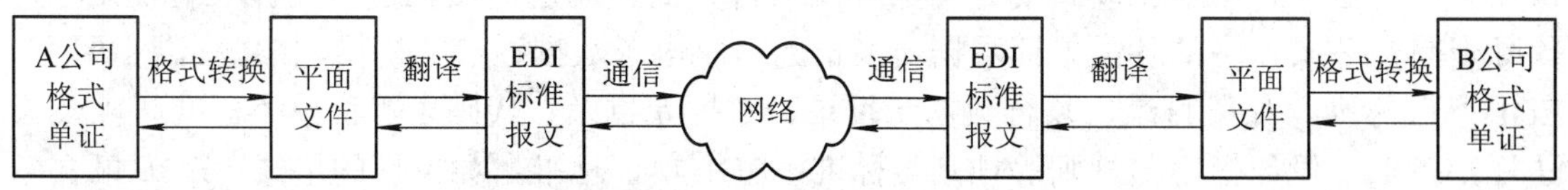

图 9.11　格式转换软件

② 翻译软件(Translator)。翻译就是根据报文标准、报文类型和版本由上述 EDI 系统的贸易伙伴清单确定平面文件，或由服务机构提供的目录服务功能确定平面文件。翻译软件是将平面文件翻译成 EDI 标准格式，或将接收到的 EDI 标准格式翻译成平面文件的软件，如图 9.12 和图 9.13 所示。

图 9.12　EDI 翻译系统

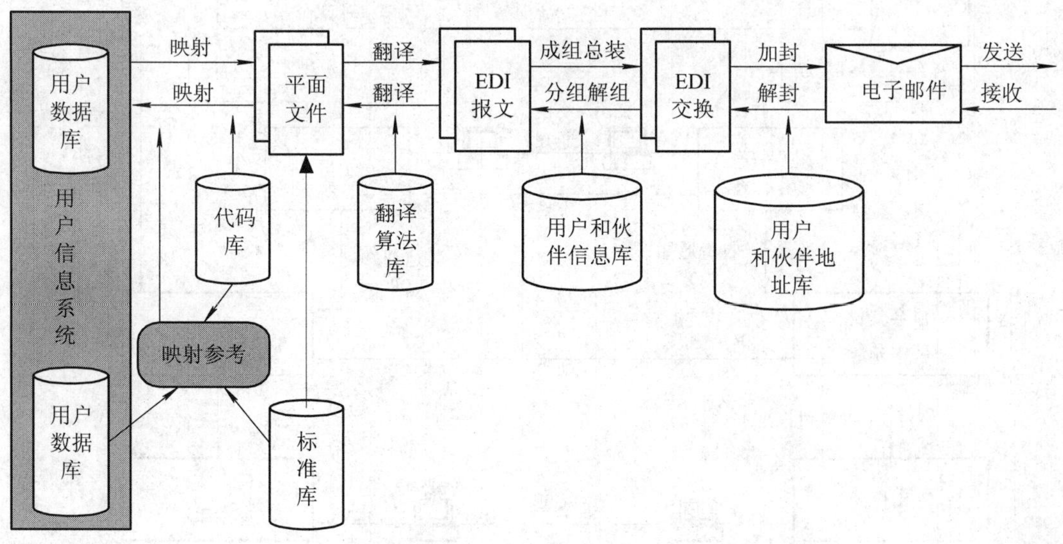

图 9.13　EDI 翻译系统的内部结构

③ 通信软件。通信软件具有管理和维护贸易伙伴的电话号码系统，自动执行拨号等功能。通信软件将 EDI 标准格式的文件外层加上通信信封(Envelop)，再送到 EDI 系统交换中心的邮箱，或从 EDI 系统交换中心将收到的文件取回。

(2) 通讯网络。通信网络是实现 EDI 的手段。EDI 通信方式有两种：一种是在贸易伙伴之间建立专用网；另一种是增值网络(VAN)方式，它类似于邮局，为发送者与接收者维护邮箱，并提供存储转送、记忆保管、通信协议转换、格式转换、安全管制等功能。因此，通过增值网络传送 EDI 文件，可以大幅度降低相互传送资料的复杂度和困难度，大大提高 EDI 的效率。

(3) EDI 标准。EDI 标准就是国际社会共同制定的一种用于书写商务报文的规范和标准协议。制定这个标准的主要目的是消除各国语言、商务规定以及表达与理解上的歧义，为国际贸易实务操作中的各类单证数据交换搭起一座电子数据通信的桥梁。EDI 标准主要有：EDI 基础标准，如段目录、复合数据元目录、数据元目录、代码表等目录类标准，以及语法规则、报文设计指南与规则等规则类标准；EDI 单证标准，如单证的格式；EDI 报文标准，涉及行政管理、商业和运输业三大领域内容，迄今为止已有近 200 个报文标准；EDI 代码标准。

3. EDI 的实现过程

EDI 实现过程就是用户将相关数据从自己的计算机信息系统传送到有关交易方的计算机信息系统的过程，如图 9.14 所示。

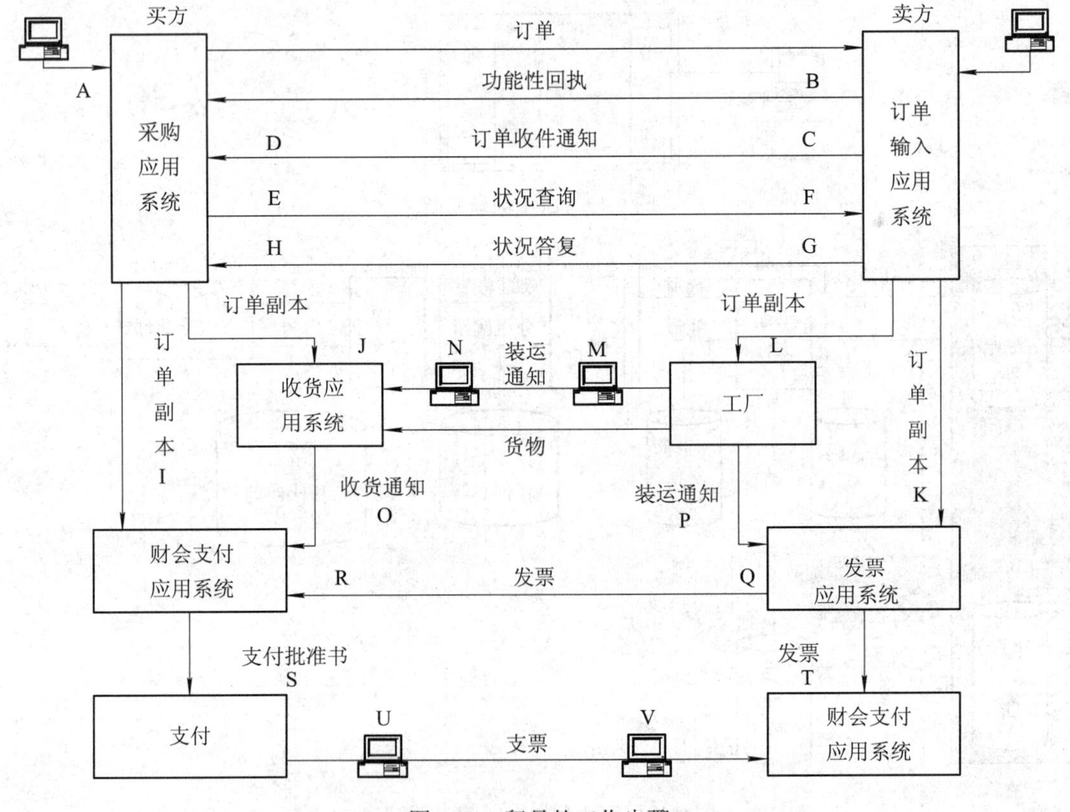

图 9.14 贸易的工作步骤

六、POS(销售点信息系统)技术与应用

销售点终端(Point of Sale，POS)是一种多功能终端，把它安装在信用卡的特约商户和受理网点中并与计算机联成网络，就能实现电子资金自动转账，具有支持消费、预授权、余额查询和转账等功能。POS 信息系统是指通过自动读取设备(如收银机)在销售商品时直接读取商品销售信息(如商品品名、单价、销售数量、销售时间、销售店铺、购买顾客等)，并通过通信网络和计算机系统传送至有关部门进行分析计算以提高经营效率的系统。

七、EOS(电子自动订货系统)技术与应用

传统的订货方式有上门订货、邮寄订货、电话、传真订货等。电子自动订货系统(Embedded Operation System，EOS)是指企业间利用通信网络(VAN 或互联网)和终端设备以在线联结(On-Line)方式进行订货作业和订货信息交换的系统。EOS 系统可以缩短从接到订单到发出订货的时间、缩短订货商品的交货期、减少商品订单的出错率、节省人工费，有利于减少企业的库存水平，提高企业的库存管理效率，同时也能防止商品特别是畅销商品缺货现象的出现。EOS 按应用范围可分为企业内的 EOS(如连锁经营中各个连锁分店与总部之间建立的 EOS 系统)，零售商与批发商之间的 EOS 系统以及零售商、批发商和生产商之间的 EOS 系统。

借助 EOS 系统，生产厂家和批发商通过分析零售商的商品订货信息，能准确判断畅销商品和滞销商品，有利于企业调整商品生产和销售计划，有利于提高企业物流信息系统的效率，使各个业务信息子系统之间的数据交换更加便利和迅速，丰富企业的经营信息。

八、配送中心

配送中心(Distribution Center)是指从事配送业务的物流场所或组织。配送中心应基本符合下列要求：主要为特定的用户服务；配送功能健全；完善的信息网络；辐射范围小；多品种、小批量；以配送为主，储存为辅。

九、自动分拣系统

1. 自动分拣系统概述

配送中心的作业流程包括入库—保管—拣货—分拣—暂存—出库等作业。其中分拣作业是一项非常繁重的工作，尤其是面对零售业多品种、少批量的订货，使配送中心的劳动量大大增加，若无新技术的支撑将会导致作业效率下降。分拣(Sorting)是指将物品按品种、出入库先后顺序进行分门别类堆放的作业；拣选(Order picking)是指按订单或出库单的要求，从储存场所选出物品，并放置在指定地点的作业。自动分拣系统(Automatic Sorting System)是先进配送中心所必需的设施条件之一。

2. 自动分拣系统的作业流程

自动分拣系统的作业流程为：物流中心每天接收成百上千家供应商或货主通过各种运输工具送来的成千上万种商品，在最短的时间内将这些商品卸下并按商品品种、货主、储位或发送地点进行快速准确的分类，并将这些商品运送到指定地点(如指定的货架、加工区

域、出货站台等)。同时，当供应商或货主通知物流中心按配送指示发货时，自动分拣系统在最短的时间内从庞大的高层货存架存储系统中准确找到要出库的商品所在位置，并按所需数量出库，将从不同储位上取出的不同数量的商品按配送地点的不同运送到不同的理货区域或配送站台集中，以便装车配送。

3. 自动分拣系统的主要特点

(1) 能连续、大批量地分拣货物。由于采用大生产中使用的流水线自动作业方式，所以自动分拣系统不受气候、时间、人力等的限制，可以连续运行。同时由于自动分拣系统单位时间分拣件数多，分拣能力是人工分拣系统的数倍，所以可以连续运行 100 个小时以上，每小时可分拣 7000 件包装商品。如用人工则每小时只能分拣 150 件左右，同时分拣人员也不能在这种劳动强度下连续工作 8 小时。

(2) 分拣误差率极低。自动分拣系统的分拣误差率大小主要取决于所输入分拣信息的准确性大小，这又取决于分拣信息的输入机制，如果采用人工键盘或语音识别方式输入，则误差率在 3%以上，如采用条形码扫描输入，除非条形码的印刷本身有错，否则不会出错。因此，目前自动分拣系统主要采用条形码技术来识别货物。

(3) 分拣作业基本实现无人化。国外建立自动分拣系统的目的之一就是为了减少人员的使用，减轻员工的劳动强度，提高人员的使用效率，因为自动分拣系统能最大限度地减少人员的使用，基本做到无人化。分拣作业中人员的使用仅局限于以下工作：送货车辆抵达自动分拣线的进货端时，由人工接货；由人工控制分拣系统的运行；分拣线末端由人工将分拣出来的货物进行集载、装车；自动分拣系统的经营、管理与维护。如美国某公司配送中心面积为 10 万平方米左右，每天可分拣近 40 万件商品，仅使用 400 名左右的员工，自动分拣线做到了无人化作业。

4. 自动分拣系统的组成

自动分拣系统一般由控制装置、分类装置、输送装置及分拣道口组成。

(1) 控制装置。其作用是识别、接收和处理分拣信号，根据分拣信号的要求指示分类装置按商品品种、按商品送达地点或按货主的类别对商品进行自动分类。这些分拣需求可以通过不同方式，如条形码扫描、色码扫描、键盘输入、重量检测、语音识别、高度检测及形状识别等方式输入到分拣控制系统中去，根据对这些分拣信号的判断来决定某一种商品进入对应的分拣道口。

(2) 分类装置。其作用是根据控制装置发出的分拣指示，当具有相同分拣信号的商品经过该装置时，该装置动作，改变在输送装置上的运行方向进入其他输送机或进入分拣道口。分类装置的种类很多，一般有推出式、浮出式、倾斜式和分支式几种，不同的装置对分拣货物的包装材料、包装重量、包装物底面的平滑程度等有不完全相同的要求。

(3) 输送装置。其主要组成部分是传送带或输送机，主要作用是使待分拣商品依次通过控制装置、分类装置，并输送至装置的两侧，一般要连接若干分拣道口，使分好类的商品滑下主输送机(或主传送带)以便进行后续作业。

(4) 分拣道口。它是已分拣商品脱离主输送机(或主传送带)进入集货区域的通道，一般由钢带、皮带、滚筒等组成滑道，使商品从主输送装置滑向集货站台，由工作人员将该道口的所有商品集中后入库储存或组配装车并进行配送作业。

以上四部分装置通过计算机网络联结在一起，配合人工控制及相应的人工处理环节构成一个完整的自动分拣系统。

自动分拣机是按照预先设定的计算机指令对物品进行分拣，并将分拣出的物品送达指定位置的机械，是自动分拣系统的一个主要设备。其包括：输入装置、货架信号设定装置、进货装置、分拣装置、分拣道口和计算机控制器。输入装置是指被拣商品由输送机送入分拣系统；货架信号设定装置是指被拣商品在进入分拣机前，先由信号设定装置(键盘输入、激光扫描条码等)把分拣信息(如配送目的地、客户名等)输入计算机中央控制器；进货装置或称喂料器，是把被拣商品依次均衡地送入分拣传送带，并且使商品与分拣传送带的速度同步；分拣装置是自动分拣机的主体，包括传送装置和分拣装置两部分，前者的作用是把被拣商品送到设定的分拣道口位置上，而后者的作用是把被拣商品送入分拣道口；分拣道口是从分拣传送带上接纳被拣商品的设施，当分拣道口满载时，由光电管控制阻止分拣商品不再进入分拣道口；计算机控制器是传递处理和控制整个分拣系统的指挥中心，自动分拣的实施主要靠它把分拣信号传送到相应的分拣道口，并指示启动分拣装置，把被拣商品送入道口。

自动分拣机的工作原理：被检货物经由各种方式，如人工搬运、机械搬运、自动化搬运等送入分拣系统，经合流后汇集到一条输送机上；物品接受激光扫描器对其条码的扫描，或通过其他自动识别的方式，如光学文字读取装置、声音识别输入装置等方式，将分拣信息输入计算机中央处理器中；计算机通过将所获得的物品信息与预先设定的信息进行比较，将不同的被拣物品送到指定的分拣道口位置上，完成物品的分拣工作。

十、自动化立体仓库

1. 自动化立体仓库

高层货架仓库一般是指采用几层、十几层乃至几十层高的货架储存单元货物，用相应的物料搬运设备进行货物入库和出库作业的仓库。由于这类仓库能充分利用空间储存货物，故常形象地将其称为“立体仓库”。立体仓库(Stereoscopic Warehouse)是指采用高层货架配以货箱或托盘储存货物，用巷道堆垛起重机及其他机械进行作业的仓库。自动化仓库(Automatic Warehouse)是指由电子计算机进行管理和控制，不需人工搬运作业，而实现收发作业的仓库。自动化立体仓库是用高层货架储存货物，以巷道堆垛起重机存取货物，并通过计算机进行管理和控制，自动进行出入库存取作业的仓库。

2. 自动化立体仓库的组成

自动化立体仓库是由立体货架、有轨巷道堆垛机、出入库托盘输送机系统、尺寸检测条码阅读系统、通讯系统、自动控制系统、计算机监控系统、计算机管理系统以及其他如电线电缆桥架配电柜、托盘、调节平台、钢结构平台等辅助设备组成的复杂的自动化系统。目前，立体仓库自动控制方式有集中控制、分离式控制和分布式控制三种。分布式控制是目前国际发展的主要方向，大型立体仓库通常采用三级计算机分布式控制系统，三级控制系统是由管理级、中间控制级和直接控制级组成的。管理级对仓库进行在线和离线管理，中间控制级对通讯、流程进行控制，并进行实时图像显示，直接控制级是由PLC(可编程序控制器)组成的控制系统对各设备进行单机自动操作，使仓库作业实现高度自动化。

1．什么是物流？物流有哪些要素？

2．我国电子商务物流发展存在什么障碍？应该如何面对？

3．物流的经济效益有哪些？

4．什么是第三方物流？论述第三方物流与第四方物流的区别？举例说明。

5．试述条码技术、射频技术、GPS、GIS 和 EDI 等物流技术的概念，试举例说明各物流技术的应用。

6．什么是 EDI？它由哪几部分组成？论述 EDI 的实现过程。

1．登录到中国邮政、德国邮政-敦豪丹莎海空、马士基、中国远洋、联邦快递、海尔等网站了解自营和第三方物流的运作模式，同时了解其快递业务流程及运作情况。

2．通过在亚马逊、戴尔、京东、当当等网上商城购物了解其物流配送情况，同时了解其供应链的运作模式。

附录A　国务院关于大力发展电子商务加快培育经济新动力的意见

国发〔2015〕24号

各省、自治区、直辖市人民政府，国务院各部委、各直属机构：

近年来我国电子商务发展迅猛，不仅创造了新的消费需求，引发了新的投资热潮，开辟了就业增收新渠道，为大众创业、万众创新提供了新空间，而且电子商务正加速与制造业融合，推动服务业转型升级，催生新兴业态，成为提供公共产品、公共服务的新力量，成为经济发展新的原动力。与此同时，电子商务发展面临管理方式不适应、诚信体系不健全、市场秩序不规范等问题，亟需采取措施予以解决。当前，我国已进入全面建成小康社会的决定性阶段，为减少束缚电子商务发展的机制体制障碍，进一步发挥电子商务在培育经济新动力，打造“双引擎”、实现“双目标”等方面的重要作用，现提出以下意见：

一、指导思想、基本原则和主要目标

（一）指导思想。全面贯彻党的十八大和十八届二中、三中、四中全会精神，按照党中央、国务院决策部署，坚持依靠改革推动科学发展，主动适应和引领经济发展新常态，着力解决电子商务发展中的深层次矛盾和重大问题，大力推进政策创新、管理创新和服务创新，加快建立开放、规范、诚信、安全的电子商务发展环境，进一步激发电子商务创新动力、创造潜力、创业活力，加速推动经济结构战略性调整，实现经济提质增效升级。

（二）基本原则。一是积极推动。主动作为、支持发展。积极协调解决电子商务发展中的各种矛盾与问题。在政府资源开放、网络安全保障、投融资支持、基础设施和诚信体系建设等方面加大服务力度。推进电子商务企业税费合理化，减轻企业负担。进一步释放电子商务发展潜力，提升电子商务创新发展水平。二是逐步规范。简政放权、放管结合。法无禁止的市场主体即可为，法未授权的政府部门不能为，最大限度减少对电子商务市场的行政干预。在放宽市场准入的同时，要在发展中逐步规范市场秩序，营造公平竞争的创业发展环境，进一步激发社会创业活力，拓宽电子商务创新发展领域。三是加强引导。把握趋势、因势利导。加强对电子商务发展中前瞻性、苗头性、倾向性问题的研究，及时在商业模式创新、关键技术研发、国际市场开拓等方面加大对企业的支持引导力度，引领电子商务向打造“双引擎”、实现“双目标”发展，进一步增强企业的创新动力，加速电子商务创新发展步伐。

(三) 主要目标。到2020年，统一开放、竞争有序、诚信守法、安全可靠的电子商务大市场基本建成。电子商务与其他产业深度融合，成为促进创业、稳定就业、改善民生服务的重要平台，对工业化、信息化、城镇化、农业现代化同步发展起到关键性作用。

二、营造宽松发展环境

(四) 降低准入门槛。全面清理电子商务领域现有前置审批事项，无法律法规依据的一律取消，严禁违法设定行政许可、增加行政许可条件和程序。(国务院审改办，有关部门按职责分工分别负责)进一步简化注册资本登记，深入推进电子商务领域由“先证后照”改为“先照后证”改革。(工商总局、中央编办)落实《注册资本登记制度改革方案》，放宽电子商务市场主体住所(经营场所)登记条件，完善相关管理措施。(省级人民政府)推进对快递企业设立非法人快递末端网点实施备案制管理。(邮政局)简化境内电子商务企业海外上市审批流程，鼓励电子商务领域的跨境人民币直接投资。(发展改革委、商务部、外汇局、证监会、人民银行)放开外商投资电子商务业务的外方持股比例限制。(工业和信息化部、发展改革委、商务部)探索建立能源、铁路、公共事业等行业电子商务服务的市场化机制。(有关部门按职责分工分别负责)

(五) 合理降税减负。从事电子商务活动的企业，经认定为高新技术企业的，依法享受高新技术企业相关优惠政策，小微企业依法享受税收优惠政策。(科技部、财政部、税务总局)加快推进“营改增”，逐步将旅游电子商务、生活服务类电子商务等相关行业纳入“营改增”范围。(财政部、税务总局)

(六) 加大金融服务支持。建立健全适应电子商务发展的多元化、多渠道投融资机制。(有关部门按职责分工分别负责)研究鼓励符合条件的互联网企业在境内上市等相关政策。(证监会)支持商业银行、担保存货管理机构及电子商务企业开展无形资产、动产质押等多种形式的融资服务。鼓励商业银行、商业保理机构、电子商务企业开展供应链金融、商业保理服务，进一步拓展电子商务企业融资渠道。(人民银行、商务部)引导和推动创业投资基金，加大对电子商务初创企业的支持。(发展改革委)

(七) 维护公平竞争。规范电子商务市场竞争行为，促进建立开放、公平、健康的电子商务市场竞争秩序。研究制定电子商务产品质量监督管理办法，探索建立风险监测、网上抽查、源头追溯、属地查处的电子商务产品质量监督机制，完善部门间、区域间监管信息共享和职能衔接机制。依法打击网络虚假宣传、生产销售假冒伪劣产品、违反国家出口管制法规政策跨境销售两用品和技术、不正当竞争等违法行为，组织开展电子商务产品质量提升行动，促进合法、诚信经营。(工商总局、质检总局、公安部、商务部按职责分工分别负责)重点查处达成垄断协议和滥用市场支配地位的问题，通过经营者集中反垄断审查，防止排除、限制市场竞争的行为。(发展改革委、工商总局、商务部)加强电子商务领域知识产权保护，研究进一步加大网络商业方法领域发明专利保护力度。(工业和信息化部、商务部、海关总署、工商总局、新闻出版广电总局、知识产权局等部门按职责分工分别负责)进一步加大政府利用电子商务平台进行采购的力度。(财政部)各级政府部门不得通过行政命令指定为电子商务提供公共服务的供应商，不得滥用行政权力排除、限制电子商务的竞争。(有关部门按职责分工分别负责)

三、促进就业创业

(八) 鼓励电子商务领域就业创业。把发展电子商务促进就业纳入各地就业发展规划和电子商务发展整体规划。建立电子商务就业和社会保障指标统计制度。经工商登记注册的网络商户从业人员，同等享受各项就业创业扶持政策。未进行工商登记注册的网络商户从业人员，可认定为灵活就业人员，享受灵活就业人员扶持政策，其中在网络平台实名注册、稳定经营且信誉良好的网络商户创业者，可按规定享受小额担保贷款及贴息政策。支持中小微企业应用电子商务、拓展业务领域，鼓励有条件的地区建设电子商务创业园区，指导各类创业孵化基地为电子商务创业人员提供场地支持和创业孵化服务。加强电子商务企业用工服务，完善电子商务人才供求信息对接机制。(人力资源社会保障部、工业和信息化部、商务部、统计局，地方各级人民政府)

(九) 加强人才培养培训。支持学校、企业及社会组织合作办学，探索实训式电子商务人才培养与培训机制。推进国家电子商务专业技术人才知识更新工程，指导各类培训机构增加电子商务技能培训项目，支持电子商务企业开展岗前培训、技能提升培训和高技能人才培训，加快培养电子商务领域的高素质专门人才和技术技能人才。参加职业培训和职业技能鉴定的人员，以及组织职工培训的电子商务企业，可按规定享受职业培训补贴和职业技能鉴定补贴政策。鼓励有条件的职业院校、社会培训机构和电子商务企业开展网络创业培训。(人力资源社会保障部、商务部、教育部、财政部)

(十) 保障从业人员劳动权益。规范电子商务企业特别是网络商户劳动用工，经工商登记注册取得营业执照的，应与招用的劳动者依法签订劳动合同；未进行工商登记注册的，也可参照劳动合同法相关规定与劳动者签订民事协议，明确双方的权利、责任和义务。按规定将网络从业人员纳入各项社会保险，对未进行工商登记注册的网络商户，其从业人员可按灵活就业人员参保缴费办法参加社会保险。符合条件的就业困难人员和高校毕业生，可享受灵活就业人员社会保险补贴政策。长期雇用5人及以上的网络商户，可在工商注册地进行社会保险登记，参加企业职工的各项社会保险。满足统筹地区社会保险优惠政策条件的网络商户，可享受社会保险优惠政策。(人力资源社会保障部)

四、推动转型升级

(十一) 创新服务民生方式。积极拓展信息消费新渠道，创新移动电子商务应用，支持面向城乡居民社区提供日常消费、家政服务、远程缴费、健康医疗等商业和综合服务的电子商务平台发展。加快推动传统媒体与新兴媒体深度融合，提升文化企业网络服务能力，支持文化产品电子商务平台发展，规范网络文化市场。支持教育、会展、咨询、广告、餐饮、娱乐等服务企业深化电子商务应用。(有关部门按职责分工分别负责)鼓励支持旅游景点、酒店等开展线上营销，规范发展在线旅游预订市场，推动旅游在线服务模式创新。(旅游局、工商总局)加快建立全国12315互联网平台，完善网上交易在线投诉及售后维权机制，研究制定7天无理由退货实施细则，促进网络购物消费健康快速发展。(工商总局)

(十二) 推动传统商贸流通企业发展电子商务。鼓励有条件的大型零售企业开办网上商城，积极利用移动互联网、地理位置服务、大数据等信息技术提升流通效率和服务质量。支持中小零售企业与电子商务平台优势互补，加强服务资源整合，促进线上交易与线下交易融合互动。(商务部)推动各类专业市场建设网上市场，通过线上线下融合，加速向网络化市场转型，研究完善能源、化工、钢铁、林业等行业电子商务平台规范发展的相关措施。(有关部门按职责分工分别负责)制定完善互联网食品药品经营监督管理办法，规范食品、保健食品、药品、化妆品、医疗器械网络经营行为，加强互联网食品药品市场监测监管体系建设，推动医药电子商务发展。(食品药品监管总局、卫生计生委、商务部)

(十三) 积极发展农村电子商务。加强互联网与农业农村融合发展，引入产业链、价值链、供应链等现代管理理念和方式，研究制定促进农村电子商务发展的意见，出台支持政策措施。(商务部、农业部)加强鲜活农产品标准体系、动植物检疫体系、安全追溯体系、质量保障与安全监管体系建设，大力发展农产品冷链基础设施。(质检总局、发展改革委、商务部、农业部、食品药品监管总局)开展电子商务进农村综合示范，推动信息进村入户，利用“万村千乡”市场网络改善农村地区电子商务服务环境。(商务部、农业部)建设地理标志产品技术标准体系和产品质量保证体系，支持利用电子商务平台宣传和销售地理标志产品，鼓励电子商务平台服务“一村一品”，促进品牌农产品走出去。鼓励农业生产资料企业发展电子商务。(农业部、质检总局、工商总局)支持林业电子商务发展，逐步建立林产品交易诚信体系、林产品和林权交易服务体系。(林业局)

(十四) 创新工业生产组织方式。支持生产制造企业深化物联网、云计算、大数据、三维(3D)设计及打印等信息技术在生产制造各环节的应用，建立与客户电子商务系统对接的网络制造管理系统，提高加工订单的响应速度及柔性制造能力；面向网络消费者个性化需求，建立网络化经营管理模式，发展“以销定产”及“个性化定制”生产方式。(工业和信息化部、科技部、商务部)鼓励电子商务企业大力开展品牌经营，优化配置研发、设计、生产、物流等优势资源，满足网络消费者需求。(商务部、工商总局、质检总局)鼓励创意服务，探索建立生产性创新服务平台，面向初创企业及创意群体提供设计、测试、生产、融资、运营等创新创业服务。(工业和信息化部、科技部)

(十五) 推广金融服务新工具。建设完善移动金融安全可信公共服务平台，制定相关应用服务的政策措施，推动金融机构、电信运营商、银行卡清算机构、支付机构、电子商务企业等加强合作，实现移动金融在电子商务领域的规模化应用；推广应用具有硬件数字证书、采用国家密码行政主管部门规定算法的移动智能终端，保障移动电子商务交易的安全性和真实性；制定在线支付标准规范和制度，提升电子商务在线支付的安全性，满足电子商务交易及公共服务领域金融服务需求；鼓励商业银行与电子商务企业开展多元化金融服务合作，提升电子商务服务质量和效率。(人民银行、密码局、国家标准委)

(十六) 规范网络化金融服务新产品。鼓励证券、保险、公募基金等企业和机构依法进行网络化创新，完善互联网保险产品审核和信息披露制度，探索建立适应互联网证券、保险、公募基金产品销售等互联网金融活动的新型监管方式。(人民银行、证监会、保监会)规范保险业电子商务平台建设，研究制定电子商务涉及的信用保证保险的相关扶持政策，鼓励发展小微企业信贷信用保险、个人消费履约保证保险等新业务，扩大信用保险保单融资范围。完善在线旅游服务企业投保办法。(保监会、银监会、旅游局按职责分工分别负责)

五、完善物流基础设施

(十七) 支持物流配送终端及智慧物流平台建设。推动跨地区跨行业的智慧物流信息平台建设，鼓励在法律规定范围内发展共同配送等物流配送组织新模式。(交通运输部、商务部、邮政局、发展改革委)支持物流(快递)配送站、智能快件箱等物流设施建设，鼓励社区物业、村级信息服务站(点)、便利店等提供快件派送服务。支持快递服务网络向农村地区延伸。(地方各级人民政府，商务部、邮政局、农业部按职责分工分别负责)推进电子商务与物流快递协同发展。(财政部、商务部、邮政局)鼓励学校、快递企业、第三方主体因地制宜加强合作，通过设置智能快件箱或快件收发室、委托校园邮政局所代为投递、建立共同配送站点等方式，促进快递进校园。(地方各级人民政府，邮政局、商务部、教育部)根据执法需求，研究推动被监管人员生活物资电子商务和智能配送。(司法部)有条件的城市应将配套建设物流(快递)配送站、智能终端设施纳入城市社区发展规划，鼓励电子商务企业和物流(快递)企业对网络购物商品包装物进行回收和循环利用。(有关部门按职责分工分别负责)

(十八) 规范物流配送车辆管理。各地区要按照有关规定，推动城市配送车辆的标准化、专业化发展；制定并实施城市配送用汽车、电动三轮车等车辆管理办法，强化城市配送运力需求管理，保障配送车辆的便利通行；鼓励采用清洁能源车辆开展物流(快递)配送业务，支持充电、加气等设施建设；合理规划物流(快递)配送车辆通行路线和货物装卸搬运地点。对物流(快递)配送车辆采取通行证管理的城市，应明确管理部门、公开准入条件、引入社会监督。(地方各级人民政府)

(十九) 合理布局物流仓储设施。完善仓储建设标准体系，鼓励现代化仓储设施建设，加强偏远地区仓储设施建设。(住房城乡建设部、公安部、发展改革委、商务部、林业局)各地区要在城乡规划中合理规划布局物流仓储用地，在土地利用总体规划和年度供地计划中合理安排仓储建设用地，引导社会资本进行仓储设施投资建设或再利用，严禁擅自改变物流仓储用地性质。(地方各级人民政府)鼓励物流(快递)企业发展“仓配一体化”服务。(商务部、邮政局)

六、提升对外开放水平

(二十) 加强电子商务国际合作。积极发起或参与多双边或区域关于电子商务规则的谈判和交流合作，研究建立我国与国际认可组织的互认机制，依托我国认证认可制度和体系，完善电子商务企业和商品的合格评定机制，提升国际组织和机构对我国电子商务企业和商品认证结果的认可程度，力争国际电子商务规制制定的主动权和跨境电子商务发展的话语权。(商务部、质检总局)

(二十一) 提升跨境电子商务通关效率。积极推进跨境电子商务通关、检验检疫、结汇、缴进口税等关键环节“单一窗口”综合服务体系建设，简化与完善跨境电子商务货物返修与退运通关流程，提高通关效率。(海关总署、财政部、税务总局、质检总局、外汇局)探索建立跨境电子商务货物负面清单、风险监测制度，完善跨境电子商务货物通关与检验检疫监管模式，建立跨境电子商务及相关物流企业诚信分类管理制度，防止疫病疫情传入、外来有害生物入侵和物种资源流失。(海关总署、质检总局按职责分工分别负责)大力支持中国(杭州)跨境电子商务综合试验区先行先试，尽快形成可复制、可推广的经验，加快在全国范围推广。(商务部、发展改革委)

(二十二) 推动电子商务走出去。抓紧研究制定促进跨境电子商务发展的指导意见。(商务部、发展改革委、海关总署、工业和信息化部、财政部、人民银行、税务总局、工商总局、质检总局、外汇局)鼓励国家政策性银行在业务范围内加大对电子商务企业境外投资并购的贷款支持，研究制定针对电子商务企业境外上市的规范管理政策。(人民银行、证监会、商务部、发展改革委、工业和信息化部)简化电子商务企业境外直接投资外汇登记手续，拓宽其境外直接投资外汇登记及变更登记业务办理渠道。(外汇局)支持电子商务企业建立海外营销渠道，创立自有品牌。各驻外机构应加大对电子商务企业走出去的服务力度。进一步开放面向港澳台地区的电子商务市场，推动设立海峡两岸电子商务经济合作实验区。鼓励发展面向“一带一路”沿线国家的电子商务合作，扩大跨境电子商务综合试点，建立政府、企业、专家等各个层面的对话机制，发起和主导电子商务多边合作。(有关部门按职责分工分别负责)

七、构筑安全保障防线

(二十三) 保障电子商务网络安全。电子商务企业要按照国家信息安全等级保护管理规范和技术标准相关要求，采用安全可控的信息设备和网络安全产品，建设完善网络安全防护体系、数据资源安全管理体系和网络安全应急处置体系，鼓励电子商务企业获得信息安全管理体系认证，提高自身信息安全管理水平。鼓励电子商务企业加强与网络安全专业服务机构、相关管理部门的合作，共享网络安全威胁预警信息，消除网络安全隐患，共同防范网络攻击破坏、窃取公民个人信息等违法犯罪活动。(公安部、国家认监委、工业和信息化部、密码局)

(二十四) 确保电子商务交易安全。研究制定电子商务交易安全管理制度，明确电子商务交易各方的安全责任和义务。(工商总局、工业和信息化部、公安部)建立电子认证信任体系，促进电子认证机构数字证书交叉互认和数字证书应用的互联互通，推广数字证书在电子商务交易领域的应用。建立电子合同等电子交易凭证的规范管理机制，确保网络交易各方的合法权益。加强电子商务交易各方信息保护，保障电子商务消费者个人信息安全。(工业和信息化部、工商总局、密码局等有关部门按职责分工分别负责)

(二十五) 预防和打击电子商务领域违法犯罪。电子商务企业要切实履行违禁品信息巡查清理、交易记录及日志留存、违法犯罪线索报告等责任和义务，加强对销售管制商品网络商户的资格审查和对异常交易、非法交易的监控，防范电子商务在线支付给违法犯罪活动提供洗钱等便利，并为打击网络违法犯罪提供技术支持。加强电子商务企业与相关管理部门的协作配合，建立跨机构合作机制，加大对制售假冒伪劣商品、网络盗窃、网络诈骗、网上非法交易等违法犯罪活动的打击力度。(公安部、工商总局、人民银行、银监会、工业和信息化部、商务部等有关部门按职责分工分别负责)

八、健全支撑体系

(二十六) 健全法规标准体系。加快推进电子商务法立法进程，研究制定或适时修订相关法规，明确电子票据、电子合同、电子检验检疫报告和证书、各类电子交易凭证等的法律效力，作为处理相关业务的合法凭证。(有关部门按职责分工分别负责)制定适合电子商务特点的投诉管理制度，制定基于统一产品编码的电子商务交易产品质量信息发布规范，建立电子商务纠纷解决和产品质量担保责任机制。(工商总局、质检总局等部门按职责分工分别负责)逐步推行电子发票和电子会计档案，完善相关技术标准和规章制度。(税务总局、财政部、档案局、国家标准委)建立完善电子商务统计制度，扩大电子商务统计的覆盖面，增强统计的及时性、真实性。(统计局、商务部)统一线上线下的商品编码标识，完善电子商务标准规范体系，研究电子商务基础性关键标准，积极主导和参与制定电子商务国际标准。(国家标准委、商务部)

(二十七) 加强信用体系建设。建立健全电子商务信用信息管理制度，推动电子商务企业信用信息公开。推进人口、法人、商标和产品质量等信息资源向电子商务企业和信用服务机构开放，逐步降低查询及利用成本。(工商总局、商务部、公安部、质检总局等部门按职责分工分别负责)促进电子商务信用信息与社会其他领域相关信息的交换共享，推动电子商务信用评价，建立健全电子商务领域失信行为联合惩戒机制。(发展改革委、人民银行、工商总局、质检总局、商务部)推动电子商务领域应用网络身份证，完善网店实名制，鼓励发展社会化的电子商务网站可信认证服务。(公安部、工商总局、质检总局)发展电子商务可信交易保障公共服务，完善电子商务信用服务保障制度，推动信用调查、信用评估、信用担保等第三方信用服务和产品在电子商务中的推广应用。(工商总局、质检总局)

(二十八) 强化科技与教育支撑。开展电子商务基础理论、发展规律研究。加强电子商务领域云计算、大数据、物联网、智能交易等核心关键技术研究开发。实施网络定制服务、网络平台服务、网络交易服务、网络贸易服务、网络交易保障服务技术研发与应用示范工程。强化产学研结合的企业技术中心、工程技术中心、重点实验室建设。鼓励企业组建产学研协同创新联盟。探索建立电子商务学科体系，引导高等院校加强电子商务学科建设和人才培养，为电子商务发展提供更多的高层次复合型专门人才。(科技部、教育部、发展改革委、商务部)建立预防网络诈骗、保障交易安全、保护个人信息等相关知识的宣传与服务机制。(公安部、工商总局、质检总局)

(二十九) 协调推动区域电子商务发展。各地区要把电子商务列入经济与社会发展规划，按照国家有关区域发展规划和对外经贸合作战略，立足城市产业发展特点和优势，引导各类电子商务业态和功能聚集，推动电子商务产业统筹协调、错位发展。推动国家电子商务示范城市、示范基地建设。(有关地方人民政府)依托国家电子商务示范城市，加快开展电子商务法规政策创新和试点示范工作，为国家制定电子商务相关法规和政策提供实践依据。加强对中西部和东北地区电子商务示范城市的支持与指导。(发展改革委、财政部、商务部、人民银行、海关总署、税务总局、工商总局、质检总局等部门按照职责分工分别负责)

各地区、各部门要认真落实本意见提出的各项任务，于 2015 年底前研究出台具体政策。发展改革委、中央网信办、商务部、工业和信息化部、财政部、人力资源社会保障部、人民银行、海关总署、税务总局、工商总局、质检总局等部门要完善电子商务跨部门协调工作机制，研究重大问题，加强指导和服务。有关社会机构要充分发挥自身监督作用，推动行业自律和服务创新。相关部门、社团组织及企业要解放思想，转变观念，密切协作，开拓创新，共同推动建立规范有序、社会共治、辐射全球的电子商务大市场，促进经济平稳健康发展。

国务院

2015 年 5 月 4 日

附录 B 国务院办公厅关于促进跨境电子商务健康快速发展的指导意见

国办发〔2015〕46 号

各省、自治区、直辖市人民政府，国务院各部委、各直属机构：

近年来，我国跨境电子商务快速发展，已经形成了一定的产业集群和交易规模。支持跨境电子商务发展，有利于用“互联网＋外贸”实现优进优出，发挥我国制造业大国优势，扩大海外营销渠道，合理增加进口，扩大国内消费，促进企业和外贸转型升级；有利于增加就业，推进大众创业、万众创新，打造新的经济增长点；有利于加快实施共建“一带一路”等国家战略，推动开放型经济发展升级。为促进我国跨境电子商务健康快速发展，经国务院批准，现提出以下意见：

一、支持国内企业更好地利用电子商务开展对外贸易。加快建立适应跨境电子商务特点的政策体系和监管体系，提高贸易各环节便利化水平。鼓励企业间贸易尽快实现全程在线交易，不断扩大可交易商品范围。支持跨境电子商务零售出口企业加强与境外企业合作，通过规范的“海外仓”、体验店和配送网店等模式，融入境外零售体系，逐步实现经营规范化、管理专业化、物流生产集约化和监管科学化。通过跨境电子商务，合理增加消费品进口。

二、鼓励有实力的企业做大做强。培育一批影响力较大的公共平台，为更多国内外企业沟通、洽谈提供优质服务；培育一批竞争力较强的外贸综合服务企业，为跨境电子商务企业提供全面配套支持；培育一批知名度较高的自建平台，鼓励企业利用自建平台加快品牌培育，拓展营销渠道。鼓励国内企业与境外电子商务企业强强联合。

三、优化配套的海关监管措施。在总结前期试点工作基础上，进一步完善跨境电子商务进出境货物、物品管理模式，优化跨境电子商务海关进出口通关作业流程。研究跨境电子商务出口商品简化归类的可行性，完善跨境电子商务统计制度。

四、完善检验检疫监管政策措施。对跨境电子商务进出口商品实施集中申报、集中查验、集中放行等便利措施。加强跨境电子商务质量安全监管，对跨境电子商务经营主体及商品实施备案管理制度，突出经营企业质量安全主体责任，开展商品质量安全风险监管。进境商品应当符合我国法律法规和标准要求，对违反生物安全和其他相关规定的行为要依法查处。

五、明确规范进出口税收政策。继续落实现行跨境电子商务零售出口货物增值税、消费税退税或免税政策。关于跨境电子商务零售进口税收政策，由财政部按照有利于拉动国内消费、公平竞争、促进发展和加强进口税收管理的原则，会同海关总署、税务总局另行制订。

六、完善电子商务支付结算管理。稳妥推进支付机构跨境外汇支付业务试点。鼓励境内银行、支付机构依法合规开展跨境电子支付业务，满足境内外企业及个人跨境电子支付需要。推动跨境电子商务活动中使用人民币计价结算。支持境内银行卡清算机构拓展境外业务。加强对电子商务大额在线交易的监测，防范金融风险。加强跨境支付国内与国际监管合作，推动建立合作监管机制和信息共享机制。

七、提供积极财政金融支持。鼓励传统制造和商贸流通企业利用跨境电子商务平台开拓国际市场。利用现有财政政策，对符合条件的跨境电子商务企业走出去重点项目给予必要的资金支持。为跨境电子商务提供适合的信用保险服务。向跨境电子商务外贸综合服务企业提供有效的融资、保险支持。

八、建设综合服务体系。支持各地创新发展跨境电子商务，引导本地跨境电子商务产业向规模化、标准化、集群化、规范化方向发展。鼓励外贸综合服务企业为跨境电子商务企业提供通关、物流、仓储、融资等全方位服务。支持企业建立全球物流供应链和境外物流服务体系。充分发挥各驻外经商机构作用，为企业开展跨境电子商务提供信息服务和必要的协助。

九、规范跨境电子商务经营行为。加强诚信体系建设，完善信用评估机制，实现各监管部门信息互换、监管互认、执法互助，构建跨境电子商务交易保障体系。推动建立针对跨境电子商务交易的风险防范和预警机制，健全消费者权益保护和售后服务制度。引导跨境电子商务主体规范经营行为，承担质量安全主体责任，营造公平竞争的市场环境。加强执法监管，加大知识产权保护力度，坚决打击跨境电子商务中出现的各种违法侵权行为。通过有效措施，努力实现跨境电子商务在发展中逐步规范、在规范中健康发展。

十、充分发挥行业组织作用。推动建立全国性跨境电子商务行业组织，指导各地行业组织有效开展相关工作。发挥行业组织在政府与企业间的桥梁作用，引导企业公平竞争、守法经营。加强与国内外相关行业组织交流合作，支持跨境电子商务企业与相关产业集群、专业商会在境外举办实体展会，建立营销网络。联合高校和职业教育机构开展跨境电子商务人才培养培训。

十一、加强多双边国际合作。加强与“一带一路”沿线国家和地区的电子商务合作，提升合作水平，共同打造若干畅通安全高效的电子商务大通道。通过多双边对话，与各经济体建立互利共赢的合作机制，及时化解跨境电子商务进出口引发的贸易摩擦和纠纷。

十二、加强组织实施。国务院有关部门要制订和完善配套措施，做好跨境电子商务的中长期总体发展规划，定期开展总结评估，支持和推动各地监管部门出台相关措施。同时，对有条件、有发展意愿的地区，就本意见的组织实施做好协调和服务等相关工作。依托现有工作机制，加强部门间沟通协作和相关政策衔接，全力推动中国(杭州)跨境电子商务综合试验区和海峡两岸电子商务经济合作实验区建设，及时总结经验，适时扩大试点。在此基础上，逐步建立适应跨境电子商务发展特点的政策体系和监管体系。

地方各级人民政府要按照本意见要求，结合实际情况，制订完善发展跨境电子商务的工作方案，切实履行指导、督查和监管责任。组建高效、便利、统一的公共服务平台，构建可追溯、可比对的数据链条，既符合监管要求，又简化企业申报办理流程。加大对重点企业的支持力度，主动与相关部门沟通，及时协调解决组织实施工作中遇到的困难和问题。

国务院办公厅

2015年6月16日

附录C 国务院关于积极推进“互联网+”行动的指导意见

各省、自治区、直辖市人民政府，国务院各部委、各直属机构：

“互联网+”是把互联网的创新成果与经济社会各领域深度融合，推动技术进步、效率提升和组织变革，提升实体经济创新力和生产力，形成更广泛的以互联网为基础设施和创新要素的经济社会发展新形态。在全球新一轮科技革命和产业变革中，互联网与各领域的融合发展具有广阔前景和无限潜力，已成为不可阻挡的时代潮流，正对各国经济社会发展产生着战略性和全局性的影响。积极发挥我国互联网已经形成的比较优势，把握机遇，增强信心，加快推进“互联网+”发展，有利于重塑创新体系、激发创新活力、培育新兴业态和创新公共服务模式，对打造大众创业、万众创新和增加公共产品、公共服务“双引擎”，主动适应和引领经济发展新常态，形成经济发展新动能，实现中国经济提质增效升级具有重要意义。

近年来，我国在互联网技术、产业、应用以及跨界融合等方面取得了积极进展，已具备加快推进“互联网+”发展的坚实基础，但也存在传统企业运用互联网的意识和能力不足、互联网企业对传统产业理解不够深入、新业态发展面临体制机制障碍、跨界融合型人才严重匮乏等问题，亟待加以解决。为加快推动互联网与各领域深入融合和创新发展，充分发挥“互联网+”对稳增长、促改革、调结构、惠民生、防风险的重要作用，现就积极推进“互联网+”行动提出以下意见。

一、行动要求

(一) 总体思路。

顺应世界“互联网+”发展趋势，充分发挥我国互联网的规模优势和应用优势，推动互联网由消费领域向生产领域拓展，加速提升产业发展水平，增强各行业创新能力，构筑经济社会发展新优势和新动能。坚持改革创新和市场需求导向，突出企业的主体作用，大力拓展互联网与经济社会各领域融合的广度和深度。着力深化体制机制改革，释放发展潜力和活力；着力做优存量，推动经济提质增效和转型升级；着力做大增量，培育新兴业态，打造新的增长点；着力创新政府服务模式，夯实网络发展基础，营造安全网络环境，提升公共服务水平。

(二) 基本原则。

坚持开放共享。营造开放包容的发展环境，将互联网作为生产生活要素共享的重要平台，最大限度优化资源配置，加快形成以开放、共享为特征的经济社会运行新模式。

坚持融合创新。鼓励传统产业树立互联网思维，积极与“互联网+”相结合。推动互联网向经济社会各领域加速渗透，以融合促创新，最大程度汇聚各类市场要素的创新力量，推动融合性新兴产业成为经济发展新动力和新支柱。

坚持变革转型。充分发挥互联网在促进产业升级以及信息化和工业化深度融合中的平台作用，引导要素资源向实体经济集聚，推动生产方式和发展模式变革。创新网络化公共服务模式，大幅提升公共服务能力。

坚持引领跨越。巩固提升我国互联网发展优势，加强重点领域前瞻性布局，以互联网融合创新为突破口，培育壮大新兴产业，引领新一轮科技革命和产业变革，实现跨越式发展。

坚持安全有序。完善互联网融合标准规范和法律法规，增强安全意识，强化安全管理和防护，保障网络安全。建立科学有效的市场监管方式，促进市场有序发展，保护公平竞争，防止形成行业垄断和市场壁垒。

(三) 发展目标。

到 2018 年，互联网与经济社会各领域的融合发展进一步深化，基于互联网的新业态成为新的经济增长动力，互联网支撑大众创业、万众创新的作用进一步增强，互联网成为提供公共服务的重要手段，网络经济与实体经济协同互动的发展格局基本形成。

——经济发展进一步提质增效。互联网在促进制造业、农业、能源、环保等产业转型升级方面取得积极成效，劳动生产率进一步提高。基于互联网的新兴业态不断涌现，电子商务、互联网金融快速发展，对经济提质增效的促进作用更加凸显。

——社会服务进一步便捷普惠。健康医疗、教育、交通等民生领域互联网应用更加丰富，公共服务更加多元，线上线下结合更加紧密。社会服务资源配置不断优化，公众享受到更加公平、高效、优质、便捷的服务。

——基础支撑进一步夯实提升。网络设施和产业基础得到有效巩固加强，应用支撑和安全保障能力明显增强。固定宽带网络、新一代移动通信网和下一代互联网加快发展，物联网、云计算等新型基础设施更加完备。人工智能等技术及其产业化能力显著增强。

——发展环境进一步开放包容。全社会对互联网融合创新的认识不断深入，互联网融合发展面临的体制机制障碍有效破除，公共数据资源开放取得实质性进展，相关标准规范、信用体系和法律法规逐步完善。

到 2025 年，网络化、智能化、服务化、协同化的“互联网+”产业生态体系基本完善，“互联网+”新经济形态初步形成，“互联网+”成为经济社会创新发展的重要驱动力量。

二、重点行动

(一) “互联网+”创业创新。

充分发挥互联网的创新驱动作用，以促进创业创新为重点，推动各类要素资源聚集、开放和共享，大力发展众创空间、开放式创新等，引导和推动全社会形成大众创业、万众创新的浓厚氛围，打造经济发展新引擎。(发展改革委、科技部、工业和信息化部、人力资源社会保障部、商务部等负责，列第一位者为牵头部门，下同)

1. 强化创业创新支撑。鼓励大型互联网企业和基础电信企业利用技术优势和产业整合能力，向小微企业和创业团队开放平台入口、数据信息、计算能力等资源，提供研发工具、经营管理和市场营销等方面的支持和服务，提高小微企业信息化应用水平，培育和孵化具有良好商业模式的创业企业。充分利用互联网基础条件，完善小微企业公共服务平台网络，集聚创业创新资源，为小微企业提供找得着、用得起、有保障的服务。

2. 积极发展众创空间。充分发挥互联网开放创新优势，调动全社会力量，支持创新工场、创客空间、社会实验室、智慧小企业创业基地等新型众创空间发展。充分利用国家自主创新示范区、科技企业孵化器、大学科技园、商贸企业集聚区、小微企业创业示范基地等现有条件，通过市场化方式构建一批创新与创业相结合、线上与线下相结合、孵化与投资相结合的众创空间，为创业者提供低成本、便利化、全要素的工作空间、网络空间、社交空间和资源共享空间。实施新兴产业“双创”行动，建立一批新兴产业“双创”示范基地，加快发展“互联网+”创业网络体系。

3. 发展开放式创新。鼓励各类创新主体充分利用互联网，把握市场需求导向，加强创新资源共享与合作，促进前沿技术和创新成果及时转化，构建开放式创新体系。推动各类创业创新扶持政策与互联网开放平台联动协作，为创业团队和个人开发者提供绿色通道服务。加快发展创业服务业，积极推广众包、用户参与设计、云设计等新型研发组织模式，引导建立社会各界交流合作的平台，推动跨区域、跨领域的技术成果转移和协同创新。

(二) “互联网+”协同制造。

推动互联网与制造业融合，提升制造业数字化、网络化、智能化水平，加强产业链协作，发展基于互联网的协同制造新模式。在重点领域推进智能制造、大规模个性化定制、网络化协同制造和服务型制造，打造一批网络化协同制造公共服务平台，加快形成制造业网络化产业生态体系。(工业和信息化部、发展改革委、科技部共同牵头)

1. 大力发展智能制造。以智能工厂为发展方向，开展智能制造试点示范，加快推动云计算、物联网、智能工业机器人、增材制造等技术在生产过程中的应用，推进生产装备智能化升级、工艺流程改造和基础数据共享。着力在工控系统、智能感知元器件、工业云平台、操作系统和工业软件等核心环节取得突破，加强工业大数据的开发与利用，有效支撑制造业智能化转型，构建开放、共享、协作的智能制造产业生态。

2. 发展大规模个性化定制。支持企业利用互联网采集并对接用户个性化需求，推进设计研发、生产制造和供应链管理等关键环节的柔性化改造，开展基于个性化产品的服务模式和商业模式创新。鼓励互联网企业整合市场信息，挖掘细分市场需求与发展趋势，为制造企业开展个性化定制提供决策支撑。

3. 提升网络化协同制造水平。鼓励制造业骨干企业通过互联网与产业链各环节紧密协同，促进生产、质量控制和运营管理系统全面互联，推行众包设计研发和网络化制造等新模式。鼓励有实力的互联网企业构建网络化协同制造公共服务平台，面向细分行业提供云制造服务，促进创新资源、生产能力、市场需求的集聚与对接，提升服务中小微企业能力，加快全社会多元化制造资源的有效协同，提高产业链资源整合能力。

4. 加速制造业服务化转型。鼓励制造企业利用物联网、云计算、大数据等技术，整合产品全生命周期数据，形成面向生产组织全过程的决策服务信息，为产品优化升级提供数据支撑。鼓励企业基于互联网开展故障预警、远程维护、质量诊断、远程过程优化等在线增值服务，拓展产品价值空间，实现从制造向“制造+服务”的转型升级。

(三) “互联网+”现代农业。

利用互联网提升农业生产、经营、管理和服务水平，培育一批网络化、智能化、精细化的现代“种养加”生态农业新模式，形成示范带动效应，加快完善新型农业生产经营体系，培育多样化农业互联网管理服务模式，逐步建立农副产品、农资质量安全追溯体系，促进农业现代化水平明显提升。(农业部、发展改革委、科技部、商务部、质检总局、食品药品监管总局、林业局等负责)

1. 构建新型农业生产经营体系。鼓励互联网企业建立农业服务平台，支撑专业大户、家庭农场、农民合作社、农业产业化龙头企业等新型农业生产经营主体，加强产销衔接，实现农业生产由生产导向向消费导向转变。提高农业生产经营的科技化、组织化和精细化水平，推进农业生产流通销售方式变革和农业发展方式转变，提升农业生产效率和增值空间。规范用好农村土地流转公共服务平台，提升土地流转透明度，保障农民权益。

2. 发展精准化生产方式。推广成熟可复制的农业物联网应用模式。在基础较好的领域和地区，普及基于环境感知、实时监测、自动控制的网络化农业环境监测系统。在大宗农产品规模生产区域，构建天地一体的农业物联网测控体系，实施智能节水灌溉、测土配方施肥、农机定位耕种等精准化作业。在畜禽标准化规模养殖基地和水产健康养殖示范基地，推动饲料精准投放、疾病自动诊断、废弃物自动回收等智能设备的应用普及和互联互通。

3. 提升网络化服务水平。深入推进信息进村入户试点，鼓励通过移动互联网为农民提供政策、市场、科技、保险等生产生活信息服务。支持互联网企业与农业生产经营主体合作，综合利用大数据、云计算等技术，建立农业信息监测体系，为灾害预警、耕地质量监测、重大动植物疫情防控、市场波动预测、经营科学决策等提供服务。

4. 完善农副产品质量安全追溯体系。充分利用现有互联网资源，构建农副产品质量安全追溯公共服务平台，推进制度标准建设，建立产地准出与市场准入衔接机制。支持新型农业生产经营主体利用互联网技术，对生产经营过程进行精细化信息化管理，加快推动移动互联网、物联网、二维码、无线射频识别等信息技术在生产加工和流通销售各环节的推广应用，强化上下游追溯体系对接和信息互通共享，不断扩大追溯体系覆盖面，实现农副产品“从农田到餐桌”全过程可追溯，保障“舌尖上的安全”。

(四) “互联网+”智慧能源。

通过互联网促进能源系统扁平化，推进能源生产与消费模式革命，提高能源利用效率，推动节能减排。加强分布式能源网络建设，提高可再生能源占比，促进能源利用结构优化。加快发电设施、用电设施和电网智能化改造，提高电力系统的安全性、稳定性和可靠性。(能源局、发展改革委、工业和信息化部等负责)

1. 推进能源生产智能化。建立能源生产运行的监测、管理和调度信息公共服务网络，加强能源产业链上下游企业的信息对接和生产消费智能化，支撑电厂和电网协调运行，促进非化石能源与化石能源协同发电。鼓励能源企业运用大数据技术对设备状态、电能负载等数据进行分析挖掘与预测，开展精准调度、故障判断和预测性维护，提高能源利用效率和安全稳定运行水平。

2. 建设分布式能源网络。建设以太阳能、风能等可再生能源为主体的多能源协调互补的能源互联网。突破分布式发电、储能、智能微网、主动配电网等关键技术，构建智能化电力运行监测、管理技术平台，使电力设备和用电终端基于互联网进行双向通信和智能调控，实现分布式电源的及时有效接入，逐步建成开放共享的能源网络。

3. 探索能源消费新模式。开展绿色电力交易服务区域试点，推进以智能电网为配送平台，以电子商务为交易平台，融合储能设施、物联网、智能用电设施等硬件以及碳交易、互联网金融等衍生服务于一体的绿色能源网络发展，实现绿色电力的点到点交易及实时配送和补贴结算。进一步加强能源生产和消费协调匹配，推进电动汽车、港口岸电等电能替代技术的应用，推广电力需求侧管理，提高能源利用效率。基于分布式能源网络，发展用户端智能化用能、能源共享经济和能源自由交易，促进能源消费生态体系建设。

4. 发展基于电网的通信设施和新型业务。推进电力光纤到户工程，完善能源互联网信息通信系统。统筹部署电网和通信网深度融合的网络基础设施，实现同缆传输、共建共享，避免重复建设。鼓励依托智能电网发展家庭能效管理等新型业务。

(五) “互联网+”普惠金融。

促进互联网金融健康发展，全面提升互联网金融服务能力和普惠水平，鼓励互联网与银行、证券、保险、基金的融合创新，为大众提供丰富、安全、便捷的金融产品和服务，更好满足不同层次实体经济的投融资需求，培育一批具有行业影响力的互联网金融创新型企业。(人民银行、银监会、证监会、保监会、发展改革委、工业和信息化部、网信办等负责)

1. 探索推进互联网金融云服务平台建设。探索互联网企业构建互联网金融云服务平台。在保证技术成熟和业务安全的基础上，支持金融企业与云计算技术提供商合作开展金融公共云服务，提供多样化、个性化、精准化的金融产品。支持银行、证券、保险企业稳妥实施系统架构转型，鼓励探索利用云服务平台开展金融核心业务，提供基于金融云服务平台的信用、认证、接口等公共服务。

2. 鼓励金融机构利用互联网拓宽服务覆盖面。鼓励各金融机构利用云计算、移动互联网、大数据等技术手段，加快金融产品和服务创新，在更广泛地区提供便利的存贷款、支付结算、信用中介平台等金融服务，拓宽普惠金融服务范围，为实体经济发展提供有效支撑。支持金融机构和互联网企业依法合规开展网络借贷、网络证券、网络保险、互联网基金销售等业务。扩大专业互联网保险公司试点，充分发挥保险业在防范互联网金融风险中的作用。推动金融集成电路卡(IC 卡)全面应用，提升电子现金的使用率和便捷性。发挥移动金融安全可信公共服务平台(MTPS)的作用，积极推动商业银行开展移动金融创新应用，促进移动金融在电子商务、公共服务等领域的规模应用。支持银行业金融机构借助互联网技术发展消费信贷业务，支持金融租赁公司利用互联网技术开展金融租赁业务。

3. 积极拓展互联网金融服务创新的深度和广度。鼓励互联网企业依法合规提供创新金融产品和服务，更好满足中小微企业、创新型企业和个人的投融资需求。规范发展网络借贷和互联网消费信贷业务，探索互联网金融服务创新。积极引导风险投资基金、私募股权投资基金和产业投资基金投资于互联网金融企业。利用大数据发展市场化个人征信业务，加快网络征信和信用评价体系建设。加强互联网金融消费权益保护和投资者保护，建立多元化金融消费纠纷解决机制。改进和完善互联网金融监管，提高金融服务安全性，有效防范互联网金融风险及其外溢效应。

(六) “互联网+”益民服务。

充分发挥互联网的高效、便捷优势，提高资源利用效率，降低服务消费成本。大力发展以互联网为载体、线上线下互动的新兴消费，加快发展基于互联网的医疗、健康、养老、教育、旅游、社会保障等新兴服务，创新政府服务模式，提升政府科学决策能力和管理水平。(发展改革委、教育部、工业和信息化部、民政部、人力资源社会保障部、商务部、卫生计生委、质检总局、食品药品监管总局、林业局、旅游局、网信办、信访局等负责)

1. 创新政府网络化管理和服务。加快互联网与政府公共服务体系的深度融合，推动公共数据资源开放，促进公共服务创新供给和服务资源整合，构建面向公众的一体化在线公共服务体系。积极探索公众参与的网络化社会管理服务新模式，充分利用互联网、移动互联网应用平台等，加快推进政务新媒体发展建设，加强政府与公众的沟通交流，提高政府公共管理、公共服务和公共政策制定的响应速度，提升政府科学决策能力和社会治理水平，促进政府职能转变和简政放权。深入推进网上信访，提高信访工作质量、效率和公信力。鼓励政府和互联网企业合作建立信用信息共享平台，探索开展一批社会治理互联网应用试点，打通政府部门、企事业单位之间的数据壁垒，利用大数据分析手段，提升各级政府的社会治理能力。加强对“互联网+”行动的宣传，提高公众参与度。

2. 发展便民服务新业态。发展体验经济，支持实体零售商综合利用网上商店、移动支付、智能试衣等新技术，打造体验式购物模式。发展社区经济，在餐饮、娱乐、家政等领域培育线上线下结合的社区服务新模式。发展共享经济，规范发展网络约租车，积极推广在线租房等新业态，着力破除准入门槛高、服务规范难、个人征信缺失等瓶颈制约。发展基于互联网的文化、媒体和旅游等服务，培育形式多样的新型业态。积极推广基于移动互联网入口的城市服务，开展网上社保办理、个人社保权益查询、跨地区医保结算等互联网应用，让老百姓足不出户享受便捷高效的服务。

3. 推广在线医疗卫生新模式。发展基于互联网的医疗卫生服务，支持第三方机构构建医学影像、健康档案、检验报告、电子病历等医疗信息共享服务平台，逐步建立跨医院的医疗数据共享交换标准体系。积极利用移动互联网提供在线预约诊疗、候诊提醒、划价缴费、诊疗报告查询、药品配送等便捷服务。引导医疗机构面向中小城市和农村地区开展基层检查、上级诊断等远程医疗服务。鼓励互联网企业与医疗机构合作建立医疗网络信息平台，加强区域医疗卫生服务资源整合，充分利用互联网、大数据等手段，提高重大疾病和突发公共卫生事件防控能力。积极探索互联网延伸医嘱、电子处方等网络医疗健康服务应用。鼓励有资质的医学检验机构、医疗服务机构联合互联网企业，发展基因检测、疾病预防等健康服务模式。

4. 促进智慧健康养老产业发展。支持智能健康产品创新和应用，推广全面量化健康生活新方式。鼓励健康服务机构利用云计算、大数据等技术搭建公共信息平台，提供长期跟踪、预测预警的个性化健康管理服务。发展第三方在线健康市场调查、咨询评价、预防管理等应用服务，提升规范化和专业化运营水平。依托现有互联网资源和社会力量，以社区为基础，搭建养老信息服务网络平台，提供护理看护、健康管理、康复照料等居家养老服务。鼓励养老服务机构应用基于移动互联网的便携式体检、紧急呼叫监控等设备，提高养老服务水平。

5. 探索新型教育服务供给方式。鼓励互联网企业与社会教育机构根据市场需求开发数字教育资源，提供网络化教育服务。鼓励学校利用数字教育资源及教育服务平台，逐步探索网络化教育新模式，扩大优质教育资源覆盖面，促进教育公平。鼓励学校通过与互联网企业合作等方式，对接线上线下教育资源，探索基础教育、职业教育等教育公共服务提供新方式。推动开展学历教育在线课程资源共享，推广大规模在线开放课程等网络学习模式，探索建立网络学习学分认定与学分转换等制度，加快推动高等教育服务模式变革。

(七)“互联网+”高效物流。

加快建设跨行业、跨区域的物流信息服务平台，提高物流供需信息对接和使用效率。鼓励大数据、云计算在物流领域的应用，建设智能仓储体系，优化物流运作流程，提升物流仓储的自动化、智能化水平和运转效率，降低物流成本。(发展改革委、商务部、交通运输部、网信办等负责)

1. 构建物流信息共享互通体系。发挥互联网信息集聚优势，聚合各类物流信息资源，鼓励骨干物流企业和第三方机构搭建面向社会的物流信息服务平台，整合仓储、运输和配送信息，开展物流全程监测、预警，提高物流安全、环保和诚信水平，统筹优化社会物流资源配置。构建互通省际、下达市县、兼顾乡村的物流信息互联网络，建立各类可开放数据的对接机制，加快完善物流信息交换开放标准体系，在更广范围促进物流信息充分共享与互联互通。

2. 建设深度感知智能仓储系统。在各级仓储单元积极推广应用二维码、无线射频识别等物联网感知技术和大数据技术，实现仓储设施与货物的实时跟踪、网络化管理以及库存信息的高度共享，提高货物调度效率。鼓励应用智能化物流装备提升仓储、运输、分拣、包装等作业效率，提高各类复杂订单的出货处理能力，缓解货物囤积停滞瓶颈制约，提升仓储运管水平和效率。

3. 完善智能物流配送调配体系。加快推进货运车联网与物流园区、仓储设施、配送网点等信息互联，促进人员、货源、车源等信息高效匹配，有效降低货车空驶率，提高配送效率。鼓励发展社区自提柜、冷链储藏柜、代收服务点等新型社区化配送模式，结合构建物流信息互联网络，加快推进县到村的物流配送网络和村级配送网点建设，解决物流配送“最后一公里”问题。

(八)“互联网+”电子商务。

巩固和增强我国电子商务发展领先优势，大力发展农村电商、行业电商和跨境电商，进一步扩大电子商务发展空间。电子商务与其他产业的融合不断深化，网络化生产、流通、消费更加普及，标准规范、公共服务等支撑环境基本完善。(发展改革委、商务部、工业和信息化部、交通运输部、农业部、海关总署、税务总局、质检总局、网信办等负责)

1. 积极发展农村电子商务。开展电子商务进农村综合示范，支持新型农业经营主体和农产品、农资批发市场对接电商平台，积极发展以销定产模式。完善农村电子商务配送及综合服务网络，着力解决农副产品标准化、物流标准化、冷链仓储建设等关键问题，发展农产品个性化定制服务。开展生鲜农产品和农业生产资料电子商务试点，促进农业大宗商品电子商务发展。

2. 大力发展行业电子商务。鼓励能源、化工、钢铁、电子、轻纺、医药等行业企业，积极利用电子商务平台优化采购、分销体系，提升企业经营效率。推动各类专业市场线上转型，引导传统商贸流通企业与电子商务企业整合资源，积极向供应链协同平台转型。鼓励生产制造企业面向个性化、定制化消费需求深化电子商务应用，支持设备制造企业利用电子商务平台开展融资租赁服务，鼓励中小微企业扩大电子商务应用。按照市场化、专业化方向，大力推广电子招标投标。

3. 推动电子商务应用创新。鼓励企业利用电子商务平台的大数据资源，提升企业精准营销能力，激发市场消费需求。建立电子商务产品质量追溯机制，建设电子商务售后服务质量检测云平台，完善互联网质量信息公共服务体系，解决消费者维权难、退货难、产品责任追溯难等问题。加强互联网食品药品市场监测监管体系建设，积极探索处方药电子商务销售和监管模式创新。鼓励企业利用移动社交、新媒体等新渠道，发展社交电商、“粉丝”经济等网络营销新模式。

4. 加强电子商务国际合作。鼓励各类跨境电子商务服务商发展，完善跨境物流体系，拓展全球经贸合作。推进跨境电子商务通关、检验检疫、结汇等关键环节单一窗口综合服务体系建设。创新跨境权益保障机制，利用合格评定手段，推进国际互认。创新跨境电子商务管理，促进信息网络畅通、跨境物流便捷、支付及结汇无障碍、税收规范便利、市场及贸易规则互认互通。

(九) “互联网+”便捷交通。

加快互联网与交通运输领域的深度融合，通过基础设施、运输工具、运行信息等互联网化，推进基于互联网平台的便捷化交通运输服务发展，显著提高交通运输资源利用效率和管理精细化水平，全面提升交通运输行业服务品质和科学治理能力。(发展改革委、交通运输部共同牵头)

1. 提升交通运输服务品质。推动交通运输主管部门和企业将服务性数据资源向社会开放，鼓励互联网平台为社会公众提供实时交通运行状态查询、出行路线规划、网上购票、智能停车等服务，推进基于互联网平台的多种出行方式信息服务对接和一站式服务。加快完善汽车健康档案、维修诊断和服务质量信息服务平台建设。

2. 推进交通运输资源在线集成。利用物联网、移动互联网等技术，进一步加强对公路、铁路、民航、港口等交通运输网络关键设施运行状态与通行信息的采集。推动跨地域、跨类型交通运输信息互联互通，推广船联网、车联网等智能化技术应用，形成更加完善的交通运输感知体系，提高基础设施、运输工具、运行信息等要素资源的在线化水平，全面支撑故障预警、运行维护以及调度智能化。

3. 增强交通运输科学治理能力。强化交通运输信息共享，利用大数据平台挖掘分析人口迁徙规律、公众出行需求、枢纽客流规模、车辆船舶行驶特征等，为优化交通运输设施规划与建设、安全运行控制、交通运输管理决策提供支撑。利用互联网加强对交通运输违章违规行为的智能化监管，不断提高交通运输治理能力。

(十) “互联网+”绿色生态。

推动互联网与生态文明建设深度融合，完善污染物监测及信息发布系统，形成覆盖主要生态要素的资源环境承载能力动态监测网络，实现生态环境数据互联互通和开放共享。充分发挥互联网在逆向物流回收体系中的平台作用，促进再生资源交易利用便捷化、互动化、透明化，促进生产生活方式绿色化(发展改革委、环境保护部、商务部、林业局等负责)

1. 加强资源环境动态监测。针对能源、矿产资源、水、大气、森林、草原、湿地、海洋等各类生态要素，充分利用多维地理信息系统、智慧地图等技术，结合互联网大数据分析，优化监测站点布局，扩大动态监控范围，构建资源环境承载能力立体监控系统。依托现有互联网、云计算平台，逐步实现各级政府资源环境动态监测信息互联共享。加强重点

善“互联网+”融合标准体系，同步推进国际国内标准化工作，增强在国际标准化组织(ISO)、国际电工委员会(IEC)和国际电信联盟(ITU)等国际组织中的话语权。(质检总局、工业和信息化部、网信办、能源局等负责)

3. 强化知识产权战略。加强融合领域关键环节专利导航，引导企业加强知识产权战略储备与布局。加快推进专利基础信息资源开放共享，支持在线知识产权服务平台建设，鼓励服务模式创新，提升知识产权服务附加值，支持中小微企业知识产权创造和运用。加强网络知识产权和专利执法维权工作，严厉打击各种网络侵权假冒行为。增强全社会对网络知识产权的保护意识，推动建立“互联网+”知识产权保护联盟，加大对新业态、新模式等创新成果的保护力度。(知识产权局牵头)

4. 大力发展开源社区。鼓励企业自主研发和国家科技计划(专项、基金等)支持形成的软件成果通过互联网向社会开源。引导教育机构、社会团体、企业或个人发起开源项目，积极参加国际开源项目，支持组建开源社区和开源基金会。鼓励企业依托互联网开源模式构建新型生态，促进互联网开源社区与标准规范、知识产权等机构的对接与合作。(科技部、工业和信息化部、质检总局、知识产权局等负责)

(三) 营造宽松环境。

1. 构建开放包容环境。贯彻落实《中共中央国务院关于深化体制机制改革加快实施创新驱动发展战略的若干意见》，放宽融合性产品和服务的市场准入限制，制定实施各行业互联网准入负面清单，允许各类主体依法平等进入未纳入负面清单管理的领域。破除行业壁垒，推动各行业、各领域在技术、标准、监管等方面充分对接，最大限度减少事前准入限制，加强事中事后监管。继续深化电信体制改革，有序开放电信市场，加快民营资本进入基础电信业务。加快深化商事制度改革，推进投资贸易便利化。(发展改革委、网信办、教育部、科技部、工业和信息化部、民政部、商务部、卫生计生委、工商总局、质检总局等负责)

2. 完善信用支撑体系。加快社会征信体系建设，推进各类信用信息平台无缝对接，打破信息孤岛。加强信用记录、风险预警、违法失信行为等信息资源在线披露和共享，为经营者提供信用信息查询、企业网上身份认证等服务。充分利用互联网积累的信用数据，对现有征信体系和评测体系进行补充和完善，为经济调节、市场监管、社会管理和公共服务提供有力支撑。(发展改革委、人民银行、工商总局、质检总局、网信办等负责)

3. 推动数据资源开放。研究出台国家大数据战略，显著提升国家大数据掌控能力。建立国家政府信息开放统一平台和基础数据资源库，开展公共数据开放利用改革试点，出台政府机构数据开放管理规定。按照重要性和敏感程度分级分类，推进政府和公共信息资源开放共享，支持公众和小微企业充分挖掘信息资源的商业价值，促进互联网应用创新。(发展改革委、工业和信息化部、国务院办公厅、网信办等负责)

4. 加强法律法规建设。针对互联网与各行业融合发展的新特点，加快“互联网+”相关立法工作，研究调整完善不适应“互联网+”发展和管理的现行法规及政策规定。落实加强网络信息保护和信息公开有关规定，加快推动制定网络安全、电子商务、个人信息保护、互联网信息服务管理等法律法规。完善反垄断法配套规则，进一步加大反垄断法执行力度，严格查处信息领域企业垄断行为，营造互联网公平竞争环境。(法制办、网信办、发展改革委、工业和信息化部、公安部、安全部、商务部、工商总局等负责)

(四) 拓展海外合作。

1. 鼓励企业抱团出海。结合“一带一路”等国家重大战略，支持和鼓励具有竞争优势的互联网企业联合制造、金融、信息通信等领域企业率先走出去，通过海外并购、联合经营、设立分支机构等方式，相互借力，共同开拓国际市场，推进国际产能合作，构建跨境产业链体系，增强全球竞争力。(发展改革委、外交部、工业和信息化部、商务部、网信办等负责)

2. 发展全球市场应用。鼓励“互联网+”企业整合国内外资源，面向全球提供工业云、供应链管理、大数据分析等网络服务，培育具有全球影响力的“互联网+”应用平台。鼓励互联网企业积极拓展海外用户，推出适合不同市场文化的产品和服务。(商务部、发展改革委、工业和信息化部、网信办等负责)

3. 增强走出去服务能力。充分发挥政府、产业联盟、行业协会及相关中介机构作用，形成支持“互联网+”企业走出去的合力。鼓励中介机构为企业拓展海外市场提供信息咨询、法律援助、税务中介等服务。支持行业协会、产业联盟与企业共同推广中国技术和中国标准，以技术标准走出去带动产品和服务在海外推广应用。(商务部、外交部、发展改革委、工业和信息化部、税务总局、质检总局、网信办等负责)

(五) 加强智力建设。

1. 加强应用能力培训。鼓励地方各级政府采用购买服务的方式，向社会提供互联网知识技能培训，支持相关研究机构和专家开展“互联网+”基础知识和应用培训。鼓励传统企业与互联网企业建立信息咨询、人才交流等合作机制，促进双方深入交流合作。加强制造业、农业等领域人才特别是企业高层管理人员的互联网技能培训，鼓励互联网人才与传统行业人才双向流动。(科技部、工业和信息化部、人力资源社会保障部、网信办等负责)

2. 加快复合型人才培养。面向“互联网+”融合发展需求，鼓励高校根据发展需要和学校办学能力设置相关专业，注重将国内外前沿研究成果尽快引入相关专业教学中。鼓励各类学校聘请互联网领域高级人才作为兼职教师，加强“互联网+”领域实验教学。(教育部、发展改革委、科技部、工业和信息化部、人力资源社会保障部、网信办等负责)

3. 鼓励联合培养培训。实施产学合作专业综合改革项目，鼓励校企、院企合作办学，推进“互联网+”专业技术人才培训。深化互联网领域产教融合，依托高校、科研机构、企业的智力资源和研究平台，建立一批联合实训基地。建立企业技术中心和院校对接机制，鼓励企业在院校建立“互联网+”研发机构和实验中心。(教育部、发展改革委、科技部、工业和信息化部、人力资源社会保障部、网信办等负责)

4. 利用全球智力资源。充分利用现有人才引进计划和鼓励企业设立海外研发中心等多种方式，引进和培养一批“互联网+”领域高端人才。完善移民、签证等制度，形成有利于吸引人才的分配、激励和保障机制，为引进海外人才提供有利条件。支持通过任务外包、产业合作、学术交流等方式，充分利用全球互联网人才资源。吸引互联网领域领军人才、特殊人才、紧缺人才在我国创业创新和从事教学科研等活动。(人力资源社会保障部、发展改革委、教育部、科技部、网信办等负责)

(六) 加强引导支持。

1. 实施重大工程包。选择重点领域，加大中央预算内资金投入力度，引导更多社会资本进入，分步骤组织实施“互联网+”重大工程，重点促进以移动互联网、云计算、大数据、物联网为代表的新一代信息技术与制造、能源、服务、农业等领域的融合创新，发展壮大新兴业态，打造新的产业增长点。(发展改革委牵头)

2. 加大财税支持。充分发挥国家科技计划作用，积极投向符合条件的“互联网+”融合创新关键技术研发及应用示范。统筹利用现有财政专项资金，支持“互联网+”相关平台建设和应用示范等。加大政府部门采购云计算服务的力度，探索基于云计算的政务信息化建设运营新机制。鼓励地方政府创新风险补偿机制，探索“互联网+”发展的新模式。(财政部、税务总局、发展改革委、科技部、网信办等负责)

3. 完善融资服务。积极发挥天使投资、风险投资基金等对“互联网+”的投资引领作用。开展股权众筹等互联网金融创新试点，支持小微企业发展。支持国家出资设立的有关基金投向“互联网+”，鼓励社会资本加大对相关创新型企业的投资。积极发展知识产权质押融资、信用保险保单融资增信等服务，鼓励通过债券融资方式支持“互联网+”发展，支持符合条件的“互联网+”企业发行公司债券。开展产融结合创新试点，探索股权和债权相结合的融资服务。降低创新型、成长型互联网企业的上市准入门槛，结合证券法修订和股票发行注册制改革，支持处于特定成长阶段、发展前景好但尚未盈利的互联网企业在创业板上市。推动银行业金融机构创新信贷产品与金融服务，加大贷款投放力度。鼓励开发性金融机构为“互联网+”重点项目建设提供有效融资支持。(人民银行、发展改革委、银监会、证监会、保监会、网信办、开发银行等负责)

(七) 做好组织实施。

1. 加强组织领导。建立“互联网+”行动实施部际联席会议制度，统筹协调解决重大问题，切实推动行动的贯彻落实。联席会议设办公室，负责具体工作的组织推进。建立跨领域、跨行业的“互联网+”行动专家咨询委员会，为政府决策提供重要支撑。(发展改革委牵头)

2. 开展试点示范。鼓励开展“互联网+”试点示范，推进“互联网+”区域化、链条化发展。支持全面创新改革试验区、中关村等国家自主创新示范区、国家现代农业示范区先行先试，积极开展“互联网+”创新政策试点，破除新兴产业行业准入、数据开放、市场监管等方面政策障碍，研究适应新兴业态特点的税收、保险政策，打造“互联网+”生态体系。(各部门、各地方政府负责)

3. 有序推进实施。各地区、各部门要主动作为，完善服务，加强引导，以动态发展的眼光看待“互联网+”，在实践中大胆探索拓展，相互借鉴“互联网+”融合应用成功经验，促进“互联网+”新业态、新经济发展。有关部门要加强统筹规划，提高服务和管理能力。各地区要结合实际，研究制定适合本地的“互联网+”行动落实方案，因地制宜，合理定位，科学组织实施，杜绝盲目建设和重复投资，务实有序推进“互联网+”行动。(各部门、各地方政府负责)

中华人民共和国国务院

2015 年 7 月 1 日

附录D　全国电子商务物流发展专项规划(2016—2020年)

商务部等六部门关于印发《全国电子商务物流发展专项规划(2016—2020年)》的通知

商流通发[2016]85号

各省、自治区、直辖市、计划单列市及新疆生产建设兵团商务、发展改革、交通运输、邮政、质监(市场监督管理)部门、海关总署广东分署、各直属海关：

为加快电子商务物流发展，提升电子商务水平，降低物流成本，提高流通效率，根据国务院《物流业发展中长期规划(2014—2020年)》，商务部、发展改革委、交通运输部、海关总署、国家邮政局、国家标准委制定了《全国电子商务物流发展专项规划(2016—2020年)》，现印发你们，请认真遵照执行，并加强对规划实施情况的跟踪问效和监督检查。

商务部 国家发改委 交通运输部

海关总署 国家邮政局 国家标准委

2016年3月17日

全国电子商务物流发展专项规划(2016—2020年)

电子商务物流(以下简称电商物流)是主要服务于电子商务的各类物流活动，具有时效性强、服务空间广、供应链条长等特点。加快电商物流发展，对于提升电子商务水平，降低物流成本，提高流通效率，引导生产，满足消费，促进供给侧结构性改革都具有重要意义。根据国务院《物流业发展中长期规划(2014—2020年)》(国发〔2014〕42号)的要求，为进一步落实《国务院关于大力发展电子商务加快培育经济新动力的意见》(国发〔2015〕24号)和《国务院关于积极推进“互联网+”行动的指导意见》(国发〔2015〕40号)，特制定本规划。

一、现状与形势

(一) 发展现状。

近年来，随着电子商务的快速发展，我国电商物流保持较快增长，企业主体多元发展，经营模式不断创新，服务能力显著提升，已成为现代物流业的重要组成部分和推动国民经济发展的新动力。

1．发展规模迅速扩大。2015 年，我国电子商务交易额预计为 20.8 万亿元，同比增长约 27%。全国网络零售交易额为 3.88 万亿元，同比增长 33.3%，其中实物商品网上零售额为 32424 亿元，同比增长 31.6%。2015 年，全国快递服务企业业务量累计完成 206.7 亿件，同比增长 48%，其中约有 70%是由于国内电子商务产生的快递量。总体看，电子商务引发的物流仓储和配送需求呈现高速增长态势。

2．企业主体多元发展。企业主体从快递、邮政、运输、仓储等行业向生产、流通等行业扩展，与电子商务企业相互渗透融合速度加快，涌现出一批知名电商物流企业。

3．服务能力不断提升。第三方物流、供应链型、平台型、企业联盟等多种组织模式加快发展。服务空间分布上有同城、异地、全国、跨境等多种类型；服务时限上有“限时达、当日递、次晨达、次日递”等。可提供预约送货、网订店取、网订店送、智能柜自提、代收货款、上门退换货等多种服务。

4．信息技术广泛应用。企业信息化、集成化和智能化发展步伐加快。条形码、无线射频识别、自动分拣技术、可视化及货物跟踪系统、传感技术、全球定位系统、地理信息系统、电子数据交换、移动支付技术等得到广泛应用，提升了行业服务效率和准确性。

(二) 面临形势。

随着国民经济全面转型升级和互联网、物联网发展，以及基础设施的进一步完善，电商物流需求将保持快速增长，服务质量和创新能力有望进一步提升，渠道下沉和“走出去”趋势凸显，将进入全面服务社会生产和人民生活的新阶段。

1．电商物流需求保持快速增长。随着我国新型工业化、信息化、城镇化、农业现代化和居民消费水平的提升，电子商务在经济、社会和人民生活各领域的渗透率不断提高，与之对应的电商物流需求将保持快速增长。同时，电子商务交易的主体和产品类别愈加丰富，移动购物、社交网络等将成为新的增长点。

2．电商物流服务质量和创新能力将显著提升。产业结构和消费结构升级将推动电商物流进一步提升服务质量。随着网络购物和移动电商的普及，电商物流必须加快服务创新，增强灵活性、时效性、规范性，提高供应链资源整合能力，满足不断细分的市场需求。

3．电商物流“向西向下”成为新热点。随着互联网和电子商务的普及，网络零售市场渠道将进一步下沉，呈现出向内陆地区、中小城市及县域加快渗透的趋势。这些地区的电商物流发展需求更加迫切，增长空间更为广阔。电商物流对促进区域间商品流通，推动形成统一大市场的作用日益突出。

4．跨境电商物流将快速发展。新一轮对外开放和“一带一路”战略的实施，为跨境电子商务的发展提供了重大历史机遇，这必然要求电商物流跨区域、跨经济体延伸，提高整合境内外资源和市场的能力。

二、指导思想、规划原则与发展目标

(一) 指导思想。

深入贯彻党的十八大和十八届三中、四中、五中全会精神，发挥市场在资源配置中的决定性作用，树立“创新、协调、绿色、开放、共享”的发展理念，科学规划完善电商物流网络体系，加强线上线下融合，进一步提升电商物流的服务和创新能力，提高物流效率，降低物流成本，统筹国际国内两个市场、两种资源，建设有利于电商物流发展的法治化营商环境，实现电商物流健康、快速、持续发展。

(二) 发展目标。

到2020年，基本形成“布局完善、结构优化、功能强大、运作高效、服务优质”的电商物流体系，信息化、标准化、集约化发展取得重大进展。电商物流创新能力进一步提升，先进物流装备、技术在行业内得到广泛应用。一体化运作、网络化经营能力进一步增强，运输、仓储、配送等各环节协调发展，紧密衔接。对外开放程度进一步提高，逐步形成服务于全球贸易和营销的电商物流网络。绿色发展水平进一步提高，包装循环利用水平有较大提升。电商物流企业竞争力显著加强，拥有一批具备国际竞争力、服务网络覆盖境内外的高水平企业。电商物流成本显著降低，效率明显提高，供应链服务能力大大增强。

(三) 基本原则。

1. 市场主导，政府推动。发挥市场机制的决定性作用，全面激发企业活力。加强政府在法律规范、规划引导、政策促进等方面的作用，着力解决体制机制、发展环境等方面存在的问题，促进电商物流行业健康发展。

2. 统筹兼顾，重点突破。健全跨部门、跨行业、跨地区的协同工作机制。统筹当前和长远、全国与区域、城市和农村、国际和国内电商物流体系建设。围绕电商物流信息化、标准化、集约化等关键领域和薄弱环节，实现重点突破。

3. 协调发展，加强创新。促进电子商务与实体经济、商贸与物流等的协调发展，加强运输、储存、装卸、搬运、包装、流通加工、配送、信息服务等环节的有机衔接。加强电商物流模式创新、管理创新和业态创新。

4. 开放共享，绿色发展。坚持对外开放，鼓励企业开展国际化经营，努力打造内外贸结合的电商物流网络，提高电商物流企业国际竞争力。高效配置物流资源，提高共同化水平，降低物流配送的能耗和排放，促进包装标准化、减量化和循环利用。

三、主要任务

(一) 建设支撑电子商务发展的物流网络体系。

围绕电子商务需求，构建统筹城乡、覆盖全国、连接世界的电商物流体系。依托全国物流节点城市、全国流通节点城市和国家电子商务示范城市，完善优化全国和区域电商物流布局。根据城市规划，加强分拨中心、配送中心和末端网点建设。探索“电商产业园+物流园”融合发展新模式，加强城际运输与城市配送的无缝对接,推动仓配一体化和共同配送，发展多式联运、甩挂运输、标准托盘循环共用等高效物流运作系统。

(二) 提高电子商务物流标准化水平。

在快速消费品、农副产品、药品流通等领域，重点围绕托盘、商品包装和服务及交易流程，做好相关标准的制修订和应用推广工作。形成以托盘标准为核心，与货架、周转箱、托盘笼、自提货柜等仓储配送设施，以及公路、铁路、航空等交通运输载具的标准相互衔接贯通的电商物流标准体系。

(三) 提高电子商务物流信息化水平。

推动大数据、云计算、物联网、移动互联、二维码、RFID、智能分拣系统、物流优化和导航集成系统等新兴信息技术和装备在电商物流领域的应用。重点提升物流设施设备智能化水平，物流作业单元化水平，物流流程标准化水平，物流交易服务数据化水平，物流过程可视化水平。引导发展智慧化物流园区(基地)，推动建立深度感知的仓储管理系统，高效便捷的末端配送网络，科学有序的物流分拨调配系统和互联互通的物流信息服务平台。鼓励和支持电商物流企业利用信息化、智能化手段，加强技术和商业模式创新，推动电子商务与物流的融合发展、良性互动。

(四) 推动电子商务物流企业集约绿色发展。

鼓励传统物流企业充分利用既有物流设施，通过升级改造，增强集成服务能力，加快向第三方电商物流企业转型；鼓励电商企业和生产企业将自营物流向外部开放，发展社会化第三方物流服务。支持具有较强资源整合能力的第四方电商物流企业加快发展，更好整合利用社会分散的运输、仓储、配送等物流资源，带动广大中小企业集约发展。支持电商物流企业推广使用新能源技术，减少排放和资源消耗，利用配送渠道回收包装物等，发展逆向物流体系。

(五) 加快中小城市和农村电商物流发展。

积极推进电商物流渠道下沉，支持电商物流企业向中小城市和农村延伸服务网络。结合农村产业特点，推动物流企业深化与各类涉农机构和企业合作，培育新型农村电商物流主体。充分利用“万村千乡”、邮政等现有物流渠道资源，结合电子商务进农村、信息进村入户、快递“向西向下”服务拓展工程、农村扶贫等工作，构建质优价廉产品流入、特色农产品流出的快捷渠道，形成“布局合理、双向高效、种类丰富、服务便利”的农村电商物流服务体系。

(六) 加快民生领域的电商物流发展。

支持电商物流企业与连锁实体商店、餐饮企业、社区服务组织、机关院校等开展商品体验、一站式购物、末端配送整合等多种形式合作。加快以鲜活农产品、食品为主的电子商务冷链物流发展，依托先进设备和信息化技术手段，构建电子商务全程冷链物流体系。支持医药生产和经销企业开展网上招标和统一采购，按照GSP(《药品经营质量管理规范》)要求，构建服务医药电子商务的网络化、规范化和定制化的全程冷链及可追溯物流体系，确保药品安全。

(七) 构建开放共享的跨境电商物流体系。

加快发展国际物流和保税物流，构筑立足周边、辐射“一带一路”、面向全球的跨境电商物流体系。鼓励有实力的电商物流企业实施国际化发展战略，通过自建、合作、并购等方式延伸服务网络，实现与发达国家重要城市的网络连接，并逐步开辟与主要发展中国家的快递专线。支持优势电商物流企业加强联合，在条件成熟的国家和地区部署海外物流基地和仓配中心。促进国内外企业在战略、技术、产品、数据、服务等方面的交流与合作，共同开发国际电商物流市场。

四、重大工程

(一) 电商物流标准化工程。

加快电商物流技术、装备、作业流程、信息交换、服务规范等标准制修订工作，重点完善包装、托盘、周转箱、物品编码标准，加快制订快递服务与网络零售信息系统数据接口标准。围绕托盘标准化及其循环共用，以电子商务物流企业、大型商贸连锁企业、快速消费品生产企业、第三方物流企业、托盘租赁服务企业为主体，上下游联动推进电子商务物流标准化。加强《电子商务物流服务规范》(SB/T11132-2015)、《城市物流配送汽车选型技术要求》(GB/T29912)、《道路车辆外廓尺寸、轴荷及质量限值》(GB1589)的实施，引导企业推广使用符合标准的配送车型，加快开展城市配送车辆统一标识管理工作。

(二) 电商物流公共信息平台工程。

鼓励现有的物流信息服务平台拓展交易、融资、保险、支付、诚信、全程监控、技术支持等服务功能，提高服务质量，扩大服务范围，提高辐射能力，形成3～5个具有整合国内国际物流资源能力的大型电商物流平台。鼓励政府部门开放物流相关信息，满足企业、社会和最终用户的需求。鼓励各类物流信息服务平台互联互通，资源共享，打破“信息孤岛”。依托跨境电子商务综合试验区，探索建设服务于跨境电商的一站式物流服务平台。

(三) 电商物流农村服务工程。

结合新型城镇化建设，依托“电子商务进农村”等工程，整合县、乡镇现有流通网络资源，发展农村电商物流配送体系。鼓励电子商务企业、大型连锁企业和物流企业完善农村服务网点，发挥电商物流在工业品下乡和农产品进城的双向流通网络构建中的支撑作用。支持建立具备运营服务中心和仓储配送中心(商品中转集散中心)功能的县域农村电子商务服务中心，发展与电子交易、网上购物、在线支付协同发展的农村物流配送服务。

(四) 电商物流社区服务工程。

依托“电子商务进社区”等工程，新建或改造利用现有资源，完善社区电商物流便民基础设施，发展网购自提点，推广智能终端自提设备。支持连锁零售企业、快递企业、末端配送企业、生活服务类企业共同打造便民利民的社区电商物流服务体系，解决“最后一公里”、“最后一百米”末端配送难题。

(五) 电商冷链物流工程。

支持电商冷链物流企业运用现代技术优化流程，推广应用电子化运单、温湿度记录系统、物联网等技术，确保加工制作、储藏、运输、配送、销售各个环节始终处于温控状态，实现运营透明化、流程可视化、查询便利化，降低损耗率。支持电商冷链物流配送中心和配送站点建设，鼓励经营鲜活农产品、食品、药品的电子商务平台企业创新经营方式和商业模式，实现线上线下结合，有效降低冷链成本。

(六) 电商物流绿色循环工程。

鼓励电商物流快递企业利用配送渠道，回收利用废弃包装物。开展电商物流业包装标准化和分类回收利用工作，提高利用效率。推广使用新型电商物流包装技术和材料，促进包装减量化和可循环使用，以及包装废弃物易降解和无害化。通过网络、电视、报纸等媒体加强环保公益宣传，树立理性包装和绿色包装理念。

(七) 电商物流跨境工程。

推进跨境电商物流便利化。为电商物流企业的国际化和海外并购，提供法务、商务和税务方面的信息支持，推进海外并购审批、外汇便利化等。将跨境电子商务的订单、支付、物流、质量安全等信息集成为综合通关数据，进行汇总申报，推进通关便利化。完善海关、检验检疫、邮政管理等部门之间的协作机制，推动国家间、地区间检验检疫标准互认。鼓励国内邮政设施、邮政国际通道、航空运输资源和铁路运输资源等向电商物流企业开放与共享。

(八) 电商物流创新工程。

支持科研机构、大专院校建立电商物流领域创新平台或研究机构，着力解决电商物流发展的重大技术瓶颈。鼓励构建产学研用创新联盟，创新体制与模式，重点开展电商物流机器人、云计算、北斗导航、模块集成、信息采集与管理、数据交换等基础技术的研发；推动电子合同、电子结算、物流跟踪、信息安全、顾客行为分析等技术应用。推动电商物流企业管理创新、服务创新和商业模式创新。

五、组织实施和保障措施

(一) 加强规划落实和组织实施。

商务、发展改革、交通运输、海关、邮政、标准化等主管部门要在国家现代物流工作综合协调机制下，加强协调配合，突出重点，落实责任，形成合力。地方相关部门要按照本规划确定的目标和任务，根据电商物流发展特点，结合实际，加强对本地电商物流发展的指导，尽快制定具体实施方案，完善和细化相关政策措施，扎实做好各项工作。相关协会、商会、联盟等社会团体要充分发挥在行业自律、产业研究、标准宣贯、统计监测、人员培训、宣传推广等方面的作用，推动行业健康发展。

(二) 营造良好发展环境。

进一步深化相关领域改革，打破地方封锁和行业垄断，禁止滥用行政权力和市场支配地位排除限制竞争。积极转变政府职能，提高行政效率，简化电商物流企业行政审批和营业网点审批(备案)手续。建立与电商物流企业网络化布局与一体化经营相适应的企业工商登记制度。完善电子发票制度，推广电子发票在各领域的应用，促进电子发票与电子商务税务管理的衔接。健全相关法律法规，规范市场主体行为，形成公平公正、统一开放、竞争有序的市场环境。

(三) 加强和完善政策支持。

利用服务业发展专项资金和现有相关政策，对重点任务和重大工程给予相应的支持。鼓励运用多种融资渠道和方式服务电商物流，解决电商物流企业融资难、融资贵问题。做好电商物流的仓储、分拨、配送等规划选址和用地保障，落实好现有鼓励政策。完善城市交通和配送管理政策，解决城市配送及快递车辆通行、停靠等交通管理问题。鼓励采用新能源汽车和符合标准的电动三轮车。

(四) 完善信用和监管体系。

探索电商物流企业等级评定和信用分级管理，支持建立以消费者评价为基础，以专业化第三方评估为主体的市场化电商物流信用评级机制。完善电商物流行业信息披露机制、“红名单”“黑名单”制度，营造“守信受益、失信惩戒”的良好社会氛围，改善市场信用环境。加强跨境电商物流监管，建立高效、便利、统一的公共服务平台，构建可追溯、可比对的数据链条，满足监管要求。依托电子口岸，建设“单一窗口、一站式”服务平台，保障国际物流快件报关、报检、入出境、入出关实时监控。

(五) 健全电商物流统计监测制度。

完善统计指标体系、创新调查方法，科学选择统计样本，确保行业统计数据及时、准确，全面掌握电商物流行业发展情况。加强电商物流统计监测，做好重点领域、重点环节、重点时间节点的数据监控，依托统计数据信息，做好行业发展形势的研判和风险分析，为相关部门、企业决策提供决策咨询和预警。